Industrie 4.0 in der Automobilproduktion

WIR BRINGEN INDUSTRIE 4.0 AUF DEN WEG.
THIS IS **SICK**
Sensor Intelligence.

Das Informationszeitalter hat für die Industrie erst begonnen. Intelligente, robuste und zuverlässige Sensorik ist unverzichtbar für Herausforderungen wie sichere Mensch-Maschine-Interaktion, immer individuellere Kundenwünsche, hohe Varianz und die Beherrschung kurzfristiger Nachfrageschwankungen. Wir zeigen Ihnen, was heute schon möglich ist. Gehen Sie mit uns gemeinsam den Weg in eine effizientere Zukunft. www.sick.de/i40

Walter Huber
Haar, Deutschland

ISBN 978-3-658-12731-2   ISBN 978-3-658-12732-9 (eBook)
DOI 10.1007/978-3-658-12732-9

Die Deutsche Nationalbibliothek verzeichnet diese Publikation in der Deutschen Nationalbibliografie; detaillierte bibliografische Daten sind im Internet über http://dnb.d-nb.de abrufbar.

Springer Vieweg
© Springer Fachmedien Wiesbaden 2016
Das Werk einschließlich aller seiner Teile ist urheberrechtlich geschützt. Jede Verwertung, die nicht ausdrücklich vom Urheberrechtsgesetz zugelassen ist, bedarf der vorherigen Zustimmung des Verlags. Das gilt insbesondere für Vervielfältigungen, Bearbeitungen, Übersetzungen, Mikroverfilmungen und die Einspeicherung und Verarbeitung in elektronischen Systemen.
Die Wiedergabe von Gebrauchsnamen, Handelsnamen, Warenbezeichnungen usw. in diesem Werk berechtigt auch ohne besondere Kennzeichnung nicht zu der Annahme, dass solche Namen im Sinne der Warenzeichen- und Markenschutz-Gesetzgebung als frei zu betrachten wären und daher von jedermann benutzt werden dürften.
Der Verlag, die Autoren und die Herausgeber gehen davon aus, dass die Angaben und Informationen in diesem Werk zum Zeitpunkt der Veröffentlichung vollständig und korrekt sind. Weder der Verlag noch die Autoren oder die Herausgeber übernehmen, ausdrücklich oder implizit, Gewähr für den Inhalt des Werkes, etwaige Fehler oder Äußerungen.

Gedruckt auf säurefreiem und chlorfrei gebleichtem Papier

Springer Vieweg ist Teil von Springer Nature
Die eingetragene Gesellschaft ist Springer Fachmedien Wiesbaden GmbH

Walter Huber

Industrie 4.0
in der Automobilproduktion

Ein Praxisbuch

Ungeachtet von CPPS ergeben sich erhebliche Potentiale durch den Einsatz von CPS:

- Optimierung der Instandhaltung (Predictive Maintenance) inklusive Selbstdiagnose und damit der Maschinenauslastung und Produktivitätssteigerung bei gleichzeitig reduzierten Kosten,
- Flexibleres Reagieren auf Produktionsstörungen,
- Bessere Integration der Produktentwicklung und Zulieferer in die Produktion (horizontale und vertikale Integration, siehe Abschn. 4.8),
- Aufbau komplexerer Teilsysteme bestehend aus Hard- und Software und damit Verbesserung der Strukturierung,
- Intelligentere Prozessverriegelung und damit Qualitätsverbesserung,
- Flexibilisierung der Produktion und
- Eine einfache Prozessabbildung durch eine direkte Kommunikation zwischen einzelnen Maschinen.

Darüber hinaus ergeben sich aus dem spezifischen Einsatz natürlich noch weitergehende Vorteile.

Für die Integration von CPS ins Internet beziehungsweise die Nutzung von Cloud-Diensten bedarf es einer entsprechenden Infrastruktur, vor allem wenn es sich um eine Public Cloud handelt (bezüglich Cloud, siehe Abschn. 4.5). In der Cloud befinden sich dann weitergehende Dienste oder sogar die gesamte Logik. Die schematische Darstellung ist in Abb. 4.3 abgebildet [39].

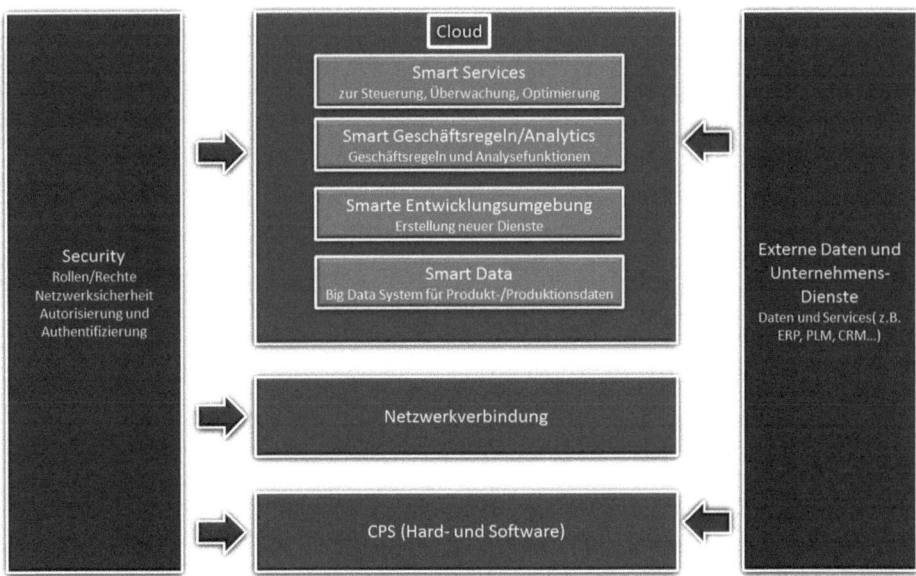

Abb. 4.3 Schematische Darstellung einer CPS-Infrastruktur

4.2.1 Beschreibung

„Cyber-Physical Systems (CPS) sind gekennzeichnet durch die Verknüpfung von realen (physikalischen) Objekten und Prozessen mit informationsverarbeitenden (virtuellen) Objekten und Prozessen über offen, teilweise globale und jederzeit miteinander verbundene Informationsnetze" [9]. Für unsere Betrachtung von Produktionsprozessen ergibt sich somit, dass es sich bei CPS um „intelligente", also smarte Maschinen und Anlagen auf Basis von Embedded Systems (siehe Abschn. 4.10) mit der Möglichkeit zur Kommunikation handelt. Vieles an obiger Definition ist nicht wirklich neu. Der neue Aspekt ist die Vernetzung auch außerhalb der eigenen Produktionsumgebung. Hierüber ist eine fast unbegrenzte Verbindung mit anderen Prozessbeteiligten möglich. Dies ist nicht nur statisch, sondern durchaus dynamisch zur Laufzeit der Produktion möglich und gegebenenfalls auch sinnvoll. Als Konsequenz kann auf Daten, Informationen und Dienste, die außerhalb des eigenen Produktionsnetzwerkes liegen, zurückgegriffen werden [9]. Somit sind adaptive und sich selbst steuernde und konfigurierende beziehungsweise optimierende Produktionsanlagen möglich. Um derartige Anlagen zu steuern, bedarf es Cyper Physical Production Systems (CPPS), also quasi die Nachfolger heutiger MES (Manufacturing Execution Systems).

Eine weitere Konsequenz von CPS ist, dass eine netzartige Kommunikation zwischen ERP- und MES/CPPS und der Automatisierungsebene stattfindet. Das ISA95-Modell einer Automatisierungspyramide verliert somit an Bedeutung. Anstelle einer zentralen Organisation und Steuerung tritt eine stark dezentrale und eben vernetzte Kommunikationsstruktur. Basis hierfür sind die in Kap. 5 dargestellten Standards wie der Referenzarchitektur und OPC UA.

Die mit einem derartigen Ansatz verbundenen Risiken [9] sind mehr oder minder offensichtlich:

- IT-Sicherheit und funktionale Sicherheit der Produktionssysteme,
- Planbarkeit, Zuverlässigkeit und Verfügbarkeit,
- Entwicklung, Testen und Inbetriebnahme von CPS und CPPS,
- Ressourcen- und kostenoptimierte Steuerung von CPS und CPPS sowie
- Nachvollziehbarkeit von Produktionsergebnissen.

Speziell die Entwicklung von CPPS steckt aktuell noch in den Anfängen, obwohl die Basis in Form von schwarm- und agentenbasierten Ansätzen seit Langem bekannt ist. Das Konzipieren, Entwickeln und Testen derartiger Systeme stellt hierbei eine ganz neue Herausforderung gegenüber den bestehenden Ansätzen dar. Die Komplexität steigt hierbei enorm an. Ziel ist es, eine gesteigerte Flexibilität in der Produktion zu erreichen beziehungsweise die dort neu gewonnene Flexibilität auch über neuartige Produktionssysteme zu nutzen. Eine gesteigerte Flexibilität in der Produktion lässt sich etwa über flexibel gestalt- und kombinierbare Produktionsinseln erreichen. Neuartige Produktionssteuerungssysteme müssen diesen Veränderungen Rechnung tragen. Das CPPS koordiniert die einzelnen CPS beziehungsweise steuert die Veränderung in der Produktion (siehe Abschn. 4.2.3). Aktuell fehlen noch entsprechende Erfahrungen, wann derartige Ansätze sinnvoll anwendbar sind.

Quelle: BWW

Abb. 4.2 Einsatz von 3D-Druckern für die Erzeugung von maßgeschneiderten Montagehilfen. (BMW)

Einen Schritt weiter geht der amerikanische Kleinserienhersteller Local Motors. Hier werden die kompletten Bauteile der Karosserie für einen Roadster auf Basis von 3D-Konstruktionsdaten mit entsprechenden 3D-Druckern hergestellt [45].

Aktuell ist der Einfluss durch 3D-Drucker auf die Logistikbranche eher gering. Es bestehen geringe Reduzierungen des Transportvolumens, was somit aktuell wenig Einfluss auf das Gesamtgeschäft der Branche hat [61]. Somit stellt sich auch keine gravierende Reduzierung des CO_2-Ausstoßes ein. Diese Situation könnte sich aber beim vermehrten Einsatz von 3D-Druckern ändern.

4.2 Cyber-Physical System

Cyper-Physical Systems ermöglichen, wie auch alle anderen Technologien, weitere Optimierungen und Verbesserungen in der Produktion. Durch eine entsprechende Vernetzung auf Automatisierungsebene und die damit verbundene Kommunikation untereinander (Machine-to-Machine-Kommunikation), lässt sich eine anpassungsfähige Produktion realisieren. Die damit vielfach assoziierten neuartigen Produktionssysteme stecken allerdings noch in den Anfängen, obwohl deren Grundlagen vor ca. 20 Jahren gelegt wurden. CPS gelten auch als ein Mittel, um die stetig steigende Komplexität im Fahrzeugbau zu beherrschen.

4.1.2 Einsatzgebiete und Beispiele

3D-Drucker finden immer stärkere Verbreitung und ist mittlerweile Stand der Technik [88]. Aktuelle Einsatzgebiete sind primär der Prototypenbau, Kleinstserien und bei (vergriffenen) Ersatzteilen. Für geometrisch große Objekte (mehr als ein Meter) sind die „Drucker" auf Grund der aktuellen Größenbeschränkung weniger geeignet. Ebenso ist deren Einsatz im industriellen Produktionsumfeld auf Grund der „Druckgeschwindigkeit" im Einzelfall zu untersuchen. Auch sind die Kosten der Ausgangsmaterialien zu verifizieren.

Vor allem das Thema Ersatzteilmanagement ist ein bisher kaum beleuchteter Bereich. Automobilhersteller und deren Zulieferer müssen über mindestens zehn Jahre hinweg (bei einigen Herstellern von Luxusautos auch deutlich länger) die Teileverfügbarkeit gewährleisten [66]. Dies führt zu erheblichen Kosten [44]. Über den 3D-Druck lassen sich vor allem die Lagerkosten deutlich reduzieren. Es reicht zukünftig aus, 3D-Konstruktionszeichnungen zu archivieren. Darüber hinaus lässt sich hierüber auch die Kundenzufriedenheit erheblich steigern. Zur Verkürzung der Liefer- und Transportkosten ist ein dezentraler Druck/Produktion leicht realisierbar. Es gilt auch zu berücksichtigen, dass das Ersatzteilgeschäft mit traditionell hohen Renditen verbunden ist. Somit geht es hier auch um die grundsätzliche Veränderung von Geschäftsbeziehungen und Produktionsabläufen. Es geht hier schlicht um die Kontrolle der eigenen Wertschöpfungskette.

Ein weiteres Einsatzgebiet ist der individuelle Werkzeugbau, wie er etwa seitens BMW praktiziert wird [30]. Bei diesem additiven Fertigungsverfahren werden für den einzelnen Mitarbeiter in der Produktion individuelle Hilfswerkzeuge entwickelt um die ergonomische Belastung bei spezifischen Tätigkeiten zu reduzieren (hier in Form von innovativen Orthesen). Um derartige Werkzeuge zu erstellen, wird mittels 3D-Handscanner der Daumenbereich der Mitarbeiter vermessen und durch 3D-Druck ein entsprechendes Werkzeug erzeugt. Konkret geht es um den Karosseriebau. Hier entstehen bei einzelnen Tätigkeiten hohe Belastungen, vor allem für die Daumengelenke. Durch Einsatz von Orthesen kann diese Belastung deutlich reduziert werden. Voraussetzung ist aber eine individuelle Anpassung an den Mitarbeiter (siehe Abb. 4.2).

Seit Ende der 90er-Jahre findet bei BMW der 3D-Druck im Bereich der Prototypenfertigung und für den Einsatz in Tourenwagen Anwendung [30]. Darüber hinaus werden bestimmte Ersatzteile vor Ort bei den Händlern gedruckt. Diesen Ansatz verfolgt auch Honda.

Auch Audi in Ingolstadt verwendet 3D-Druck. Analog zu BMW werden Produktionswerkzeuge und Teile für den Prototypbau erzeugt. Ferner wurden erste Schritte in Richtung Serienfertigung getan [92].

Beide Automobilhersteller haben für strömungsmechanische Untersuchungen bereits 2013 jeweils 3D-Modelle in der Größe von etwas über einen Meter produziert. Die Motivation war, dass hierüber wesentlich detailliertere Aussagen zu tätigen waren, etwa durch die Berücksichtigung von Geometriedetails, wie Außenspiegel.

Geprägt wird der Markt an 3D-Druckern primär durch Klein- und Mittelständische Unternehmen (KMUs). Aktuell sind ca. 150 deutsche Unternehmen aktiv. Eine Fokussierung im Bereich Automotive erfolgt auf Ersatzteile, Kleinserien und Teilelieferung für den Prototypbau. Der Markt wird primär von amerikanischen Unternehmen dominiert. Vertreter sind etwa die Firmen [3]

- Concept Laser (Deutschland),
- 3D Systems,
- Huntsman,
- MakerBot,
- EOS (Deutschland),
- MTT,
- Stratasys (Deutschland),
- ReaLizer (Deutschland),
- SLM Solutions (Deutschland) und
- Voxeljet technology (Deutschland).

Durch den Einsatz von 3D-Druckern lassen sich Bauteile in einem Stück produzieren und es entfallen Fertigungsschritte. Die Herstellung von hohlen und damit leichteren Bauteilen ist ebenfalls möglich. Somit ergibt sich eine Verbrauchsreduzierung durch das geringere Gewicht bei gleichzeitig erhöhter Zugfestigkeit, Haltbarkeit und Stoßfestigkeit der Konstruktion. Darüber hinaus lässt sich das Produktionsumfeld durch 3D-Drucker einfacher und damit flexibler gestalten als etwa bei einer konventionellen Fertigung. Aber auch bei additiven Verfahren ist die Prozesskette komplex und beinhaltet zahlreiche Wechselwirkungen [93]. Das Umsetzen von spezifischen Kundenwünschen über selten genutzte Teile wird ebenfalls einfach und wirtschaftlich möglich sein [5]. Beispiele sind etwa Gitternetzstrukturen.

In der Summe entstehen neue wirtschaftliche Lösungsansätze, um die werkzeugbasierte Fertigungsverfahren bei Kleinstserien und geringer Stückzahl an Teilen zu ermöglichen beziehungsweise den Individualisierungsgrad entsprechend durch neue Lösungsansätze zu beherrschen. Als Ergebnis ergibt sich eine werkzeuglose (ausgenommen der 3D-Drucker) additive Fertigung von Komponenten und Teilen. Es entfallen bei der additiven Fertigung vielfach die bisher geltenden geometrischen Restriktionen [92]. Als Konsequenz hiervon können filigranere Strukturen, wie sie beim Leichtbau erforderlich sind, effizienter umgesetzt werden. Diese neuen Möglichkeiten müssen auch sukzessive in die Produktentwicklung mit einfließen (zum Beispiel Bauteilorientierung, thermische Eigenschaften) [87].

Generell ist der Einsatz von 3D-Druckverfahren sinnvoll bei hochwertigen Teilen und bei einem hohen Individualisierungsgrad. Die Losgröße spielt hierbei eine eher untergeordnete Rolle. Die „Druckgeschwindigkeit" ist auch je nach Bauteil erheblich unterschiedlich und reicht bis mehr als einen Tag.

hierbei entweder bei Kunststoff über Düsen, bei Metall mittels Laser und Metallpulver an die jeweilige Stelle geschmolzen.

Vorteile von 3D-Druckern sind unter anderem die Herstellung von Teilen mit einer komplexen Geometrie beziehungsweise schwierigen Formen. Somit lassen sich auch Teile fertigen, die bisher entweder aus technologischen oder wirtschaftlichen Gründen in deren Herstellung unrentabel oder mit einem erheblichen Aufwand verbunden waren.

Darüber hinaus können Produkte in Kleinserien (Rapid Manufacturing) wirtschaftlich rentabel erstellt werden. Hochleistungsbauteile auf Basis von Hochleistungslegierungen können auf Grund der ungenauen Temperaturregelung der verwendeten Materialien aktuell noch nicht produziert werden. Auf Grund der mehr als rasanten Entwicklung in diesem Bereich dürfte es allerdings nur eine Frage sehr kurzer Zeit sein, bis auch hier entsprechende Lösungen auf dem Markt sind. Stand der Technik ist eine Größen- und Längenbegrenzung. Aktuell können Anlagen Produkte mit knapp einem Meter Länge produzieren [3]. Eine Beschränkung bezüglich der Teilezahl besteht allerdings nicht. Aus der Luftfahrtindustrie sind Beispiele mit einer Stückzahl im fünfstelligen Bereich bekannt [5].

Den Vorteilen gegenüber steht aber eine mangelnde Standardisierung, vor allem der 3D-Druckformate. Aktuelle Bestrebungen geben hier aber Hoffnung (siehe Kap. 5).

3D-Druckerverfahren/Produktionsverfahren lassen sich im Wesentlichen auf drei Grundmethoden reduzieren:

- Schmelzverfahren (Aufbau eines Objektes Schicht für Schicht mit geschmolzenen Materialen) in Form von fused Deposition Modelling und Polyjet Technology,
- Sinterverfahren (Material wird mittels Laser in Pulverform aufgebracht und verklebt),
- Stereolithografie (Kunststoff wird Schicht für Schicht aufgebracht und durch Laser gehärtet).

Schmelzverfahren haben den großen Vorteil geringer Kosten und glatter Oberflächen. Demgegenüber steht hier eine geringe Anzahl verfügbarer zu verarbeitender Materialien. Bei dem Sinterverfahren liegen die Vorteile in der hohen mechanischen Belastbarkeit der erzeugten Objekte und der großen Anzahl zu verarbeitender Materialien. Die Vorteile des stereolithografischen Verfahrens liegen in der hohen Oberflächenqualität. Die Nachteile hierbei sind aktuell die erheblichen Kosten und die geringe Anzahl zu verarbeitender Materialien [3]. Das Verfahren wurde vor über 30 Jahren erfunden. Somit liegen hier die größten Erfahrungen vor.

Ein bisher noch nicht beleuchteter Aspekt ist die Produktpiraterie in Verbindung mit 3D-Druck. Ganze Produkte könnten in Zukunft durch Dritte ohne die Einhaltung der Qualitätsstandards des Originalherstellers „nachgebaut" werden.

Neben dem Druck/Produktion des Objektes ist die CAD-Software die zweite wichtige Komponente. Hierbei kann prinzipiell auf OpenSouce-Produkte oder kommerzielle Software zurückgegriffen werden. Im industriellen Umfeld findet aber primär kommerzielle Software Anwendung. Dies resultiert aus der benötigten Funktionalität, der Interaktion mit dem jeweiligen Endkunden aus Zulieferersicht beziehungsweise der Interaktion mit Drittsystemen.

4.1.1 Beschreibung

Die 3D-Technologie im Allgemeinen und der 3D-Druck im Besonderen stehen in einem hochdynamischen Umfeld. Hierbei ist zu beobachten, dass die weltweite Dynamik hier deutlich größer ist als die nationale. Somit droht der Verlust einer positiven Wettbewerbssituation. Generell wird der Markt an 3D-Druckern durch amerikanische Unternehmen dominiert [3]. Auf der anderen Seite finden sich bei den deutschen Automobilherstellern sehr häufig deutsche 3D-Druck-Hersteller als Partner.

Bei 3D-Druckern handelt es sich um Maschinen, die dreidimensionale Objekte sukzessive/schrittweise aufbauen (siehe Abb. 4.1). Die Steuerung der Erstellung entsprechender Objekte erfolgt über entsprechende Computeranwendungen auf Basis von CAD-Daten. Für den Consumer-Bereich existieren bereits Geräte für unter 1000 €. Im industriellen Umfeld belaufen sich die Anschaffungskosten vielfach aber im sechsstelligen Bereich, in Abhängigkeit des Anwendungsbereiches. Derartige Maschinen erlauben eine individuelle und wirtschaftliche Herstellung von Produkten (nicht nur in Kleinstmengen), auch an sehr dezentralen Standorten.

3D-Drucker werden, wie schon erwähnt, die Produktionsart verändern. Bisher wurden Produkte aus Rohlingen hergestellt, mit einem mehr oder weniger großen Anteil an Verschnitt. 3D-Drucker hingegen bauen ein Teil sukzessive auf und minimieren somit den Materialeinsatz. Das Objekt wird Schicht für Schicht auf Basis eines 3D-Modells aus dem gewünschten Material (etwa Metall, Gips oder Kunststoff) erzeugt. Das Material wird

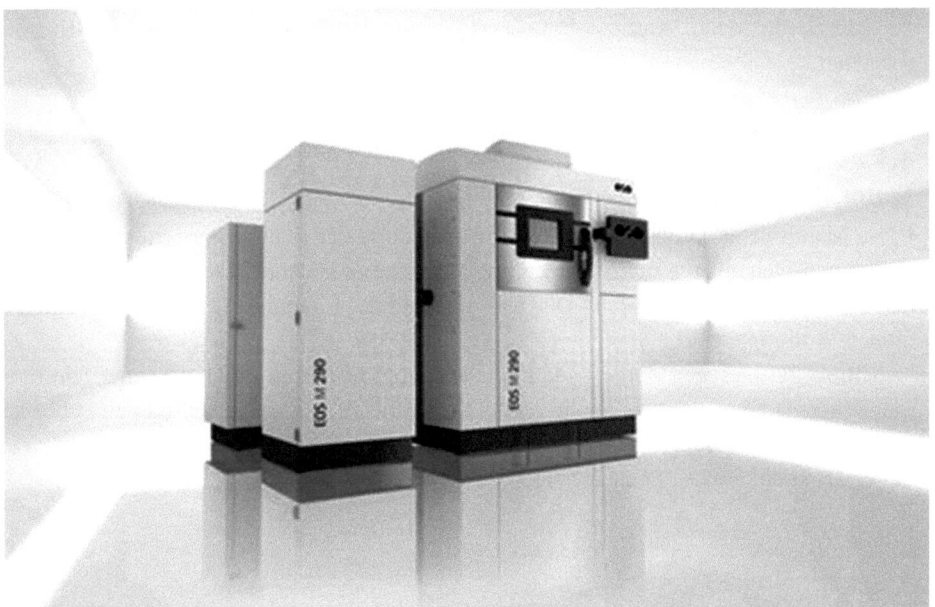

Abb. 4.1 3D-Drucker von EOS. (Pressemitteilung EOS)

Technologien 4

Im Einleitungskapitel (siehe Kap. 2) wurden die einzelnen Industrie 4.0-Themenfelder schon kurz angerissen. Diese werden nun näher beschrieben. Darüber hinaus wird auch auf die Relevanz der einzelnen Technologien eingegangen und durch Beispiele untermauert und illustriert. Zwangsweise ergeben sich hier sehr starke Vernetzungen mit den später folgenden Kapiteln.

Bei den vorgestellten Technologien handelt es sich vielfach streng genommen nicht vollständig um „neue" Ansätze. Primär erfolgt eine Weiterentwicklung von bestehenden Ansätzen.

4.1 3D-Drucker

Diese Maschinen ("Drucker" ist hier nicht unbedingt der richtige Ausdruck) werden die Produktionswelt und die angrenzenden Logistikprozesse nachhaltig verändern. Umso überraschender ist es, dass sie in den Diskussionen und der Literatur aktuell nur eine untergeordnete Rolle spielen.

Mittels 3D-Drucker werden additive Fertigungsverfahren möglich. Unter additiven (generativen) Fertigungsverfahren versteht man die Erzeugung eines Bauteils über das schichtweise Hinzufügen des Werkstoffes im Gegensatz zu klassischen subtraktiven Verfahren (Bohren, Fräsen, Drehen …) [93].

3.5 Supportprozesse und strategische Prozesse

Die hierunter fallenden Prozesse werden nicht näher ausgeführt, da sie ebenfalls außerhalb des Fokus liegen. Nichtsdestotrotz sind sie von großer Relevanz und werden sich durch Industrie 4.0 teilweise gravierend verändern. Daher erfolgt hier eine kurze, schlaglichtartige Betrachtung.

Qualitätsmanagement wird hier als Teil der Supportprozesse aufgeführt. Hierbei handelt es sich um allgemeine Qualitätsthemen. Die operative Umsetzung und die produktionsspezifischen Themen sind hingegen im PEP und KAP eingebettet.

Bei der Beschaffung handelt es sich hier um indirekte Güter, die nicht produktionsrelevant sind. Die Bedeutung des Personalwesens wird durch Industrie 4.0 deutlich aufgewertet. Ansätze hierzu finden sich in den abschließenden Kapiteln.

Das Finanzcontrolling unterstützt bereits heute die operative Beschaffung. Durch Big Data und Echtzeitverarbeitung werden sich entsprechende Verbesserungen und Veränderungen ergeben.

Bei den strategischen Prozessen in Form von Unternehmensplanung verändern sich diese in Richtung einer stärkeren Stringenz im Vorgehen und der Belastbarkeit ihrer Aussagen. Darüber hinaus können zukünftig deutlich längere Zeiträume in der Planung berücksichtigt werden. Auch lässt sich mittels Big Data-Systemen Kundenverhalten besser prognostizieren und sie liefern somit einen wichtigen Beitrag zur fundierten Absatzprognose. Somit lassen sich qualifiziertere Aussagen über längere Zeiträume hinweg erstellen. Das gilt auch für die Auswahl neuer Produktionsstandorte.

Literatur

1. Bracht, U., Geckler, D., Wenzel, S.: Digitale Fabrik: Methoden und Praxisbeispiele (VDI-Buch) Bd. 2. (2011). Springer
2. John Mario, Yvonne Veyhelmann (Hrsg.), Lösungen für die Automobilindustrie, Siemens IT Solution and Services.
3. Seifert, U., Rainer, G. (Hrsg.): Virtuelle Produktentstehung für Fahrzeug und Antrieb im KFZ (2008). Vieweg+Teubner
4. Sendler, U.: Das PLM-Kompendium (2009). Springer
5. Ullrich, G.: Fahrerlose Transportsysteme: Eine Fibel - mit Praxisanwendungen - zur Technik - für die Planung (2013). Springer Vieweg

3.4 Sales und Aftersales

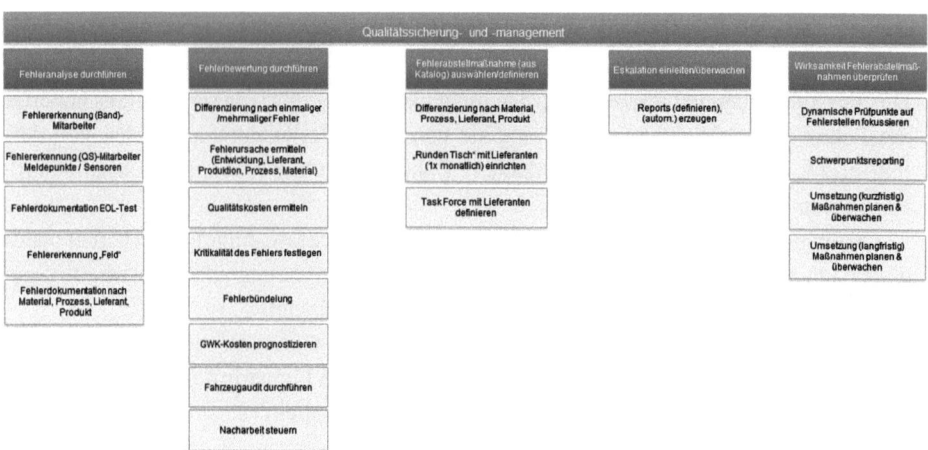

Abb. 3.6 Qualität in der Produktion. (Auszug aus Prozesshaus)

Einsatz von 3D-Druckern und autonom fahrenden Transporteinheiten oder CPS wird hier sicherlich nicht ausschließlich eine Substituierung zur Folge haben [5].

3.4 Sales und Aftersales

Die Themen Sales und Aftersales liegen, wie schon mehrfach erwähnt, außerhalb des Fokus. Daher soll hier nur kurz erwähnt werden, dass aus fachlicher Sicht im Bereich Aftersales die beiden Subprozesse Ersatzteilmanagement und Gewährleistung sicherlich die wichtigsten sind. Beide werden sich durch Industrie 4.0 verändern.

3D-Druck verändert das Ersatzteilmanagement ebenso wie Big Data-Ansätze. Letztere unterstützen die Automobilhersteller unter anderem bei der Eindämmung des Gewährleistungsbetrugs. Daneben werden (smarte) Fahrzeuge ebenfalls Ihren Beitrag zu einer transparenteren Sicht auf das Nutzerverhalten liefern.

Es besteht auch eine Integration zwischen Aftersales und Produktentwicklung. Hier sei nur auf den „digitalen Aftersales" hingewiesen. Um eine konsistente und aktuelle Datenhaltung zu erhalten und um Mehrfacharbeiten zu vermeiden, ist diese Integration sehr wichtig. Speziell die Bereiche Sales und Aftersales werden sich durch neue Geschäftsstrategien erheblich verändern.

In der Summe sind die fachlichen Themen, unabhängig von Industrie 4.0, sehr komplex und deren Beherrschung stellt eine erhebliche Herausforderung dar. Die fachlichen Prozesse und deren tiefes Verständnis sind aber Grundvoraussetzung (nicht nur) für die vertikale und horizontale Integration. Beide Integrationsthemen sind ja wichtige Bestandteile von Industrie 4.0 und einer Smart Factory.

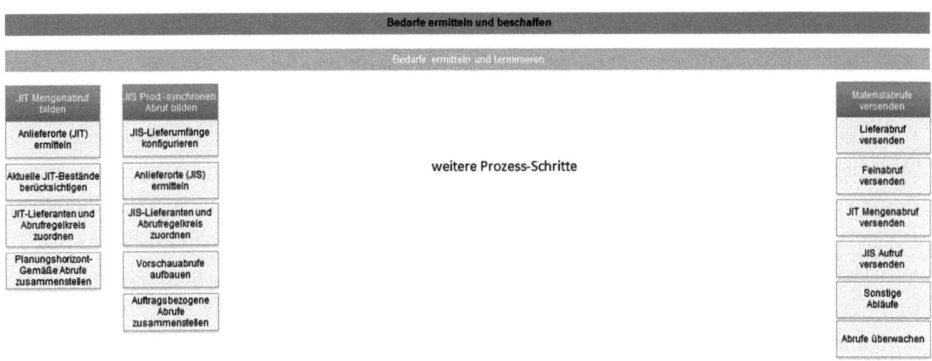

Abb. 3.5 JIT-JIS im KAP

stellt werden und eine selbstlernende Organisation über IT-Mittel unterstützt werden (siehe entsprechende Reports). Einen Auszug speziell zum wichtigen Thema Qualität in der Produktion gibt Abb. 3.6. Die Prozessschritte sind (nochmals zur Erinnerung) von links nach rechts und von oben nach unten zu lesen. Auch hier handelt es sich nicht um eine vollständige Beschreibung. Auf bedingte Verzweigungen wurde zugunsten einer besseren Lesbarkeit verzichtet. Somit stellt die Darstellung keine klassische Prozessdarstellung dar.

Zur Überwachung der Produktion gehört auch deren Visualisierung. Die hierfür notwendigen Kennzahlen lassen sich aus dem Prozess ableiten. Alle Anlagenzustände gilt es darüber hinaus zu speichern.

Beim Thema Instandhaltung ist zwischen geplanter und ungeplanter zu unterscheiden. Bei einer geplanten Instandhaltung gilt es diese zuerst zu planen (Grenzwerte festlegen, Wartungsstrategie definieren, Kapazitätsplanung inklusive Terminierung, Mitarbeiterbedarfe ermitteln, erforderlichen Teilebedarf festlegen und gegebenenfalls Teile bestellen). Nach durchgeführter Instandhaltung ist diese zu dokumentieren. Nicht zu vergessen ist in diesem Zusammenhang die Verwaltung der Betriebsmittel und Werkzeuge. Bei einer ungeplanten Instandhaltung ist der Ablauf ähnlich. Teilebedarf und Betriebsmittel sind sicherzustellen, Gleiches gilt für personelle Ressourcen. Nach deren Durchführung ist die Instandhaltungsmaßnahme ebenso zu dokumentieren.

In der bisherigen Darstellung wurde das Thema Inbound-Logistik nur kurz erwähnt. Dies resultiert aus der groben Darstellungsform. Es gilt hierbei den Wareneingang, Cross-Docking ebenso zu berücksichtigen wie den Warenausgang, die Verladung, den Pendelverkehr zwischen Lieferanten (meist in einem Logistik- oder Güterverteilzentrum lokalisiert) und Werk zu organisieren und den Materialfluss zu überwachen [2].

Nach der Produktion erfolgt die Distribution der Fahrzeuge. Hierbei gilt es die Auslieferung (Routen, Service, Spediteur) festzulegen. Zollthemen sind ebenso zu berücksichtigen wie auch Spezialthemen (zum Beispiel „verdeckte" Transporte), um das Thema hier nur kurz anzureißen.

Aus der Prozessdarstellung wird ersichtlich, dass die logistischen Prozesse inklusive deren Planung durch Industrie 4.0 einer erheblichen Veränderung unterliegen werden. Der

3.3 Kundenauftragsprozess

weiligen Lieferanten. Die Beschaffung von direktem Material (also Produktionsmaterial) darf nicht mit jener für indirektes Material verwechselt werden.

Die Materialversorgung umfasst die Planung der jeweiligen Transporte, die Lagerbewirtschaftung, die Materialbereitstellung für die Produktion und das Behältermanagement. Eine Wareneingangsprüfung wird im Allgemeinen nicht mehr durchgeführt. Für die Qualität ist der jeweilige Lieferant zuständig. Zur Lagerbewirtschaftung gehört auch die automatische Inventurdurchführung, Durchführung von Pick-Aufträgen und gegebenenfalls das Sperren von Materialien. Das Behältermanagement oder Ladungsträgermanagement umfasst hierbei den Leergut- und den Vollgutprozess. Der Leergutprozess umfasst die Punkte Disposition, Annahme, Transport und Versand. Der Vollgutprozess beinhaltet Teileentnahme, Linienversorgung, Kommissionierung, Ein- und Auslagerung und Wareneingang [2].

Bei einigen Automobilherstellern werden, vor allem bei Auslandswerken, die gesamten Logistik- und Materialversorgungsprozesse an Disponenten übergeben. Hierdurch vereinfachen sich die eigenen Prozesse erheblich, was allerdings auch Auswirkungen auf die Kosten und die Prozesskontrolle hat.

Das zentrale Element (aus Sicht des Automobilherstellers) im Kundenauftragsprozess ist die operative Fahrzeugfertigung und dessen Steuerung. Hierzu gehören die Schicht- und Personalplanung inklusive der Überwachung der Maschinenkapazitäten. Im nächsten Schritt erfolgen die Sequenzierung der Aufträge und deren Freigabe. Ferner sind die zugehörigen Materialabrufe zu initiieren. Ebenso Bestandteil ist die Steuerung der Vormontage inklusive der Puffer und erforderlichen Rüstumfänge. Der Auftragsfortschritt ist kontinuierlich zu überwachen und gegebenenfalls erforderliche Nacharbeiten sind zu steuern. Wichtig ist hierbei auch, die Bauzustandsdokumentation zu erstellen. Hierzu gehören neben den Kundenauftragsdaten auch die Bauteile-Erfassung und alle anfallenden Prozessdaten. Die Dokumentation umfasst auch die Fehler- und Prüfdatenerfassung. Zur effizienten Produktion gehört auch die Überwachung aller Produktionsanlagen (Anlagenzustände erfassen, steuern, Wartungsmaßnahmen initiieren). Darüber hinaus sind Instandhaltungsmaßnahmen durchzuführen (geplante und nicht geplante) und entsprechend zu dokumentieren. Gleiches gilt für Betriebsmittel und Werkzeuge. Im Rahmen der Fahrzeugproduktion erfolgen übrigens auch die JIT-/JIS-Abrufe (Just in Time/Just in Sequence), siehe auch Abb. 3.5. Hier „schließt sich der Kreis" mit dem PEP bezüglich dem Thema JIT/JIS.

Ebenso Bestandteil dieses Subprozesses ist das Qualitätsmanagement. Hierzu sind unter anderem Fehlerabstellmaßnahmen durchzuführen, 8D-Reports zu stellen und der Informationsrückfluss in die Entwicklung sicherzustellen. Die Wirksamkeit der Fehlerabstellmaßnahmen ist ebenfalls zu überprüfen. Bei auftretenden Qualitätsproblemen sind dynamische Prüfpunkte hilfreich. Bei auftretenden Qualitätsproblemen sind entsprechende Maßnahmen und Aktionen zu initiieren und diese zu überwachen. Alle qualitätsrelevanten Daten sind entsprechend zu erfassen und zu dokumentieren. Schwerpunktreports unterstützen die Mitarbeiter bei ihrer Arbeit, wie der Wirksamkeitsprüfung von Abstell-Maßnahmen. Bei gravierenden Teileproblemen sind diese gegebenenfalls zu sperren. Darüber hinaus muss gerade beim Thema Qualität eine effiziente und nachhaltige Fehlerabstellung sicherge-

Analog verhält es sich mit den Ladungsträgern. Sie sind Bestandteil der Logistikplanung und finden sich an entsprechender Stelle in deren Umsetzung im KAP wieder. Generell finden sich alle Themen der Produktionsplanung im KAP wieder. Die Produktionsplanung stellt ja die prozessuale und planerische Basis für dessen Umsetzung im KAP dar.

3.3 Kundenauftragsprozess

Durch die Verwendung von CPPS und der damit verbundenen erheblich gesteigerten Flexibilität bis hin zur Wandelbarkeit ergeben sich andere Produktionsplanungs- und Überwachungsprozesse und Aufgaben. Produkte können sich selbständig durch die Produktion bewegen, um die Komplexität, primär in der Endmontage, beherrschbar zu machen.

Ungeachtet der möglichen Veränderungen im Produktionssystem werden die zugrunde liegenden Prozesse als Basis erhalten bleiben (natürlich auch mit entsprechenden Anpassungen).

Der Kundenauftragsprozess lässt sich in folgende Sub-Prozesse untergliedern:

- Kapazitätsplanung (Basierend auf Bauprogramm),
- Auftragsmanagement (inkl. CKD),
- Bedarfsplanung und Beschaffung,
- Materialversorgung,
- Fahrzeugproduktion und -steuerung,
- Fahrzeugdistribution.

Wichtige Elemente bei der Kapazitätsplanung ist die Ermittlung der gesamten Bedarfe (basierend auf Ist-Beständen bei den Händlern versus Soll-Beständen). Basierend hierauf erfolgt anschließend die Identifizierung und Verteilung der Bedarfe auf die relevanten Werke. Dies schließt die Plan-Terminierung inklusive Transportzeiten und die Kapazitäten je Werk mit ein.

Der kundenseitig wichtigste Teil des Kundenauftragsprozesses ist das Auftragsmanagement. Hier erfolgt die inhaltliche Überprüfung des Kundenauftrages (z. B. Vollständigkeit des Auftrages, Prüfung gegen Lagerbestände), Terminierung des Auftrages und die entsprechende Statusrückmeldung an den jeweiligen Händler beziehungsweise Kunden. Die zeitliche Terminierung umfasst auch die Ermittlung des Produktionswerkes. Vielfach entstehen kundenseitig während der Lieferzeit noch Änderungen. Auch diese sind entsprechend einzuplanen und zu überwachen (dies reicht bis zur Stornierung eines Auftrages).

Im Rahmen der Bedarfsplanung steht neben dessen Ermittlung auch die Beschaffung im Zentrum. Somit erfolgt in diesem Subprozess die tagesbasierte Sequenzierung inklusive der Personalplanung. Anschließend werden Fertigungsaufträge im ERP-System angelegt und durchgeführt. Bei der Durchführung erfolgt eine kontinuierliche Rückmeldung. Beschaffungsseitig wird zwischen Haus- und Kaufteilen unterschieden. Für externe Beschaffungen erfolgen unter anderem die Quotierung und die Versendung der Materialabrufe an die je-

3.2 Produktionsplanung

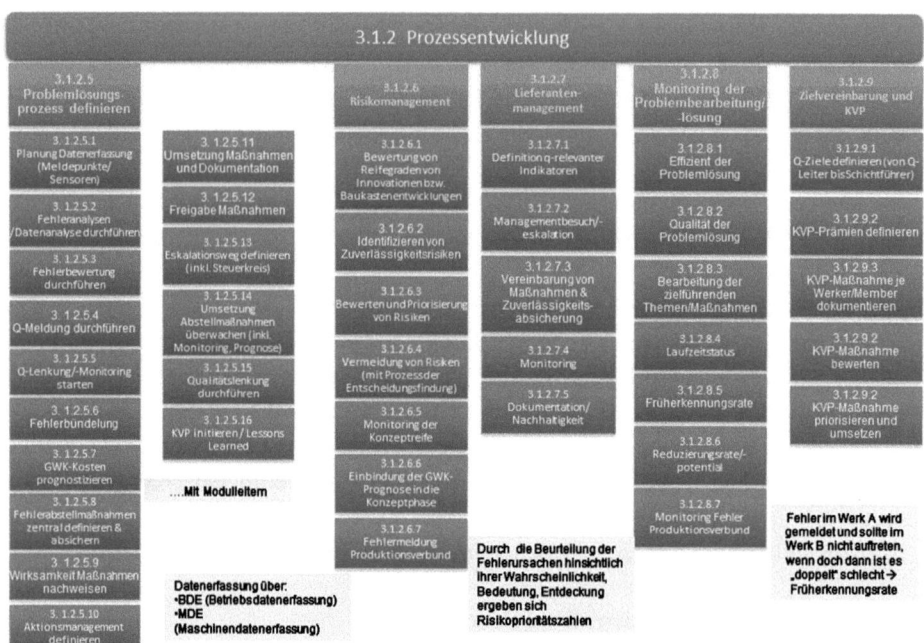

Abb. 3.3 Auszug aus Qualität während der Produktionsplanung

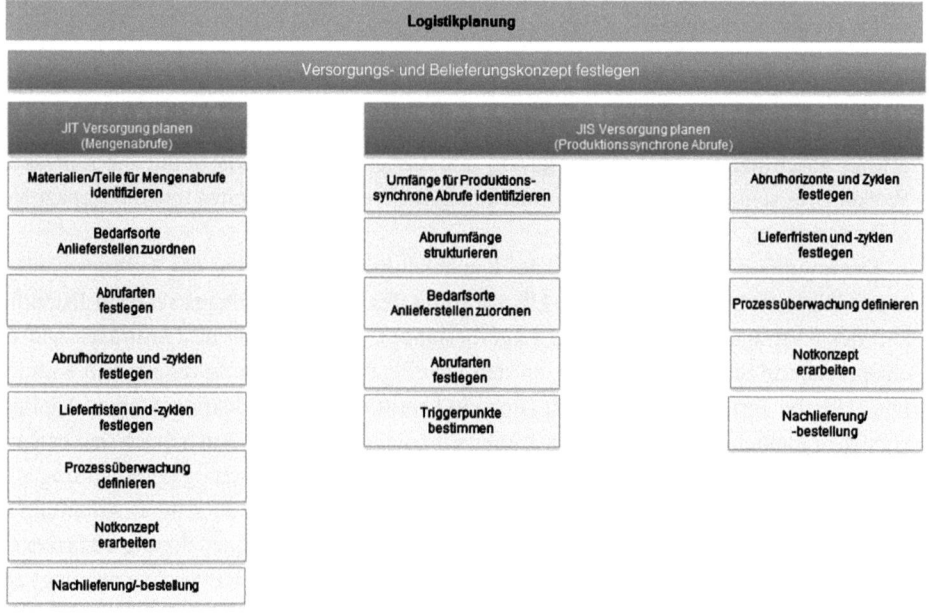

Abb. 3.4 JIT-/JIS-Planung im Rahmen des PEPs

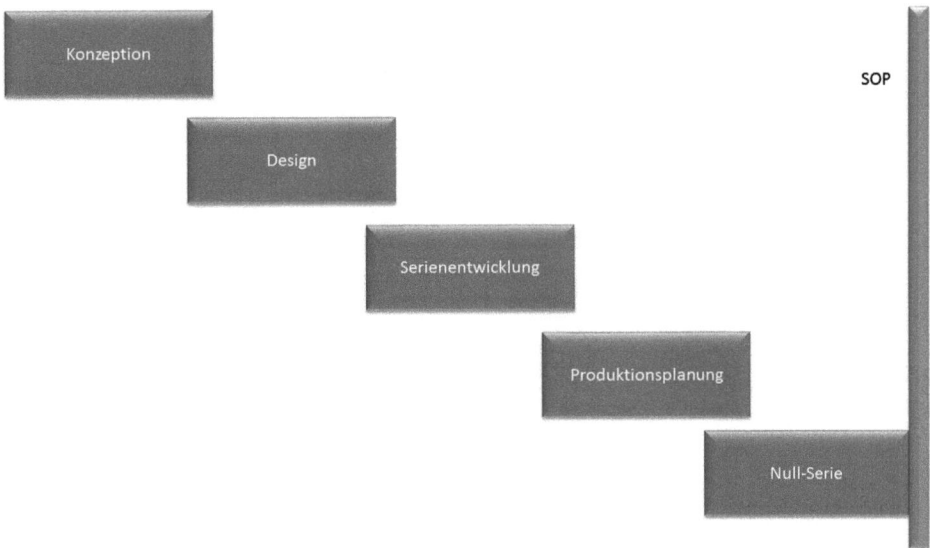

Abb. 3.2 Schematische Darstellung des PEP

- Taktung in der Montage,
- Durchlaufzeit.

Diese Themen werden im Allgemeinen über entsprechende Simulationen verifiziert.

Im Rahmen der Gebäudeplanung sind die Fertigungs- und Logistikflächen ebenso wie die Transport- und Fördertechnik festzulegen. Die Anlagenplanung umfasst die einzelnen Technologien (Presswerk, Rohbau, Lackiererei, Endmontage). Hier gilt es etwa, die Schweißprozesse im Rohbau oder das Karossenlager zu definieren. Das Thema Qualitätsmanagement ist exemplarisch und auszugsweise in Abb. 3.3 dargestellt. Die Elemente sind hierbei von links nach rechts und von oben nach unten zu lesen. Auf eine flussorientierte Darstellung wurde bewusst verzichtet zugunsten einer besseren Lesbarkeit.

Die Logistikplanung umfasst die Punkte Dispositionsstrategie erstellen, Lagerhaltung, Transportplanung, Versorgungs- und Belieferungsplanung (JIT/JIS/Kanban) und damit die gesamte Supply Chain; Ladungsträger und Mengengerüste sind ebenfalls Bestandteile. Einen Auszug aus dem Logistikprozess veranschaulicht Abb. 3.4 mit einem Schwerpunkt auf das wichtige Thema JIT/JIS.

Die Verbindung mit dem KAP ergibt sich über die Bauprogrammerstellung (siehe Abschn. 3.3). Hier werden je Werk die Kapazitäten geprüft und in der nächsten Verfeinerung die JIT-/JIS-Kapazitäten mit dem jeweiligen Lieferanten abgestimmt. Ein weiterer Verbindungspunkt stellt die Bedarfsermittlung und Terminierung im KAP dar. Hier werden dann die JIT-/JIS-Mengenabrufe gebildet. Über die externe Beschaffung erfolgt anschließend die Versendung der Materialabrufe.

3.2 Produktionsplanung

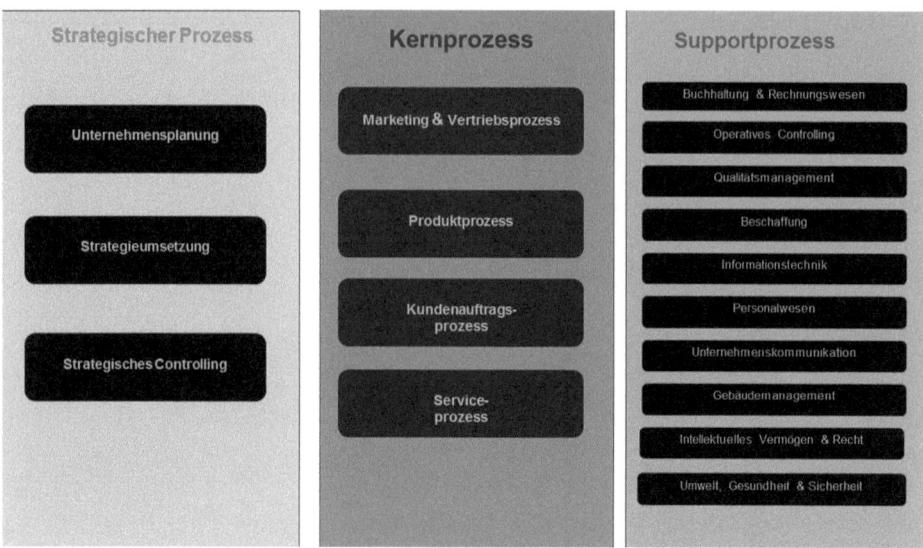

Abb. 3.1 Überblick über alle fachlichen Automobilprozesse

siehe auch Abb. 3.1. beziehungsweise.

Da eine Konzentration auf die Smart Factory erfolgt, werden primär der Kundenauftragsprozess und Teile der Produktentstehung in Form der Produktionsplanung betrachtet. Daher werden diese Teile vertieft dargestellt. Die Darstellung erfolgt gemäß dem Produktlebenszyklus eines Fahrzeuges. Es erfolgt somit zuerst die Beschreibung der Rahmenbedingungen, die zu dessen Produktion in Form einer Produktionsplanung notwendig sind. Anschließend erfolgen die Beschreibung der Abläufe zu dessen Produktion und die hierfür erforderlichen Schritte.

3.2 Produktionsplanung

Die Produktionsplanung ist Teil des Produktentstehungsprozesses und ist dort zeitlich versetzt zur eigentlichen Produktentwicklung zu sehen. siehe Abb. 3.2 , vgl. auch [3].

Die Produktionsplanung umfasst hierbei aller relevanten Prozesse und deren Etablierung, um ein Fahrzeug zu produzieren. Hierzu gehören die Logistik- und Qualitätsplanung, Gebäude und die Fertigungsprozesse, Betriebsmittel- und Anlagenplanung. IT-technisch erfolgt hierbei eine Unterstützung durch Methoden und Tools der Digitalen Fabrik [1, 4]. Eine ausführliche Beschreibung der Digitalen Fabrik und deren Ansätze und Methoden erfolgt in Kap. 4.

Wichtige Bestandteile der Fertigungsprozesse sind unter anderem:

- Materialfluss,
- Puffergrößen,

Aus Prozesssicht lässt sich ein Unternehmen in Kern-, Stütz- und strategische Prozesse gliedern. Zu den Kernprozessen gehören:

- Produktentstehung oder Produkt (PEP),
- Kundenauftrag (KAP),
- Sales und
- Aftersales.

Als alternative Formulierung kann auch Produktentstehung, Produktherstellung und Produktvermarktung als dreistufiger Ansatz gewählt werden. Ungeachtet der Formulierung umfasst der Produktentstehungsprozess den gesamten Lebenszyklus des Produktes Auto, von den ersten Ideen bis zum Ende der Produktion (EOP). Er enthält somit alle erforderlichen Tätigkeiten, um das Produkt Auto zu entwickeln, die erforderliche Infrastruktur in der Produktion aufzustellen und auch die Zulieferer zu befähigen und für die notwendigen Kapazitäten zu sorgen. Nach dem Start of Production (SOP) gehören zum PEP alle Aktivitäten, die eine Produktänderung, neue oder Verlagerung von Produktionsstandorten betreffen.

Der Kundenauftragsprozess findet sich zeitlich zwischen dem SOP und dem EOP. Er umfasst alle Aktivitäten von der Bestellung durch einen Kunden bis zur Auslieferung an den Kunden. Somit umfasst der KAP alle Aktivitäten, die erforderlich sind, um ein Auto nach den individuellen Kundenwünschen zu produzieren und an den Kunden auszuliefern.

Sales und Aftersale (beziehungsweise Serviceprozesse) umfassen alle Aktivitäten zur Kundengewinnung und dessen Pflege. Dies beinhaltet auch die Unterstützung der Händlerorganisation. Somit sind Verkaufs- und Serviceprozesse im Fokus. Dies beinhaltet Werkstattprozesse, Fahrzeugvermietung und Finanzdienstleistungen.

Die unterstützenden Prozesse (Supportprozesse) umfassen primär [2]:

- Finanzen und Buchhaltung,
- Operatives Controlling,
- Qualitätsmanagement,
- Beschaffung,
- Personalwesen,
- Unternehmenskommunikation,
- Gebäudemanagement,
- Intellektuelles Vermögen und Recht,
- Umwelt, Gesundheit sowie
- Gebäudemanagement.

Strategische Prozesse lassen sich unterteilen in:

- Unternehmensplanung und -durchführung,
- Strategieumsetzung und
- Strategisches Controlling,

3 Fachliche Grundlagen

In den folgenden Kapiteln wird immer wieder auf die Kernprozesse und hier speziell auf den Kundenauftragsprozess verwiesen. Somit werden in diesem Kapitel die fachlichen Prozesse aus Sicht eines Automobilherstellers generisch definiert. Die Prozesse eines Zulieferers sind demzufolge entsprechend komplementär zu sehen. Auf Grund der Komplexität kann dies naturgemäß nur oberflächlich und somit keineswegs vollständig geschehen. Die Darstellung orientiert sich teilweise an SAP und deren implizit vorhandenen generischen Automotive-Prozessen.

Einer der wesentlichen Vorteile bezüglich der Beschreibung von unternehmenseigenen Prozessen ist, das hierüber Wissen über die eigenen Abläufe in strukturierter und nachvollziehbarer Weise dokumentiert und Mitarbeitern zur Verfügung gestellt werden kann. Es ist auch ein bedeutender Schritt in Richtung eines aktiven Wissensmanagements. Somit werden Unternehmen vom Wissen einzelner „Key-Personen" unabhängig.

Die Prozesse können in verschiedener Form dargestellt und gegliedert werden. Jeder Automobilhersteller hat hierbei seine spezifische Ausprägung dieses „Prozesshauses" im Laufe der Zeit vorgenommen und entwickelt. Hierin drückt sich das spezifische Vorgehen etwa in der Produktentstehung als auch in der Produktion aus. Auch lassen sich anhand der Prozesse Rückschlüsse auf das Produktionssystem schließen.

3.1 Definition und Abgrenzung

Es erfolgt eine kurze Darstellung aller Kern- und Stützprozesse eines Automobilherstellers. Den Kern der Darstellung bildet der Kundenauftragsprozess oder Order Fulfillment-Prozess (jeweils in der deutschen oder englischen Ausdrucksweise).

Literatur

13. Dieter Späth (Hrsg.), Oliver Ganschar, Stefan Gerlach, Moritz Hämmerle, Tobias Krause, Sebastian Schlund, Produktionsarbeit der Zukunft – Industrie 4.0 Fraunhofer IAO Studie.
14. PWC-Studie, Industrie 4.0 – Chancen und Herausforderungen der vierten industriellen Revolution, 10/2014.
15. VDI, Richtlinie 4499, Blatt 1 – Grundlagen, 2/2008, http://www.vdi.de/index.php?id=49777&tx_wmdbvdirilisearch_pi1%5brilinr%5d=4499&tx_wmdbvdirilisearch_pi1%5bblattnr%5d=&tx_wmdbvdirilisearch_pi1%5bCMD%5d=redirect&tx_wmdbvdirilisearch_pi1%5bmode%5d=1, Aufgerufen am 28. April 2015.
16. VDI Thesen und Handlungsfelder, Cyber-Physical Systems: Chancen und Nutzen aus Sicht der Automation, 4/2013.
17. Steffen Wischmann, Leo Angler, Alfons Botthof, Industrie 4.0 Volks- und betriebswirtschaftliche Faktoren für den Standort Deutschland, Bundesministerium für Wirtschaft und Energie, 3/2015.

Strategie beziehungsweise Vision. Darin manifestiert sich auch, dass vor allem bei kleineren Zuliefererbetrieben die IT nicht leistungsfähig genug ist.

Ein weiterer Hindernispunkt ist sicherlich die unscharfe Begriffsdefinition von Industrie 4.0 und die schon in der Einführung angesprochene Meinung, dass es wenig/keine Standards und auch kaum verwendbare Lösungen gibt. Dieser Meinung soll hier begegnet werden mit einem bewusst praktischen Ansatz für Industrie 4.0. Darüber hinaus birgt ein erhöhtes Maß an Digitalisierung der Geschäftsprozesse auch IT-Sicherheitsrisiken.

Somit ist es nicht verwunderlich, dass aktuell – trotz der prognostizierten volkswirtschaftlichen Potenziale –, viele Unternehmen derartige Projekte vor allem punktuell umsetzen. Darüber hinaus unterliegen die einzelnen Lösungen auch einem Reifeprozess. Die anfängliche Euphorie klingt erfahrungsgemäß nach ersten praktischen Erfahrungen ab und weicht einer realistischeren Einschätzung. Das mag auch begründen, warum die Automobilhersteller stark mit neuen Technologien experimentieren, aber noch keinen flächendeckenden Einsatz oder globalen Rollout vorweisen können.

Literatur

1. Thomas Bauernhansl, Die Vierte Industrielle Revolution – Der Weg in ein wertschaffendes Produktionsparadigma, Thomas Bauernhansl, Michael ten Hompel, Birgit Vogel-Heuser (Hrsg.), Springer 2014.
2. Lena Bergmann, Walter Huber, „Energie- und Ressourcen-Effizienz in der Automobilproduktion" in SCM-Magazin, 2/2013.
3. BITKOM, Fraunhofer IAO, Industrie 4.0 – Volkswirtschaftliche Potenziale für Deutschland, Studie, 2014.
4. Charles-Edouard Bouee, Stefan Schaible, Die digitale Transformation der Industrie, Roland Berger und BDI, Studie 2015.
5. Walter Huber, Insight Automotive: Industrie 4.0, Beschaffung aktuell, 6/2015.
6. Henning, Kagermann, Wolfgang Wahlster, Johannes Helbig, Umsetzungsempfehlung für das Zukunftsprojekt Industrie 4.0 – Abschlussbericht des Arbeitskreises Industrie 4.0, 4/2013.
7. Kuhlin, B., Thielmann, H. (Hrsg.): Real-Time Enterprise in der Praxis (2005). Springer
8. Kühn, W.: Digitale Fabrik – Fabriksimulation für Produktionsplaner (2006). Carl Hanser
9. Stefanie Michel, Stefanie Michel „Secure Island" statt Sicherheitsprobleme, Interview mit Anton Huber, Siemens, Maschinenmarkt, 27.04.2015.
10. Neumann, M., Dietz, T., Kuss, A.: Mensch-Maschine-Interaktion. In: Bauernhansl, T., ten Hompel, M., Vogel-Heuser, B. (Hrsg.) Industrie 4.0 in Produktion, Automatisierung und Logistik, S. 509 (2014). Springer
11. Oliver Riedel, Potentiale der Smart Factory für die Produktion der Zukunft, AUDI AG, Automatica 2014.
12. Johan Soder, Lean Industrie 4.0: Erfolgreich mit Werten und Menschen im Mittelpunkt, The Huffington Post, 5/2015.

2.5 Aktuelle Hindernisse

talisierung der Geschäftsprozesse ändert sich dessen Bedeutung aber grundlegend. Die IT wird zum Innovationsmotor und zur treibenden Kraft bezüglich der Verbesserung fachlicher Prozesse. Demzufolge sollte der CIO organisatorisch neben beziehungsweise parallel zum CFO gestellt werden. Damit verbunden gilt es auch, die IT-Budgets den neuen Gegebenheiten anzupassen. Aktuell werden vielfach ca. 2–3 % des Unternehmensumsatzes für IT-Themen ausgegeben. Zukünftig sollte nochmals der gleiche Umfang für eine entsprechende Digitalisierung und Industrie 4.0-Themen ausgegeben werden [9].

Somit werden im Zuge von I40 die IT-Bereiche in den jeweiligen Unternehmen stark an Relevanz dazugewinnen. Dagegen werden die entsprechenden Fachbereiche an Wichtigkeit verlieren und damit verbunden ihre Führungsrolle im Unternehmen zumindest mit der IT teilen müssen. Unabhängig hiervon sollte es eine stärkere Verschmelzung beider Bereiche oder zumindest eine vertrauensvolle Zusammenarbeit geben. Eine wichtige Voraussetzung hierfür ist aber, dass die IT sich nicht auf ihre spezifischen Fragestellungen reduziert, sondern vielmehr mit den jeweiligen Fachbereichen auf „Augenhöhe" diskutieren kann. Leider fehlen aktuell in den IT-Abteilungen aber häufig Mitarbeiter mit entsprechenden fachlichen Qualifikationen.

Darüber hinaus sind einige Business Cases unklar beziehungsweise weisen einen langen Return of Investment (ROI) auf. Dies gilt besonders in Bereichen der Erneuerbaren Energie, Nachhaltigkeit und Ressourceneffizienz [14]. Hier scheuen sich Unternehmen, vor allem aus dem Zuliefererumfeld, in diesem Bereich entsprechende Investitionen zu tätigen. Diese Vorsicht rührt unter anderem aus der letzten Automobilkrise im Jahre 2009/2010. Kürzere ROIs von oftmals ein bis zwei Jahren für produktions- und logistikoptimierende Themen werden den deutlich längeren von teilweisen drei bis fünf Jahren für Nachhaltigkeitsthemen daher verständlicherweise den Vorzug gegeben.

Nichtsdestotrotz wird in I40 mittel- bis langfristig ein hohes Einspar- und Optimierungspotential gesehen. Man darf aber auch nicht übersehen, dass es hierzu nicht unerheblicher Investitionen in teilweise neue Technologiefelder bedarf. Eine detaillierte Wirtschaftlichkeitsrechnung in Form eines ROI ist hierfür natürlich zwingend erforderlich, was aber auch ein Problem darstellt, da derartige Berechnungen nicht trivial sind. Die nächsten ein bis drei Jahre werden sich vielfach die zu tätigenden Investitionen mit den Einsparpotenzialen die Waage halten [17].

Ein weiterer Punkt ist die vielfach fehlende Industrie 4.0-Strategie und Vision vieler Unternehmen. Diese ist aber für eine koordinierte Umsetzung zwingend erforderlich. Daraus resultiert auch, dass digitale Technologien generell zur Kommunikation mit den Endkunden bisher noch unzureichend genutzt werden. Sicherlich ist hier die Automobilindustrie schon sehr weit fortgeschritten, aber eine flächendeckende Nutzung ist noch nicht erkennbar, vor allem in Richtung Kundenbindung und Kundenzufriedenheit und die sich hieraus resultierenden Möglichkeiten, Kundenanforderungen schneller und vor allem zielsicherer zu erkennen und umzusetzen. Fehlinvestitionen in nicht marktgerechte Produkte und Innovationen könnten somit reduziert oder gar vermieden werden.

Darüber hinaus ist festzustellen, dass bei vielen Unternehmen qualifizierte Mitarbeiter in ausreichendem Umfang nicht verfügbar sind. Dies korreliert auch mit der unzureichenden

speziell diese KMUs sowohl derartige Konzepte schnell umsetzen aber auch Innovationen, Produkte und Lösungen vorantreiben. Da sich durch die Digitalisierung die Wertschöpfung von hardwarebasierten Lösungen in Richtung softwarebasierter Lösungen verschieben wird, ist dieser Bereich besonderen Risiken ausgesetzt beziehungsweise von den anstehenden Veränderungen besonders stark betroffen. Somit sind speziell im Bereich IT innovative Lösungen gefragt und die könnten auf Grund des hohen Innovationsstandes und dem sich schnell entwickelnden „Industrie 4.0 Eco-Systems" in Deutschland gut entwickelt werden. Der IT-Bereich wird immer mehr zum strategischen Dreh- und Angelpunkt und muss deutschland- und europaweit gestärkt werden. Dies ist auch daran zu erkennen, dass alle Automobilhersteller ihre Kompetenz in diese Richtung stark ausbauen.

Somit ist ein zentrales Risiko, dass anderen Ländern die Umsetzung von I40 schneller und nachhaltiger gelingt als der deutschen Wirtschaft und damit die Wettbewerbsfähigkeit und somit auch der Wohlstand in Deutschland gefährdet wäre.

In Deutschland liegt der Anteil des produzierenden Gewerbes an der gesamten Wirtschaftsleistung um ca. 10 % höher (22 % versus 12 %) als etwa in den USA. Somit ist das Risiko, die sich mit Industrie 4.0 ergebenen Chancen zu verpassen, in Deutschland entsprechend höher als in den USA [4]. Falls es nun in Europa und hier speziell in Deutschland nicht gelingt, die Digitalisierung und Industrie 4.0 zum Vorteil der eigenen Wirtschaft zu nutzen, so droht laut [4] ein Verlust von ca. 10 % der wirtschaftlichen Leistung.

Darüber hinaus existieren auch etliche Irrtümer und Fehlinterpretationen bezüglich Industrie 4.0 und dessen Einführung. Die Einführung von Industrie 4.0 im Unternehmen entbehrt nicht der Auseinandersetzung und Optimierung der fachlichen Prozesse. Der vielfach in China praktizierte Ansatz, die Auseinandersetzung mit Lean zu „überspringen" und „gleich auf Industrie 4.0 zu gehen", muss somit als sehr kritisch betrachtet werden. Auch können durch I40 vorherrschende fachliche Brüche oder Defizite ohne weiteres nicht behoben werden. Eine Digitalisierung kann somit nicht als „Allheilmittel" angesehen werden.

Auch die vielfach kommunizierte Aussage, dass Industrie 4.0 das eigene Unternehmen nicht betrifft, muss ebenfalls als sehr kritisch beurteilt werden. Die Digitalisierung und Industrie 4.0 betrifft vielmehr jedes Unternehmen, vor allem im Bereich der Automobilindustrie.

Somit ist es nicht verwunderlich, dass sich vor allem in der Automobilindustrie ein erheblicher Wandel (nicht nur durch Industrie 4.0) vollzieht. Dies umfasst neben den Automobilherstellern auch deren Zulieferer. Eine weitere Branche ist der Logistik- und Anlagenbereich. Für den Automobil- und Logistikbereich stehen laut [4] etwa 140 Mrd. € an Bruttowertschöpfung für Deutschland auf dem Spiel.

2.5 Aktuelle Hindernisse

Traditionell ist der CIO (Chief Information Officer) organisatorisch unter dem CFO (Chief Financial Officer) angesiedelt. Dies resultierte aus einer Zeit, da primär Finanz- und Controlling-Lösungen in Unternehmen eingeführt wurden. Mit derartigen Lösungen ist ja auch bekanntermaßen SAP „groß" geworden. Durch eine mit Industrie 4.0 einhergehende Digi-

2.4 Chancen und Risiken

- Informationenfluss und
- Produktionsfluss.

Diese können durch eine Digitalisierung leichter ausgelagert beziehungsweise konzentriert werden und die klassischen Unternehmensgrenzen können sich auflösen. Somit werden aus den bisher starren Wertschöpfungsketten entsprechend dynamische Wertschöpfungsnetzwerker entstehen. Durch diese Veränderung der Wertschöpfungsketten besteht auch das Risiko, die eigene Selbständigkeit zu verlieren beziehungsweise in eine Abhängigkeit zu Partnern/Lieferanten zu gelangen. Zukünftig werden für erfolgreiche Unternehmen Daten, Automatisierung, Vernetzung und der digitale Kundenzugang zu beherrschenden Hebeln gehören [4].

Darüber hinaus besteht die Möglichkeit zur neuen Kundenbeziehung und zu einem wesentlich stärkeren Kontakt zwischen produzierenden Unternehmen und Kunden. Die aktuell traditionell starken Händler und deren Netzwerke werden sich ebenfalls verändern müssen, um ihre wirtschaftliche Existenzberechtigung nicht zu verlieren.

Versäumt man es, entsprechende Innovationen in die angesprochenen Technologien (siehe Abschn. 2.2) zu tätigen, dann kann der Innovationsvorsprung von heute, morgen schon verschwunden sein und übermorgen (d. h. in fünf bis zehn Jahren) ist daraus ein technologischer Rückstand geworden. Fehlende Investitionen und Weitsicht können somit bei einer derartigen Umwälzung zumindest mittelfristig den Wirtschaftsstandort Deutschland erheblich gefährden. Hierzu gehört auch die aktive Teilnahme und Gestaltung von Standards. Werden diese ausschließlich in den USA beziehungsweise im asiatischen Bereich geprägt, so hat das nicht unerhebliche negative Auswirkungen auf die Innovationskraft und Technologieführerschaft der deutschen Industrie [17]. Dies gilt im besonderen Maße für die Festlegung von Schnittstellenstandards. Somit gilt es nicht nur die Innovationen zu tätigen, sondern auch den damit verbundenen Strukturwandel zu bewältigen.

Die schon angesprochene schwache IT-Industrie in Deutschland im internationalen Vergleich stellt eine der deutschen „Achillesfersen" dar. Speziell die Bereiche effiziente und adaptive Fertigungssteuerungssysteme, Cloud-Lösungen, Big Data, IT-Sicherheit und mobile Lösungen sind hier zu nennen. Auch fehlt es der Branche an einer entsprechenden internationalen Vernetzung und an Marktanteilen, die für einen entsprechenden Erfolg wesentlich sind [17]. Eins Ausnahme bildet hier SAP als Anbieter von Standardsoftware. Speziell im europäischen und auch vermehrt im asiatischen Raum ist das Unternehmen bezüglich Unternehmenssoftware das „Maß der Dinge" für mittelständische und große Unternehmen. Es bewegen sich aber auch Technologieunternehmen wie Bosch oder Siemens immer mehr in Richtung Softwareentwicklung und damit in Richtung Softwareunternehmen. Somit könnte die aktuell vorhandene Lücke auch durch diese neuen Marktteilnehmer geschlossen werden.

In den öffentlichen Diskussionen wurde bisher ungenügend berücksichtigt, dass die deutsche Unternehmenslandschaft stark durch Klein- und Mittelständische Betriebe (KMU) geprägt ist, auch wenn speziell der Automobilbereich durch die einzelnen Hersteller und deren multinationalen Zulieferer in der öffentlichen Wahrnehmung dominiert. Somit müssen

- Digitalisierung,
- horizontale und vertikale Integration.

Darüber hinaus bedarf es neuartiger Intra- und Inter-Logistiklösungen [17]. Für eine sehr hohe Flexibilität der Produktionsprozesse bedarf es einer vollständig integrierten Versorgungskette mit einem stabilen und verlässlichen Vernetzungsgrad (Supply Chain). Dies beinhaltet auch Lagerlogistikkonzepte. Derartige Vernetzungen können heute schon transparent über das Internet auf Basis von RFID-Technik gesteuert und kontrolliert werden. Ferner werden zukünftig verstärkt autonome Systeme die Intralogistik beherrschen und damit optimieren.

2.3 Abgrenzung

Es erfolgt immer wieder eine Reflexion auf die zugrundeliegenden Fachprozesse. Somit ist es naheliegend, sich auf eine Branche, im vorliegenden Fall die Automobilindustrie, zu konzentrieren. Dies wurde schon in der Einleitung bei den spezifischen Herausforderungen kurz angeschnitten. Diese Branche ist auch eine der innovativsten und preissensitivsten. Somit braucht es nicht zu verwundern, dass Ansätze wie Industrie 4.0 hier auf einen sehr fruchtbaren Boden fallen (vgl. auch [5]).

Eine Abgrenzung erfolgt bezüglich der Fachprozesse. Hierbei wird die ursprüngliche Definition aufgegriffen. Es erfolgt somit eine Fokussierung auf den Kundenauftragsprozess und damit die Smart Factory. Dies erfolgt auch, um den Umfang in Grenzen zu halten und somit für eine kompakte Darstellung zu sorgen.

Geografisch erfolgt keine Restriktion. Es ist vielmehr sehr aufschlussreich, wie I40-Ansätze auch etwa in den asiatischen Ländern oder der USA forciert werden. So werden die USA die nächsten Jahre umgerechnet über 2 Mrd. Euro in sogenannte „Advanced Manufacturing"-Themen und hier speziell in das Thema Robotik und Automatisierung über 440 Mio. Euro investieren. Südkorea wird in den nächsten fünf Jahren über 2,3 Mrd. Euro in das Thema intelligente Roboter investieren. China und Japan stellen das Thema Robotik in ihren jeweiligen Fünf-Jahres-Plänen als zentralen Punkt heraus. In China gibt es einen Plan „2025". Bis 2025 sollen die westlichen Industrieländer bezüglich Fertigungsqualität und Effizienz eingeholt werden. Darüber hinaus erwartet man sich speziell in China von I40-Ansätzen nicht nur einen erheblichen Schub in Richtung Produktivitätssteigerung, sondern darüber hinaus auch in Richtung Qualitätsverbesserung. Aber auch unsere europäischen Nachbarstaaten wie Frankreich und Großbritannien haben entsprechende Programme aufgelegt [17].

2.4 Chancen und Risiken

Durch die zwingend erforderlich Digitalisierung und vertikale und horizontale Integration können und werden sich Wertschöpfungsketten verschieben. In den aktuellen klassischen Wertschöpfungsketten existieren zwei Arten von Vernetzungen [17]:

seltechnologie. In allen relevanten Industriebereichen stellen Sensoren die Grundlagen für die Weiterentwicklung dar.

Ausschließlich der deutsche IT-Bereich gilt im weltweiten Vergleich als eher schwach ausgeprägt. IT-Kompetenz ist aber gerade für das Gelingen von I40 von zentraler Bedeutung.

Die wirtschaftlichen Potentiale für diese einzelnen Bereiche variieren stark, sind aber erheblich [16, 17].

Bei der Sensorik sind hier folgende Punkte zu nennen:

- Echtzeitfähigkeit,
- Zuverlässigkeit sowie
- Inhärente und integrierte Intelligenz.

Für die Robotik ergeben sich die Punkte:

- Gesteigerte Flexibilität,
- Einfache und intuitive Bedienung und Programmierung,
- Mensch-Maschine/Roboter-Kooperation (sensitive Roboter) und
- Intelligente Steuerungen.

Auf Seiten der Produktionssysteme und Automatisierung ergeben sich sicherlich sehr gravierende Veränderungen in Form von

- Vollständiger Vernetzung der Anlagen und Maschinen und mit einem Produktionssystem,
- Additiver Fertigung,
- Cyber-physikalischer Systeme und
- Dezentraler Steuerung und Selbstkonfigurierbarkeit [16].

Wichtig ist hierbei, dass Maschinen durch entsprechende IT „veredelt" werden können („smart"). Darüber hinaus können auch vermehrt Drittanbieter Lösungserweiterungen anbieten, um den Nutzen zu steigern. Maschinen werden neben Sensoren in Kombination mit entsprechenden Software-Lösungen durch I40 zu den zentralen Komponenten.

Auf Seiten der IT ist man bereits heute dabei, die Veränderungen umzusetzen beziehungsweise die entsprechenden Produkte am Markt zu platzieren (primär von amerikanischen Firmen geprägt). Hierbei handelt es sich um die Themen

- Security,
- cloudbasierte Ansätze,
- Big-Data und InMemory,
- mobile Lösungen,
- Embedded Softwareentwicklung,
- Real Time Enterprise (RTE),

2.1.3 Digitale Fabrik

Digitale Fabrik (DF) hat schon seit einigen Jahrzehnten Einzug in die Unternehmen gehalten. Nach VDA Richtlinie 4499 [15] ist „Digitale Fabrik" der Oberbegriff für ein umfassendes Netzwerk von digitalen Modellen, Methoden und Werkzeugen – u. a. der Simulation und 3D-Visualisierung –, die durch ein durchgängiges Datenmanagement integriert werden. Ihr Ziel ist die ganzheitliche Planung, Evaluierung und laufende Verbesserung aller wesentlichen Strukturen, Prozesse und Ressourcen der realen Fabrik in Verbindung mit dem Produkt [6]. Somit sind diese Themen von der Prozessseite primär im PEP (genauer gesagt Produktionsplanung, siehe Abb. 2.2) angesiedelt. Die Resultate haben aber natürlich Auswirkungen auf die Produktion (bezüglich den Prozessen und deren genauen Beschreibung sei nochmals auf das nächste Kap. 3 verwiesen). Themengebiete der Digitalen Fabrik, die Auswirkungen auf Industrie 4.0 besitzen sind virtuelle

- Presswerkplanung,
- Karosseriebauplanung,
- Lackplanung,
- Montageplanung,
- Fabrikplanung,
- Aggregatplanung,
- Logistikplanung [11].

Aktuell sind diese Themen entweder teilweise noch nicht vollständig umgesetzt oder noch nicht vollständig in die angrenzenden Kernprozesse integriert (vertikale Integration). Daher ist es nicht verwunderlich, dass DF-Themen auch im Kontext von I40 auftauchen und hier eine wichtige Rolle spielen. Unabhängig von I40-Aktivitäten treiben Automobilhersteller und Zulieferer ihre Anstrengungen im Bereich DF weiter voran, um ein möglichst getreues Abbild der realen Welt zu erreichen (siehe hierzu auch Kap. 4).

2.2 Technologiebereiche und Zukunftsfelder

Für eine Umsetzung von Industrie 4.0-Themen sind vor allem folgende industrielle Schlüsselbereiche betroffen [16, 17]:

- Sensorik,
- Robotik,
- Automatisierungstechnik und Produktionssysteme,
- IT und
- Logistik.

In den Bereichen Sensorik, Robotik, Logistik und Automatisierung hat Deutschland eine weltweit sehr gute bis führende Position. Hierbei gilt die Sensortechnik als eine Schlüs-

2.1 Definition

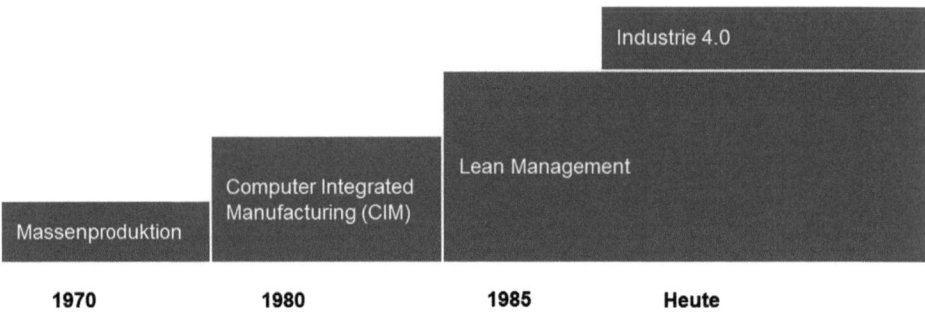

Abb. 2.4 Entwicklung der industriellen Produktion

Gemeinsamkeiten beider Ansätze:

- Standardisierung,
- Kundenorientierung,
- Mitarbeiterweiterbildung,
- Flexible Produktion (bei Industrie 4.0 noch unterstützt durch Echtzeitfähigkeit),
- Mensch als zentrales Steuerungsorgan (bei Lean steuert der Mensch und bei Industrie 4.0 überwacht er),
- Dezentrale Produktionsplanung,
- Schonender Umgang mit Ressourcen, Nachhaltigkeit,
- Modularisierung und Wiederverwendung,
- Kein Taylorismus (d. h. Zerlegung der Arbeit in sehr kleine Einheiten, zu deren Bewältigung geringe Denkvorgänge erforderlich sind),
- Hohe Anforderungen an Problemlösungskompetenz.

Lean Management und Industrie 4.0 stehen also in keinem Widerspruch zueinander [1, 12].

Als größte Widersprüche beider Ansätze gelten sicherlich die seitens Industrie 4.0 propagierte Selbststeuerung der Produktion mittels CPPS und die starke IT-Zentrierung. Derartige selbst steuernde Ansätze, etwa in Form von schwarm- und agentenbasierten Produktionssystemen werden in späteren Kapiteln noch ausführlich dargelegt, sind aber prinzipiell seit Jahrzenten bekannte Ansätze. Da die Begriffe „Industrie 4.0" und „Smart Factory", wie bereits dargelegt, noch einer gewissen Konsolidierung unterliegen, sollten generell Widersprüche zwischen beiden Ansätze nicht zu dogmatisch gesehen werden. Auch Lean Management unterliegt ja einer kontinuierlichen Veränderung.

Aus den aufgeführten Darstellungen geht hervor, dass beide Ansätze sehr ähnliche Zielsetzungen verfolgen. Industrie 4.0 setzt vielmehr viele Lean-Prinzipien mit IT-Mitteln konsequent um. Industrie 4.0 stellt also eine weitere Entwicklungsstufe in der industriellen Produktion dar, die ihre Wurzeln im Lean Management hat, siehe auch Abb. 2.4.

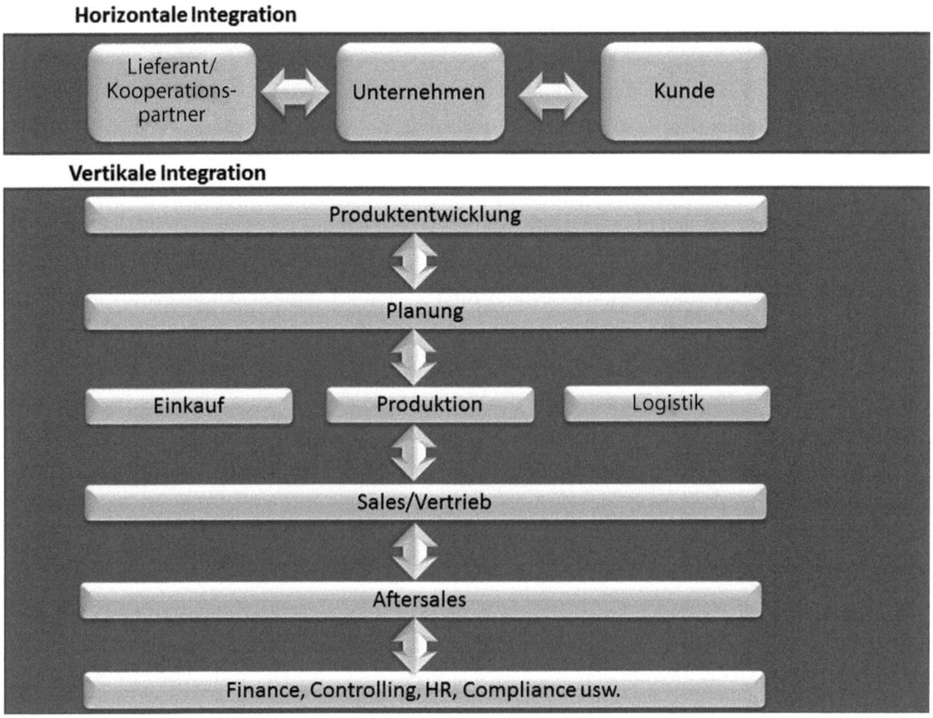

Abb. 2.3 Horizontale und vertikale Integration

hinaus auch die Entwicklung (d. h. den Einsatz wiederverwendbarer und nachwachsender Materialien) und die Produktion (z. B. Verwendung regenerativer Energien, energiesparende Produktion) und eine entsprechende Logistik (Schlagwort ist hier „Green Logistik") [2].

Jedes einzelne vorgestellte Thema ist für sich isoliert betrachtet sowohl aus fachlicher als auch aus technischer Sicht hochkomplex. Die Verbindung mehrerer dieser Themen erhöht die Komplexität derartiger Unterfangen nicht nur linear. Somit ist es nicht verwunderlich, dass Projekte in diesem Umfeld nicht etwa binnen einer Jahresfrist realisiert werden können.

2.1.2 Lean Management

Grundlage von Lean Management und hier im Speziellen Lean Production ist der kontinuierliche Fluss, die Vermeidung von Verschwendung, Standardisierung der Abläufe, die Reduzierung der Bestände auf das absolute Minimum und die Kundenzentrierung (es wird ausschließlich das produziert, was der Kunden wünscht) und somit eine sehr hohe Flexibilität.

Im Folgenden werden daher zuerst die Gemeinsamkeiten beider Ansätze aufgezeigt, um anschließend divergierende Ansätze darzustellen:

2.1 Definition

Bevor eine Einordnung in die verschiedenen Optimierungsansätze vorgenommen wird, erfolgt zuerst eine grobe, schwerpunktartige Beschreibung der einzelnen Elemente von Industrie 4.0. Eine genauere Darstellung erfolgt in den folgenden Kapiteln. Basierend auf dieser überblicksartigen Darstellung kann die Einordnung sicherlich besser nachvollzogen werden.

2.1.1 Elemente von Industrie 4.0

Bei der Machine-to-Machine (M2M)-Kommunikation erfolgt ein Datenaustausch zwischen einzelnen Maschinen, also im Falle der Produktion zum Beispiel zwischen Robotern. Diese Kommunikation in Form einer Interaktion bietet Möglichkeiten der lokalen Optimierung beziehungsweise Verbesserung (vgl [10].) und damit eine Verringerung der Komplexität. Da vielfach die Anbindung von Maschinen mit dem Internet beziehungsweise Cloud-Lösungen diskutiert werden, spielt IT-Security eine wichtige Rolle. Aber auch wenn Maschinen nicht mit dem Internet verbunden sind, muss diesem Thema Beachtung geschenkt werden, es sei hier nur auf Computer-Viren und deren Schaden, den sie in der Produktion erzeugen können, hingewiesen.

Cyber Physical Systems (CPS) sind laut VDA [16] „gekennzeichnet durch eine Verknüpfung von realen (physischen) Objekten und Prozessen mit informationsverarbeitenden (virtuellen) Objekten und Prozessen über offene, teilweise globale und jederzeit miteinander verbundene Informationsnetze". CPS werden vielfach in Verbindung mit M2M gesehen.

Bei dem Thema Real Time Enterprise [7] geht es um die Echtzeitverarbeitung von Informationen. Dabei genügt es nicht, Daten auf einem mobilen Gerät darzustellen. Es müssen vielmehr alle Informationen neben der fachlichen auch eine zeitliche Integration aufweisen. Verbal ausgedrückt müssen die Informationen zeitlich „zueinander passen". Um nun auch große Datenmengen zu beherrschen, finden Big Data-Ansätze und InMemory- (IM) Technologien Anwendung.

Die vertikale und horizontale Integration umfasst die Integration in Richtung Lieferanten und Endkunden beziehungsweise die Integration über die einzelnen Kernprozesse innerhalb des eigenen Unternehmens (siehe Abb. 2.3). Diese Integrationen sind aktuell bei allen Akteuren nicht vollständig vorhanden und bieten somit ein erhebliches Verbesserungspotential. Genau diese beiden Integrationen sind wichtig, um die steigende Komplexität und damit die immer größer werdenden kundenindividuellen Wünsche inklusive der kürzeren Entwicklungszeiten zu beherrschen. Zukünftig werden immer stärker Netzwerke anstelle von Punkt-zu-Punkt-Lieferantenbeziehungen entstehen und die internen Bereiche (Entwicklung, Planung, Einkauf, Produktion und Logistik) werden stärker zusammenarbeiten beziehungsweise sogar punktuell verschmelzen [17]. Somit ist diese Integration und die damit verbundene Digitalisierung eine zwingende Voraussetzung für eine flexible und effiziente Produktion. Die klassischen Trennungen zwischen Produkten und Prozessen werden aufgeweicht [17].

Das Thema Ressourceneffizienz erstreckt sich hierbei nicht ausschließlich auf die Darstellung von entsprechenden KPIs, etwa auf einem mobilen Gerät, sondern umfasst darüber

ab. Die hier eingeführte Definition orientiert sich somit an den Fachprozessen und bringt die Begriffe in einen fachlichen/prozessualen Kontext. Im nächsten Kapitel gehen wir stärker auf die einzelnen Fachprozesse ein. Daher hier nur so viel, dass sich hinter dem KAP die Themen:

- Produktion,
- Logistik und
- Qualität.

verbergen. Punkte wie Beschaffung, Human Ressource usw. stellen sogenannte Unterstützungsprozesse dar und sind somit keine Kernprozesse.

Generell sollten aber aus Praktiker-Sicht Definitionen nicht überbewertet werden. Sie dienen als Richtschnur und sollen für eine klare Begriffsdefinition sorgen – mehr nicht. Ob nun zur spezifischen Präzisierung oder Anpassung an die betriebseigene Situation etwa ein weiteres Attribut hinzugefügt oder weggelassen wird, sollte an der allgemeinen Richtungsstellung und Intention nichts ändern.

Im Folgenden erfolgt eine Standortbestimmung gegenüber weiteren Aktivitäten in Unternehmen, da diese aktuell noch vielfach isoliert oder konkurrierend betrachtet werden (siehe Abb. 2.2).

Ausgangspunkt dieser Überlegung ist, dass Optimierungen der einzelnen Kernprozesse bei den OEMs und deren Zulieferer natürlich nicht erst mit I40 praktiziert werden. Sowohl das Thema Digitale Fabrik (als weitestgehend IT-basierter Ansatz) als auch Lean Management (das primär prozessgetrieben und organisatorisch ist) stellen sehr etablierte Themen dar, mittels derer erhebliche Verbesserungen in der Produktivität erreicht werden konnten.

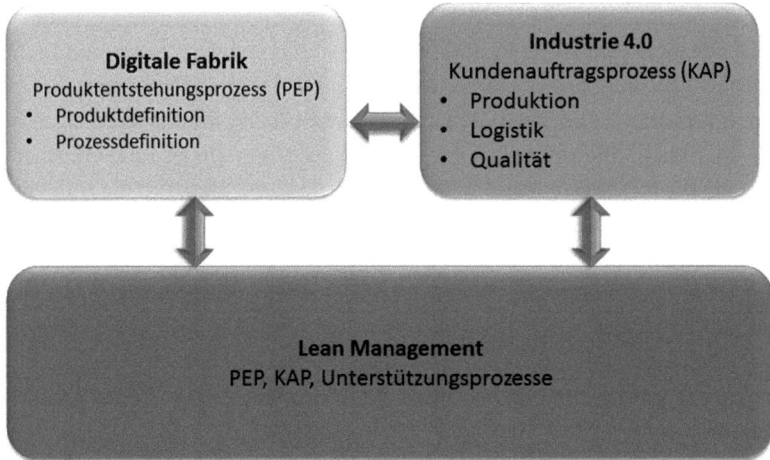

Abb. 2.2 Optimierungsansätze und deren darunter liegenden Fachprozesse

nung der einzelnen Themen und Begriffe als Eigendefinition. Es stellt ferner die einzelnen Begriffe in Zusammenhang zueinander.

Der Begriff „Smart Elements" wurde in Anlehnung an Smart Factory und Smart Products gewählt und soll somit deren Integration in den gesamten Kontext ausdrücken, aber auch zur Erhaltung eines konsistenten Begriffsbildes beitragen. Die Smart Elements dienen zur besseren Strukturierung und damit Unterteilung in verschiedene Themengebiete (siehe Aufzählung). Bei den erläuternden Beispielen in der Aufzählung handelt es sich um eine exemplarische und sicherlich nicht vollständige Darstellung. Die „Smart Elements" umfassen:

- Digitalisierung (zum Beispiel Cloud Computing, mobile Lösungen, Digitale Fabrik, Real Time Enterprise, Digitales Produktgedächtnis),
- Vernetzung (zum Beispiel horizontale und vertikale Integration, selbstfahrende Einheiten, RFID, Machine-to-Machine – M2M),
- Smart Data (zum Beispiel Data Lifecycle, 3D Reporting, Big Data, Predictive Maintenance and Quality),
- Cyber Physical Systems und Cyber Physical Production Systems (zum Beispiel Sensitive Roboter, 3D-Drucker, Assistenzsysteme, MES, agenten- und schwarmbasierte Produktionssysteme).

Die Zuordnung von Themen und Technologien könnte durchaus auch mehrfach erfolgen. Um aber eine bessere Klarheit zu geben, wurde hierauf verzichtet.

Unter Smart Factory werden alle Themen rund um die Produktion und angrenzende Themen verstanden. Aus Prozesssicht deckt die Smart Factory den Kundenauftragsprozess ab. Das Smart Enterprise stellt somit das gesamte Unternehmen (inkl. unterstützender Prozesse) dar.

Der Begriff der Smart Products wird gegenüber dem auf der letzten Seite eingeführten Begriff bewusst erweitert. Es werden hierunter neuartige Produkte verstanden. Sie basieren auf Sensoren und Aktoren und nehmen ihre Umgebung „wahr" und können über eine Internetverbindung mit der Außenwelt kommunizieren und interagieren. Durch einen vermehrten Einsatz von Software gewinnen diese Systeme immer mehr an „Intelligenz", werden also „smart" und somit Teil von Internet der Dinge (IoT). Eine Gleichsetzung mit CPS ist ebenfalls möglich, wird aber an dieser Stelle vermieden, um die Anlehnung an die Produktentwicklung klarer in den Vordergrund zu stellen.

Ähnlich verhält es sich mit den Smart Services. Hierbei handelt es sich um neuartige Dienste, die internetbasiert agieren und auf Smart Products aufsetzen. Somit sind sie Teil des Internet of Services (IoS). Die einzelnen Elemente von Industrie 4.0 werden in Abschn. 2.1.1 kurz eingeführt und in Kap. 4 ausführlich dargestellt.

Industrie 4.0 deckt somit alle relevanten Kernprozesse eines Unternehmens –

- Produktentstehungsprozess (PEP) mit Smart Products,
- Kundenauftragsprozess (KAP) mit Smart Factory und
- Sales und Aftersale mit Smart Services –

Schnittstellen zu den Kunden nutzt, um flexibler auf Anfragen reagieren zu können. Die Smart Factory beherrscht Komplexität, ist weniger störanfällig und steigert die Effizienz in der Produktion. In der Smart Factory kommunizieren Menschen, Maschinen und Ressourcen selbstverständlich miteinander wie in einem sozialen Netzwerk" [6].

Eine Smart Factory zeichnet sich darüber hinaus durch die Wandlungsfähigkeit seiner Produktionskapazität unter anderem durch eine dezentrale Steuerung, Effizienz der eingesetzten Ressourcen inklusive Nachhaltigkeit, ergonomische Gestaltung der Arbeitsplätze und der internen/externen Integration von Wertschöpfungsprozessen vom Lieferanten bis zum Endkunden aus. CPS (Cyber Physical Systems) spielen hierbei eine zentrale Rolle [1, 6].

Der letzte wichtige Begriff umfasst die Smart Products. Hierfür lautet die Definition: „Intelligente Produkte (Smart Products) verfügen über das Wissen ihres Herstellungsprozesses und künftigen Einsatzes. Sie unterstützen aktiv den Fertigungsprozess (,wann wurde ich gefertigt, mit welchen Parametern muss ich bearbeitet werden, wohin soll ich ausgeliefert werden etc.'). Mit ihren Schnittstellen zu Smart Mobility, Smart Logistics und dem Smart Grid ist die intelligente Fabrik ein wichtiger Bestandteil zukünftiger intelligenter Infrastrukturen" [6].

Verkürzt ausgedrückt handelt es sich somit bei Industrie 4.0 (kurz I 40) um die Verknüpfung von intelligenten Produkten (Smart Products) mit einer intelligenten Fabrik und Produktion (Smart Factory) [5]. Daher braucht es nicht verwundern, dass Smart Factory auch vielfach als Synonym für I 40 verwendet wird.

In diesen Definitionen für Industrie 4.0 spiegelt sich der anfängliche Fokus auf die Produktion wider. Mittlerweile wurde der Begriff erweitert auf Dienste, Geschäftsmodelle und Produkte. Somit ergibt sich aktuell für I 40 die in Abb. 2.1 gezeigte begriffliche Einord-

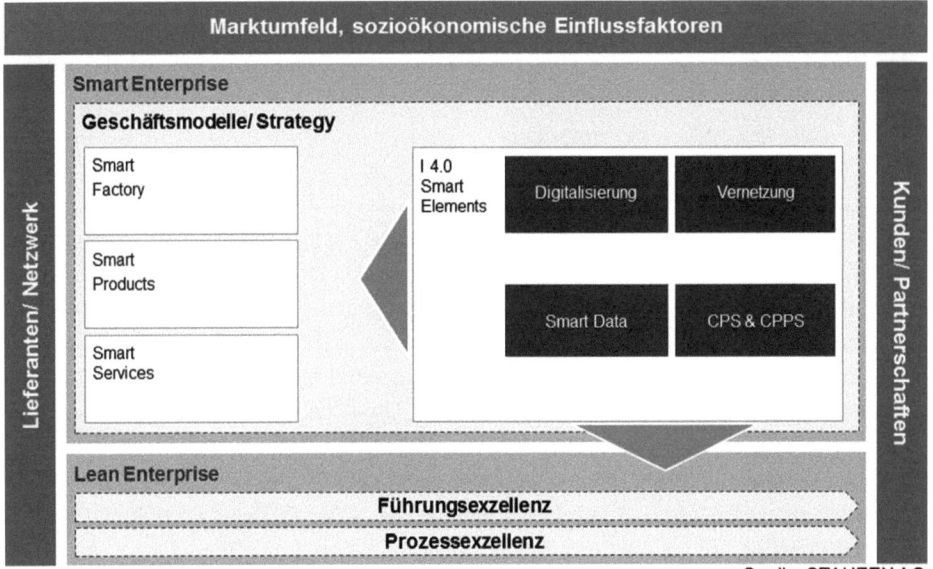

Abb. 2.1 Industrie 4.0 Definition

Standortbestimmung 2

Beim Thema Industrie 4.0 herrscht in Deutschland mittlerweile eine gewisse Aufbrauchstimmung [17]. Die Automobilindustrie ist hier technologisch in einer Führungsposition. So braucht es nicht zu überraschen, dass es in dieser Branche eine Vielzahl an praktischen Projektbeispielen gibt. Trotzdem herrscht über den Begriff beziehungsweise den Umfang von Industrie 4.0 noch Unklarheit [17]. Daher erscheint es sinnvoll, den Begriff aus Praktiker-Sicht darzustellen. Hierbei handelt es sich nicht um eine akademischen Ansprüchen genügende Definition, sondern vielmehr um eine Einordnung und Abgrenzung in parallel laufende Aktivitäten bei den OEMs (Original Equipment Manufacturer) und deren Zulieferer. Natürlich dürfen in solch einer Darstellung mögliche Chancen und Risiken nicht fehlen. Abgerundet wird die Darstellung mit vermeintlichen oder real vorhandenen Hindernissen.

2.1 Definition

Anfänglich waren die Begriffe Industrie 4.0 und Smart Factory sicherlich unscharf definiert. Dies hat sich aber in letzter Zeit gravierend geändert. Daher werden zuerst die wichtigsten Begrifflichkeiten in diesem Themengebiet wiedergegeben. Es wird bewusst zuerst auf eine Eigendefinition verzichtet.

„Im Mittelpunkt von Industrie 4.0 steht die echtzeitfähige, intelligente, horizontale und vertikale Vernetzung von Menschen, Maschinen, Objekten und ITK-Systemen zum dynamischen Management von komplexen Systemen" [3].

Auch für eine Smart Factory existiert eine hinreichend klare Definition:

„Einzelnes oder Verbund von Unternehmen, das / der IKT zur Produktentwicklung, zum Engineering des Produktionssystems, zur Produktion, Logistik und Koordination der

Literatur

1. Becker, H.: Auf Crashkurs, S. 44 (2005). Springer
2. Helmut Becker, BIP-Killer auf Rädern: Crasht die Automobilindustrie das Wachstum?, n-tv, 8/2014.
3. BITKOM, Fraunhofer IAO, Industrie 4.0 – Volkswirtschaftliche Potentiale für Deutschland, Studie, 2014.
4. Kagermann, H., Wahlster, W., Helbig, J.: Umsetzungsempfehlung für das Zukunftsprojekt Industrie 4.0 – Abschlussbericht des Arbeitskreises Industrie 4.0 (2013)
5. PWC-Studie, Industrie 4.0 – Chancen und Herausforderungen der vierten industriellen Revolution, 10/2014.
6. Dieter Späth (Hrsg.), Oliver Ganschar, Stefan Gerlach, Moritz Hämmerle, Tobias Krause, Sebastian Schlund, Produktionsarbeit der Zukunft – Industrie 4.0 Fraunhofer IAO Studie.
7. Newsletter Automotive IT, 3.2./2015.
8. Newsletter Automotive IT 13.4./2015.
9. Statistisches Jahrbuch 2014 Deutschland und Internationales.
10. VDA Jahresbericht 2014.
11. Wischmann, S., Angler, L., Botthof, A.: Industrie 4.0 Volks- und betriebswirtschaftliche Faktoren für den Standort Deutschland (2015). Bundesministerium für Wirtschaft und Energie

1.2 Historie

Die Motivation für den Begriff „Industrie 4.0" wurde schon in vielfältigen Publikationen sehr ausführlich dargelegt, siehe hierzu unter anderem [3, 4]. Daher wird dieses Thema hier nur sehr kurz dargestellt. Auffällig an der Entwicklung (siehe Abb. 1.2) sind der immer kürzer werdende Zeitraum zwischen zwei massiven Innovationsschüben („Sprünge" in Form einer neuen Revolution). Somit könnte eine „Industrie 5.0" in nicht so weiter Zukunft liegen.

Ein weiterer beachtenswerter Punkt ist, dass mit jeder Revolution ein Wohlstandsschub von einigen Bevölkerungsschichten beziehungsweise Ländern aber auch Verelendung in anderen Bereichen oder Ländern einhergegangen ist. Erkennt man Veränderungen und nutzt diese, kann dies zu einem erheblichen Anstieg des Wohlstandes eines ganzen Landes oder einer Region beziehungsweise Branche bedeuten. „Verschläft" man aber genau eine derartige Entwicklung, so kann auch das Gegenteil eintreten. Dies ist besonders für die sehr exportorientierte und auf die Produktion von Wirtschaftsgütern fokussierte deutsche Wirtschaft ein vitaler Punkt.

Generell ist anzumerken, dass die deutsche Industrie im Allgemeinen und die Automobilindustrie im Speziellen für das Thema Industrie 4.0 gut „aufgestellt" sind. Vor allem die Automobilindustrie hat in den vergangenen zwei Jahren erhebliche Fortschritte in diesem Umfeld getätigt. Hier könnten sicherlich einige Faktoren besonders positiv gewirkt haben. So ist der Automatisierungs- und Digitalisierungsgrad in der Automobilindustrie als sehr hoch anzusehen. Generell hat die deutsche Industrie durch das duale Ausbildungssystem und dem damit verbundenen qualitativ hohen Ausbildungsstand und der Anpassungsfähigkeit eine entsprechend hohe Flexibilität und Qualität in der Produktion zu verzeichnen, vor allem im Vergleich zu anderen Ländern wie den USA oder den asiatischen Ländern. Dieses hohe Niveau sorgt auch für ein gutes Fundament in Bezug auf die schnelle und nachhaltige Digitalisierung der Arbeitsplätze und den damit verbundenen Veränderungswillen.

Abb. 1.2 Die vier Industriellen Revolutionen

1.1 Motivation für Industrie 4.0

In Summe verdeutlicht dies, dass ein großer Bedarf an produktivitätsfördernden, aber auch flexibilitätsfördernden Maßnahmen und Ansätzen in der Automobilindustrie besteht. Industrie 4.0 wird als eine der Antworten auf diese Megatrends und die damit verbundenen Herausforderungen gesehen. Daher ist es kaum verwunderlich, dass laut einer Studie [5] folgende Kernaussagen getroffen werden:

- Industrie 4.0 führt zu einer höheren Produktions- und Ressourceneffizienz von −18 %.
- Industrie 4.0 ermöglicht neue, oftmals disruptive digitale Geschäftsmodelle.
- Digitalisierte Produktion und Services erwirtschaften zusätzlich 30 Mrd. € pro Jahr für die deutsche Wirtschaft.
- Digitalisierung des Produkt- und Serviceportfolios ist der Schlüssel zum nachhaltigen Unternehmenserfolg.
- Horizontale Kooperationen ermöglichen eine bessere Erfüllung von Kundenanforderungen.
- Industrie 4.0 transformiert das gesamte Unternehmen.
- Die integrierte Analyse und Nutzung von Daten ist die Kernfähigkeit im Rahmen von Industrie 4.0.

Eine weitere Studie der BITKOM gemeinsam mit dem Fraunhofer-Institut [3] belegt, dass der Automobilbau ein zusätzliches Wertschöpfungspotential von ca. 15 Mrd. € durch Industrie 4.0 bis zum Jahre 2025 erwartet. Derartige Zahlen variieren von Studie zu Studie nicht unerheblich, da teilweise unterschiedliche Einflussfaktoren berücksichtigt werden. Darüber hinaus sind Langzeitprognosen (also über 5 Jahre) naturgemäß mit einer gewissen „Streuung" in den Prognosen verbunden. Alleine die Berücksichtigung von Zinseffekten kann bei derartigen Zeiträumen einen sichtbaren Effekt liefern.

Die Motivationsfaktoren variieren etwas, wenn man eine Differenzierung zwischen Großunternehmen und KMUs (Klein- und Mittelständische Unternehmen) vornimmt. Bei Großbetrieben ist das Thema Qualitätssteigerung wesentlich ausgeprägter, wohingegen die Entwicklung neuer Dienstleistungen und die Kundenbindung bei den KMUs stärker ausgeprägt sind [11].

Ungeachtet der unterschiedlichen Motivationsgründe ist festzustellen, dass Industrie 4.0 in der deutschen Industrie „angekommen" ist. So nutzen bereits im Mittel ca. 44 % der Unternehmen aus den Bereichen Maschinenbau, Chemie, Elektrotechnik und Automobilindustrie Industrie 4.0-Anwendungen. Reduziert sich der Fokus auf die Automobilindustrie, so erhöht sich der Wert auf über 53 % [8].

Diese bisher sehr allgemeinen Bemerkungen werden in den folgenden Kapiteln detaillierter betrachtet. Um dies zu gewährleisten, erfolgt eine Fokussierung auf die Automobilindustrie im Allgemeinen und deren Produktion im Speziellen (da hier die Wertschöpfung erfolgt).

Arbeitskreis Industrie 4.0 [4]. Initiatoren und Treiber waren hierbei die Branchenverbände BITKOM, VDMA und ZWEI. Diese Verbände organisierten auch eine entsprechende Plattform mit der Aufgabe alle entsprechenden Arbeiten zu koordinieren. Industrie 4.0 ist Bestandteil der Hightech-Strategie der Bundesregierung mit dem Ziel den Wirtschaftsstandort Deutschland nachhaltig zu sichern.

Deutschland ist eine Industrienation, mit einem sehr starken Produktionsanteil. Das produzierende Gewerbe ohne Baugewerbe hatte im Jahre 2014 mit knapp über 25 % Anteil am Brutto Inlandsprodukt (BIP). Somit ist dieser Bereich nach dem Dienstleistungsbereich der wichtigste in Deutschland [7]. Gegenüber anderen EU-Ländern aber auch gegenüber der USA ist dieser Anteil ungewöhnlich hoch. Dies wird auch als einer der Gründe angeführt, warum Deutschland im Gegensatz zu anderen Ländern die Wirtschaftskrise von 2009 sehr schnell überwunden hat [6]. Laut statistischem Bundesamt [7] waren im Jahre 2013 von mehr als 26 Mio. Arbeitnehmern, mehr als 7 Mio. im produzierenden Gewerbe tätig. Der Anteil der Automobilindustrie am BIP beträgt hierbei rund 20 % [2]. Im Jahre 2013 waren über 750.000 Arbeitnehmerinnen und -nehmer in der Automobilbranche beschäftigt [10]. Somit ist ersichtlich, dass die Automobilindustrie für den Wirtschaftsstandort Deutschland von erheblicher Bedeutung ist.

Die Arbeitskosten in der Automobilindustrie belaufen sich auf ca. 20 % an den Gesamtkosten, kumuliert über die gesamte Wertschöpfung ergibt sich allerdings ein Wert von ca. 60–70 % [1]. Konkret kostet die Arbeitsstunde in Deutschland ca. 30–50 €, in Osteuropa ca. 11 €, in China rund 10 € und eine Roboterstunde verursacht Kosten in Höhe von etwa 3–6 € [7]. Dieser Punkt stellt eine erhebliche wirtschaftliche Herausforderung dar. Weitere Herausforderungen sind die stetig steigende Komplexität der Fahrzeuge in Kombination mit einem erheblichen Anstieg der Modellanläufe und einem damit verkürzten Produktentwicklungsprozess und einer reduzierten Produktlebenszyklus. Diese Herausforderungen und weitere sogenannte Mega-Trends, denen die Branche gegenüber steht, sind in Abb. 1.1 zusammengefasst.

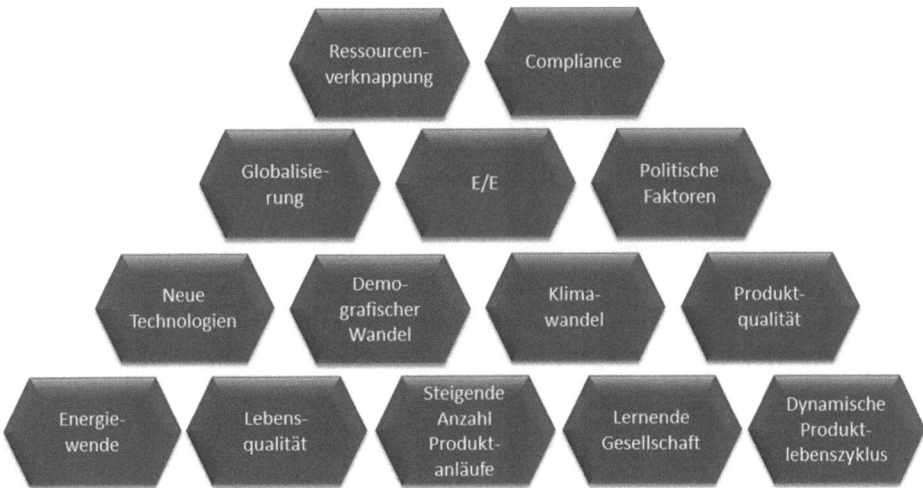

Abb. 1.1 Mega-Trends in der Automobilindustrie

Einführung 1

Bevor in die fachlichen und vor allem technischen Details von Industrie 4.0 eingegangen wird, erfolgt zuerst eine Erläuterung, warum das Thema speziell für die deutsche Wirtschaft und vor allem die Automobilindustrie von so großer Bedeutung ist. Darüber hinaus wird noch ein kurzer Abriss bzgl. der Namensgebung und der historischen Entwicklung von der ersten industriellen Revolution bis hin zur Gegenwart gegeben. Somit lässt sich das Thema in Summe besser einordnen.

Die Intention dieses Buches ist es, Anwender die Scheu vor Industrie 4.0-Projekten zu nehmen. Vielfach herrscht die Meinung vor, dass es zu wenige Lösungen von Anbietern verfügbar sind, Standards nicht vorhanden sind rsp. Industrie 4.0 einfach ein nicht greifbarer Begriff rsp. Hype-Thema ist, dass das eigene Unternehmen nicht betrifft. Das Buch soll einen Beitrag liefern, dass Thema an Hand von Beispielen greifbarer zu machen und gleichzeitig Ideen für eigene Umsetzungen liefern. Darüber hinaus soll es vor allem aufzeigen, dass Industrie 4.0 keine Vision mehr ist, sondern mehr und mehr zur Realität wird.

1.1 Motivation für Industrie 4.0

Industrie 4.0 entwickelt sich zum Buzz-Word in der IT-Branche und bei Anwendern. Auf der anderen Seite fehlt eine klare Definition. Somit entsteht für einen Außenstehenden der Eindruck, dass „Alles oder Nichts" Bestandteil dieser vermeintlichen Revolution ist, die sich auch noch sehr unrevolutionär gibt.

Ihren Anfang nahm diese Revolution mit dessen Präsentation auf der Hannover Messe 2011. Im Laufe des Jahres 2012 wurden Umsetzungsempfehlungen erarbeitet und anlässlich der Hannover Messe 2013 erfolgte die Präsentation des Abschlussberichtes vom

	8.3	Geschäftsmodelle	248
		8.3.1 Automobilhersteller	252
		8.3.2 Zulieferer	254
	8.4	Entwicklung	254
	8.5	Kundenauftragsprozess	256
		Literatur	257
9	**Produktion der Zukunft**		**259**
	9.1	Überblick	259
	9.2	Produktionssystem	261
	9.3	Presswerk	265
	9.4	Rohbau	265
	9.5	Lackiererei	266
	9.6	Fahrzeugendmontage	267
	9.7	Managementprozesse	268
		Literatur	269
10	**Reifegrad und Migrationsmodell**		**271**
	10.1	Voraussetzungen	272
	10.2	Ausgangssituation	272
	10.3	Reifegradmodell	273
		10.3.1 PEP und Produktionsplanung	275
		10.3.2 Kundenauftragsprozess	277
		10.3.3 Management 4.0	278
		10.3.4 Reifegradermittlung	279
		10.3.5 Roadmap aufstellen	280
	10.4	Migrationsmodell	281
		10.4.1 Konkrete Use Cases	281
		10.4.2 Konkretes Vorgehen und Umsetzungsstrategie	282
		Literatur	282
11	**Der Faktor Mensch**		**285**
	11.1	Veränderung in der Arbeitswelt	286
	11.2	Mensch-Maschinen-Interaktion	289
	11.3	Handlungsfelder	291
		Literatur	292
12	**Fazit und Ausblick**		**293**
	12.1	Zusammenfassung	293
	12.2	Blick in die Zukunft	294
		Literatur	296

	5.4	Engineering	107
		5.4.1 AutomationML	108
		5.4.2 CAD 3D-Darstellungsformate	110
	5.5	3D Druck	112
	5.6	IT-Security	112
	5.7	Cloud Computing	113
	Literatur		115
6	**Umsetzungen der Automobilhersteller und Zulieferer**		**117**
	6.1	Automobilhersteller	118
		6.1.1 Audi	118
		6.1.2 BMW	130
		6.1.3 Daimler	142
		6.1.4 John Deere	157
		6.1.5 MAN	160
		6.1.6 VW	162
	6.2	Zulieferer	167
		6.2.1 Bosch	168
		6.2.2 Continental	170
		6.2.3 SEW EURODRIVE	171
		6.2.4 WITTENSTEIN	175
	Literatur		177
7	**Lösungsanbieter**		**183**
	7.1	Lösungen von Industrieunternehmen	183
		7.1.1 Bosch	184
		7.1.2 Siemens	190
		7.1.3 WITTENSTEIN	202
		7.1.4 KUKA	206
		7.1.5 Festo	210
		7.1.6 SEW EURODRIVE	214
		7.1.7 Weitere Hersteller	217
	7.2	Lösungen von Softwareherstellern	217
		7.2.1 Microsoft	218
		7.2.2 HP	222
		7.2.3 IBM	228
		7.2.4 SAP	233
	7.3	Weitere Softwarehersteller	240
	Literatur		240
8	**Digitale Geschäftsprozesse**		**245**
	8.1	Definition und Abgrenzung	246
	8.2	Managementprozesse	247

	4.3	Sensitive Roboter	50
		4.3.1 Beschreibung	50
		4.3.2 Einsatzgebiete und Beispiele	52
	4.4	Big Data- und In-Memory-Technologie	54
		4.4.1 Beschreibung	55
		4.4.2 Einsatzgebiete und Beispiele	58
	4.5	Cloud Computing	60
		4.5.1 Beschreibung	60
		4.5.2 Einsatzgebiete und Beispiele	63
	4.6	IT-Security	65
		4.6.1 Beschreibung	66
		4.6.2 Einsatzgebiete und Beispiele	68
	4.7	Real Time Enterprise und mobile Lösungen	70
		4.7.1 Beschreibung	70
		4.7.2 Einsatzgebiete und Beispiele	71
	4.8	Vertikale Integration	72
		4.8.1 Beschreibung	73
		4.8.2 Einsatzgebiete und Beispiele	76
	4.9	Horizontale Integration	76
		4.9.1 Beschreibung	76
		4.9.2 Einsatzgebiete und Beispiele	77
	4.10	Assistenzsysteme in der Produktion und Logistik	78
		4.10.1 Beschreibung	78
		4.10.2 Einsatzgebiete und Beispiele	80
	4.11	Embedded Software	83
		4.11.1 Beschreibung	83
		4.11.2 Einsatzgebiete und Beispiele	83
	4.12	Digitale Fabrik	84
		4.12.1 Beschreibung	85
		4.12.2 Einsatzgebiete und Beispiele	87
	Literatur		89
5	**Standards**		95
	5.1	Gremien und Verbände	96
	5.2	Unternehmens- und Produktionssteuerungsebene	97
		5.2.1 Logistik-Optimierung mittels RFID	97
		5.2.2 Referenzarchitektur	98
		5.2.3 Datenaustausch mittel eCl@ss	101
		5.2.4 Adaptive Steuerung	103
	5.3	Automatisierungsebene	103
		5.3.1 OPC UA	104
		5.3.2 M2M	105
		5.3.3 Proprietäre Standards	107

Inhaltsverzeichnis

1	**Einführung**	1
	1.1 Motivation für Industrie 4.0	1
	1.2 Historie	4
	Literatur	5
2	**Standortbestimmung**	7
	2.1 Definition	7
	2.1.1 Elemente von Industrie 4.0	11
	2.1.2 Lean Management	12
	2.1.3 Digitale Fabrik	14
	2.2 Technologiebereiche und Zukunftsfelder	14
	2.3 Abgrenzung	16
	2.4 Chancen und Risiken	16
	2.5 Aktuelle Hindernisse	18
	Literatur	20
3	**Fachliche Grundlagen**	23
	3.1 Definition und Abgrenzung	23
	3.2 Produktionsplanung	25
	3.3 Kundenauftragsprozess	28
	3.4 Sales und Aftersales	31
	3.5 Supportprozesse und strategische Prozesse	32
	Literatur	32
4	**Technologien**	33
	4.1 3D-Drucker	33
	4.1.1 Beschreibung	34
	4.1.2 Einsatzgebiete und Beispiele	37
	4.2 Cyber-Physical System	38
	4.2.1 Beschreibung	39
	4.2.2 Machine-to-Machine	41
	4.2.3 Selbststeuernde Transporteinheiten	41
	4.2.4 Cyber Physical Production Systems	43
	4.2.5 Einsatzgebiete und Beispiele	45

autonom agierende Transporteinheiten und 3D-Drucker sind hier nur einige der Beispiele für entsprechende Ansätze. Darüber hinaus wird die IT einen deutlich höheren Stellenwert als aktuell in den Unternehmen einnehmen. Predictive Maintenance und Quality auf Basis von Big Data-Systemen stellen hier nur die Spitze des Eisberges dar. Diese neuen Technologien und Softwarelösungen bedingen aber auch eine entsprechende Weiterentwicklung der zugrunde gelegten Produktionssysteme. Speziell die Möglichkeiten und Auswirkungen von 3D-Druckern wird aktuell stark unterschätzt. Sie werden sowohl die Produktentwicklung als auch die Produktion gravierend verändern – nicht in fünf, aber in zehn bis 15 Jahren werden Automobilfabriken und die Zulieferernetzwerke eine deutlich andere Ausprägung ausweisen als dies bisher der Fall ist.

Köngen, im Dezember 2015　　　　　　　　　　　　　　　　　　　　　　　　Martin Haas
　　　　　　　　　　　　　　　　　　　Gründer und Vorstandsvorsitzender Staufen AG

Vorwort

Seit der Präsentation der ersten Ideen rund um Industrie 4.0 anlässlich der CeBIT 2011 und der Vorstellung einer Umsetzungsempfehlung im Oktober 2012 hat sich in Deutschland und vor allem in China viel getan. In beiden Ländern ist eine Aufbruchsstimmung zu erkennen. Darüber hinaus hat das Thema auch an inhaltlicher Reife gewonnen. Dies manifestiert sich in einer ganzheitlichen Betrachtung und weniger einer Fokussierung auf Produktionsthemen. Eine ähnliche Entwicklung hat auch Lean Management durchgemacht. Mittlerweile sind Lean-Themen aus keinem Bereich in den Unternehmen mehr wegzudenken. Eine ähnliche Entwicklung wird auch Industrie 4.0 erleben. Erste Anzeichen und Schritte in diese Richtung sind bereits getan.

Kaum eine Branche ist von dem Thema mehr betroffen als die Automobilindustrie. Sie sieht sich etwa mit Globalisierungs-, Demografie- und Umweltthemen konfrontiert. Es gilt, Innovationen bis an die Grenze des Machbaren voranzubringen. Die deutschen Hersteller haben eine weltweite Führungsposition im Premiumbereich erreicht und werden diese zukünftig verteidigen. Auch die gesamte Zuliefererbranche muss sich den aufziehenden Veränderungen stellen und Lösungskonzepte entwickeln. Es gilt, den Wirtschaftsstandort Deutschland zu stärken und damit unser aller Wohlstand zu sichern.

Die Brennpunkte von Industrie 4.0 liegen in den drei Bereichen Produktion (Smart Factory), Produktentwicklung (Smart Products) und neue Geschäftsmodelle und -strategien (Smart Services). Es wird immer mehr ein Management-Thema, da sich Entscheidungsprozesse und Unternehmensorganisationen gravierend verändern müssen und werden.

In allen Bereichen müssen neue Konzepte entwickelt und gewinnbringend umgesetzt werden. Ein Kernelement hierbei wird die Kombination zwischen Lean-Ansätzen und Industrie 4.0 sein. Die alleinige Technisierung der Produktion wird keine gravierenden und vor allem nachhaltigen Verbesserungen mit sich bringen. Diese Erfahrung hat die deutsche Industrie aus der CIM-Ära (Computer Integrated Manufacturing) gezogen.

Diese neuen Konzepte sind auch erforderlich, um im globalen Wettstreit zu bestehen und die Innovationsführerschaft zu behalten. Speziell im Premiumbereich werden seitens der Kunden sehr hohe Qualitätsanforderungen gestellt (Null-Fehler). Eine immer stärkere Modellvielfalt mit verschiedenen Antriebskonzepten werden die nächsten zehn Jahre den Markt beherrschen. Hierauf müssen die Automobilhersteller Antworten finden. Produktionsinseln, eine gesteigerte Automatisierung in der Endmontage mittels sensitiven Robotern,

Eine derartige Infrastruktur muss durch die Unternehmen neu aufgebaut werden. Besonders wichtig ist hierbei das Thema IT-Sicherheit und Anwendungs-Szenarien, siehe auch Abschn. 4.6. Ohne ausgefeilte Sicherheitskonzepte sind diese Konzepte auf private Clouds ohne Anbindung an externe Systeme beschränkt beziehungsweise im Kern in Frage gestellt. Hierbei ist zu beachten, dass nicht notwendigerweise auf Fremddaten zugegriffen werden muss.

4.2.2 Machine-to-Machine

Um diese neuartige Flexibilität in der Produktion zu erreichen, müssen CPS untereinander kommunizieren. Diese Machine-to-Machine (M2M)-Kommunikation erfordert die in Kap. 5 aufgezeigten Standards. Ohne das Vorhandensein dieser Standards sind proprietäre Insellösungen die Konsequenz mit dem damit verbundenen Optimierungsverlusten und Akzeptanzproblemen.

Die hohe Komplexität bei der Entwicklung von M2M-Lösungen beruht auf der großen Zahl an unterschiedlichen Technologien und Systemkomponenten, die beherrscht werden müssen. Aber gerade dieses effiziente Zusammenspiel von Hard- und Softwarekomponenten zeichnet derartige Lösungen aus. Die aktuell hier vorherrschende manufakturartige Erstellung von Lösungen birgt aber auch entsprechende Qualitätsrisiken. Wiederverwendung gestützt auf Standardisierung ist aktuell noch wenig verbreitet [48]. Die Service Delivery-Plattform basierend auf dem OSGI-Standard unterstützt hier in Richtung Standardisierung und damit Wiederverwendung von Lösungs-Bausteinen (siehe Kap. 5).

Durch den Einsatz von M2M-Lösungen lassen sich der Energie-, Zeit- und Ressourcenbedarf in der Produktion reduzieren. Speziell für die Fernwartung bieten alle großen Telekommunikationsanbieter entsprechende auch weltweit verfügbare Lösungen an, auch mit entsprechenden Bandbreiten unter Einhaltung definierter Service-Qualitäten.

4.2.3 Selbststeuernde Transporteinheiten

Es wurde bereits erwähnt, dass unter anderem die Logistikbranche im Brennpunkt von Industrie 4.0 steht. Durch die zunehmende Volatilität der Märkte sind neue innovative Konzepte erforderlich. Ein Ansatz ist die Dezentralisierung der Materialflusssteuerung und die Selbststeuerung von Logistiksystemen, speziell in der Intralogistik (also die innerbetriebliche Logistik und Materialfluss). Der Vorteil wäre unter anderem die Skalierbarkeit des Ansatzes, erhöhte Robustheit gegenüber Störungen und die schnellere Planung [96]. Derartige Ansätze unterstützen auch die Wandlungsfähigkeit der Produktion. CPS in Form von sogenannten autonom agierenden und selbststeuernden Transporteinheiten werden hier vielfach als Lösung propagiert. Diese Systeme sind verwandt mit AGVs (Automated Guided Vehicle). Eine ebenfalls gebräuchliche Bezeichnung ist „Fahrerloses Transportsystem" (FTS) oder „Fahrerlose Transportfahrzeuge" (FTF). Für FTS existiert eine VDI-Definition in Form von „innerbetrieblichen, flurgebundenen Fördersystemen mit automatisch gesteuerten Fahrzeugen, denen primär Aufgaben der Materialtransport ... ist", VDI 2510 [96, 99]. In der VDI 2510 werden auch Angaben bezüglich Sicherheit, Schnittstellen, ganzheitlicher Planung und Kompatibilität gemacht. FTS weisen folgende Elemente [96] auf:

- Zentrale Steuerung (Leitsteuerung),
- Kommunikationskomponente,
- Navigationssystem,
- Warn- und Sicherheitseinrichtung sowie
- Weitere periphere Einrichtungen.

Bei autonom fahrenden Einheiten fehlt allerdings die Spurführung. Somit entsteht eine erhöhte Flexibilität. Derartige Systeme weisen also gewisse Ähnlichkeiten mit sensitiven Robotern auf. Vertreter hiervon sind auch mobile Werkbänke", die Mitarbeiter in der Produktion begleiten und eine Verknüpfung/Kombination mit Bearbeitungseinheiten oder (sensitiven) Robotern darstellen.

Eine Eingruppierung von FTF erfolgt in ziehende und tragende Transporteinheiten. Der Fahrweg ist hierbei fest vorgegeben (fahrerlose Transportsysteme) oder flexibel/situativ (autonome Transportsysteme). Um eine entsprechende Optimierung des Materialflusses zu erreichen, ist dessen automatische Steuerung von gravierender Bedeutung. Hierzu sind entsprechende Sensoren und Aktoren erforderlich. Die Steuerung erfolgt entweder zentral, hierarchisch oder dezentral. Durch die Verknüpfung von Transporteinheiten mit Diensten (etwa für die Koordination oder Visualisierung) kann hier auch vom Internet der Dinge in der Intralogistik gesprochen werden [96]. Zur Verortung und Steuerung derartiger Transporteinheiten dienen vielfach RFID. Die Kommunikation [96] erfolgt über

- Kommunikationsschleifen, die im Boden integriert sind,
- Infrarot und
- Schmalbrand- oder Breitbandkommunikation,

Derartige Systeme sind besonders für den Transport und die Verteilung von Materialien in der und für die Produktion geeignet. Daneben ist ein begrenzter Einsatz im Bereich Sequenzierung und Pufferung möglich. Fahrerlos fahrende Systeme sind allerdings keine „Erfindung" von Industrie 4.0. Diese gibt es bereits seit rund 60 Jahren. Der Markt wird durch europäische Firmen dominiert. Jungheinrich war in Deutschland eine der ersten Firmen, die derartige Systeme in den frühen 60er-Jahren bei Kunden, unter anderem in der Automobilbranche, einführte [85]. „Neu" hingegen ist das autonome Fahren derartiger Systeme, ohne die schon angesprochene Spurführung.

Durch die entsprechende Kopplung der Systeme können schwarmbasierte oder agentenbasierte System entstehen. Die größten derartigen Systeme weisen über 500 FTS in einem Warenlager auf. Ungeachtet der technologischen Entwicklung zwingen FTS zur Strukturierung und Ordnung (zum Beispiel klare Definition von Fahrwegen und Stellplätzen in der Produktion) [85].

4.2.4 Cyber Physical Production Systems

Um nun die vollen Vorteile aus CPS und M2M-Kommunikation zu ziehen, bedarf es der schon angesprochenen, neuartigen Produktionssteuerungssysteme – den CPPS (Cyper Physical Production Systems). Wie schon erwähnt, steckt die Entwicklung derartiger Systeme noch in den Anfängen. Auf der anderen Seite existieren für agile Produktionssysteme seit Mitte der 90er-Jahre praktikable Ansätze, die auch schon ihre Praxistauglichkeit bei einem deutschen Premiumhersteller unter Beweis gestellt haben [69, 102]. Hierbei erfolgte sowohl eine logische als auch eine physikalische Re-Konfiguration der Produktion. Erreicht wurde dies auf der physikalischen Ebene über modulare Maschinen und Arbeitszellen, auf der logischen Ebene über dynamische Steuerungspläne und einen minimalen menschlichen Eingriff [69, 102]. Aktuelle Ansätze finden sich in [33]. Darüber hinaus existieren mit sogenannten schwarmbasierten Ansätzen weitere Lösungsmöglichkeiten. Auch hier gehen die Anfänge in die 90er-Jahre zurück [102].

Die angedeutete Flexibilität in der Produktion muss natürlich schon beim Produktentwurf entsprechend berücksichtigt werden. Als Konsequenz ergibt sich zwangsläufig, dass dieser somit deutlich komplexer ausfallen wird, als er bisher schon ist, da zumindest der Flexibilitätsgrad bereits zum Planungszeitpunkt bekannt sein muss, um dann im produktiven Betrieb die erforderlichen Änderungen schnell umzusetzen. Dies gilt vor allem für die Automobilhersteller. Bezüglich der Fertigungstechnologien (Presswerk, Karosserierohbau, Lackiererei, Fahrzeugendmontage [58]) wird sich dies vor allem rund um alle Tätigkeiten in der Fahrzeugendmontage auswirken, da hier durch CPS das größte Potential liegt. Diese Flexibilität wird aber auf Grund stark volatiler Märkte nicht mehr ausreichen, um wirtschaftlich am Markt bestehen zu können. Aktuell geraten die Hersteller im Umgang mit dem Komplexitäts- und Variantenmanagement bereits an ihre Grenzen. Die Automobilfabrik der Zukunft muss demzufolge wandlungsfähig werden. Die Wandlungsfähigkeit einer Fabrik ist also somit deren Potential, sich bei minimalem Aufwand beliebige Fahrzeuge herzustellen. Eine derartige Fabrik kommt somit ohne einen vorherig eingeplanten Ressourcenvorhalt aus [82]. Hierbei stellen Lean-Ansätze und deren Prinzipien die fachliche Basis und Grundlage dar. Sie machen es erst möglich, die auftretende Komplexität beherrschbar und umsetzbar zu machen und sind die Basis für Wandlungsfähigkeit [90].

Generell ist zu berücksichtigen, dass die bereits angesprochenen Fertigungsinseln ausschließlich für komplexe Fertigungen als Optimierungspotential interessant sind. Klassische JIT/JIS (Just in Time/Just in Sequence)-Zulieferwerke mit einer einfachen über einige Schritte gehende Vormontage gefolgt von verschiedenen Endmontagen eignen sich für derartige Konzepte sicherlich erst mal weniger.

Das Ziel in der Automobilproduktion ist, ein vom starren Takt entkoppeltes und damit vollflexibles Produktionssystem zu entwickeln und zu betreiben. Zwingende Voraussetzung ist hier ein weitestgehend integriertes Produktionssystem. Konkret lässt sich das Fahrzeug schon frühzeitig auf eigene Räder stellen. Es wird also selbst zum sich autonom bewegenden CPS. Somit kann das Fahrzeug den Produktionsablauf selbständig steuern. Durch den dezentralen Ansatz sind Einzelmontagen mit unterschiedlichen Taktzeiten möglich. Damit wird eine entsprechende Flexibilität erreicht [7]. Inwieweit derartige Szenarien praktisch umsetzbar sind und auch entsprechende Verbesserung bringen, wird die Zukunft zeigen. Alternativ kann das Fahrzeug auf einer sich autonom bewegenden Transporteinheit sukzessive montiert werden. Hierüber lässt sich eine noch höhere Flexibilität im Produktionsablauf erreichen. Erste konkrete Umsetzungsbeispiele auf Zuliefererseite liefert etwa SEW.

Mittels CPS wird ein in der Informatik weit verbreiteter Ansatz in Form von Plug-and-Play (also „anstecken und es funktioniert") umgesetzt. Auf diese Weise ist eine schnelle und kostengünstige Veränderung der Produktion möglich.

Bei all der Euphorie darf nicht vergessen werden, dass vor allem bei Produktionen von sicherheitskritischen Teilen eine entsprechende Dokumentation erforderlich ist. Diese muss nun um die Art der Maschinenvernetzung erweitert werden. Auch hier entsteht also ein gesteigerter Aufwand. Die Daten müssen darüber hinaus archiviert und somit einem Data LifeCycle unterzogen werden. Auch hier entsteht nochmals ein zusätzlicher Aufwand, da neben den reinen Produktdaten auch die Konfiguration der Produktion mit abgespeichert werden muss. Generell unterliegt die Produktion sicherheitskritischer Teile spezifischen Restriktionen. Somit unterliegt auch der Wandlungsgrad entsprechenden Restriktionen und der Selbststeuerung sind entsprechende Grenzen gesetzt.

Ein weiterer wichtiger Punkt bei CPPS ist die Inbetriebnahme. Hier gilt es, die richtigen Abnahmekriterien zu definieren. Verlängerte Testphasen mit unterschiedlichen Konfigurationen der CPS sind erforderlich. Insgesamt ist anzumerken, dass die Sache komplizierter und damit aufwendiger wird. In diesem Zuge muss sichergestellt werden, dass die Wandelbarkeit entsprechend optimale Ergebnisse hinsichtlich Konfiguration der CPS liefert. An formalen Beweismethoden wird man wohl nicht herum kommen.

Auch hier gilt wieder, dass die Mensch-System-Schnittstelle nicht vernachlässigt werden darf. Der Mensch wird sicherlich die letzte Kontrollinstanz auch hinsichtlich Wandelbarkeit sein und dafür sind entsprechende Oberflächen und Interaktionsmechanismen erforderlich. Hierbei wird unternehmensspezifisch sicherlich ein entsprechender Erfahrungsschatz aufgebaut werden müssen. Diesen gilt es zu dokumentieren, um zukünftig schneller durch optimale Konfiguration auf geänderte Rahmenbedingungen reagieren zu können [63].

Ein konkreter aktueller Ansatz zur Realisierung basiert auf dem agentenbasierten Ansatz [34]. Hierüber erfolgt die Kommunikation etwa auf Basis der OPC UA (siehe Kap. 5). Die Semantik der Nachrichten kann hierbei über agentenbasierte Sprachen wie der Agent Communication Language erfolgen [34]. Auch die in Kap. 5 eingeführte Komponentenarchitektur kann wertvolle Dienste liefern. Hierüber kann die Architektur festgelegt werden und es ist sichergestellt, dass ein einheitliches Komponentenverständnis vorliegt.

Ähnliche Trends existieren auch in der Logistik. Durch die immer stärkere Individualisierung der Produkte entstehen entsprechend flexible Materialflüsse. In letzter Konsequenz bedeutet dies, dass auch die Logistik und deren Lösungen flexibler werden müssen. Der Trend geht hier ebenfalls weg von starren Lösungen hin zu zellularen Transportsystemen. Im nächsten Schritt finden autonom agierende Transportsysteme Anwendung. Dies gilt für den innerbetrieblichen aber auch für den außerbetrieblichen Transport.

4.2.5 Einsatzgebiete und Beispiele

Es existieren eine Vielzahl von Beispielen im Bereich CPS und M2M. Es darf aber nicht verschwiegen werden, dass noch nicht für alle Bereiche und Anwendungsfälle entsprechende Produkte vorhanden sind. Die Auswahl erfolgt zwangläufig subjektiv. Eine Anwendung von M2M ist die Fernüberwachung, -kontrolle und -wartung von Maschinen, Anlagen und Systemen. Maschinen melden sich selbständig, falls eine Wartung erforderlich ist. Darüber hinaus finden CPS im Bereich fahrerlose, autonome Transportsysteme wie Rutenzügen Anwendung [16].

Weitere Beispiele sind RFID-basierte Kanban-Systeme, wie sie etwa die Firma Würth anbietet (siehe Abb. 4.4). Hierbei erfolgt funkgesteuert die Übermittlung der Artikel- und Behälterdaten von der Produktion des Endkunden über ein ERP-System zum Lager des jeweiligen Zulieferers [90].

Somit können frühzeitig Bedarfsschwankungen identifiziert werden und eine Nachbestellung erfolgt ohne zeitaufwendiges Abscannen oder gar manuelle Eingabe. Es kommen sogenannte passive RFID-Transponder zum Einsatz. Die möglichen Varianten sind hier sehr vielfältig. Sie reichen von intelligenten Regalböden (in dem der Leerbehälter mit dem RFID-Tag darauf positioniert wird) über intelligente Palettenboxen bis hin zu Lösungen für C-Teile, die beim Unterschreiten eines definierten Mindestgewichtes eines Behälters eine automatisierte Nachbestellung steuern. Eine manuelle Datenerfassung wird also generell überflüssig.

Ein ganz anderer Ansatz wird in [36] eingeschlagen. Hier wird eine CPS-Kollaborationsplattform propagiert. Hierüber soll in Echtzeit eine Orchestrierung von Diensten realisiert werden. Eine Umsetzung dieser Vision wird durch das „Virtual Fort Knox" von HP vorangetrieben (siehe Kap. 6), in Kooperation mit der Firma Wittenstein und dem Fraunhofer-Institut.

In der Automobilindustrie werden FTS seit den 70er-Jahren intensiv eingesetzt. Beispiele waren und sind mobile Arbeitsplätze in der Vormontage, Gabelstapler, Kommissionierung und Materialanlieferung im Lager [85].

Quelle: Würth

Abb. 4.4 RFID-Kanban-System. (Würth)

Abb. 4.5 Autonomes, mobiles Assistenzsystem. (SEW)

Quelle: SEW EURODRIVE

Ein weiteres Beispiel ist der autonome, mobile Assistent der Firma SEW-EURODRIVE. Das Unternehmen entwickelte in den vergangenen Jahren unter der Ägide von Herrn Soder autonom fahrende Transporteinheiten und er bewegte das Unternehmen weiter in Richtung Industrie 4.0. Hierzu gehören auch mobile Fertigungsinseln und Systeme für die Outboundlogistik. Um auch anderen Unternehmen die Technologie zugänglich zu machen, erfolgt eine aktive Vermarktung der Lösungen. Das Ziel seitens SEW ist es hierbei, dass Produktionseinheiten global vernetzt werden und sich selbständig organisieren, um Fertigungsaufträge zu erledigen. Hierbei ist es erforderlich, die reale und virtuelle Welt miteinander zu verschmelzen und die einzelnen Maschinen müssen in der Lage sein, autonom Entscheidungen zu treffen. Die einzelnen Fertigungsinseln müssen flexibel und skalierbar sein (und sind es aktuell auch). Somit kann durch eine unterschiedliche Anzahl an Mitarbeitern hochflexibel auf die jeweilige Auftragslage reagiert werden. Darüber hinaus können die einzelnen Fertigungsinseln an veränderte Kundenaufträge angepasst werden. SEW setzt somit seine eigene Interpretation eines CPPS um.

Die von SEW entwickelten autonom agierenden Systeme sind in der Lage, eigenständig Tätigkeiten auszuführen (siehe auch Abb. 4.5). Die Fahrzeuge sind mit einer hybriden Energieversorgung ausgestattet. Auf den fest vorgegebenen Hauptstrecken erfolgt die Versorgung über induktives Laden (also kontaktlos). Auf den variablen Nebenstrecken erfolgt die Stromversorgung batteriegetrieben. Hierfür verfügen die Fahrzeuge über Doppelschicht-Kondensatoren. Über einen Gleichspannungswandler kann die Energie situativ geregelt werden. Ein Aufladen ist hierbei nicht erforderlich. Somit ist ein Dreischichtbetrieb möglich. Über den hybriden Ansatz besteht eine maximale Flexibilität bei möglichst geringen Kosten. Flexible Fertigungsstrukturen mit dynamischen Wegen können somit über derartige Fahrzeuge umgesetzt werden.

Wichtig für den praktischen Einsatz ist deren Skalierbarkeit. Es können ein oder mehrere Systeme einer Montageinsel zugeordnet werden. Sie übernehmen innerhalb einer Fertigung dedizierte Aufgaben. Diese Systeme müssen mit dem jeweiligen Produktionsauftrag gekoppelt werden und können verschiedenste Aufgaben entlang der Fertigungslinie beziehungsweise Fertigungsinseln durchführen beziehungsweise Mitarbeiter in ihrer Arbeit unterstützen. Somit entsteht ein kollaboratives Mensch-Maschine-Arbeiten, wie es auch bei sensitiven Robotern der Fall ist. Einsatzgebiete derartiger Systeme reichen

4.2 Cyber-Physical System

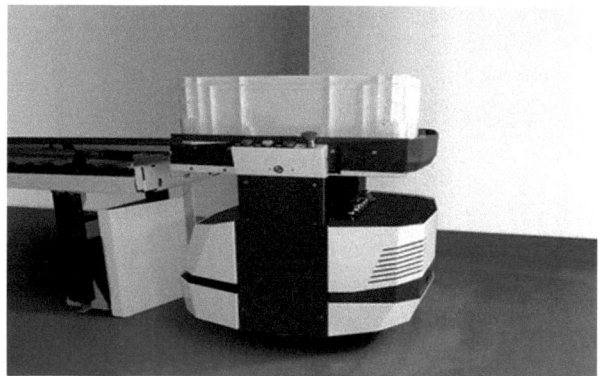

Abb. 4.6 FTS der Firma InSystems Automation. (Pressemitteilung)

Quelle: InSystems Automation

von der Montage bis hin zu verschiedensten Logistiktätigkeiten. Ein „Umprogrammieren" erfolgt durch „Drag & Drop". Bei einem Systemausfall können andere Systeme die Aufgabe selbständig übernehmen [40]. Weitere Einzelheiten zum SEW-Portfolio finden sich im Kap. 6.

Es gibt eine große Anzahl an Anbieter von FTS. Ein weiterer Vertreter ist etwa die Firma InSystems Automation. Die Fahrzeuge verfügen über ein eigenentwickeltes Navigationssystem, sind batteriebetrieben und mittels Laserscanner erfolgt die intelligente Fahrzeugsteuerung (siehe Abb. 4.6). Hierbei werden auch kundenindividuelle Lösungen entwickelt. Dieses Beispiel steht somit bewusst in einem gewissen Kontrast zu SEW, das sehr standardisierte, fertige Lösungen anbietet. Es soll hier vielmehr das weite Spektrum an Lösungsanbieter aufgezeigt werden.

Um die Fahrzeuge in Betrieb zu nehmen, wird einmalig mit dem FTS eine 2D-Umgebungskarte erzeugt. Eine Nachbearbeitung auf einem PC ist hierbei möglich. Darüber hinaus werden bei der Konfiguration auch Zielpunkte, Lade- und Parkpositionen festgelegt. Weitere Parameter sind Bereiche, die für das Fahrzeug gesperrt sein sollen und Einbahnstraßen. Auf Basis der Umgebungskarte berechnet jedes Fahrzeug selbständig seinen Transportweg pro Transportauftrag. Es erfolgt auch eine Kommunikation mit anderen Fahrzeugen. Treten unerwartete Hindernisse auf, so erfolgt ebenfalls autonom die Berechnung einer Ausweichroute. Basis ist eine zentrale Auftragsverwaltung. Zur Energieversorgung werden Lithium-Akkus (also Trockenbatterien, genau LiFeYPo4) eingesetzt. Die eingesetzten Batterien erlauben kurze Ladezeiten (teilweise im Minutenbereich). Im Allgemeinen erfolgt ein Aufladen im laufenden Betrieb, also etwa beim Be- und Entladen (somit im Bereich von 40–60 Sekunden). Parallel sind separate Ladestationen möglich. Analog zu anderen Lösungen verfügt auch diese über entsprechende Sicherheitsfunktionen [97]. Wie schon erwähnt, passt sich dieses System an Veränderungen der Produktionsfläche oder Abläufe schnell und leicht an. Durch den dezentralen Ansatz wird die Redundanz erhöht und Ausfälle reduziert. Wichtig ist eine WLAN-Ausleuchtung (Wireless LAN). Es besteht ein Problem bei sehr unebenen Böden. Leichte Unebenheiten hingegen können gut bewältigt werden.

Abb. 4.7 Lösungen von Jungheinrich. (Pressemitteilungen)

Quelle: Jungheinrich

Jungheinrich hat sich quasi als deutscher Pionier im Bereich der fahrerlose Transporteinheiten vom klassischen Anbieter von Förderfahrzeugen und Gabelstapler hin zum Systemanbieter gewandelt, aber ohne seine Wurzeln und Identität zu verlieren. Das Unternehmen tritt als Komplettanbieter im Bereich Lagersysteme auf (siehe Abb. 4.7). Es wird nicht nur die Fördertechnik für den Betrieb eines derartigen Lagers angeboten, sondern auch die gesamten IT-Systeme. Somit wird der gesamte Bereich der Intralogistik abgedeckt. Hierbei kommuniziert das Warehousemanagementsystem mit den im Lager eingesetzten Förderfahrzeugen und etwa den Liftsystemen (z. B. Lift Regal LRK und das Jungheinrich Paternoster Regal PRK). Unterstützt werden Anwender durch ein Lagernavigationssystem zum schnellen und automatischen Auffinden der Materialien auf kürzestem Weg. Hierüber wird der Gabelstapler automatisch positioniert. Die Identifizierung erfolgt beispielsweise über RFID. Mittels des Staplerleitsystems erfolgt eine Wegoptimierung, Verwaltung der Fahrzeugpools und etwa die Vergabe von Transportaufträgen an das „passende" Fahrzeug [74]. In Summe entsteht ein voll automatisiertes Lager [52]. Es gehören auch mehrere unterschiedliche FTS zum Leistungsspektrum des Unternehmens (siehe Abb. 4.7). Allen Fahrzeugen ist gemein, dass sie über eine optimierte Transportwegsteuerung verfügen. Die Geräte variieren unter anderem bezüglich der Traglast.

Darüber hinaus gab und gibt es verschiedenstes Forschungsvorhaben in diesem Umfeld (z. B. KARIS, ARMADA) [54]. Hier sind auch verschiedenste Fraunhofer-Institute entsprechend beteiligt. Weitere Anbieter sind etwa:

- Aethon,
- Hitach,
- Kivnon logistics,
- System Logistics,
- Robotnik,
- Grenzebach,
- MLR Gruppe,
- TMS Automotion,
- RMTRobotics.

4.2 Cyber-Physical System

Die Liste erhebt keinerlei Anspruch auf Vollständigkeit, da der Markt stark in Bewegung ist. Es existiert aber eine Vielzahl von Anbietern mit teilweise unterschiedlichen Lösungsangeboten und Einsatz-Szenarien. Die Unternehmensgrößen und deren globale Präsenz variieren ebenso erheblich. Eine Auflistung aller relevanten Hersteller von FTS findet sich etwa in [85]. Zusätzliche Beispiele in Verbindung mit sensitiven Robotern finden sich in Abschn. 4.3.2.

Weitere konkrete Umsetzungen für CPS, speziell aus der Logistik [35], sind

- ein smarter Luftfrachtcontainer,
- eine intelligente Handelspalette mit RFID,
- die Fördertechnik,
- der Behälterschwarm und
- die dezentrale Steuerung von Förderanlagen.

Generell findet RFID (Radio Frequency Identification) immer mehr Verbreitung und ist in der Inbound-Logistik eine der Schlüsseltechnologien.

Durch den Einsatz von CPS reduzieren sich die Aufwände für Bestandführungs-, Buchungs- und Inventurprozesse. CPS ergänzen darüber hinaus auch Kanban- und JIT-/JIS-Prozesse in Richtung einer stärkeren Dynamisierung und damit wesentlich kurzfristigere Anpassungen der Bestände und der Transportmengen [38]. Nicht zu vernachlässigen ist auch die deutliche Reduzierung der Prozesskomplexität durch den Einsatz derartig „intelligenter" Maschinen.

Auch das Thema Traceability lässt sich durch CPS leichter umsetzen. Der Aufenthaltsort und die Verarbeitungshistorie können auf den Produkten gespeichert werden (Stichwort: digitales Produktgedächtnis) und sind somit jederzeit abrufbar. Nach Fertigstellung sollten diese Informationen auf zentralen Systemen gespeichert werden und stehen damit für weitere Analysen zur Verfügung [38].

Ein weiteres Beispiel ist der „intelligente Gabelstapler". Durch die Kombination mehrerer Ortungs- und Kommunikationstechnologien (unter anderem mittels GPS) wird dem Fahrer auf seinem Tablet die optimale Route angezeigt. Zur Kommunikation mit der Umgebung dienen RFID und entsprechende Sensoren. Auch können hierüber Waren identifiziert und zusätzliche Informationen abgerufen werden. Somit „weiß" der Gabelstapler selber, wo er sich gerade befindet [50].

Durch den vermehrten Einsatz von Sensoren in CPS haben die Hersteller die Möglichkeit, ein wesentlich detaillierteres Bild des Nutzungsverhaltens ihrer Kunden zu erhalten. So können hierüber zukünftig Garantieansprüche wesentlich genauer geprüft werden und eventuell Verstöße gegen Garantiebedingungen aufgedeckt werden.

Diese hier aufgeführten Anwendungsbeispiele sind eng verbunden mit dem Thema Real Time Enterprise (siehe Abschn. 4.7).

Aktuell gibt es auch Bestrebungen in Richtung kleinskaliger und kostengünstiger „low-cost-Fahrzeuge" mit entsprechend geringerer „Intelligenz". Autonomes Agieren derartiger Systeme ist nicht möglich [54].

4.3 Sensitive Roboter

Roboter gelten als der Inbegriff der Automatisierung. Aber auch hier ergeben sich durch neuartige Ansätze weitergehende Einsatzgebiete, die die Produktionswelt nachhaltig verändern werden und damit weitere Optimierungspotentiale eröffnen. Alle Aktivitäten rund um diese sensitiven Roboter sind eng verknüpft mit CPS und einer M2M-Kommunikation.

4.3.1 Beschreibung

Roboter finden klassischerweise in dem vollautomatisierten Karosserierohbau oder etwa bei der Fertigung von Elektronikbauteilen Anwendung. Typischerweise ist hier die Variantenvielfalt wesentlich geringer als etwa in der Fahrzeugendmontage. Die Komplexität im Karosserierohbau entsteht durch die sehr unterschiedlichen Fertigungstechniken (Kleben, Schweißen, …) [58]. In der Fahrzeugendmontage besteht auf Grund der hohen Variantenvielfalt die größte Komplexität und damit auch der höchste manuelle Arbeitsanteil und damit verbunden der geringste Automatisierungsgrad. Hier werden unter anderem sehr schwere Teile wie Motoren und Getriebe montiert. So hat Daimler für die Endmontage der S-Klasse einen ca. 90 %-igen manuellen Arbeitsanteil [73].

Robotertätigkeiten waren hierbei in der Vergangenheit strikt von menschlichen Tätigkeiten (etwa durch Gitterboxen) getrennt [28]. Aber gerade im Bereich der Endmontage kann durch den Einsatz von neuartigen Robotern, die über feinfühlige Gelenkmomentsensoren verfügen, eine Verbesserung erreicht werden. Roboter können entsprechende Tätigkeiten in Verbindung mit ihren menschlichen Kollegen durchführen. Der Mensch wird damit von körperlich schweren Arbeiten weiter entlastet oder bei ergonomisch ungünstigen Tätigkeiten (Innenausbau, Himmelmontage) unterstützt (siehe Abb. 4.8).

Abb. 4.8 Sensitive Roboter. (Kuka)

Quelle: Kuka

4.3 Sensitive Roboter

Sensitive Roboter werden vielfach in Leichtbauweise hergestellt. Damit ist auch ein geringerer Energieverbrauch solcher Helfer verbunden. Derartige Ansätze werden auch bei Greifsystemen eingesetzt (hier auch in Form mobiler Vertreter). Die Mobilität kann durch das manuelle Verschieben oder durch das autonome Fahren erfolgen (siehe auch Abschn. 4.2.5). Um nun variabel einsetzbar zu sein, müssen derartige Systeme verschiedene Werkstücke und variable Greifweiten beherrschen [83].

Unabhängig vom Einsatz-Szenario erkennen die Sensoren, ob das jeweilige Objekt korrekt gehalten wird. Bei einem Fehlgriff ist das System in der Lage, den Griff zu korrigieren. So sind auch Präzisionsgriffe möglich. Ferner ist der erforderliche Krafteinsatz situativ durch den Roboter steuerbar. Derartige Systeme existieren bereits aus der „vor Industrie 4.0"-Zeit. Auch wurde durch verschiedenste Roboterhersteller erfolgreich die menschliche Hand nachempfunden inklusive Rechts-links-Unterscheidung [76].

Um die Interaktion mit Menschen zu ermöglichen, reagieren diese Systeme mittels Kraft-Sensoren auf geringste äußere Kräfte und realisieren somit einen Kollisionsschutz (analog zu FTS). Tritt ein unerwarteter Kontakt auf, so wird die Bewegungsgeschwindigkeit sofort auf ein Minimum reduziert. Durch dieses „Hand-in-Hand"-Gehen von Mensch und Roboter lassen sich Kosten für Sicherheitsvorrichtungen einsparen (auf der anderen Seite entstehen durch eine aufwendige Sensorik erhebliche Mehrkosten). Ein weiteres Sicherheitsmerkmal sind sensorgestützte Überwachungsräume.

Formal ist deren Einsatz von sensitiven Robotern durch verschiedene ISO-Normen festgelegt. Hierzu gehören ISO 10218 und ISO 13855 [47, 48, 49, 63]. Sichergestellt wird der „sichere" Umgang mit dem Menschen durch Sensoren in Form von Laserscannern oder etwa Lichtgittern.

Sensitive Roboter lassen sich auch wesentlich flexibler (meist über Änderung einzelner Parameter beziehungsweise durch die erwähnte „Programmierung") als ihre konventionellen Vertreter in sich verändernde Produktionsumgebungen integrieren. Genau diese Flexibilität wird vermehrt in I40-Szenarien erforderlich sein.

Der Austausch von Daten und Informationen bedarf entsprechender, vorhandener Standards (wie AutomationML und PLCopen, siehe Kap. 5). Für die Konfiguration beziehungsweise den Betrieb ist ein weitestgehend vollständiges und hinreichend genaues 3D-Modell des Produktes und der Produktion erforderlich. Auch muss das Modell entsprechend aktuell gehalten werden (sowohl bezüglich Produktänderungen wie der Geometrie oder Gewicht aber auch die dynamische Veränderung der Produktionsumgebung). Für die Interaktion zwischen Mensch und Maschine siehe Kap. 13. Generell existiert hier aus der Consumer-Elektronik breites Erfahrungswissen, auch bei den Anwendern. Ausschließlich die Robustheit derartiger Ansätze für den industriellen Gebrauch schränkt deren Verbreitung aktuell noch etwas ein. Generell ist die Sensordatenauswertung softwaretechnisch aufwendig und bedarf einer entsprechenden Rechen- und Netzleistung. Durch die Auslagerung (etwa in privaten Clouds) könnte diese zentralisiert werden und die Robotersysteme entsprechend „schlank" gehalten werden. Auch besteht die Möglichkeit, dass Roboterhersteller Sonderaufgaben, wie die Kalibrierung, als Service anbieten. Einen alternativen Ansatz verfolgt das Unternehmen Trumpf in Form eines Store für Industrie-Apps [35].

4.3.2 Einsatzgebiete und Beispiele

Bei praktisch allen deutschen Automobilherstellern haben sensitive Roboter Einzug in die Produktion gehalten. Vielfach handelt es sich hier um erste prototyphafte Tests bei Audi [36] oder etwa bei BMW [31]. Darüber hinaus plant auch VW einen entsprechenden Einsatz [86]. Wie schon erwähnt finden derartige Systeme in der Fahrzeugendmontage Anwendung, um gezielt Mitarbeiter bei körperlich anstrengenden Tätigkeiten zu entlasten. Sie sollen somit nachhaltig zu einer gesteigerten Gesundheit der Mitarbeiter beitragen. Darüber hinaus können ältere Mitarbeiter bei einem weiteren Einsatz derartiger Systeme entsprechend profitieren. Die anstehenden Arbeitsinhalte lassen sich optimal auf Mensch und Roboter verteilen. Details finden sich in Kap. 6.

Hersteller von sensitiven Robotern sind etwa die Firmen KUKA oder Schunk. Bei KUKA werden auch intuitive Programmiertechniken eingesetzt. Das „Programmieren" erfolgt, indem dem Roboter die jeweilige Bewegung vorgemacht beziehungsweise der Greifarm des Roboters geführt wird. Hierbei werden die entsprechenden Koordinaten vom Roboter gespeichert. Ferner lassen sich die neuartigen KUKA-Systeme über eine Gestensteuerung (zum Beispiel Berührung des Roboters) intuitiv steuern (siehe auch Kap. 7).

Ein weiteres Beispiel von STILL ist die automatische Be- und Entladung von Rutenzügen. Hier übernehmen (auch in einem dynamischen Umfeld) Roboter die anfallenden Aufgaben. Ausgangspunkt sind grafische Konfigurationstools. Notwendige Kurvenfahrten und Fahrmanöver (zum Beispiel Bedienung von Palettenstellplätzen) werden hierbei von den Robotern selbständig durchgeführt. Die von STILL entwickelte Lösung umfasst auch einen autonom fahrenden Routenzug. Hierbei orientieren sich die Fahrzeuge mittels eines 3D-Laserscanns an der natürlichen Umgebung. Eine weitergehende Infrastruktur entfällt somit. Einzelne Fahrzeuge kommunizieren hierbei selbständig untereinander, tauschen Informationen aus und delegieren Aufgaben untereinander [59]. Weitergehende Zielsetzung ist hierbei auch die

- erhebliche Vereinfachung der Nutzung derartiger Systeme,
- die Reduzierung des Konfigurationsaufwandes,
- die Steigerung der systemischen Eigenintelligenz sowie
- die Erhöhung des Autonomiegrades.

Das Vorhaben ist im Rahmen eines Verbundprojektes, gefördert durch das Bundesministerium für Wirtschaft und Energie, entstanden. An diesem Beispiel wird unter anderem der fließende Übergang zwischen sensitiven Robotern und CPS (speziell von autonomen Transportsystemen) deutlich.

Weiterer Anbieter sensitiver Roboter ist die Firmen Bosch mit dem Apas-Roboter. Derartige Helfer sind deutlich teurer als konventionelle Roboter. Um dies zu verdeutlichen: Ein Bosch-Roboter schlägt mit ca. 115.000 € zu Buche [17]. Für Details zu dem Produkt sei auf Kap. 7 verwiesen.

Daneben bietet auch die Firma ABB einen Zweiarm-Roboter YuMi (You and Me – wir arbeiten zusammen) an. Hierbei handelt es sich um einen Kollaborativen Roboter, etwa

4.3 Sensitive Roboter

Abb. 4.9 Sensitiver Roboter YuMi von ABB. (Pressemitteilung ABB)

Quelle: ABB

für die Kleinteilemontage, siehe Abb. 4.9. Generell ist der Roboter für flexible Fertigungsanforderungen konzipiert. Weitere Einsatz-Szenarien sind etwa der Verpackungsbereich. Das System ist mit 35 kg Eigengewicht ein echter Leichtbauroboter. Ausgestattet ist er mit einem Visionssystem und servo-elektrischen Greifern, berührungsempfindlichen Sensoren, einem Teile-Zuführungssystem, kamerabasierter Teileerkennung und integrierter Sicherheitsfunktion für die sichere Interaktion mit Menschen. Darüber hinaus verfügt der Roboter noch über eine Lernfunktion zum schnellen Programmieren. Seinen ersten Einsatz hatte der Roboter im eigenen Unternehmen [28]. Darüber hinaus besitzt er eine Kunststoffummantelung mit einer weichen Schutzpolsterung. Die Positionierung erfolgt mit einer Genauigkeit von 0,02 mm bei einer Maximalgeschwindigkeit von 1500 mm/s. Die Reichweite der Greifarme beträgt hierbei 500 mm und die Handhabungskapazität beträgt 500 g. YuMi verfügt über mehrere E/A-Schnittstellen (zum Beispiel ProfiNet, Ethernet, Profibus, USB). Durch die integrierten Sicherheitsfunktionen ist gewährleistet, dass bei drohendem Kontakt mit unerwarteten Objekten ein Stopp innerhalb von Millisekunden möglich ist. Die Wiederaufnahme der Bewegung erfolgt über das Betätigen der Playtaste. Er merkt auch, wenn Menschen ihm falsche Teile reichen. Der Roboter macht sich auch bei eigenem Verschleiß bemerkbar. Ist ein Service erforderlich, so verbindet er sich mit dem ABB-Servicezentrum. Es werden genaue Informationen zum Status und Standort übermittelt. Somit erhöht sich dessen eigene Verfügbarkeit. Die Kosten belaufen sich im zweistelligen Tausend-Euro-Bereich, je nach Abhängigkeit zuzüglich Einrichtung und Werkzeuge [65].

Ein weiterer Hersteller ist etwa die Firma Fanuc. Im Gegensatz zu den bisher vorgestellten Robotern kann der CR-35iA eine Traglast von 35 kg bewältigen. Ebenso wie alle anderen sensitiven System macht es Schutzzäune überflüssig. Der Roboter verfügt über die Schutzanforderungen der ISO 10218-1, siehe Abb. 4.10. Er hat eine Reichweite von 1813 mm. Ebenso wie alle anderen derartigen Roboter ist er mit Sensoren zur Wahrnehmung seiner Umwelt ausgerüstet. So ist beispielsweise das Lesen von Barcodes für ihn kein Problem, ebenso wie das Sortieren nach Farbe. Dies ist durch seine Kameras möglich [57].

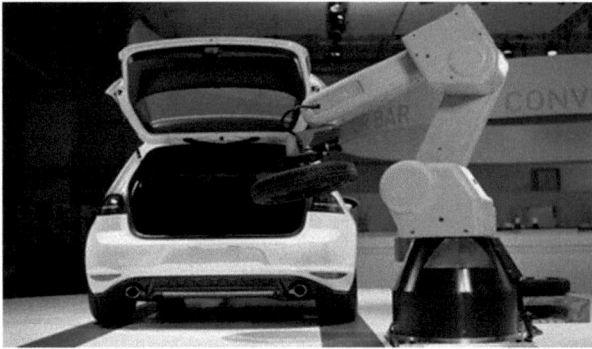

Abb. 4.10 Sensitiver Roboter CR-35iA von FANUC. (FANUC Pressemitteilung)

Quelle: Fanuc

Weitere Anbieter auf dem Markt sind:

- Epson (hat einen entsprechenden Prototyp),
- Mabi,
- SEMrobotics, hierbei handelt es sich um eine Kooperation mit dem Fraunhofer-Institut,
- Universal Robots (verfügt mit UR5 und UR10 über eine Traglast von 5–10 kg) und
- Bionic Robotics.

Darüber hinaus entwickelte die Firma Servus mit dem ARC3 einen dezentral arbeitenden schwarmfähigen Roboter. Er erlaubt eigenständiges Be- und Entladen links und rechts entlang der Fahrzeugroute. Hierbei handelt es sich um ein modular aufgebautes System. Auch hier wird ersichtlich, dass ein weit gefächertes Angebot an unterschiedlichen Lösungen am Markt vorhanden ist. Auch die Preise variieren teilweise sehr erheblich. Dies hängt unter anderem von der Traglast der sensitiven Roboter ab.

4.4 Big Data- und In-Memory-Technologie

Daten werden immer wieder als der "Rohstoff des 21. Jahrhunderts" bezeichnet. Das Sammeln, Speichern, Filtern, Analysieren, Verdichten und Visualisieren großer Datenmengen ist hierbei die Grundvoraussetzung. Als Datenvolumen kann hier durchaus von 1–100 TByte pro Tag an strukturierten und unstrukturierten Daten ausgegangen werden. Aber Big Data ist nicht nur eine technische Herausforderung, sondern vielmehr eine Management- und organisatorische Herausforderung, die es anzugehen und zu bewältigen gilt [1, 19].

Big Data wird auch als sogenannter „Game Changer" angesehen. Es verändert die Sichtweise der Automobilhersteller und Zulieferer: Weg von den Produkten und hin zu den Kunden [12]. Es verändert aber auch die Herangehensweise an Problemstellungen. Bei Big Data geht es um das „Was" und nicht um das „Warum", also um Muster und Kausalitäten und weniger um das Erklären von Ursache-Wirkungs-Beziehungen. Somit kommt es beim erfolgreichen Einsatz von Big Data entscheidend auf die Datenmenge an. Mit steigender Datenmenge steigt auch die Aussagekraft derartiger Ansätze. Um diese Datenmengen zu besorgen, stellt die Digitalisierung (unternehmensintern wie extern) eine wichtige Voraussetzung dar.

4.4.1 Beschreibung

Durch technologische Fortschritte (unter anderem Reduzierung der Speicherkosten, Mehrkern-Rechner, verbesserte parallellaufende Algorithmen) und gestiegene fachliche Anforderungen hat die Tendenz zugenommen, große Datenmengen zu generieren, zu speichern und auszuwerten. Das Themengebiet ist sehr umfassend. Generell lassen sich die Bereiche in

- Nachverfolgung und Auswertung,
- Suchen und Identifizieren,
- Analysieren,
- Vorhersage und Planen sowie
- Datenmanagement und -integration

einteilen [33]. Hierbei werden sowohl strukturierte als auch unstrukturierte große Datenmengen bis in den Exa-Byte-Bereich verarbeitet. Um Big Data zu charakterisieren, wird von den vier großen „Vs" [33] gesprochen:

- Unterschiedliche Datentypen/Formate, die verarbeitet werden müssen (engl. Variety);
- Aktualität und Geschwindigkeit, mit der Daten erzeugt werden (engl. Velocity);
- Glaubwürdigkeit der Daten, da Daten aus unterschiedlichen Quellen kommen (engl. Veracity);
- Größe der Datenmengen die verarbeitet werden müssen (engl. Volume).

Die Interpretation des Begriffs „Big Data" unterliegt naturgemäß einem gewissen Wandel. Technologisch handelt es sich meist um MapReduce-basierte Ansätze auf Basis der OpenSource-Plattform Apache Hadoop [2, 105].

Oftmals wird Business Intelligence (BI) mit Big Data in Verbindung gebracht. Der Unterschied zwischen beiden ist, dass BI konsistente und strukturierte Daten benötigt. Big Data-Systeme wurden speziell für unstrukturierte und inkonsistente Daten optimiert. Somit basieren BI-Lösungen auf klassischen Datenbanktechnologien wie relationalen Datenbanken, wohingegen Big Data-Systeme auf Not Only SQL (NOSQL)-Datenbaken oder dem Hadoop Framework aufsetzen [37].

Bei Hadoop handelt es sich um ein OpenSource-Framework auf Basis von Java für skalierbare und verteilte Systeme. Der MapReduce-Algorithmus stammt ursprünglich von

Google ebenso wie das assoziierte Dateisystem. Seit 2008 ist es unter der Obhut der Apache Software Foundation. Basis von Hadoop ist das HDFS (Hadoop Distributed File System) zur Speicherung sehr großer Datenmengen auf verteilten Systemen. Aufbauend auf dem Framework gibt es verschiedenste Anwendungen wie Hive (Data-Warehouse), Chukwa (Echtzeitüberwachung) und ZooKeeper (Konfiguration verteilter Systeme) [2, 106]. Darüber hinaus haben verschiedenste Hersteller wie IBM, Microsoft und teradata spezifische Erweiterungen vorgenommen. Auf Grund des Framework-Charakters von Hadoop ist die Entwicklung spezifischer Lösung nicht trivial.

Für sehr schnelle Auswertungen werden sogenannte In-Memory-Datenbanken eingesetzt. Hierbei wird der Arbeitsspeicher eines Computers als Datenspeicher verwendet. Der populärste Vertreter hiervon ist SAP HANA [12]. Es existieren auch Produkte von IBM, Oracle, Microsoft, Oracle und TIBCO. Dies erfordert natürlich arbeitsspeicherseitig entsprechend groß dimensionierte Server. Somit weisen In-Memory-Systeme schnellere Zugriffszeiten als etwa Big Data-Systeme oder klassische Datenbankmanagementsysteme auf. Der Nachteil sind allerdings höhere Kosten für derartige Systeme. Es gilt hier allerdings zu beachten, dass auch Systeme wie HANA gewisse Daten auf der Festplatte abspeichern. Eine Hochverfügbarkeit wird durch Replikation weitestgehend sichergestellt.

Bei HANA wird der Arbeitsspeicher direkt durch das Produkt verwaltet. Im Gegensatz zu traditionellen Datenbanksystemen erfolgt bei HANA das Abspeichern der Daten spalten- und nicht mehr zeilenorientiert. Dadurch lassen sich höhere Datenkompressionsraten erzielen, da die spaltenweisen Inhalte eine erheblich größere Ähnlichkeit aufweisen, als dies bei einer zeilenorientierten Speicherung der Fall wäre. Darüber hinaus lassen sich auch Berechnungen wesentlich effizienter durchführen. Um bei einer Änderung von Daten die beschriebenen Vorteile nicht einzubüßen, werden diese Daten in zeilenbasierten Delta-Tabellen zwischengespeichert. Der Übertrag in die spaltenweise Darstellung erfolgt dann in regelmäßigen Abständen. Eine weitere Besonderheit von HANA ist, dass Hard- und Software inklusive Betriebssystem optimal aufeinander abgestimmt sein müssen (Applicance). Darüber hinaus werden vorgefertigte Auswertetools seitens SAP mitgeliefert. Eine kundenspezifische Erweiterung beziehungsweise das Anlegen eigener Analysen ist selbstverständlich auch möglich [12, 77]. Dies gilt speziell für spezifische fachliche Fragestellungen.

Big Data wird vielfach unter rein technischen Gesichtspunkten betrachtet. Die Herausforderungen für das Management sind allerdings deutlich höher. Datengestützte Erkenntnisse in Wettbewerbsvorteile umzusetzen erfordert auch Veränderungen in der Unternehmenskultur. Arbeitsprozesse müssen neu gestaltet, Daten analysiert und Vorgaben für Mitarbeiter erarbeitet werden und es ist auch dafür zu sorgen, dass diese Vorgehens- und Entscheidungsprozesse eingehalten und umgesetzt werden – Stichwort Nachhaltigkeit [8]. Entscheidungsfindungs- und Umsetzungsprozesse werden und müssen sich verändern. Im Zweifelsfall muss sich ein Manager auch durch entsprechende Analysen überzeugen lassen. Intuitive Entscheidungen auf Basis eines „Bauchgefühls" sind durch analytische zu ersetzen. Darüber hinaus bedarf es des kritischen Hinterfragens von Annahmen über einzelne betrachtete Sachverhalte. Auch benötigen Manager und Mitarbeiter ein deutlich verbessertes Wissen in der Datenanalyse und statischer Methoden. Somit werden Entscheidungen auf Basis von Intuition durch Entscheidungen auf Basis von Analysen abgelöst [6, 19]. Voraussetzungen hierfür sind [8]:

- Einheitliche Datenquellen für Kennzahlen und Leistungsdaten,
- Ein einheitliches Bewertungs- und Kennzahlensystem (Scorecard),
- Klar formulierte Regeln zum Betriebsablauf sowie
- Eine kontinuierliche Überprüfung und Anpassung der Kennzahlen (KVP – kontinuierlicher Verbesserungsprozess).

Auf der anderen Seite darf Analysen nicht blindlings getraut werden. Der richtige Einsatz von Big Data wird einen erheblichen Einfluss auf den wirtschaftlichen Erfolg von Unternehmen haben. In der Summe ist parallel zur technischen Einführung ein Change-Management-Projekt zu initiieren, um den richtigen Gebrauch sicherzustellen. Die Durchführung derartiger Projekte muss nicht notwendigerweise dem klassischen Vorgehen für IT-Projekten genügen [64]. Bei derartigen Ansätzen stehen der Mensch und die Nutzung der neuartigen Analysefunktionen im Vordergrund. Das „richtige" Vorgehen hängt sicherlich vom konkreten Kontext und Inhalt des Projektes und dem Reifegrad des Unternehmens hinsichtlich dem Umgang mit Big Data-Ansätzen ab.

Für Industrie 4.0 sind besonders die beiden Anwendungsbereiche

- Vorhersage und Planen (Advanced Analytics mit dem Spezialgebiet der Instandhaltung und Qualität) und
- Analysieren, Business Intelligence (BI) und Reporting

von großem Interesse. Natürlich ist es erforderlich, dass die Ergebnisse auf mobilen Geräten dargestellt werden. Diese Wichtigkeit resultiert aus dem Wunsch und dem Bedarf der Unternehmen, ihre vorhandenen Daten, aber auch fremde Daten, ganz gezielt für die Optimierung ihrer eigenen operativen Prozesse zu nutzen [70].

Predictive Analytics versucht, mittels historischen Daten und statistischen Analysen Aussagen für zukünftige Entwicklungen zu treffen. Hierbei finden unterschiedliche Techniken Anwendung [70]:

- Das Erkennen von Korrelationen in historischen Daten,
- Vorhersage basierend auf eigenentwickelten Prognosemodellen (hierbei handelt es sich um ausgefeilte Algorithmen der jeweiligen Hersteller),
- Grafische Darstellung der Ergebnisse und
- Textanalyse.

Das „Was passieren wird" ist durchaus sehr interessant, aber darüber hinaus auch das „Warum es passieren wird" [70]. Erst wenn die zweite der beiden Fragen positiv beantwortet ist, kann den Daten getraut werden und Entscheidungen basierend auf ihnen getroffen werden. Die Bedeutung der Visualisierung darf in diesem Zusammenhang nicht unterschätzt werden. Es unterstützt maßgeblich beim Erkennen von Korrelationen in den analysierten Daten und dem Ziehen von Rückschlüssen. Hier kommen unter anderem 3D-Reports zum Einsatz.

Bei Analytics-Ansätzen sind die Datenqualität und deren Menge von zentraler Bedeutung (wie schon erwähnt). Darüber hinaus bedarf es der „richtigen" Modelle für Prognosen oder etwa bei Risikoabschätzungen [70].

4.4.2 Einsatzgebiete und Beispiele

Vielfach finden sich Big Data-Lösungen im Bereich Sales, Aftersales (Gewährleistungs-, Ersatzteilmanagement) aber auch vermehrt im Umfeld von Logistik, Instandhaltung, Produktion, Qualität und natürlich im Finanzbereich. Dies waren auch die ersten Einsatzgebiete derartiger Lösungen.

Im Bereich der klassischen Data Warehouses und BI-Lösungen finden sich die etablierten Hersteller auf den vordersten Plätzen [10]:

- Oracle,
- teradata,
- IBM,
- Microsoft,
- SAP,
- HP.

Der für Industrie 4.0 besonders interessante Bereich der Advanced Analytics wird von den etablierten Herstellern [41]

- SAS,
- IBM und
- SAP.

beherrscht. Microsoft ist hier nicht als Technologieführer vertreten, aber hinsichtlich der Vollständigkeit der vorhandenen Lösung zu den aufgeführten Unternehmen ebenbürtig.

Im Bereich Reporting ist hingegen das Anbieterfeld [43] weit gestreut:

- Tableau,
- Qlik,
- Microsoft,
- SAS,
- SAP,
- IBM,
- Oracle,
- MicroStrategy.

Hier finden vielfach auch In-Memory-Ansätze (zum Beispiel Tableau, Qlik) Anwendung. Darüber hinaus zeichnen sich die beiden Hersteller Tableau und Qlik durch eine hohe Benutzerfreundlichkeit aus. Fachanwender können hier sehr schnell entsprechende Auswertungen selbständig ohne Unterstützung von IT-Spezialisten erstellen.

Der Vorteil von Big Data-Lösungen ist, dass mit geringem Aufwand sehr schnelle positive Ergebnisse zu erzielen sind. Speziell die Logistikbranche steht unter einem hohen Kostendruck. Somit braucht es nicht zu verwundern, dass hier Optimierungsansätze wie Industrie 4.0 auf fruchtbaren Boden fallen. Hierbei gibt es auch schon etablierte Lösungen, wie etwa die Flottenmanagementplattform TomTom oder die „No Data Left Behind"-Anwendung von US Xpress. Darüber hinaus existiert eine Vielzahl von Verkehrsmanagementlösungen [62].

In der Logistik werden Daten über drei unterschiedliche Quellen generiert:

- Sensoren,
- Tracking und Tracing-Daten (operative Logistikdaten) sowie
- Interaktionsdaten.

Die Lösungen umfassen hier eine Vielzahl von Themen, sowohl für den analytischen (Supply Chain Analytics) als auch für den operativen Bereich.

Darüber hinaus haben auch die Automobilhersteller und Zulieferer großes Interesse an einer transparenten Supply Chain. Alle deutschen Automobilhersteller haben hier entsprechende IT-Systeme aufgesetzt, um das Problem anzugehen.

Ein weiteres Einsatz-Szenario ist die Analyse der Qualitätskosten in der Produktion (Predictive Quality). Die hier anfallenden Daten aus den einzelnen Produktionsstätten werden analysiert und aufbereitet. Anwender können auch bezüglich einem erforderlichen Aktionsmanagement unterstützt werden. Eine Fehlerhistorie inklusive der Wirksamkeit einzelner Abstellmaßnahmen kann ebenso unterstützt und angezeigt werden. Der aus dem Lean-Ansatz bekannte KVP (Kontinuierlicher Verbesserungsprozess, siehe auch Kap. 2) kann ebenso entsprechend unterstützt werden. Durch eine umfangreiche benutzerspezifische Informationsdarstellung werden die Anwender in ihrer Arbeit entsprechend unterstützt. Als Ergebnis ergibt sich eine effizientere Produktion durch das frühzeitige Erkennen von möglichen Fehlerquellen und Störungen und den damit verbundenen Planungs- und Wartungseinsätzen [72]. Darüber hinaus lassen sich aus den bestehenden Gewährleistungsdaten Rückschlüsse auf Entwicklungs- beziehungsweise Produktionsmängel ziehen. Ein weiterer wichtiger Punkt stellt die Vorhersage von Bedarfen dar, um Produktionskapazitäten entsprechend zu planen. Es lassen sich Überkapazitäten vermeiden und etwa die Termintreue verbessern. Dies schließt auch die verbesserte Bedarfssteuerung von Lieferanten ein [72].

Ein weiteres Beispiel ist die vorausschauende Instandhaltung (Predictive Maintenance), etwa bei der Daimler Zylinderkopffertigung in Stuttgart. Hier fallen täglich sehr unterschiedliche Daten an. Zum Erkennen von Abweichungsmuster wurde die Data-Mining-Lösung SPSS von IBM zur Analyse der Produktionsprozesse eingesetzt. Durch das Analysetool konnten frühzeitig gezielt Unregelmäßigkeiten erkannt werden inklusive der Auslösefaktoren. Somit entstand nicht nur eine Prozesstransparenz, sondern es war auch möglich, Fehler schneller zu erkennen und zu beheben. So war es zum Beispiel möglich, die Hochlaufphase für ein neues Modell einer Zylinderkopfdichtung zu halbieren und die Produktivität um 25 % zu steigern. Dies wurde unter anderem durch verkürzte Wartungszeiten erreicht [4] beziehungsweise Kap. 6.

Auf Basis bestehender Daten können Marktbeurteilungen und -beobachtungen gemacht werden. Ferner lässt sich auch die Zuverlässigkeit von Fahrzeugen im Feld durch einen vorausschauenden Service auf Basis von Echtzeitdaten, welches das Auto über entsprechende Sensoren liefert, erhöhen.

Mercedes-AMG verwendet In-Memory-Technologie und Predictive Analytics, um die Qualität ihrer Motoren zu erhöhen und gleichzeitig die Testaufwände zu optimieren. Basis hierfür ist die Kombination von historischen Testdaten in Verbindung mit aktuellen Echtzeitdaten aus Tests. Die gleiche Technologie wird verwendet, um Lieferanten zu analysieren [71].

Darüber hinaus wird Big Data auch zur Abwehr von Cyber-Attacken genutzt. Hier wird in Echtzeit das Unternehmensnetzwerk analysiert und überwacht, um Auffälligkeiten festzustellen. Es existieren also vielfältige und sehr unterschiedliche Anwendungs-Szenarien mit großen Potentialen. Die hierbei eingesetzten mathematischen Modelle und die benutzten Datenmengen inklusive deren Qualität sind allerdings von entscheidender Bedeutung.

4.5 Cloud Computing

Beim Einsatz von Cloud Computing handelt es sich um die bedarfsgerechte und flexible Nutzung von unterschiedlichen IT-Leistungen. Diese werden über das Internet in Form von Diensten angeboten [7]. Hierbei besteht für den Anwender die Möglichkeit, flexibel auf neue Herausforderungen zu reagieren und sich gegebenenfalls neue Geschäftsfelder durch Dienste und Produkte zu erschließen unter gleichzeitiger Minimierung von Investitions- und laufender Kosten.

4.5.1 Beschreibung

Die Vorteile und Chancen von cloudbasierten Lösungen [86] sind sehr vielversprechend:

- Reduzierung der IT-Budgets beziehungsweise Optimierung des Cash-Flows,
- Bessere Skalierbarkeit der IT-Infrastruktur und der IT-Leistungen,
- Höherer Innovationsgrad,
- Bessere Performance und Verfügbarkeit der IT,
- Generierung neuer Geschäftsmodelle,
- Fokus auf die Unternehmens-Kernaufgaben,
- Effizienzsteigerung,

4.5 Cloud Computing

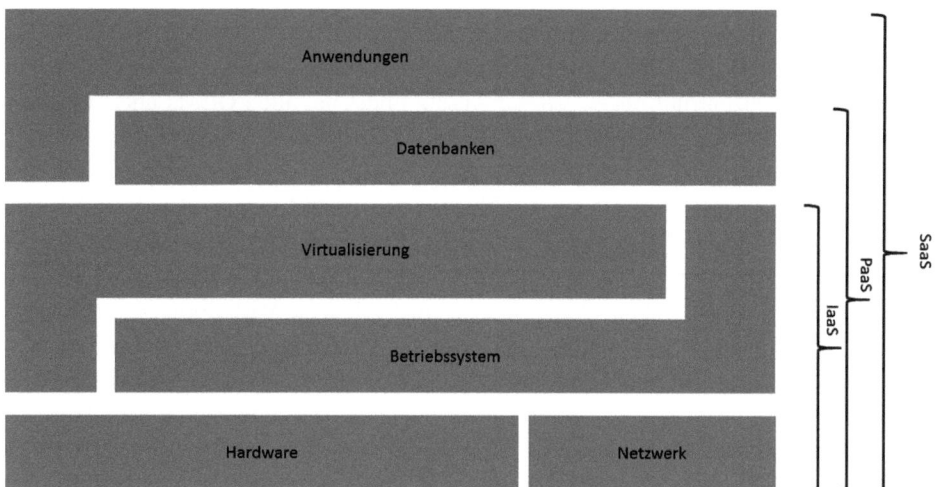

Abb. 4.11 Unterscheidung zwischen einzelnen Cloud-Lösungen

Eine Unterscheidung erfolgt nach Service-Elementen. Im Wesentlichen sind dies:

- Infrastructure-as-a-Service (IaaS, also Rechenleistung),
- Plattform-as-a-Service (PaaS inklusive etwa Abrechnungslösungen,),
- Software-as-a-Service (SaaS, zum Beispiel vollständiges ERP-System),

siehe auch Abb. 4.11 und [86].

Generell werden bei einem Cloud-Ansatz Daten und/oder Dienste an einen internen/ externen Dienstleister ausgelagert. Somit besteht für den Anwender über Cloud Computing die Möglichkeit, IT-Leistungen bedarfsgerecht und flexibel zu nutzen. Die Echtzeitfähigkeit ist, da die Dienste über das Internet angeboten werden, zwangsweise an deren Leistungsfähigkeit gekoppelt.

Darüber hinaus unterscheidet man bezüglich der Organisationsform einer Cloud in

- public,
- private,
- hybrid und
- community.

Bei eine Public (oder öffentlichen) Cloud werden Dienste durch einen Provider frei zugänglich angeboten und sind somit per Internet verfügbar (zum Beispiel Office365, Google-Docs). Für sensible Daten aus Produktion, Logistik oder Entwicklung eignet sich dieser Ansatz nicht beziehungsweise ist dieser nicht zu empfehlen.

Das genaue Gegenstück hierzu ist eine Private Cloud. Hier bietet das Unternehmen die jeweiligen Dienste selber an oder über einen externen Dienstleister. Das Wesentliche ist, dass sowohl Daten als auch Funktionalitäten ausschließlich den eigenen Mitarbeitern zur Verfügung stehen. Die Daten können hierbei im unternehmenseigenen oder einem externen Rechenzentrum liegen. Dieser Ansatz findet bei allen OEMs und Zulieferern Anwendung. Er bietet ein hohes Maß an Datenschutz und IT-Sicherheit. Ein Beispiel sind Entwicklungsdaten.

Bei einer hybriden Form handelt es sich um eine Mischform zwischen den beiden bisher genannten Ansätzen. Gewisse Dienste (im Allgemeinen sensible) werden ausschließlich den eigenen Mitarbeitern angeboten und weniger kritische Themen werden meist aus Kostengründen in eine Public Cloud ausgelagert. Auch diese Mischform findet bei vielen OEMs und Zulieferern Anwendung. Die Herausforderung hierbei ist die saubere Trennung und Klassifizierung der Daten und Funktionalitäten. Der Ansatz liefert bei richtiger Anwendung aber ein Maximum an Schutz bei einem gleichzeitigen hohen Einsparpotential.

Eine Community Cloud kommt vielfach bei unternehmensübergreifenden Projekten zum Einsatz, bei denen die Projektpartner auf gemeine Daten zugreifen wollen beziehungsweise müssen. Auch hier sind die Daten und Funktionalitäten nicht öffentlich verfügbar. Derartige Lösungen haben bisher allerdings eine eher geringe Verbreitung gefunden. Mit Industrie 4.0 erleben derartige Ansätze wieder einen Aufschwung. Sie ermöglichen es, gemeinsame Vorgaben umzusetzen, etwa im Bereich der IT-Sicherheit oder der Produktentwicklung. Communitys können aus Interessensgruppen wie Unternehmen–Lieferanten oder Unternehmen–Kunden entstehen.

Der aktuell größte Hindernisgrund für die flächendeckende Nutzung von Cloud-Lösungen ist sicherlich das Thema Vertrauen in die Sicherheit und Zuverlässigkeit der angebotenen Dienste. Das Thema hat somit eine emotionale und eine rationale Komponente. Die emotionale Komponente lässt sich über eine hohe Transparenz (nachvollziehbare Kennzahlen, Lokalisierung der Dienste im deutschen beziehungsweise europäischen Raum), regulatorische Maßnahmen und eine offene Kommunikation zumindest zum Teil abdecken. Hierbei ist klar, dass über rationale Themen versucht wird, einen emotionalen Effekt zu erreichen.

Aus rein rationaler Sicht handelt es sich beim Thema Sicherheit um eine technische Herausforderung. Somit ist das Thema eng gekoppelt mit dem nächsten Abschnitt bezüglich der IT-Sicherheit. Auf Grund der großen Sensibilität der Endanwender und der Bedeutung des Themas für IT-Unternehmen ist es nicht verwunderlich, dass sowohl auf Seiten der IT-Anbieter, aber auch auf Regierungs- und Standardisierungsseite vielfältigste Aktivitäten unternommen werden, dieses Problem anzugehen. Bezüglich der Standardisierung wurde auf europäischer Ebene der ISO-Standard 27108 (siehe Kap. 5) im August 2014 verabschiedet. Er dient quasi als Gütesiegel für Anbieter und gleichzeitig als Orientierung für Kunden. Der Standard regelt nach EU- und deutschem Recht die datenschutzrechtlichen Anforderungen. Der Standard enthält auch Angaben bezüglich des Umgangs mit Unternehmensdaten [18]. Darüber hinaus wurden seitens der EU-Kommission „Cloud Service Level Agreement Standardisation Guidelines" ausgearbeitet. Diese werden sicherlich in den nächsten Jahren erweitert. Hierbei handelt es sich allerdings um keinen rechtsverbindlichen Standard oder Gesetzestext. Die Aktivitäten auf europäischer Ebene verwundern nicht, wenn man bedenkt, dass laut EU-Kommission mit Cloud Computing ein Umsatzvolumen von knapp einer Billion Euro erwartet wird [7]. Das Service Level Agreement für die europäische Empfehlung gliedert sich hierbei in die vier Bereiche [11]:

- Performance,
- Data Security,
- Data Management und
- Personal Data Protection.

Auf Basis dieser Richtlinie lassen sich nun Angebote von IT-Dienstleistern besser untereinander vergleichen. Die EU-Aktivitäten werden die Arbeitsweisen von IT-Anbietern in diesem Umfeld nachhaltig verändern. Zukünftig müssen diese Unternehmen EU- beziehungsweise Bundesrecht einhalten, unabhängig davon, wo sich der Hauptsitz des jeweiligen Unternehmens befindet [11].

Auch das Bundesamt für Sicherheit in der Informationstechnik hat einen umfangreichen und umfassenden Leitfaden mit Mindestanforderungen an die IT-Sicherheit publiziert. Hier werden auch Anforderungen an eine Sicherheitsarchitektur und darüber hinaus auch für den Betrieb von Rechenzentren (Sicherheit der Anlage, Server, Netze, Verschlüsselungen, Sicherheitsprüfungen usw.) aufgestellt [18]. Einen Überblick und Bewertung von IT-Sicherheitsinitiativen gibt [75].

4.5.2 Einsatzgebiete und Beispiele

Alle multinational aufgestellten IT-Dienstleister und Produkthersteller (Accenture, HP, IBM, Oracle, Apple, Atos, CGI, Dropbox, Microsoft, Google usw.) bieten entsprechende Lösungen an. Auf Seiten von IBM sind es über 200 SaaS-Anwendungen. Oracle bietet eine entsprechende Referenzarchitektur auf Basis seiner Produkte an. Die Anwendungen umfassen meist auch das Thema IT-Sicherheit (siehe Abschn. 4.6). Das Angebot erweitert sich in diesem Bereich sehr schnell. Auf eine nähere Beschreibung wird somit hier verzichtet. Auch SAP bietet immer mehr Anwendungen aus der Cloud an. Das Geschäftsmodell dieser IT-Unternehmen verändert sich somit zunehmend in Richtung cloudbasierter Anwendungen und Lösungen.

Darüber hinaus bieten aber immer mehr mittelständisch orientierte IT-Dienstleister Clouds „Made in Germany" an. Hierbei wird garantiert, dass alle Daten und Funktionalitäten aus Deutschland heraus angeboten werden und den deutschen beziehungsweise europäischen rechtlichen Vorgaben entsprechen. Diese Ansätze tragen den immer stärker werdenden Sicherheitsbedenken vieler Unternehmen und Entscheidungsträger Rechnung. Über das Gütesiegel „Made in Germany" versuchen die Unternehmen dem subjektiven Gefühl des Misstrauens zu begegnen.

Vor allem eine Private Cloud und SaaS sind hier die wirtschaftlich interessantesten Formen. Für KMUs (Klein und mittelständische Unternehmen) bietet es den Vorteil eines professionellen Services (Ausfallsicherheit, Verfügbarkeit usw.) zu attraktiven Kosten. ERP-Systeme und vor allem JIT-/JIS-Lösungen müssen nicht mehr durch kostenintensives eigenes Personal und Infrastruktur geleistet, sondern können durch externe IT-Anbieter professionell über eine Cloud-Lösung erbracht werden. Darüber hinaus kann bei entsprechenden Vereinbarungen eine Modernisierung der Hardware und Dynamisierung der Software, etwa bei steigendem Auftragsvolumen, mit abgebildet werden.

Ein weiteres Beispiel ist die Verwendung von Simulationslösungen aus der Cloud. Die Simulationsdaten liegen hierbei in der Umgebung des Auftragnehmers und ausschließlich die Software befindet sich in der Cloud (SaaS-Ansatz). Simulationen dienen vielfach zur Absicherung von konzeptionellen Arbeiten, etwa aus einem KVP. Darüber hinaus werden Simulationen zum Beispiel bei Lagersystemen (Warehouse-Systemen) zur Verifikation der Kapazität verwendet. Auf Simulationstools wird aktuell im Zuliefererbereich vielfach nur punktuell zurückgegriffen. Dies resultiert unter anderem in den hohen Anschaffungskosten derartiger Lösungen (Hard- und Software) und in dem nicht unerheblichen Schulungsbedarf der eigenen Mitarbeiter. Somit wird hier vielfach auf externe Dienstleister zurückgegriffen, um den bestehenden Bedarf zu decken.

Ähnliches gilt für den Bereich der numerischen Simulation im Rahmen der Produktentwicklung beziehungsweise der virtuellen Produktabsicherung. Hier besteht punktuell ein sehr hoher Bedarf an Rechenleistung.

Die Fernwartung von Maschinen und Anlagen in der Produktion ist bereits heute Stand der Technik. Es erleichtert den Zugriff auf Produktionsanlagen durch Dritte. Somit können Fehler schneller erkannt, die begrenzten Mitarbeiterressourcen mit entsprechendem Spezialwissen für ein breites Spektrum an Anlagen eingesetzt werden und es reduziert die Kosten (vor allem Reisekosten und -zeiten). Im Allgemeinen erfolgt hierbei der Fernzugriff über ein VPN (Virtuell Privat Network), um auf die jeweilige Maschine zuzugreifen. Dieser Vorgang ist allerdings aufwendig. Über das Ablegen der relevanten Daten in einer Cloud ließe sich die Vorgehensweise deutlich vereinfachen. Eine Cloud könnte hier als zentraler Dreh- und Angelpunkt für die Fernwartung dienen. Allerdings birgt auch dieser Ansatz entsprechende Sicherheitsrisiken (siehe hierzu auch Kap. 5 und Abschn. 4.6).

Die Logistikbranche ist für Cloud Computing sehr gut geeignet. Dies gilt zum einen, da viele Dienstleister aus der Branche eher mittelständische Betriebe sind und somit keine umfangreichen IT-Infrastrukturen aus Kostengründen aufbauen können, zum anderen auf Grund des hohen Kollaborationsgrades der Branche. Darüber hinaus besteht in der Logistik ein hoher Kostendruck, da es sich ja um nichtwerthaltige Tätigkeiten handelt. Dementsprechend positiv ist in dieser Branche die Einstellung zu cloudbasierten Lösungen.

Ein weiteres Beispiel ist das Virtuelle Fort Knox (VFK). Da der Ansatz cloudbasiert ist, aber andererseits auch die Kollaboration einzelner Marktbeteiligter adressiert, erfolgt in Abschn. 4.9 eine entsprechende Beschreibung.

Auch bieten große Industrieunternehmen wie Siemens cloudbasierte Plattformen für Datenbankservices an. Die Plattform steht Drittanbietern offen, um Kunden eigene Lösungen über die Siemens-Plattform anzubieten [5]. Die Datenbankdienstleistung basiert hierbei auf SAP HANA (siehe Abschn. 4.4).

Die Zusammenarbeit zwischen Forschung und Industrieunternehmen zeigt sich auch im Umfeld von cloudbasierten Logistiklösungen. Es existieren verschiedenste Forschungsvorhaben. Generelle Ziele sind die Kosten zu senken, Flexibilität zu erhöhen und speziell in der Logistik die Risikominimierung durch frühzeitiges Erkennen von Ausfällen. Derartige Ansätze sind natürlich speziell in der Automobilindustrie mit ihren sehr stark ausgedehnten Supply Chains sehr interessant und können sicherlich neue Impulse setzen. Natürlich darf in diesem Zusammenhang das Thema „Logistics-as-a-Service" zur operativen Erfassung und Steuerung des Materialflusses nicht fehlen. Darüber hinaus werden dynamische und cloudbasierte Netzwerke die bisher vorherrschenden starren Supply Chains ablösen. Ein konkreter Vertreter ist der agentenbasierte Ansatz von Siemens in Kooperation mit einem führenden deutschen Automobilhersteller. Bei Agenten handelt es sich um selbständig/autonom agierende Programme, die auf veränderte Rahmenbedingungen reagieren. Die Koordination erfolgt über das Internet. Einer der Parameter für die Agenten ist hierbei die Kapazität. Die Lieferkette der OEMs wird sich somit in Zukunft am konkreten Bedarf dynamisch ausrichten [68]. Derartige Ansätze werden aktuell unter dem Begriff „Smart Logistic" subsumiert.

4.6 IT-Security

Das Thema IT-Sicherheit gehört sicherlich zu den zentralsten Elementen bei Industrie 4.0. Dies resultiert aus der immer stärkeren Vernetzung und Interaktion im eigenen Unternehmen, aber auch über die Unternehmensgrenzen hinweg (horizontale und vertikale Integration). Es betrifft alle Bereiche von Industrie 4.0. Vor allem geht es um die Sicherheit in

- der Produktion/Fertigung (unter anderem von Embedded Software-Systemen),
- Daten (unter anderem Entwicklungsdaten) und Big Data,
- der Cloud und
- in mobilen Lösungen.

Von derartigen Lösungen müssen die Verantwortlichen überzeugt sein. Speziell beim Thema IT-Security handelt es sich nicht nur um ein rationales Thema, Anwender müssen auch emotional angesprochen werden, sie müssen ganz profan Vertrauen in die Sicherheit der IT-Systeme und deren Konzepte haben. Zentrale Themen sind die Vertraulichkeit, Integrität und Verfügbarkeit der erforderlichen Daten. Hierzu gehört auch die mögliche Manipulation von Daten. Alleine aus diversen Protokolldateien und Energieverbräuchen können gegebenenfalls Rückschlüsse auf die Auftragslage, Produktionssysteme usw. gemacht werden. Hierbei handelt es sich um extrem sensible Daten, die vor Dritte unter allen Umständen geheim gehalten werden müssen. Das gilt auch vor dem Hintergrund der Datenmanipulation. Es muss nicht immer notwendigerweise eine Infiltrierung mit Vieren sein, alleine die Manipulation von Produktionsaufträgen oder von Produktionsdaten kann schon genug Schaden anrichten. Dies gilt vor allem auch auf Grund der gesetzlichen Nachweispflicht von sicherheitskritischen Produktionsdaten beziehungsweise -teilen.

4.6.1 Beschreibung

Die gerade angesprochene Integration bedingt eine erhebliche Zunahme von auszutauschenden Daten. Somit entstehen hier neue Formen der Zusammenarbeit. Dies erfordert zumindest entsprechend angepasste IT-Sicherheitskonzepte.

Vielfach wird über IT-Sicherheit erst ernsthaft nachgedacht, wenn es zu einem ernstzunehmenden Vorfall, wie einem Produktionstop in einem kompletten Werk mit über 50 Produktionslinien durch einen Virus auf Grund eines Softwareupdates eines Anlagenbauers, gekommen ist. In dem hier geschilderten realen Szenario handelte es sich „nur" um einen eintägigen Produktionsstillstand. Darüber hinaus kann ein derartiger Angriff auch zu Schäden an Personen führen. Der Image-Schaden beziehungsweise die Regress-Ansprüche der Endkunden sind hier ebenfalls nicht unerheblich.

Lange Zeit wurde mit IT-Security die Anti-Virensoftware beziehungsweise die Firewall verbunden. Auch die Schlagzeilen bezüglich gezielter Spionageangriffe von Geheimdiensten haben neben dem Thema Industrie 4.0 für eine wesentlich stärkere Sensibilisierung in dem Thema geführt.

Durch die, nicht erst seit Industrie 4.0, relevante Vernetzung von Unternehmens- und Produktions-IT beziehungsweise Engineerings-IT entstehen neue Herausforderungen. Es werden Systeme mit sehr unterschiedlichen Sicherheitsanforderungen integriert. Auf Seiten der Unternehmens-IT sind den IT-Sicherheitsverantwortlichen die Bedrohungen durch Viren, Würmer usw. vertraut. Abwehrmechanismen sind zumindest prinzipiell bekannt. In der Praxis gestaltet sich der Sachverhalt natürlich schwierig und komplex. Durch die Integration von Produktions- und Unternehmens-IT entstehen neue Verwundbarkeiten und für Angreifer ergeben sich neue Möglichkeiten in Unternehmenssysteme beziehungsweise deren Netzwerke einzudringen. Die auf Unternehmensebene vorhandenen Mechanismen greifen in der Produktion nur sehr eingeschränkt. Dies resultiert aus der Begrenztheit an Rechen- und Speicherkapazität aktueller und zukünftiger Systeme (auch von CPS). Diese Systeme sind für Ihre spezifischen Aufgaben zertifiziert, müssen meist einem 7×24-Stunden Betrieb genügen und haben strikte Vorgaben hinsichtlich Energieverbrauch (Stichwort Energiepass) und Antwortzeitverhalten. Somit ist ein Einspielen von Patches oder eine Re-Konfiguration im Regelbetrieb nicht oder nur sehr eingeschränkt möglich. Daraus resultiert, dass die auf Unternehmensebene bekannten Sicherheitskonzepte für die Produktion nicht anwendbar sind [28]. Dies wird erschwert durch die lange Lebensdauer von Maschinen in der Produktion, was eine besondere Herausforderung darstellt.

Der vor allem bei Industrie 4.0 vorhandene Standardisierungsdrang hat aber auch seine Schattenseiten. Systeme werden hierüber leichter angreifbar, denn die Systeminformationen sind weltweit verfügbar und somit auch deren Schwachstellen bekannt. Diese stellen ideale Voraussetzungen für Angriffe dar.

Somit ergeben sich folgende Bedrohungsszenarien [28]:

- Infektion durch Schadsoftware über das Internet/Intranet inklusive Cloud,
- Infizierung mit Schadsoftware über externe Hardware (etwa über den USB-Anschluss),

4.6 IT-Security

- Menschliches Fehlverhalten,
- Zugang über Fernwartungszugänge,
- Durch mobile Geräte,
- DoS Angriffe.

Demgegenüber steht die Anforderung der Produktion, ihre gewohnte Produktionsstabilität, das heißt die Widerstandsfähigkeit der Produktion gegen Störungen jeglicher Art zu erhalten, beziehungsweise hat diese Eigenschaft höchste Priorität. Der Anfangs angesprochene Produktionsstillstand kann im Verlauf eines Jahres oder für einen Kundenauftrag kaum mehr aufgeholt werden.

Der Schutz der Daten muss bereits am Entstehungsort bei den Sensoren und bei deren Übertragung sichergestellt werden. Ein wesentliches Element für IT-Sicherheit ist die Sensibilisierung aller Betroffenen. Vielfach sind schon heute Steuerungssysteme mit dem Internet verbunden und damit entsprechenden Bedrohungen ausgesetzt [80]. Darüber hinaus sind Hacker aktuell durchaus in der Lage, SCADA-Systeme zu attackieren. Informationen über diese Systeme und deren Spezifikation sind leicht im Internet zu besorgen und damit ist auch das Wissen vorhanden, entsprechende Schadsoftware zu erstellen, was in der Praxis auch entsprechend vorkommt [79]. Generell ist ein stetiger Anstieg der Attacken auf die Infrastruktur in der Automatisierungsebene festzustellen. Speziell Würmer sind hier deutlich häufiger anzutreffen als im Unternehmensnetzwerk.

Durch den vermehrten Drang zu Echtzeitauswertung und Interaktion (also nicht nur Darstellung von Informationen) über mobile Geräte ergeben sich seit geraumer Zeit neue Bedrohungsszenarien (siehe obige Aufzählung). Dies wird durch BYOD-Ansätze (Bring your own Device) verstärkt. Mittels MDM (Mobile Device Management)-Lösungen beziehungsweise Enterprise Mobile Management (EMM) kann hier aber ein wirksamer Schutz erreicht werden. Über derartige Systeme lassen sich mobile Geräte in die Unternehmensinfrastruktur integrieren. Ein Tracking und Reporting ist bei allen Lösungen ebenfalls vorhanden. Der wichtigste Punkt ist aber sicherlich der Schutz von Unternehmensdaten. Dies wird durch Geräte- und Anwendungsmanagement, mobile Integrität und mobiles Datenmanagement erreicht [21]. Die einzelnen Marktteilnehmer setzen naturgemäß unterschiedliche Schwerpunkte. Darüber hinaus bedarf es klarer Regelungen für die Vermischung von privaten und beruflichen Aktivitäten. Dies ist eine zwingende Voraussetzung, um das Gefahrenpotential einzudämmen und den angestrebten Nutzen zu erreichen.

Generell kann ein wirksamer Schutz nur über vielfältige/mehrstufige Maßnahmen gewährleistet werden. Hierzu gehört auch die Segmentierung des Automatisierungsnetzwerkes. Hierbei wird das gesamte Automatisierungsnetzwerk in kleine Zellen aufgeteilt, zwischen denen Firewalls die Abschottung und Kontrolle übernehmen. Bei all den Diskussionen sind altbekannte Maßnahmen, wie Kameras, Kartenlesegeräte, organisatorische Maßnahmen wie ein Security-Management, nicht zu vergessen. Hierzu gehört auch, Passwörter bei Maschinen nicht auf der Werkseinstellung zu belassen. Leider kommt dies in der Praxis viel zu oft vor [80]. Darüber hinaus sind sogenannte Positivlisten ein einfacher Schutz. Diese Listen legen fest, welche Prozesse, Programme oder Operationen auf einem

Rechner laufen dürfen [46]. Somit lässt sich etwa der unkontrollierte Zugriff (zum Beispiel auf das Internet) einschränken.

Ein weiterer Ansatz, um die IT-Sicherheit zu erhöhen, ist „Security by Design". Sicherheitsaspekte werden also schon bei der Produktentwicklung berücksichtigt und umgesetzt. Dieser Ansatz wird durch die teilweise sehr langen Lebenszyklen von Anlagen und Maschinen in der Produktion von vielfach über zehn Jahren allerdings nicht gerade erleichtert.

Die Sicherheit von Endgeräten ist zwar kein spezifisches Industrie 4.0-Thema, trägt aber zu erheblichen Sicherheitslücken bei. Auch Datenverschlüsselungen von Datenträgern sollten standardmäßig in Unternehmen zum Einsatz kommen. Dies kann durch MDM-Systeme umgesetzt werden. Darüber hinaus bedarf es eines Schutzes bei Verlust von Endgeräten (Data Loss Prevention).

Ein bisher noch nicht gebührend betrachtetes Thema ist der Schutz personenbezogener Daten. Das Thema an sich ist zwar weit bekannt, aber durch die starke Vernetzung der Prozesse und die Digitalisierung gewinnt das Thema zusätzlich an Brisanz.

Jedes Unternehmen sollte hierbei eine individuelle Bedrohungsanalyse durchführen und nicht optimistisch ans Werk gehen. Ausgaben für die IT-Sicherheit zahlen sich aus und sind in Zeiten von Industrie 4.0 essentiell.

Der Einsatz neuartiger Standards wie OPC UA (siehe Kap. 5) trägt sicherlich zur Steigerung der IT-Sicherheit bei, er ist aber auch gleichzeitig kein Garant hierfür, da viele Bereiche nicht Bestandteil des Standards sind. IT-Sicherheit bleibt besonders in I40-Zeiten individuelle Aufgabe jedes einzelnen Unternehmens. Ziel sollte es sein, Systeme mit einer inhärenten IT-Sicherheit zu konzipieren. Hierzu gehören:

- Vertrauenswürdige Authentifizierung zwischen Kommunikationsbeteiligten, wie Geräten, Diensten und auch Anwendern,
- Verschlüsselung der Daten (zumindest für die Kommunikation, besser aber auch bei deren Speicherung) bis hin zu einer End-to-End-Verschlüsselung,
- Berücksichtigung von IT-Sicherheitsthemen bei der Abnahme von Systemen beziehungsweise als integraler Bestandteil von Ausschreibungen,
- Security by Design (das heißt also schon während der Produktentwicklung werden Sicherheitsaspekte berücksichtigt),
- Anomalie-Erkennung basierend auf Big Data-Systemen.

4.6.2 Einsatzgebiete und Beispiele

Wie schon bei Cloud-Lösungen bieten alle großen, multinationalen IT-Unternehmen umfangreiche Lösungen an. Diese reichen von Anti-Virensoftware, Firewalls bis hin zu Lösungen für mobile Anwendungen. Speziell im Bereich der mobilen Anwendungen haben sich darüber hinaus Spezialanbieter am Markt etwa für die Verwaltung und die Sicherheit etabliert. IBM bietet hier zum Beispiel Lösungen für das Scannen von Apps an.

4.6 IT-Security

Im Bereich der MDM-Lösungen hat in den vergangenen Jahren eine Konsolidierung der Anbieter stattgefunden. Die relevanten Marktteilnehmer [22] sind hier:

- MobileIron,
- SAP,
- IBM (inkl. Fiberlink),
- AirWatch (VMware),
- GoodTechnology,
- Citrix,
- Microsoft.

Im Bereich der IT-Sicherheitslösungen haben die Unternehmen [53]

- IBM,
- HP,
- McAfee und
- Splunk.

die umfassendsten Lösungen anzubieten. Allerdings haben diese Lösungen einen starken Fokus auf die klassische Unternehmens-Infrastruktur. Anwender sollten auf Grund der zunehmenden Bedeutung und Umfanges von Big Data-Systemen diese ganz gezielt schützen, da hier das größte Unternehmenswissen in Zukunft gespeichert sein wird.

Für das Produktionsumfeld bedarf es für jede Maschine einer eingebauten Sicherheits-Kontrollfunktion, die entsprechend verdächtige Anwendungen oder Verhalten meldet, etwa in Form des bekannten Security Monitoring. Darüber hinaus ist das Zugriffs- und Identitätsmanagement zu installieren und zu überprüfen [94]. Die Einrichtung derartiger Lösungen basierend auf den Standardeinstellungen (etwa für Passwörter) machen die Lösungen allerdings obsolet. Darüber hinaus gibt es Forschungsvorhaben (vor allem von Fraunhofer-Instituten getrieben), die zum Beispiel hardwarebasierte Security in Router/Firewalls für Industrie- und Produktionsnetzwerke entwickeln. Darüber hinaus werden Anstrengungen unternommen, Erweiterungen der CAD/CAM gestützten Produktionsumgebung um Sicherheitsfeatures zu erweitern [95].

Der noch fehlende Bereich der cloudbasierten Lösungen wurde bereits im Abschn. 4.5 beschrieben. Darüber hinaus finden Big Data-Systeme bei der Abwehr von Cyber-Angriffen Anwendung (siehe Abschn. 4.4).

Generell haben sich Automobilhersteller hier vielfältige Lösungsansätze entwickelt, um dem Thema IT-Sicherheit zu begegnen. Dies beginnt schon bei der Konzeption von Anwendungen und endet bei der Sensibilisierung der Mitarbeiter. Auch eher mittelständische Unternehmen, wie etwa SEW, haben die Wichtigkeit des Themas erkannt und haben entsprechende Lösungen umgesetzt.

4.7 Real Time Enterprise und mobile Lösungen

Echtzeitfähigkeit ist analog zu Big Data (siehe Abschn. 4.4) nicht ausschließlich ein technisches Thema. Geschäftsprozesse und die Arbeitsweise im Unternehmen werden hiervon gravierend betroffen sein. So ist seit etwa 2005 ein starker Wandel bei den Automobilherstellern zu erkennen, dass Real Time-Applikationen nicht mehr nur einen bloßen Bestandteil der Kernprozesse darstellen, sondern vielmehr eine vollständige Einbettung in diese erfolgt. Es wird sogar davon gesprochen, dass Real Time selbst zum Kernprozess wird [98].

Beim Thema mobile Lösungen handelt es sich vielfach um maßgeschneiderte Lösungen der einzelnen Hersteller. In letzter Zeit bieten aber vermehrt Hersteller von Standardsoftware, wie SAP oder Microsoft, entsprechende Lösungen an. Diese reichen von Informationen für die Maschinensteuerung/Überwachung der Produktion bis hin zur Logistik. Bei den Endgeräten werden sowohl Tablets als auch Smartphones aller Hersteller unterstützt. Vielfach handelt es sich hier allerdings um reine Anzeigefunktionalitäten. Die aktive Steuerung und der Eingriff in Abläufe erfolgt nur in Ausnahmefällen.

4.7.1 Beschreibung

Real Time Enterprise bedarf zur zeitnahen Informationsübermittlung einer Darstellung auf mobilen Endgeräten. Bei einem Echtzeitunternehmen werden [59, 75]

- interne und externe Daten ohne Zeitverzögerung integriert und verarbeitet,
- Datenanalysen und Auswertungen auf „Knopfdruck" basierend auf aktuellen Daten erstellt und
- Unternehmensbereiche nahtlos integriert und digitalisiert (inklusive der Kommunikation).

Der mit einer Echtzeitfähigkeit verbundene Vorteil in Form von mehr Geschwindigkeit drückt sich auch in einem entsprechend höheren Erfolg aus, denn Geschwindigkeit ist der Schlüssel zum Erfolg. Neben der strategischen Aussage gibt es aber auch noch einen unmittelbaren Zusammenhang zwischen Kosten und Geschwindigkeit [75]. Eine wichtige Voraussetzung hierfür sind aber effiziente, das heißt schlanke Prozesse. Eine Echtzeitfähigkeit beschränkt sich hier allerdings nicht nur auf die innerbetrieblichen Prozesse, sondern sollte vielmehr auch Lieferanten/Partner und Kunden mit einschließen. Für diese Zusammenarbeit bedarf es standardisierter Wertschöpfungsnetzwerke (in Form von deren Schnittstellen). Das Fazit ist, dass Echtzeitfähigkeit somit einen virtuellen Unternehmenswert darstellt. Eine wesentliche Voraussetzung für Echtzeitfähigkeit ist der nahtlose Informationsfluss. Hierbei gilt es zu beachten, dass Echtzeitfähigkeit relativ und sehr stark vom konkreten Kontext abhängt. Ein Festmachen an konkreten und festen Schwellenwerten ist daher weder möglich noch sinnvoll. Somit hat der Begriffe eines Real Time Enterprise nur indirekt und partiell etwas mit dem Begriff „zeitnah" zu tun.

Der Wandel hin zu einem echtzeitfähigen Unternehmen ist ein komplexes und langwieriges Unterfangen. Wichtig bei diesem Wandel ist, sinnvolle Informationen zu identifizieren, um zum richtigen Zeitpunkt die richtigen Informationen den richtigen Menschen zur Verfügung zu stellen [98]. Im Industrie 4.0-Kontext ist dies aber ein absolutes Muss. Als Ergebnis ergibt sich eine sehr hohe Flexibilität im Prozessmanagement, wodurch derartige Unternehmen sehr flexibel und schnell auf Marktveränderungen reagieren können. Damit sind auch Kosteneinsparungen verbunden. Das Thema wird durch neue Technologien, wie In-Memory, Big Data (siehe Abschn. 4.4), Sensoren und Embedded Software, unterstützt. Hierbei darf nicht vergessen werden, dass die Technologie nur ein Teil der Lösung darstellt. Die Treiber in diesem Umfeld sollten immer auf Seiten der Geschäftsprozesse liegen. Es geht nicht darum, Dinge schneller zu erledigen, sondern intelligenter und damit besser [56]. Voraussetzung hierfür ist unter anderem die Identifizierung und Festlegung der relevanten KPIs, um die Prozess-Effizienz zu messen und damit die Treiber für Geschäftsentscheidungen zu erkennen.

Die Transformation hin zu einem echtzeitorientierten Unternehmen sollte nicht in Form eines „Big Bangs" erfolgen, sondern vielmehr eine kontinuierliche Transformation beginnend bei den relevantesten Geschäftsprozessen sein [56]. Angefangen bei CPS stellt dies hohe Anforderungen an die Verfügbarkeit der erforderlichen Dienste, der zugrundeliegenden Infrastruktur und Netze [38] und die Verfügbarkeit von Standards (siehe Kap. 5).

In der Summe entstehen dynamische echtzeitorientierte Wertschöpfungsketten, die sich nach unterschiedlichen Kennzahlen optimieren lassen [38].

4.7.2 Einsatzgebiete und Beispiele

Vielfach dienen Portale (für die Entwicklung oder etwa Personal) als erste Ansätze zur Umsetzung in Richtung eines Real Time Enterprise. Darüber hinaus stellen RFID und mobile Lösungen wichtige Bestandteile dar. Wichtige Einsatzgebiete sind hierbei die Bereiche

- Logistik,
- Instandhaltung,
- Produktion und
- Beschaffung.

Bei Daimler erfolgte in den vergangenen zehn Jahren eine vollständige Umsetzung in Richtung RealTime [98].

Darüber hinaus unternehmen alle OEMs weitere Anstrengungen, um auch den Mitarbeitern für Ihre tägliche Kommunikation entsprechende Mechanismen zur Verfügung zu stellen, in Form von Sprach- und Video-Conferencing usw. [98]. Die sich daraus ergebenden Vorteile sind signifikant in Form einer echtzeitorientierten Zusammenarbeit und Kommunikation, etwa zwischen Entwicklung und Produktion. Beispielsweise haben Unternehmen wie BMW und der VW-Konzern entsprechende Aktivitäten und Projekte auf- und umgesetzt.

Mobile Lösungen werden bei den Automobilherstellern flächendeckend eingesetzt (also von der Entwicklung über die Produktion und die Beschaffung bis hin zum Sales und Aftersales). Hierüber wurden monatlich auf Papier gedruckte Berichte (etwa für den Beschaffungsbereich) überflüssig gemacht und die Daten stehen den jeweiligen Entscheidern aktuell auf verschiedensten mobilen Geräten zur Verfügung.

Vor allem die Bereiche Produktion und Logistik sind von hoher Geschäftsrelevanz. Werden Fehler und Abweichungen schnell erkannt und entsprechend korrigiert, so hat dies einen signifikanten Einfluss auf wirtschaftliche Kennzahlen. Hierbei geht es nicht nur um die zeitnahe Darstellung der Produktionskennzahlen (wie Anlageneffizienz, First Part Yield, Taktrate, IO-/NIO-Teile), sondern auch um das schnelle Erkennen von Fehlern und der damit verbundene Einstieg in eine „lernende Organisation". Die Ermittlung derartiger Kennzahlen in der Produktion erfolgt hierbei aktuell über MES (Manufacturing Execution Systems) und bezüglich der Planung und Logistik über ERP-Systeme. Die Integration beider Steuerungssysteme (siehe Abschn. 4.9) kann eine konsolidierte Sicht ergeben.

In der Logistik können Transporte in Echtzeit analysiert und damit Abweichungen von geplanten Lieferterminen frühzeitig erkannt und entsprechend reagiert werden. Das Analysieren erfolgt hierbei meist RFID- oder barcodebasiert. Informationen können für einen firmenübergreifenden Einsatz auch in einer Cloud (siehe Abschn. 4.5.2) abgelegt werden.

Ein weiterer Einsatzbereich ist die vorausschauende Instandhaltung (predictive Maintenance). Auch hier bedarf es der Erfassung relevanter Daten in Echtzeit und einer zeitnahen Auswertung, um frühzeitig verlässliche Aussagen über einen möglichen Maschinenausfall zu liefern, siehe Abschn. 4.4.

In der digitalen Fabrik sind Daten die Basis für Echtzeit-Simulationen. Voraussetzung ist eine entsprechende Abbildung der realen Welt in der virtuellen.

Mobile Lösungen werden, wie schon erwähnt, bereits vielfach in Unternehmen eingesetzt. Hierbei handelt es sich primär um die reine Informationsdarstellung (KPI-Boards). Dies gilt etwa für die Echtzeitdarstellung von Produktions-Kennzahlen. Die Abbildung von Genehmigungsworkflows stellt ebenfalls ein weit verbreitetes Einsatz-Szenario von mobilen Lösungen dar.

Anbieter von Standardsoftware, wie SAP, unterstützen ihre Kunden mit ihren Lösungen (zum Beispiel SCM Supply Chain Management) bei der Umsetzung derartig komplexer Aktivitäten.

4.8 Vertikale Integration

Sowohl die vertikale als auch die horizontale Integration gehören wohl zu den komplexesten Unterfangen im Industrie 4.0-Umfeld. Da es sich hier aber um ein, sowohl für Zulieferer als auch für Automobilhiersteller, wichtiges Thema handelt, existieren durch verschiedenste IT-und Industrie-Unternehmen bereits heute tiefgehende Erfahrungen und Lösungen. Das Thema Integration setzt standardisierte Schnittstellen voraus, wenn die

4.8 Vertikale Integration

ineffiziente Ausführung von Prozessen vermieden werden soll. Fehlen diese Standards, so entstehen hohe Aufwände bei der Erstellung individueller Lösungen und Schnittstellen zwischen den einzelnen Systemen. Diese hohen Aufwände stellen schließlich Integrationsbremsen dar.

4.8.1 Beschreibung

Ein zentraler Punkt bei der Umsetzung von Industrie 4.0 ist die Digitalisierung der gesamten Kernprozesse und deren komplette vertikale und horizontale Integration, siehe Abb. 4.12. Eine Integration umfasst hierbei das jeweilige Produktionsnetzwerk, aber auch eine Durchgängigkeit von der Planung bis zum Aftersales und die Integration externer Partner und Lieferanten.

Eine derartige Integration besteht bei den OEMs und Zulieferern meist unidirektional etwa von der Entwicklung in die Produktion und in den Aftersales und Sales. Die Integration ist hierbei noch nicht vollständig umgesetzt [13]. Der Rückfluss an Informationen, also von der Produktion oder vom Aftersales in die Entwicklung, ist bisher nur unvollständig umgesetzt. Es reicht bei einer derartigen Integration nicht, entsprechende Schnittstellen zu entwickeln, obwohl dieses Unterfangen bei der großen Anzahl an Systemen in der Entwicklung schon eine große Herausforderung darstellt. Die Integration muss prozessgetrieben durchgeführt werden. Hierbei gilt es vor allem die Systemblöcke

Horizontale Integration

| Lieferant/Kooperationspartner | Unternehmen | Kunde |

Integrationsrichtung →

Vertikale Integration

- Produktentwicklung
- Produktionsplanung
- Einkauf | Produktion | Logistik
- Sales/Vertrieb
- Aftersales
- Finance, Controlling, HR, Compliance

Integrationsrichtung ↓

Abb. 4.12 Vertikale und horizontale Integration

- ERP,
- PLM,
- MES inklusive Automatisierungsebene und
- MRO (Maintenance and Repair Order)

zu verbinden. Hierbei ist die ERP-MES- und ERP-PLM-Integration sicherlich die einfachste. Auch innerhalb der einzelnen Prozesse (etwa auf MES-Ebene) existiert vielfach ein Integrationsbedarf. Dies resultiert auch hier wiederum aus der Verwendung verschiedener Systeme und der damit oftmals verbundenen Heterogenität der Daten und Datenmodelle (neben den funktionalen Schnittstellen) und der damit vielfach verbundenen dezentralen Datenhaltung (physisch und logisch). Die Synchronisierung der Daten ist demzufolge mangelhaft. Als Konsequenz ergibt sich unter anderem eine unterschiedliche zeitliche Aktualität der Daten. Daneben müssen die reale und die virtuelle Welt (Stichwort Digitale Fabrik, siehe Abschn. 4.12) ebenfalls miteinander integriert und synchronisiert werden. Hierbei geht es auch um die Verbindung zwischen Produkt- und Produktionslebenszyklus.

Vereinfacht lässt sich die ERP-PLM- und ERP-MES-Integration wie folgt beschreiben: Im ERP-System werden aus Kundenaufträgen entsprechende Produktionsaufträge generiert („Was produziert werden soll"). Dies erfolgt mit einer ERP-PLM-Integration. Das ERP-System sendet die Informationen bezüglich des Kundenauftrages an das PLM-System. Dieses liefert im Gegenzug eine entsprechende Stücklistenauflösung für den jeweiligen Kundenauftrag an das ERP-System zurück (meist handelt es sich hier um einen mehrstufigen Prozess, wobei das PLM-System das führende System bezüglich der Stücklistenauflösung ist). Basierend auf diesen Informationen generiert das ERP-System einen entsprechenden Produktionsauftrag und sendet die Informationen an das MES. Das MES liefert wiederum an den entsprechenden Meldepunkten aktuelle Informationen über verbrauchte Materialien und den Produktionsstatus an das ERP-System zurück. Konkrete Informationen bezüglich der Verbauung erhält das MES vom PLM-System („Wie produziert werden soll").

Die Verbindung von PLM und MES ist deutlich komplexer als die bisher beschriebenen. Leider handelt es sich hier aber auch um die wichtigste, da von der Produktion ein automatisierter Rückfluss an Informationen in die Entwicklung erfolgen sollte. Bei der PLM-MES-Integration müssen die Fertigungsstückliste (mBOM) und entsprechende Arbeitsanweisungen an das MES auftragsspezifisch übermittelt werden (siehe auch Abb. 4.13). Daneben fließen noch bi-direktional Informationen von der digitalen und virtuellen Fabrik in die reale Fabrik (also konkret das MES).

Generell ist eine derartige (Daten-) Integration geprägt durch:

- Integration und Standardisierung der relevanten Geschäftsprozesse,
- Die Integration wird primär durch Geschäftsprozesse und nicht durch IT-Systeme beziehungsweise einzelne Funktionalitäten gesteuert,
- Standardisierung der IT-Systemlandschaft,

4.8 Vertikale Integration

- Standardisierung der Integration, also Verwendung von Standardlösungen, wie SOA (Service Orientierte Architektur), ESB (Enterprise Service Bus) oder auf SAP-Seite durch das Modul PI (Process Integration); dies umfasst auch den Betrieb und die Instandhaltung derartiger System- und Integrationslandschaften.

Generell ist anzumerken, dass es sich hierbei um eine Multi-Prozess-Integration von verschiedensten Geschäftsprozessen und auch auf unterschiedlichen Prozessebenen handelt. Damit sind auch verschiedene Technologien der Integration verbunden.

Technologisch kann eine derartige Integration auf unterschiedliche Weise erfolgen:

- Verwendung von Standardsoftware,
- Verwendung von SOA-basierten Ansätzen basierend auf Standards (siehe Kap. 5),
- Verwendung von Kollaborationsplattformen.

In der Praxis findet man bei den Automobilherstellern ein Mix aus allen drei Ansätzen, was der gewachsenen IT-Infrastruktur geschuldet ist.

Ein Beispiel einer PLM-MES-Integration zeigt Abb. 4.13.

Idealerweise sollten alle relevanten Produktinformationen zur Produktion eines Fahrzeuges automatisch kundenauftragsbasiert von der Entwicklung in die Produktion gelangen inklusive aller erforderlichen Um- und Neukonfigurationen von Maschinen und Anlagen. Zukünftig sollte ein CPPS und die einzelnen CPS auf Basis dieser Informationen eine entsprechende, dynamische und optimierte Verkettung einzelner Produktionsschritte erstellen.

Aktuell finden sich aber in der Entwicklung und in der Produktion noch vielfach proprietäre Systeme und Lösungen. Daraus resultieren verschiedenste Zwänge bei einer Integration. Zu einer Integration gehört auch die nahtlose Identifikation von zu produzierenden

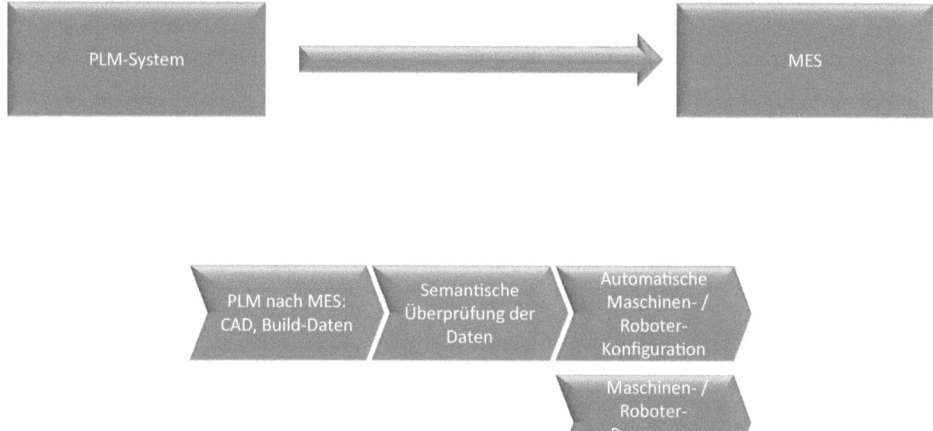

Abb. 4.13 Beispielhafte Integration PLM-MES

Fahrzeugen und deren Teile in der Produktion. Basis hierfür sind Barcodes und immer stärker RFID.

4.8.2 Einsatzgebiete und Beispiele

Lösungen für eine vertikale Integration bieten verschiedenste Unternehmen wie SAP, Siemens oder IBM an. Derartige Lösungen haben bisher schon vielfach ihre Praxistauglichkeit unter Beweis gestellt. Der Lösungsansatz von IBM basiert hierbei auf einem SOA-Ansatz und bietet somit eine entsprechend hohe Flexibilität, auch was die Integration weiterer Fremdlösungen betrifft. Die Ansätze von Siemens und SAP basieren auf deren eigenen Lösungen und Produkten. Bei Siemens spiegelt sich hier die große Erfahrung im Bereich Automatisierung wider. Die Ansätze sind sehr praxisgetrieben. Sie basieren nicht nur auf dem JT-Format und der PLM-MES-ERP-MRO-Integration, sondern darüber hinaus auch auf umfangreichen cloud- und plattformspezifischen Lösungen (TIA – Total Integration Automation). Hierbei handelt es sich um die Integration der eigenen Produkte in eine konsolidierte Umgebung. Die verschiedenen Ansätze werden in Kapitel Kap. 7 ausführlich erläutert.

Vermehrt gehen einzelne Industrieunternehmen verstärkt in die Entwicklung eigener softwarebasierter Lösungen. Trumpf etwa entwickelt appbasierte Lösungen. Kleinere und mittlere Unternehmen können über die Plattform alle erforderlichen Aufgaben im Fertigungsumfeld abwickeln. Für einen sicheren Datentransfer und eine sichere Speicherung ist gesorgt. Kunden können als Bezahldienst zwischen einem Pay-per-Use-Ansatz und einem In-App-Kauf wählen. Zu diesem Zweck wurde ein eigenes Unternehmen (AXOOM GmbH) gegründet [67].

4.9 Horizontale Integration

Neben der vertikalen Integration ist die horizontale Integration eines der Herzstücke einer Digitalisierung (siehe Abb. 4.12). Die Motivation für beide Integrationsansätze ist aber sehr unterschiedlich. Bei der horizontalen Integration stehen meist globale Wertschöpfungsnetzwerke und deren Nutzen im Vordergrund.

4.9.1 Beschreibung

Der Trend hin zu firmenübergreifenden, kooperativen Produktions- und Wertschöpfungsverbünden nimmt stetig zu und damit auch der Bedarf nach möglichst nahtlosen Integrationen. Im Bereich Engineering wird dies bereits seit Jahren praktiziert. Aber gerade hier zeigen sich erhebliche Schwächen. Lieferanten müssen vielfach das CAD-System des Kunden verwenden, um eine möglichst gute und verlustfreie Integration und damit Zusammenarbeit zu gewährleisten. JT als herstellerunabhängiges Datenformat kann hier Abhilfe schaffen (siehe Kap. 5).

Da es sich bei dieser Integration um eine firmenübergreifende Interaktion handelt, kann eine Lösung technisch entweder über eine Integrationsplattform (aktuell vielfach cloudbasiert) oder/und durch die Nutzung und Verwendung entsprechender Standards erfolgen. Im Gegensatz zur vertikalen Integration (siehe Abschn. 4.8) entfällt die Möglichkeit der Verwendung von Standardsoftware. Somit handelt es sich hier um einen komplexeren Sachverhalt. Als Konsequenz entstehen herstellerübergreifende und flexible Entwicklungs- und Produktionsnetzwerke. Diese gilt es zu integrieren, aber darüber hinaus auch die betriebswirtschaftlichen Prozesse miteinander zu vernetzen [79].

Es existieren Kollaborationsplattformen in Form von Marktplatz-Portalen, um die Zusammenarbeit auf operativer Ebene zu ermöglichen beziehungsweise zu erleichtern. Vertreter im Bereich Lieferantenanbindung sind die Lösung von SupplyOn oder das Virtual Fort Knox (VFK). Letzteres ist aus einer Kooperation des Fraunhofer-Instituts für Produktionstechnik und Automatisierung (IPA) und HP hervorgegangen. Eine Förderung erfolgt durch die Baden-Württembergische Landesregierung. Ziel ist es hier, vor allem für Klein- und Mittelständische Unternehmen (KMUs) eine Plattform zur kostengünstigen und sicheren Nutzung neuartiger IT-basierter Lösungen zu bieten. Darüber hinaus dient die Plattform zur vertikalen und horizontalen Integration. Bei der vertikalen Integration sollen CPS miteinander interagieren können. Mittels spezifischer Lösungen erfolgt die unternehmensübergreifende, horizontale Integration [23].

4.9.2 Einsatzgebiete und Beispiele

Trotz der Komplexität existieren am Markt vielfältige Ansätze zur horizontalen Integration. Auch hier stehen Unternehmen wie GE, Siemens, SAP, HP oder IBM als Lösungsanbieter mit teilweise sehr unterschiedlichen Ansätzen zur Verfügung.

Über das schon angesprochene JT-Format kann eine herstellerunabhängige Integration im Entwicklungsbereich sichergestellt werden, wie Daimler aufgezeigt hat. Durch die Umstellung von dem CAD-Hersteller Catia zu Siemens wurde auch eine Migration des Datenformates vorgenommen. Anstelle des proprietären Formates fand das herstellerunabhängige JT-Format Anwendung (siehe auch Kap. 4).

Wie schon erwähnt existiert mit dem Virtuellen Fort Knox ein cloudbasierter Ansatz. Hierüber haben vor allem Klein- und Mittelständische Unternehmen die Möglichkeit, nicht nur Daten und Informationen untereinander auszutauschen, sondern es werden durch die Plattform auch vielfältige Zusatzdienste, wie etwa ein MES, angeboten (siehe Kap. 6).

Basis von VFK sind Standardkomponenten, die primär der HP-Cloud Referenzarchitektur entnommen wurden. Diese Komponenten wurden an die spezifischen Bedürfnisse angepasst. Die Plattform lässt sich in drei Ebenen gliedern:

- Nachfrage (Demand),
- Lieferung (Delivery),
- Versorgung (Supply).

Auf Nachfrage-Ebene befinden sich etwa die Benutzerverwaltung, Abrechnungen und die Abbildung des gesamten Lebenszyklus von Anwendern (Verbrauchern) und den von ihnen genutzten Diensten.

Die Ebene der Lieferungen bietet Lösungen von Drittherstellern in Form von Diensten an. Hierbei kann es sich etwa um spezifische Konnektoren, Dash-Boards, Big Data-Lösungen oder Predictive-Maintenance-Lösungen handeln. Auf der Versorgungsebene werden Basisdienste zur Verfügung gestellt. Als Kommunikationssystem dient ein sogenannter Manufacturing Service Bus (MSB). Er bietet Schnittstellen zu CRM, ERP, PLM, MES, PPS und CPS an.

Auch Siemens bietet entsprechend cloudbasierte Lösungen an. Diese werden in Kap. 7 näher beschrieben. Darüber hinaus bieten auch kleinere Unternehmen Lösungen an. Vielfach handelt es sich hier auch um cloudbasierte Lösungen.

4.10 Assistenzsysteme in der Produktion und Logistik

Bei der Bewältigung der zunehmenden Komplexität werden in Zukunft vermehrt Assistenzsysteme unter anderem auf Basis von Augmented Reality (AR) und Virtual Reality zum Einsatz kommen. Handling-Assistenten wurden bereits im Kapitel über sensitive Roboter (siehe Abschn. 4.3) diskutiert. Vielfach handelt es sich hier um individuell entwickelte oder stark angepasste Standardlösungen. In letzter Zeit drängen hier vermehrt SAP und andere Anbieter von Standardsoftware in diesen Markt und erweitern ihr Lösungsangebot deutlich, um die bisher hohen Anpassungsaufwände zu vermeiden und damit die Akzeptanz zu erhöhen.

4.10.1 Beschreibung

AR (Augmented Reality) beschreibt die visuelle Überlagerung der realen Welt mit zusätzlichen Informationen. Hierbei werden die Informationen an der richtigen Position und in der richtigen Größe im Blickfeld eingeblendet. Wichtig ist hierbei die Echtzeitfähigkeit der Interaktion in allen drei Dimensionen (siehe Abb. 4.14).

AR ist sozusagen als die Schnittstelle zwischen realer Welt und der digitalen Welt, etwa der Digitalen Fabrik, anzusehen. Bei VR hingegen handelt es sich um vollständig computergenerierte Bildinformationen (siehe Abb. 4.14).

Abb. 4.14 Abgrenzung AR zu VR. (metaio)

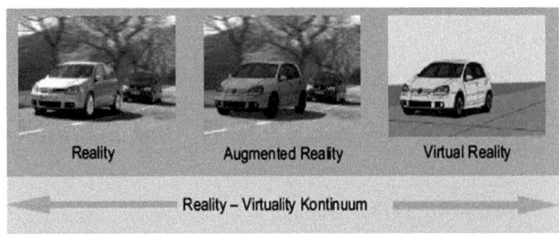

Quelle: Metaio GmbH

4.10 Assistenzsysteme in der Produktion und Logistik

Ziel der Anwendung und Nutzung von AR in der Produktion und Logistik ist es, dem Anwender Zusatzinformationen bezüglich der Prozesse/ des aktuellen Prozessschrittes zur Verfügung zu stellen, um damit die Produktivität und Qualität der Arbeit zu erhöhen beziehungsweise zu verbessern. Der große Vorteil derartiger Lösungen ist, dass die Informationen auf mobilen Geräten in Echtzeit zur Verfügung stehen. Damit ergeben sich folgende Vorteile:

- Kostensenkungen, da Mitarbeiter weniger Zeit mit Suchen verbringen,
- Ressourcenoptimierung, durch Reduzierung von Maschinenstillständen,
- Qualitätsverbesserung durch Soll-/Ist-Vergleiche, Kontextinformationen und Arbeitsanweisungen.

Unabhängig von der Technologie spielen oftmals ganz profane Themen bei der Akzeptanz derartiger Ansätze eine bedeutende Rolle. So sind das Aussehen und die Attraktivität der Geräte nicht zu unterschätzen. Ein weiteres Akzeptanz-Thema ist, inwieweit derartige Systeme optisch flexibel sind (zum Beispiel Brillenbenutzer oder diffuse Lichtverhältnisse). Auch der Preis dürfte bei der Akzeptanz eine wichtige Rolle spielen. Hier ist aber zu beachten, dass sich die Kosten für die Hardware kontinuierlich verringern werden und die Miniaturisierung wird stetig voranschreiten. Somit werden derartige Geräte auf kurz oder lang Einzug in die Logistik- und Produktionsprozesse finden.

Technisch besteht ein AR-System aus einer Kamera, einem Trackinggerät und unterstützender Software. Hierzu gehört auch die Anbindung und Integration in entsprechende Backend-Systeme, etwa für die Logistik oder Produktion. Derartige Systeme liefern den Benutzern Zusatzinformationen, etwa die genaue Distanzanzeige auf Basis von Infrarot-Technik, die über die menschliche Wahrnehmung hinausgeht.

Smart Glasses, wie jene von Meta, verfügen über ein SDK (Software Development Kit), über die Entwickler eigene Apps entwickeln können. Hierüber lassen sich derartige Geräte auch an Backend-Systeme wie SAP oder andere anbinden. Die einzelnen Hersteller bieten aber auch umfangreiche eigene Lösungen an. Die Brillen verfügen über Auflösungen im Bereich von 960 × 640 Pixels und bieten einen 360-Grad-Blick (siehe Abb. 4.15).

Probleme bei AR-Systemen ergeben sich durch die Echtzeit-Nachführung von Bildern in der Bewegung. Auch können Sensoren durch Bewegungen beeinträchtigt werden. Ein zusätzliches Problem stellt die Energieversorgung von AR-Systemen dar. Die Kapazität ist bei einigen Systemen auf wenige Stunden begrenzt. Überraschenderweise ist der menschliche Gewöhnungsaufwand bei derartigen Lösungen sehr gering.

Abb. 4.15 Smart Glasses. (Bilder von Webseite der Hersteller)

Quelle: Meta   Quelle: Vuzix

4.10.2 Einsatzgebiete und Beispiele

Assistenzsysteme sind bereits oft im Einsatz, etwa in Form von Pick-to-Light- oder Pick-by-Light-Systemen, bei der Kommissionierung von Teilen. Darüber hinaus gibt es vor allem auf MES-Ebene die Möglichkeit, über eine Prozessverriegelung die Durchführung bestimmter Arbeitsschritte der Mitarbeiter zu erzwingen. Derartige Systeme werden beim Einbau sicherheitskritischer Teile, etwa in der Fahrzeugendmontage, verwendet. Weitere Beispiele sind Arbeitsanweisungen am Fließband. Hierüber erhalten die Mitarbeiter bei wechselnden Tätigkeiten zusätzliche Informationen bezüglich dem konkreten Einbau von Teilen.

AR-Ansätze bieten weitergehende Möglichkeiten, so etwa bei der Erkennung von Lackfehlern in der Fahrzeugendmontage. Hier unterstützen derartige Systeme Qualitätsmitarbeiter bei Ihrer sehr anstrengenden und auch anspruchsvollen Arbeit und geben Hinweise über mögliche Fehler. Alternativ können natürlich auch kamerabasierte Systeme zum Einsatz kommen.

Darüber hinaus gibt es eine Reihe von Forschungsaktivitäten, unter anderem das Projekt APPsist [104]. In der Anwendung werden Maschinen, Mitarbeiter und Messdaten erfasst, um daraus Handlungsschritte abzuleiten, die an den jeweiligen Mitarbeiter angepasst sind.

Instandhaltungstätigkeiten lassen sich über AR-Ansätze ebenfalls verbessern. Der Mitarbeiter hat hierbei die Hände frei, um etwa die Ware zu bewegen. Das manuelle Einscannen von Artikeln entfällt. Die restliche Arbeit wird von der Brille (etwa Google Glass) unterstützt. Die Interaktion mit dem System erfolgt durch Spracheingabe oder über Gestensteuerung. Das Feedback durch das System erfolgt im Allgemeinen optisch. Hierbei werden zusätzliche Informationen in das Sichtfeld des Anwenders projiziert [51].

Auf analoge Weise wird sich das Anlagenmanagement verändern. Auch hier kommen vermehrt AR-Ansätze und mobile Lösungen auf Basis von Apps zum Einsatz. Ähnliche Ansätze existieren für die Anbindung an das Lagerverwaltungssystem eWM (extended Warehousemanagement) von SAP. Hier unterstützen ebenfalls Assistenzsysteme die Anwender bei Ihrer Arbeit.

In die gleiche Richtung gehen die Aktivitäten von Bosch. Es erfolgt ebenfalls der Einsatz von Smart Glasses, allerdings vom Hersteller Vuzix. Tests haben ergeben, dass sich etwa die Brillen von Google für die spezifischen Anforderungen als weniger gut geeignet herausgestellt haben. IT-technisch basiert die Lösung auf SAP AR Warehouse Picker. Konkret meldet sich der Lagerarbeiter über einen temporären QR-Code beim System an. Die Interaktion mit dem IT-System erfolgt dabei unter anderem über Sprachsteuerung. Die Vorteile der Lösungen sind:

- Reduzierung der Fehlerrate und
- weniger Infrastruktur (keine PC-basierten Lösungen).

Hierbei zeigte sich, dass Smart Glasses verschiedener Hersteller zu durchaus sehr unterschiedlichen Ergebnissen, auch hinsichtlich der Akzeptanz bei den Anwendern, führen. Die Brillen von Epson zeigen hierbei gute Ergebnisse [81]. Somit bedarf die Auswahl der Smart Glasses immer einer gewissen Evaluierung.

Forschungsseitig gibt es Aktivitäten (unter anderem an der TU München) hinsichtlich Pick-by-Vision, um Mitarbeiter bei der Kommissionierung mittels AR zu unterstützen.

Hierbei werden Arbeitsanweisungen, Artikelinformationen, Auftragsinformationen, Richtung und Lage der Artikel über Smart Glasses eingeblendet [78]. Vergleichbare Lösungen für den Logistik-, Produktions- und Qualitätsbereich bietet die Bremer Firma Ubimax auf Basis von Smart Glasses der Hersteller Meta und Epson an [55].

SAP bietet hier ein breites Spektrum an Standardlösungen für mobile Geräte an. Die mobile Erfassung von Qualitätsproblemen inklusive des Barcodes kann vor Ort durch Einscannen erfolgen, Priorität und begleitende Beschreibungen werden erfasst und stehen sofort zur Verfügung.

Microsoft versucht sich mit HoloLens am Markt zu positionieren, hier aber erst mal im Consumer-Bereich. Auch Facebook hat eine entsprechende Hardware von Oculus Virtual Reality im Angebot. Der Markt an Geräteanbieter ist also sehr vielfältig. Die Integration in Backend-Systeme und die zusätzliche Software sind in diesem Bereich sicherlich einer der entscheidenderen Faktoren.

Neben Smart Glasses kommen aber auch immer mehr Smart Watches zum Einsatz, unter anderem für die Instandhaltung, aber auch im Bereich der Produktion in Form von Arbeitsanweisungen. Vor allem seit Apple auch in den Markt eingedrungen ist, vermehren sich derartige Lösungen. Erste Beispiele finden sich etwa bei BMW im Bereich der Produktion, siehe Kap. 6. Auf Grund der Neuartigkeit derartiger Geräte stellen die ersten Praxisbeispiele naturgemäß ausschließlich einen ersten Ansatz dar. Hier wird es sicherlich in den nächsten Jahren weitere Anwendungsbeispiele geben.

Bei nüchterner Betrachtung fällt allerdings auf, dass hier teure Infrastruktur in Form von Smart Glasses/Datenbrillen teilweise als Ersatz für mobile Lösungen verwendet wird. Die Vorteile liegen zwar auf der Hand, aber eine Steuerung des Anwenders erfolgt vielfach nur eingeschränkt, Mehrwerte sind somit nicht immer gegeben. Dies hat auch Auswirkungen auf den ROI. Ein weiterer entscheidender Punkt neben der Funktionalität und den Kosten ist die Akzeptanz bei den Endanwendern (wie schon erwähnt). Auch müssen Geräteverluste in die Gesamtbetrachtung mit einkalkuliert werden.

Einen etwas anderen Weg geht die Grazer Firma Knapp AG. Mit ihren KiSoft WebEye-Lösungen kommt zwar „nur" gängige Technologie zum Einsatz, aber über das audiovisuelle System – basierend auf einem Headset mit Kamera, Mikrofon und einer kabellosen Tastatur – erfolgt bei einer Störfallbehebung die direkte Kommunikation zwischen einem Instandhalter vor Ort und einem remote verbundenen Experten (siehe Abb. 4.16). Der remote verbundene Kollege erkennt wiederum dank der kombinierten Lösungen die gesamte Situation und kann dem Kollegen vor Ort entsprechend unterstützen (etwa durch zusätzliche Informationen). Über die tragbaren Akkus ist eine Betriebszeit von sechs bis acht Stunden sichergestellt [42]. Die Lösungen wurden bereits 2012 durch das Unternehmen präsentiert.

Datenhandschuhe, wie etwa jene der Münchner Firma Proglove, können den Werker/Arbeiter an der Linie direkt unterstützen, siehe Abb. 4.17. Über diesen Sensorhandschuh, der per RFID gefasste Werkstücke erkennt, und über zusätzliche Sensoren auch die Bewegung des Mitarbeiters erfasst, lassen sich Arbeitsabläufe deutlich besser erfassen und tragen somit bei komplexen Arbeitsabläufen deutlich zur Qualitätssteigerung bei. So kann der gesamte Montageablauf (Material und Arbeitsablauf) digital erfasst und dokumentiert werden. Erfolgt das nicht korrekte Fassen eines Bauteiles oder eine nicht korrekte Bewegung,

Abb. 4.16 Assistenzsystem für die Instandhaltung. (Pressemitteilung)

Quelle: Knapp AG

Abb. 4.17 Datenhandschuh

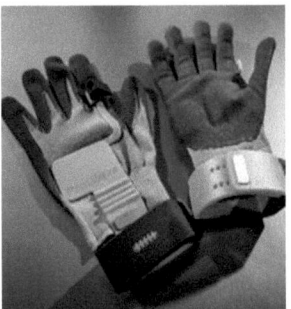 

Quelle: ProGlove

Abb. 4.18 AR-Ansatz für Service bei ABB. (ABB Pressemitteilung)

Quelle: ABB

so erhält der Mitarbeiter auf mehrfache Weise einen Hinweis. Dies geschieht dies durch Vibration oder über das integrierte Display [42]. Derartig direkte Feedbacks unterstützen auch bei der persönlichen Fehlerbehebung.

Eine weitere Lösung bietet ABB für die Instandhaltung an. Über eine tabletbasierte Lösung wird der Service-Techniker beim Auffinden einer Störung unterstützt. Ferner werden erforderliche Daten automatisch aus der fehlerhaften Anlage ausgelesen und dem Service-Mitarbeiter angezeigt. So kann er schnell einen Überblick über wichtige Kennzahlen und die komplette Historie erhalten, wie den Zeitpunkt des letzten Services, fälliger Servicetermin, Ansprechpartner oder Inbetriebnahme, siehe Abb. 4.18 und [27].

4.11 Embedded Software

Das Themengebiet ist eng verknüpft mit CPS (siehe Abschn. 4.2) und M2M-Kommunikation. Über Embedded Software-Entwicklung werden die neuen, smarten Funktionalitäten umgesetzt, Daten ausgelesen oder es folgt eine Kommunikation mit externen Services (etwa in einer Cloud). Bei Embedded Systems (eingebetteten Systemen) handelt es sich um eine Kombination von Software- und Hardware-Komponenten zur Steuerung, Regelung und Überwachung eines Systems. Dies geschieht vielfach unter Echtzeitanforderungen. Embedded Software-Entwicklung ist kein originäres Industrie 4.0-Thema, aber zur Umsetzung der angesprochenen CPS von zentraler Bedeutung.

4.11.1 Beschreibung

Ungeachtet des konkreten Kontextes muss die Software-Entwicklung entlang des Software-Lebenszyklus entwickelt, getestet, installiert und kontinuierlich weiterentwickelt werden. In der Produktionsumgebung sind dies natürlich besondere Herausforderungen. Maschinen dürfen nicht stillstehen, die Software muss fehlerfrei sein, Performance-Anforderungen müssen vollständig erfüllt werden, IT-Sicherheitsvorgaben sind zu berücksichtigen, um nur eine unvollständige Liste an Anforderungen aufzulisten. Speziell in diesem immer komplexer werdenden Umfeld kommt dem Testen eine immer größere Bedeutung zu. Aktuell finden sich auf diesem Feld leider noch keine spezialisierten oder fokussierten Unternehmen.

Bei der Softwareentwicklung kommen die klassischen Software-Hersteller, wie IBM, HP usw., zum Zuge. Sie bieten für derartige Belange entsprechende Lösungen an.

Für die Systemmodellierung steht die SysML (Systems Modeling Language) als Erweiterung der UML (Unified Modeling Language), aber auch die UML 2 über entsprechende Profile zur Verfügung. Bei SysML handelt es sich um eine grafische Modellierungssprache, die primär im Systems Engineering- Bereich verwendet wird.

Am Markt existieren verschiedenste Entwicklungsumgebungen. Die Entwicklung erfolgt hierbei über die gängigen Programmiersprachen Ada, C, C++ oder auch Java (hierbei handelt es sich um eine Untervariante der Java-Laufzeitumgebung, vielfach in Form der angepassten Java Micro Edition – J2ME). Die spezielle Herausforderung hierbei ist und bleibt die starke Interaktion mit der zugrundeliegenden Hardware. Für die Kommunikation zwischen den einzelnen Anlagen und Geräten soll zukünftig OPC UA (siehe Kap. 5) genutzt werden, um eine herstellerunabhängige Kommunikation sicherzustellen.

4.11.2 Einsatzgebiete und Beispiele

Konkret existieren Service Delivery-Plattformen zum Beispiel von der Firma ProSyst Software GmbH [84]. Bestandteil der Lösung ist neben einer Entwicklungsumgebung auch eine entsprechende Middleware, optimiert auf M2M- und Embedded Software-Belange.

Das Thema ist nicht nur im industriellen Umfeld von Relevanz, sondern vermehrt auch im universitären- und Forschungsumfeld. Aktivitäten gehen hier unter anderem in die Richtung der Verifikation von Programmcode oder von Spezifikationen [14]. Darüber hinaus findet sich Embedded Software-Entwicklung als Basis in CPS, sensitiven Robotern und auch in 3D-Druckern.

4.12 Digitale Fabrik

Die Digitale Fabrik (DF) ist der Oberbegriff für ein umfassendes Netzwerk von digitalen Modellen, Methoden und Werkzeugen u. a. der Simulation und 3D-Visualisierung, die durch ein durchgängiges, intelligentes und konsistentes Datenmanagement realisiert wird. Seit vielen Jahren beschäftigen sich daher sowohl die Automobilhersteller als auch deren Zulieferer mit dem Thema Digitale Fabrik und setzen Tools verschiedenster Hersteller erfolgreich ein, siehe Kap. 6. Die Beherrschung der stetig steigenden Anzahl an Modellen und Varianten wäre ohne DF-Werkzeuge aktuell nicht mehr möglich. So finden Fabrikplanungen zuerst in der digitalen Welt statt, bevor die Ergebnisse auf die reale Welt übertragen werden. Darüber hinaus finden diese Tools auch bei den Zulieferern entsprechend Anwendung. Beispiele sind Simulationen, virtuelle Inbetriebnahmen oder Integrationen (PLM-MES-ERP). Eingesetzt werden die Werkzeuge sowohl in der Produktionsplanung, aber auch in der operativen Produktion und Logistik. Als Werkzeuge kommen unter anderem Simulationen, Testwerkzeuge sowie AR- und VR-basierte Ansätze, wie sie bei Assistenzsystemen beschrieben wurden, (sieheAbschn. 4.10) zum Einsatz. Weitere Einzelheiten folgen auf den nächsten Seiten.

Das Hauptziel der Digitalen Fabrik ist die Unterstützung bei einem nachhaltigen Unternehmenserfolg [13, 24]. Im Einzelnen erfolgt dies unter anderen durch

- Bestandsreduzierung und Vermeidung von Engpässen (Materialflusssimulationen),
- Kontinuierliche Planung und Optimierung auf Grund sich verändernder Rahmenbedingungen,
- Effizienzsteigerung durch die Verkürzung der Planungszeiten und Verringerung von Planungsfehlern,
- Erhöhung der Fabrikauslastung,
- Frühzeitiges Absichern von Planungs- und Entwicklungsergebnissen,
- Reduzierung der Anzahl an Änderungen sowie
- einer Kommunikationsverbesserung über Bereichsgrenzen hinweg.

Generell sind die Vorteile der verwendeten Lösungen vielfältig. Im Einzelfall hängen diese naturgemäß von der spezifischen Ausgangssituation ab.

4.12.1 Beschreibung

„Ihr Ziel ist die ganzheitliche Planung, Evaluierung und laufende Verbesserung aller wesentlichen Strukturen, Prozesse mit dem Produkt" [13] beziehungsweise VDI-Richtlinie 4499. Hierbei gilt es, zwischen einer Digitalen Fabrik und einer virtuellen Fabrik zu differenzieren. Eine Digitale Fabrik stellt ein statisches Abbild der Realität dar, wohingegen eine virtuelle Fabrik das dynamische Verhalten repräsentiert [24]. Die Beziehung zwischen realer, digitaler und virtueller Fabrik ist grafisch in Abb. 4.19 dargestellt [24],.

Durch die intensive aber auch sehr unterschiedliche Verwendung digitaler Fabrikansätze ergeben sich bei den Anwendern naturgemäß voneinander abweichende Definitionen und Sichtweisen für den Begriff.

Mit der digitalen Produktion und damit der Digitalen Fabrik ergibt sich eine gravierende Veränderung in der Arbeitsweise. Die Verbindung von Internet mit modernen Informationstechnologien ermöglicht eine hohe Flexibilität in der Planung und deren Umsetzung [24]. Hierbei sind Integration und eine flexible Automation Kernelemente einer digitalen Produktion.

Von einer ehemals 2D-Darstellung geht man aktuell immer mehr in die Richtung einer 3D-Darstellung über. Für den Bereich der Simulation von Produktionsabläufen wird aber trotzdem vielfach der Einfachheit wegen noch auf 2D-Modelle zurückgegriffen. Unabhängig von der Dimensionszahl ist die möglichst detaillierte Darstellung und Modellierung des realen Verhaltens für die Güte der Simulation von zentraler Bedeutung.

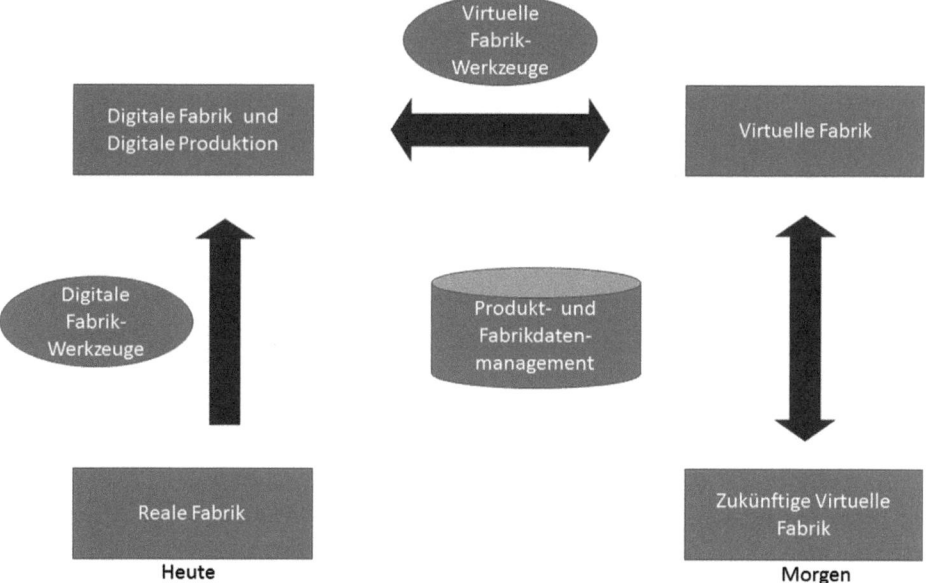

Abb. 4.19 Zusammenhang zwischen realer, digitaler und virtueller Fabrik

Das umfangreiche Themengebiet lässt sich in die Bereiche

- Produktion (Prozessplanung, Materialflussplanung, Robotersimulation, Mensch-Simulation),
- Facilities (Layout-Planung, Maschinen- und Werkzeugsimulation) und
- Integration (ERP-MES, ERP-PLM, PLM-MES, PLM-MRO)

unterteilen, wobei die Bereiche Produktion und Facilities vielfach auch als Digital Manufacturing zusammengefasst werden. Die Themengebiete umfassen die Bereiche Produktentwicklung, Produktionsplanung, Produktionsanlauf und -betrieb und die Auftragsabwicklung. Anlaufplanung, Logistik (primär inbound) und Instandhaltung sind ebenfalls Bestandteil der DF. Ein immer wichtiger werdender Punkt ist die Berücksichtigung von Nachhaltigkeitsaspekten wie Energie- und Ressourcenverbrauch und Emissionen. Das Hauptaugenmerk liegt aber auf den Bereichen Produktionsplanung und Facilites. Bei dem Thema handelt es sich aber nicht ausschließlich um ein technisches/IT-Thema. Ebenso wichtig sind die verwendeten Methoden und Prozesse.

Durch die immer enger werdende Zusammenarbeit zwischen Automobilhersteller und deren Zulieferer erhöht sich der Zwang, sich an die digitalen Methoden anzupassen. Dies umfasst nicht nur den 3D-CAD-Bereich, sondern auch das gesamte PDM (Product Data Management), die Simulation und die digitale Planung.

In der Praxis erfolgt die Planung einer neuen Fabrik oder deren Umplanung primär in der digitalen Welt. Hier werden nicht nur CAD-Zeichnungen erstellt, sondern auch Produktionsabläufe durchgespielt, Materialflüsse simuliert bis hin zum virtuellen Einbau von Teilen durch Mitarbeiter. Derartige digitale Abbilder sind aber keine Einbahnstraße. Nach dem Go-Live einer Fabrik sind diese digitalen Abbilder der Dreh- und Angelpunkt für eine Echtzeitüberwachung der Fabrik. Somit dient die DF auch als Steuerungs- und Überwachungselement der realen Fabrik. Daneben können auf Basis des gesamten Datenmaterials (also inklusive der Kennzahlen und Prozessdaten) Verbesserungen simuliert werden oder die Datenbasis ist Ausgangpunkt für einen KVP (Kontinuierlicher Verbesserungsprozess) auf Basis von Verbesserungsvorschlägen.

Ein weiterer Punkt ist, dass während der Produktionsplanung entsprechende Planungstätigkeiten für eine Fabrikplanung stark parallelisiert und auch überlappend erfolgen können, wodurch kürzere Planungsphasen entstehen [13]. Durch die vollständige Digitalisierung und Virtualisierung können Wechselwirkungen besser und frühzeitiger erkannt und entsprechend optimiert werden. Eine Freigabe zur physischen Produktherstellung erfolgt nach der digitalen Absicherung und wenn das digitale Abbild der realen Fabrik die entsprechenden Verifikationen und Simulationen durchlaufen hat [13].

Zur Optimierung der Arbeitsweise erfolgt, unter anderem für das Projektmanagement, die Darstellung auf mobilen Endgeräten (primär Tablet-PCs). Im Rahmen der virtuellen Produktabsicherung werden VR-Ansätze verwendet (unter anderem für Einbau-Überprüfungen, Werkzeug- und Maschinenhandling).

Durch ein vollständiges Abbild der realen Welt in der virtuellen ist es möglich, in der virtuellen Umgebung neue Produktionsabläufe inklusive Maschinenprogramme vollständig zu entwickeln und zu testen. Im Anschluss können die Ergebnisse schnell und effizient in die reale Welt übertragen werden. Eine manuelle und damit fehler- und zeitaufwendige Programmierung an den einzelnen Maschinen entfällt somit. Als Ergebnis steigen die Auslastung und die Flexibilität der realen Fabrik. Die „letzten Meter", soll heißen eine Feinjustierung der Maschinen, ist aber aktuell immer noch erforderlich.

Um die Vorteile der DF voll zur Geltung zu bringen, sind entsprechende bi-direktionale Integrationen zwischen den Kernsystemen ERP, MES und PLM/PDM/DF erforderlich. Aktuell sind hiervon meist nur die Verbindungen zwischen ERP und MES vorhanden. Die viel wichtigeren (da mit einem hohen Potential verbundene) Verbindung zwischen PLM und MES ist meist nur partiell und uni-direktional vorhanden (siehe auch Abschn. 4.8). Darüber hinaus ist die Integration zwischen realer (vor allem dem MES) und der DF nur unvollständig vorhanden. Somit liegen Prognose- und Simulationspotentiale ungenützt brach. Hinderungsgrund ist hier die Schnittstellenthematik. Dies gilt auch für die Standardsoftware unterschiedlicher Hersteller.

Ungeachtet der Vorteile bestehen in der Praxis durch vielfältige, heterogene Schnittstellen und das komplexe Datenmanagement noch erhebliche Herausforderungen. Darüber hinaus sind die Anschaffungskosten für derartige Werkzeuge sehr hoch (inklusive entsprechender Hardware). Auch lassen sich die einzelnen Werkzeuge nur begrenzt über standardisierte Schnittstellen oder Datenaustauschformate in bestehende Systemlandschaften integrieren. Hier gibt es zwar vielfältige Ansätze und auch Standardisierungsbemühungen, aber der aktuelle Stand ist hier noch immer unzureichend. Darüber hinaus entstehen erhebliche Datenmengen. Hier gilt es, nicht nur den physischen Speicherbedarf zu beherrschen, sondern auch die pure Datenverarbeitung und das Auffinden relevanter Daten. Ein effizientes Data-Lifecycle ist gefragt. Der teilweise nicht unerhebliche Anpassungsaufwand auf die spezifischen Unternehmensbedürfnisse darf ebenfalls nicht außer Acht gelassen werden.

Aktuell ist noch die Simulation von menschlichem Verhalten, vor allem beim Thema Ergonomie am Arbeitsplatz, ungenügend gelöst. Die vorhandenen Mensch-Modelle sind hierbei durchaus verbesserungsbedürftig. Der planerische Aufwand darf bei derartigen Untersuchungen nicht unterschätzt werden. Auf der anderen Seite erhöhen derartige Ansätze das frühzeitige Zusammenarbeiten von Planern und Entwicklern und ermöglichen Optimierungen schon in der Planung und reduzieren hiermit aufwendige Nachbesserungen in der realen Produktion.

4.12.2 Einsatzgebiete und Beispiele

Wichtige Softwarelieferanten sind hier die Firmen

- Siemens,
- Dassault Systems,
- PTC und
- Autodesk.

Generell existiert aber am Markt eine Vielzahl an Lösungen. Daneben gibt es für Einzelthemen, wie etwa CAD oder Simulation, auch spezialisierte Anbieter.

Bezüglich des Gesamtlösungsangebotes und hinsichtlich Erfahrung hat Siemens das wohl umfangreichste Angebot. Die Lösung ist offen und serviceorientiert aufgebaut. Alle Module greifen hierbei auf eine gemeinsame Datenbasis zu. Für Details sei hier auf das Kap. 7 verwiesen.

Für den Datenaustausch mit den eigenen Zulieferer kann auf Standards wie JT und AutomationML (siehe Kap. 5) zurückgegriffen werden. Daneben werden speziell für Automobilzulieferer spezifische PLM-Lösungen der gängigen Hersteller angeboten, vielfach cloudbasiert. Derartige Angebote stoßen allerdings auf wenig Gegenliebe, vor allem auf Seiten der größeren Zulieferer.

Im Rahmen der Fabrikplanung finden für die Planung der Montagebandbelegung spezielle Softwaretools Anwendung, um eine möglichst gleichmäßige Auslastung aller Arbeitsstationen eines Montagebandes zu gewährleisten. Hierbei müssen schon in der Planung die verschiedensten Restriktionen (wie Karosserie) berücksichtigt werden [13].

Magna Steyr hat seit 2012 im Rahmen eines entsprechenden Projektes zur Prozessplanung ein System eingeführt, dass den Produktionsablauf von Start- bis End-of-Production digital absichert. Im Rahmen des Projektes galt es auch, eine datentechnische Integration der Modelle, Methoden und Werkzeuge vorzunehmen. Hierbei wurden alle Fertigungs- und Entwicklungsprozesse in dem System abgebildet [24].

Anlagen werden bei der Firma EDAG primär digital geplant und gesteuert. Im Gegensatz zu einer konventionellen Planung (Prozessplanung, mechanische Konstruktion der Anlage, Konstruktion der Elektrobauteile, SPS-Programmierung, Testen und Inbetriebnahme) erfolgt dies bei einer virtuellen Planung auf Basis eines virtuellen Modells. Hierin finden sich Informationen zur Geometrie, Sensoren usw. Anschließend erfolgen die Konzeption der Steuerung und die Programmierung. Im Anschluss daran steht die virtuelle Inbetriebnahme. Nach dem erfolgreichen Abschluss dieser virtuellen Tätigkeiten kann auch die reale Anlage in Betrieb genommen werden. Durch die Verwendung von Bibliotheken ergeben sich zum einen Vorteile durch ein hohes Maß an Standardisierung und gleichzeitig auch Vorteile hinsichtlich Qualität, Zeit- und damit Kostenreduktionen [102].

Volvo produziert geringe Volumina mit einer hohen Variation inklusive unterschiedlicher Modelle auf einer Linie. Um hier eine Premium-Qualität zu erreichen, waren und sind umfangreiche Simulationen erforderlich. Das Unternehmen nutzt Siemens Process Simulator und Robcad für die Planung und Simulation im Rohbau-Bereich, Lackiererei und in der Endmontage. Der Process Simulator wird zur genauen Simulation der einzelnen Roboterbewegungen in den einzelnen Stationen inklusive Down- und Upload der NC-Programme eingesetzt. In der Endmontage mit ihrer sehr hohen Varianz an Produkten und Teilen inklusive der Änderungen in Teilen und Prozessabläufen muss diese mehrdimensionale Komplexität entsprechend beherrscht werden. Über Teamcenter werden hierfür Teile mit Maschinen und Fertigungsprozessen miteinander verbunden. Entwicklungsingenieure und Produktionsplaner arbeiten hierbei nicht nur Hand in Hand, sondern nutzen auch mit Teamcenter die gleiche Plattform inklusive einem einheitlichen Datenmanagement. Um neue Modelle umzusetzen, bedarf es umfangreicher Tests und umfangreichen Roboterprogrammierung. Alle Änderungen werden in den Siemens-Tools umgesetzt und ausführlich getestet. An einem einzigen Wochenende können dann diese Daten aus dem Tool in die reale Fabrik übertragen, Feinabstimmungen an den Robotern vorgenommen und die Endtests durchgeführt werden.

Dieses Wissen wird dem gesamten Unternehmen zur Verfügung gestellt, um global und einheitlich die Planung und Optimierung von Produktionsabläufen zu unterstützen. Dies ist notwendig, da Volvo auch Werke in China baut und durch den seit 2010 neuen Eigentürmer auch Transferleistung erbringen muss. Über den Einsatz von Tecnomatix-Lösungen konnte Volvo den Entwicklungsaufwand um 50 % reduzieren [100].

Literatur

1. Automobilindustrie: Big Data-Potentiale liegen brach, Automotive IT, 3/2015.
2. Shiva Achari, Hadoop Essentials, Packt Publishing, 4/2015.
3. Michael Astor, Michael Jarowinsky, Uwe von Lukas, Marktperspektiven von 3D in industriellen Anwendungen, Abschlussbericht, Bundesministerium für Wirtschaft und Technologie, 1/2013.
4. Automobilhersteller steigert Produktivität in der Zylinderkopfproduktion um 25 Prozent, Pressemitteilung IBM, 2014.
5. Richard D'Aveni, 3D-Drucker vor dem Durchbruch, Harvard Business Manager, 7/2015.
6. Dominic Barton, David Court, Keine Angst vor Analytik, Harvard Business Manager 4/2014.
7. Thomas Bauernhansl, Die Smart Factory der Zukunft – Wie die vierte industrielle Revolution die Prozesse in der Produktion verändert, RKW Magazin, 4/2013.
8. Cynthia M. Beath, Jeanne W. Ross, Anne Quaadgras, Die Grenzen von Big Data, Harvard Business Manager 4/2014.
9. Kurt D. Bettenhausen, Stefan Kowalewski, Thesen und Handlungsfelder: Cyber-Physical Systems: Chancen und Nutzen aus Sicht der Automatisierung, VDI/VDE, 4/2013.
10. Mark A. Beyer, Roxane Edjlali, Magic Quadrant for Data Warehouse and Data Management Solutions for Analytics, 2/2015.
11. Dan Bieler, Pascal Matzke, Enza Iannopollo, Neue EU-Standards für Cloud-Verträge, Computerwoche, 2/2015.
12. Steve Blum, Torben Hügens, Matthias Merz, Vorteile und Perspektiven von BW-on-HANA, Computerwoche, 4/2015.
13. Bracht, U., Geckler, D., Wenzel, S.: Digitale Fabrik: Methoden und Praxisbeispiele (VDI-Buch) (2011). Springer
14. Brauer Jörg, Matthias Fuegger, Thomas Rinbacher, Runtime verification of embedded real-time systetms, Formal methods in system design, volume 44, 2014.
15. Ralf Bretting, Big Intelligence, Big Data automotive, Sonderedition, 2015.
16. Bubeck, A., Gruhler, M., Reiser, U.: Florian Weißhardt, Vom fahrerlosen Transportsystem zur intelligenten mobilen Automatisierungsplattform. In: Bauernhansl, T., ten Hompel, M., Vogel-

Heuser, B. (Hrsg.) Industrie 4.0 in der Produktion, Automatisierung und Logistik (2014). Springer Vieweg

17. M. Buchenau, A. Höpner, Die menschlichen Roboter kommen, Handelsblatt, 4/2015.

18. Bundesamt für Sicherheit in der Informationstechnik, Sicherheitsempfehlung für Cloud Computing Anbieter – Mindestanforderungen an die Informationssicherheit, 2/2012.

19. Stefan Brill, SEW-EURODRIVE Pressemitteilung Hannovermesse, 4/2015.

20. Erik Brynjolfsson, Andrew McAfee, Besser Entscheiden mit Big Data, Harvard Business Manager, 4/2014.

21. Thomas Cloer, Dropbox for Business nach ISO 27108 zertifiziert, Computerwoche, 5/2015.

22. Constantinescu, C., Landherr, M., Neumann, M., Volkmann, J.: Digitale Fabrik. In: Constantinescu, C., Lentes, J., Spath, D., Westkämper, E. (Hrsg.) Digitale Produktion (2013). Springer Vieweg

23. Terrence Cosgove, Rob Smith, Chris Silva, John Girard, Bryan Taylor, Magic Quadrant for Enterprise Mobility Management Suites, Gartner, 6/2015.

24. Diemer, J.: Sichere Industrie 4.0-Plattform auf Basis von Commodtiy Clouds. In: Bauernhansl, T., ten Hompel, M., Vogel-Heuser, B. (Hrsg.) Industrie 4.0 in der Produktion, Automatisierung und Logistik (2014). Springer Vieweg

25. Digitale Fabrik, Kundenbericht Magna Steyr, GOPA IT, 4/2014.

26. Robert Donnerbauer, Er hat zwei Arme und ist doch kein Mensch, VDI Nachrichten, Ausgabe 11, 3/2015.

27. Rainer Drath, Industrie 4.0 Von der Idee zur Umsetzung, Vortrag, Technologietag im Forschungszentrum, 6/22014.

28. Eberbacher Gespräch zur Sicherheit in der Industrie 4.0, Fraunhofer-Institut für sichere Informationstechnologie, 10/2013.

29. Michael Ebner, Industrie 4.0: Nachhaltige Produktion durch intelligentes Energie-Datenmanagement, Presse-Information, 11/2014.

30. Saskia Eßbauer, Maßgeschneiderte Montagehilfe aus dem 3D-Drucker, BMW Pressemitteilung, 7/2014.

31. Saskia Eßbauer, Pressemappe BMW Group Produktion, 10/2014.

32. Martin Fiedler, Effizienzsteigerung in der Logistik dank CPS, Fraunhofer Institut IML, 2013.

33. Johann-Christoph Freytag, Grundlagen und Visionen großer Forschungsfragen im Bereich Big Data, Informatik Spektrum, Band 37, Heft 2, 4/2014.

34. Peter Göhner, Daniel Schütz, Birgit Vogel-Heuser, Agentenbasierte Kopplung von Produktionsanlagen, Informatik Spektrum, Band 38, Heft 3, 6/2015.

35. Trumpf erwägt App-Store für Industrie-Software, Handelsblatt, 4/2015.

36. Chistoph Hammerschmidt, Freiheit für die Roboter, Newsletter Automotive IT, 4/2015.

37. Hartmann, M., Klein, D., Tran-Gia, P.: Big Data (2013). Springer

38. Prof. Dr. Henning, Kagermann, Prof. Dr. Wolfgang Wahlster, Dr. Johannes Helbig, Umsetzungsempfehlung für das Zukunftsprojekt Industrie 4.0 – Abschlussbericht des Arbeitskreises Industrie 4.0, 4/2013.

39. James E. Heppelmann, Michael E. Porter, Wie smarte Produkte den Wettbewerb verändern, Harvard Business Manager, 12/2014.

40. Günter Herkommer, Die Vision von SEW-Eurodrive in der Industrie 4.0, computer-automation, 3/2015.
41. Gareth Herschel, Alexander Linden, Lisa Kart, Magic Quadrant for Advanced Analytics Platforms, Gartner, 2/2015.
42. Jörgen Hill, Intels Vision der IoT-Zukunft, Computerwoche, 9/2015.
43. Bill Hostmann, Rita L. Sallam, Kurt Schlegel, Joao Tapadinhas, Josh Parenteau, Thomas W. Oestereich, Magic Quadrant for Business Intelligence and Analytics Plattforms, Gartner, 2/2015.
44. Walter Huber, Ersatzteilmanagement aus Zulieferersicht, Beschaffung aktuell, 12/2014.
45. Die Produktion kommt zum Kunden, Industry Journal 2/2014.
46. Unternehmen im Visier, Industry Journal 2/2014.
47. ISO 10218-1:2011 Industrieroboter – Sicherheitsanforderungen – Teil 1: Roboter, ISO, 2011.
48. ISO 10218-2:2011 Industrieroboter – Sicherheitsanforderungen – Teil 2: Robotersysteme und Interkation, ISO, 2011.
49. ISO13857:2010 Sicherheit von Maschinen – Anordnung von Schutzeinrichtungen im Hinblick auf Annäherungsgeschwindigkeiten von Körperteilen, ISO, 2010.
50. Industrie 4.0: Drahtlose Kommunikation, Lokalisierung und RFID machen Gabelstapler intelligent, Presseinformation, Fraunhofer-Institut für Integrierte Schaltungen IIS, 3/2014.
51. Moritz Jäger, Mobile Lösungen fördern Innovationspotentiale, in Innovativer durch Mobility, Computerwoche 3/2013.
52. Jungheinrich präsentiert auf der CeBIT Industrie 4.0 Lösungen, Jungheinrich Pressemitteilung, 3/2015.
53. Kelly M. Kavanagh, Mark Nicolett, Oliver Rochford, Magic Quadrant for Security Information and Event Management, Gartner, 6/2014.
54. Thomas Kirks, Jonas Stenzel, Andreas Kamagaew, Michaell ten Hompel, Zellulare Transportfahrzeuge für flexible und wandelbare Intralogistik, Logistics Journal, 2012.
55. Manfred Kohlen, Augmented Reality soll in der Logistik Barcodes ersetzen, ITespresso.de, 11/2014.
56. Making the Real Time Enterprise a Reality, Harvard Business School Publishing, 2014.
57. Rüdiger Kroh, Mensch-Roboter-Kollaboration: Fanuc öffnet grüne Roboterwelt, Maschinenmarkt, 4/2015.
58. Kropik, M.: Produktionssysteme in der Automobilfertigung (2009). Springer
59. Kuglin, B., Thielmann, H. (Hrsg.): Real-Time Enterprise in der Praxis: Fakten und Ausblick (2004). Springer
60. Tino Krüger-Basjmeleh, Joachim Tödter, Volker Viereck, Thomas Wittmann, Steigerung des Automatisierungsgrades von autonomen Transportrobotern im Bereich der Intralogistik – technische Entwicklung und Implikationen für die Arbeitswelt 4.0, in Zukunft der Arbeit in Industrie 4.0, Bundesministerium für Wirtschaft und Energie (Hrsg.), 5/2014.
61. Markus Kückelhaus, Wir diskutieren mit den Kunden, Harvard Business Manager, 7/2015.
62. Daniel Liebhart, Im Schulterschluss mit Industrie 4.0: Big Data in der Logistikbranche, Computerwoche, 2/2015.

63. Neumann, M., Dietz, T., Kuss, A.: Mensch-Maschine-Interaktion. In: Bauernhansl, T., ten Hompel, M., Vogel-Heuser, B. (Hrsg.) Industrie 4.0 in Produktion, Automatisierung und Logistik (2014). Springer Vieweg
64. Donald A. Machand, Joe Pepperard, So lernen Sie, Daten zu lieben, Harvard Business Manager, 4/2014.
65. Georg Meck, ABB Chef Ulrich Spiesshofer: Unsere Roboter verdrängen keine Arbeiter, FAZ, 4/2015.
66. Merkblatt zur Ersatzteilversorgung für Hersteller und Händler, Industrie- und Handelskammer Heilbronn-Franken, 1/2013.
67. Andreas Möller, TRUMPF steigert Gewinn deutlich, Maschinenbauer präsentiert digitale Geschäftsplattform „AXOMM", TRUMP Pressemitteilung, 10/2015.
68. Bernd Müller, Virtuelle Marktplätze - Logistik in der Automobilindustrie, Siemens Picture oft he Future, Frühjahr 2011.
69. Nagel, R.N.: 21st Century Manufacturing Enterprise Strategy: An Industry-Led View (1991). Diane Publishing
70. Frank Niemann, Predictive Analytics – Mehrwerte, Einsatzbeispiele und Herausforderungen, PCA Whitepaper, 5/2014.
71. Stephanie Overby, Mercedes-AMG: A Show Case für Real-Time Business Decisions, Forbes Insights Case Studies, 8/2014.
72. Dominik Ortlepp (Hrsg.), Big Data automotive, automotive IT, Sonderedition, 1/2013.
73. Gabriel Pankow, Daimler-Werksleiter: Automatisierungsgrad hat sinnvolle Höhe überschritten, Automobil Produktion, 6/2015.
74. Prozessoptimierung für Ihr Lager – Lösungen für das Kommunizieren, Navigieren und Identifizieren, Jungheinrich Produktbeschreibung, 8/2011.
75. Renner, T., Spath, D., Weisbecker, A.: Unternehmensübergreifende Geschäftsprozesse und E-Collaboration. In: Kuhlin, B., Thielmann, H. (Hrsg.) Real-Time Enterprise in der Praxis (2005). Springer
76. Jonas Repschläger, Rüdiger Zarnekow, Die wichtigsten Cloud-Security-Initiativen, Computerwoche, 2/2013.
77. Frank Riesner, Klaus-Peter Sauer, SAP BW auf HANA, espresso tutorials, 2014.
78. Runde, C.: VR und AR in der Logistik, Virtual Dimension Center (2010). http://www.vdc-fellbach.de/files/Whitepaper/2010%20VDC-Whitepaper%20VRAR%20in%20der%20Logistik_v03.pdf, Zugegriffen: 28. Juni 2015
79. Siegfried Russwurm, Industrie 4.0 – von der Vision zur Wirklichkeit, Siemens Hintergrundinformation, Hannover Messe, 4/2014.
80. Holger Suhl, Fünf Security-Mythen für Industrieanlagen, Computerwoche, 4/2015.
81. Springer, U.: Bosch: Was Smart Glasses in der Logistik bringen, SAP (2014). 12. http://de.news-sap.com/2014/12/01/bosch-smart-glasses-der-logistik-bringen, Zugegriffen: 28. Juni 2015
82. Steegmüller, D., Zürn, M.: Wandlungsfähige Produktionssysteme für den Automobilbau der Zukunft. In: Bauernhansl, T., ten Hompel, M., Vogel-Heuser, B. (Hrsg.) Industrie 4.0 in Produktion, Automatisierung und Logistik (2014). Springer Vieweg
83. Roko Tschakarow Schunk, Trend: Mobile Roboter mit Fingerspitzengefühl, Produktion, 2/2014, Nr. 7.

84. Machine-to-Machine Kommunikation – eine Chance für die deutsche Wirtschaft, Bundesministerium für Wirtschaft und Technologie (Hrsg.), 11/2011.
85. Ullrich, G.: Fahrerlose Transportsysteme: Eine Fibel - mit Praxisanwendungen - zur Technik - für die Planung (2013). Springer Vieweg
86. Volkswagen: Mehr Roboter in der Produktion, Automotive IT, Newsletter, 2/2015.
87. Weber, M.: Eckpunkte für sicheres Cloud Computing (2013). BITKOM
88. Weber, M.: Big-Data-Technologien – Wissen für Entscheider (2014). BITKOM
89. Weber, M.: Wie Cloud Computing neue Geschäftsmodelle ermöglicht (2013). BITKOM
90. Schmidt, A.: Fallbeispiel Sennheiser – Wandlungsfähigkeit – ein Hebel zur Wertschöpfungsmaximierung von Produktionsunternehmen. In: Nyhuis, P., Reinhard, G., Abele, E. (Hrsg.) Wandlungsfähige Produktionssysteme – Heute die Industrie von morgen gestalten (2008). TEWISS
91. Jürgen Schreier, Industrie 4.0: Wittenstein ist 100. RFID-Kanban-Kunde von Würth Industrie Service, MaschinenMarkt, 5/2014.
92. Siemens is build industrial cloud platform, Automotive IT, 3/2015.
93. Ddruck.com, Metall 3D Druck aus dem Hause Concept Laser zieht ins Audi Werk Ingolstadt ein, Pressemitteilung concept laser, 3/2015.
94. Statusreport Additive Fertigungsverfahren, VDI, 7/2014.
95. Christoph Stoica, IT-Sicherheit und Produktion verschmelzen, CIO, 6/2015.
96. Peter Tenerowicz-Wirth, Kommunikationskonzepte für selbststeuernde Fahrzeugkollektive in der Intralogistik, Dissertation, Technische Universität München, Fakultät für Maschinenwesen, 3/2013.
97. Henry Stubert, Autonome Transportroboter für flexible Materialflusskonzepte, Berliner Industrie, 10/2015.
98. Unger, S.J.: DaimlerChrysler – der Weg zum Echtzeitunternehmen. In: Kuhlin, B., Thielmann, H. (Hrsg.) Real-Time Enterprise in der Praxis (2005). Springer
99. VDI 2510:2005: Fahrerlose Transportsysteme (FTS), Verein Deutscher Ingenieure e.V., 10/2005.
100. Volvo Cars – Process planning tools supports Volvo Cars expansion to Asia Pacific region, Siemens, 2014.
101. Michael Waidner, Lösungen für die Cybersicherheit in der Produktion, Vortrag, 4. Handelsblatt Jahrestagung Strategie Cybersecurity 2014, 11/2014.
102. Weyrich, M.: Planung von Maschinen- und Anlagen für die Digitale Fabrik, Universität Siegen (2013). 2. https://wiki.zimt.uni-siegen.de/fertigungsautomatisierung/index.php/Planung_von_Maschinen-_und_Anlagen_f%C3%BCr_die_Digitale_Fabrik, Zugegriffen: 2. Juli 2015
103. YuMi: Zusammen in die Zukunft der Automatisierung, ABB-Datenblatt. https://library.e.abb.com/public/e3397f62182244118ee1872fb9c63128/Datenblatt%20YuMi_lowres.pdf, Aufgerufen am 18.10.2015.
104. Alois Zoitl, Einführung in die Industrie 4.0, Chinaforum Bayern, 6/2015.
105. http://www.appsist.de, Aufgerufen am 26.06.2015.
106. https://hadoop.apache.org, Aufgerufen am 27.06.2015.

Standards 5

Die Entwicklung von anerkannten Standards wird eine der zentralen Herausforderungen für das Gelingen von Industrie 4.0 sein [12, 13, 24]. Normen und Standards sichern die Interoperabilität von Anwendungen und stellen die Basis für die Produktentwicklung dar. Darüber hinaus werden durch Standards und Normen auch einheitliche Begrifflichkeiten definiert und sorgen so für eine bessere Kommunikation aller Beteiligter. Die große Herausforderung in diesem Umfeld ist, dass es sich hier um eine domänenübergreifende Aufgabe handelt [28]. Bedeutung haben Standards (auch unabhängig von Industrie 4.0) vor allem in folgenden Bereichen [13]:

- Marktzugang (Erfüllung von gesetzlichen Vorgaben),
- Interoperabilität zwischen Maschinen und Systemen,
- Technologie-Integration,
- Zugang zu kodierten Informationen (zum Beispiel maschinenlesbare Daten),
- Technologieverbreitung (Transfer vom universitären-/Forschungsbereich in die Industrie).

Die Relevanz von Standards wurde auch auf europäischer Ebene erkannt [24, 33]. Somit ist das Thema auch auf dieser Ebene angekommen und bleibt kein deutscher Alleingang mehr. Auf Grund der hohen Relevanz des Themas müssen erforderliche Standards schnell umgesetzt werden. Daher gibt es auch Kritik am bisherigen Verlauf und daraus resultierend Versuche zur Gründung von Konsortien, um diesen Prozess erheblich zu beschleunigen [5].

5.1 Gremien und Verbände

Die relevanten Normungsorganisationen sind unter anderem die IEC (International Electrotechnical Commission, Normierungsgremium für Elektrotechnik) und ISO (International Organization for Standardization, internationales Normierungsgremium für alle Bereiche außer Elektrik und Elektronik). Darüber hinaus spielen die weltweit akzeptierten Standards von IETF (Internet Engineering Task Force, beschäftigt sich mit der Weiterentwicklung des Internets und deren Funktionen) und des W3C-Konsortiums (World Wide Web, Industriekonsortium für die Entwicklung von Web-Standards und Richtlinien) eine ebenso zentrale Rolle. In diesem Zusammenhang sind auch die OMG (Object Management Group, Industriekonsortium für den Bereich Objektorientierung) und die OPC Foundation (Object Linking and Embedding for Process Control, Industriekonsortium für den Datenaustausch der Industrieautomatisierung) von Bedeutung. Ferner sind noch OASIS (Organization for the Advancement of Structured Information Standards, Konsortium für E-Business und Web-Standards) und IEEE (Institute for Electrical and Electronics Engineers, weltweiter Berufsverband von Ingenieuren aus den Bereichen Elektronik und Informatik) und dem VDE (Verband der Elektrotechnik und Elektronik) von Relevanz.

Es existiert natürlich schon eine Vielzahl an Standards, von Vorgaben für SPS-Maschinen (Speicherprogrammierbare Steuerung) bis hin zur objektorientierten Modellierung [35]. Diese werden hier nicht wiederholt, sondern situativ als bekannt vorausgesetzt. Sie sind Industrie 3.x-konforme Grundlagen für die Weiterentwicklung in Richtung Industrie 4.0 [24]. Natürlich sind auch Industrie 3.x-Standards für die Umsetzung von Industrie 4.0-Projekten von entsprechender Wichtigkeit. Darüber hinaus muss auch erwähnt werden, dass eine scharfe Trennung zwischen 3.x und 4.0-Standards nicht immer vorgenommen werden kann. Aktuell fehlen Standards [32] für

- die Gesamtarchitektur in Form einer Systemarchitektur,
- Begriffe, Modellierungs- und Beschreibungssprachen (hier existiert ein Grundkonzept, das allerdings weiter ausgebaut werden muss),
- leittechnische Funktionen (Melden, Archivieren, Überwachen usw.),
- Engineering (Themen rund um die Digitale Fabrik) und
- Technologien und Lösungen (Kommunikationsplattformen, Programmiersprachen, Ablaufsysteme, Dienstsysteme).

Im Bereich des Engineerings sind die Aktivitäten des PROSTEP-Vereins hervorzuheben [30]. Im Januar 2015 haben ProSTEP iViP und OASIS OSLC eine Kooperation vereinbart, um „die Entwicklung von Standards für effiziente Datenflüsse in der industriellen Fertigung besser aufeinander abzustimmen". Konkret bringt ProSTEP iViP zum Beispiel den STEP Standard ISO 10303 (siehe Abschn. 5.4.2.3) für Produktdaten und den CPO (Code of PLM Openness) in die Kooperation ein. Dafür hat OASIS mit OSLC (Open Services for Lifecycle Collaboration) eine Reihe von Spezifikationen zur Integration von Applikationen entlang des Produktlebenszyklus entwickelt. Auch wenn der Fokus zunächst auf der PLM – ALM (Application Lifecycle Management) Integration liegt, so beschreiben die Prinzipien von OSLC mögliche ganzheitliche Lösungsansätze zu den oben beschriebenen Industrie 4.0-Herausforderungen [30].

Darüber hinaus ist die Industrie 4.0-Plattform mit den drei federführenden Verbänden (VDE, ZWEI und BITKOM) ebenfalls sehr aktiv im Vorantreiben entsprechender Standards [34, 35]. Ein Beitrag hierbei ist das Aufstellen einer entsprechenden Normungs-Roadmap inklusive entsprechender Tagungen und Veranstaltungen [34].

Um nun die schon bestehenden Standards zu strukturieren, erfolgt die Darstellung auf Basis des ISA-95-Modells [15, 23] und die Differenzierung nach den verschiedenen Fachprozessen und den Technologietreibern (siehe auch Kap. 3).

5.2 Unternehmens- und Produktionssteuerungsebene

In Kap. 2 wurden schon die Technologietreiber eingeführt. Auf Unternehmensebene ist dies unter anderem die Logistik. Hier gilt es, sowohl die Inter- als auch die Intralogistik zu optimieren. Ein weiterer Punkt – nicht nur auf Unternehmensebene – ist der Austausch von Produktinformationen.

5.2.1 Logistik-Optimierung mittels RFID

Als Schlüsseltechnologie im Bereich Logistik- und Produktionstransparenz gilt RFID (Radio-Frequency Identification). Unternehmensübergreifende Standards fehlten allerdings bisher. Darüber hinaus gab es konkurrierende Bestrebungen hinsichtlich einer Standardisierung. Nun hat der Verband der Deutschen Automobilindustrie (VDA) eine Empfehlung für den ISO/IEC-Standard ausgesprochen. Hierbei handelt es sich um den applikationsübergreifenden VDS5500 mit den folgenden Themen [3]:

- Behälter (VDA 5501),
- Prototypenteile (VDA 5509),
- Serienteile (VDA 5510),
- Fahrzeuge (VDA 5520).

Diese Empfehlung deckt allerdings ausschließlich Interlogistikprozesse ab. Der unternehmensübergreifende Datenaustausch ist damit noch nicht festgelegt. Mit den neuen Standards können bestehende Barcode/DataMatrix-Lösungen und neue RFID-Lösungen synchronisiert werden. Somit besteht zum einen Investitionsschutz für bestehende Lösungen und zum anderen besteht die Möglichkeit zu einer sanften Migration hin zu RFID [3].

5.2.2 Referenzarchitektur

Obwohl es sich bei der Referenzarchitektur der Verbände VDI, VDE und ZWEI streng genommen noch nicht um einen Standard handelt, erfolgt auf Grund der Relevanz und dessen zukünftige Bedeutung eine Beschreibung. Das Referenzarchitekturmodell (RAMI4.0) liegt aktuell als DIN SPEC 91345-Entwurf vor. Bei den vorliegenden Ausführungen handelt es sich um eine Darstellung des aktuellen Standes [4].

Ziel der Bestrebungen ist die Erstellung einer Referenzarchitektur. Hierbei handelt es sich nicht um konkrete Vorschläge hinsichtlich spezifischer Technologien, sondern vielmehr um die Beschreibung einer Metastruktur [4]. Hier werden auch Hinweise für den Aufbau entsprechender Industrie 4.0-Komponenten gegeben. Es wird auf schon bestehende Standards, wie OPC UA (siehe Kapitel Abschn. 5.3.1), eCl@ss (siehe Abschn. 5.2.3) und Automation ML (siehe Abschn. 5.4.1), zurückgegriffen.

Die Ziele von RAMI4.0 lassen sich folgendermaßen zusammenfassen:

- Einfaches Architekturreferenzmodell als Basis,
- Integration bestehender Normen und Standards inklusive dem Aufzeigen von gegebenenfalls vorhandenen Lücken,
- Integration von Use Cases.

Beim Architekturmodell handelt es sich um ein dreidimensionales Modell (siehe Abb. 5.1). Die senkrechte Achse stellt Layer/Schichten dar, angefangen auf der Ebene von

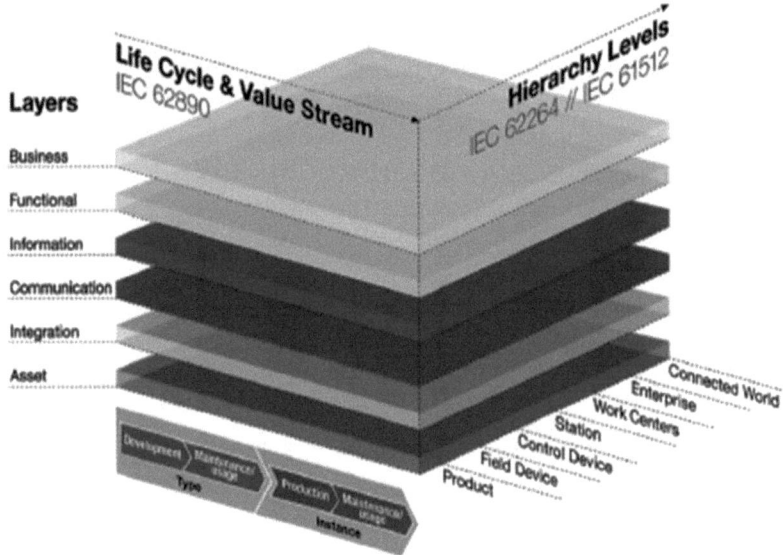

Quelle: @Plattform Industrie 4.0

Abb. 5.1 Referenzarchitekturmodell. (Plattform Industrie 4.0/ Hrsg. BITKOM, VDMA, ZVEI)

Geschäftsprozessen (Business Layer), Funktionalitäten, Daten (Informationen) bis hin zu Hardware (Assets). Hierbei kann es sich dann um konkrete Anlagen oder Maschinen oder Rechnersysteme handeln.

Auf der waagrechten Achse erfolgt die Darstellung des Produktlebenszyklus inklusive den Wertschöpfungsketten. Auf der dritten Achse werden Funktionalitäten und Verantwortlichkeiten innerhalb einer Fabrik oder Anlangen definiert (funktionale Hierarchie).

Innerhalb der einzelnen Layer/Schichten soll eine starke Kopplung vorherrschen und zwischen den einzelnen Layern/Schichten hingegen eine lose Kopplung. Somit ist ein Ereignis- und Informationsaustausch ausschließlich zwischen zwei benachbarten Layern beziehungsweise innerhalb einer Schicht erlaubt. Dies entspricht dem klassischen IT-Schichtenansatz. Darüber hinaus ist natürlich auch eine Modularisierung erlaubt. Mehrere RAMI4.0-konforme Systeme können zu einem größeren Gesamtsystem verbunden werden. Die einzelnen Dimensionen werden im Folgenden näher beschrieben.

5.2.2.1 Geschäftsprozess-Ebenen

Auf Geschäftsprozess-Ebene erfolgt die Beschreibung der jeweiligen Geschäftsmodelle und -prozesse. Darüber hinaus werden hier auch Compliance-Themen (also rechtlichen und regulatorische Aspekte) Berücksichtigung. Klassischerweise finden sich auf dieser Ebene ERP-System für die IT-technische Umsetzung.

Auf der funktionalen Ebene erfolgt die inhaltliche Beschreibung der Funktionalitäten der einzelnen Geschäftsprozesse. Somit ist diese Ebene für eine horizontale Integration besonders wichtig. Auch auf dieser Ebene finden ERP-Systeme, zur konkreten Umsetzung, Anwendung.

Die Informationsschicht übernimmt die formale, technische Beschreibung der Regeln und deren Ausführung. Hierzu gehören unter anderem das Persistieren der Daten und Datenintegrität.

Auf der Kommunikationsschicht erfolgt eine Standardisierung der Kommunikation durch die Verwendung einheitlicher Datenformate und Dienste.

Durch die Integrationsschicht wird die Anbindung an Hardware, Maschinen oder Software organisiert. Hierzu gehören unter anderem RFID (siehe etwa Abschn. 5.2.1) oder die Mensch-Maschinen-Interaktion (HMI).

Auf der untersten Ebene – Asset Layer – erfolgt die Repräsentation der realen Welt.

5.2.2.2 Lebenszyklus-Ebenen

Die Darstellung des Lebenszyklus und der Wertschöpfungsketten orientiert sich am IEC 62890. Wesentlicher Bestandteil ist hierbei die Differenzierung zwischen Typ und Instanz. Wie in der Informatik üblich, beschreibt der Typ abstrakt ein Produkt. Im Gegensatz zum klassischen IT-Begriff beginnt hier der Lebenszyklus mit der Entwicklung, geht in die Prototyp-Phase über, als nächster Schritt erfolgt die Produktion bis hin zur Ausmusterung des Produktes, als letzten Schritt.

Bei einer Instanz werden auf Basis der Typ-Beschreibung konkrete Produkte erstellt. Somit ist jedes Produkt die konkrete Instanz eines Typs.

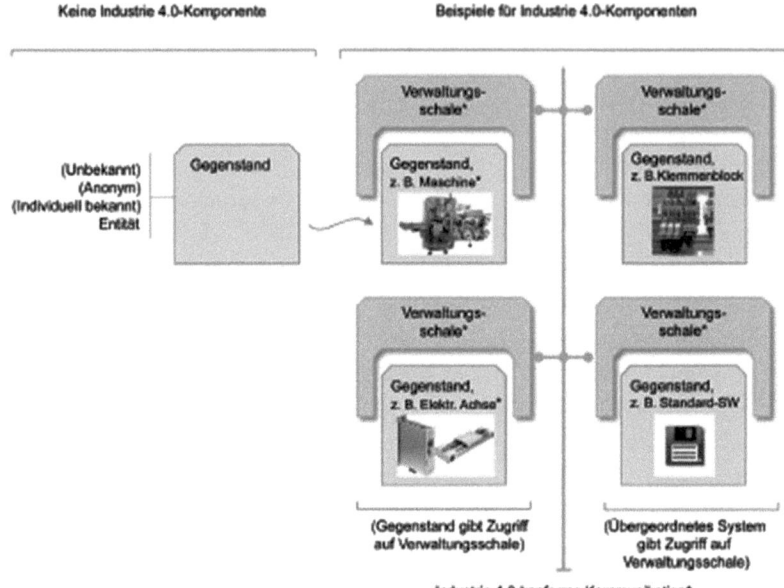

Abb. 5.2 Ein Gegenstand wird zur Industrie 4.0-Komponente. (Plattform Industrie 4.0/ Hrsg. BITKOM, VDMA, ZVEI)

5.2.2.3 Hierarchie-Ebenen

Hier orientiert sich die RAMI4.0 an den Normen IEC62264 und IEC61512. Bei der Namensgebung wurde bewusst auf eine branchenneutrale Formulierung Wert gelegt (Enterprise, Station, Control Device usw.). Es erfolgt also nicht ausschließlich eine Beschreibung der externen Funktionalität, sondern auch die interne Funktionsbeschreibung.

5.2.2.4 Komponenten

Ein zentraler Bestandteil der Referenzarchitektur sind Komponenten. Es soll Unternehmen bei der Erstellung von Hard- und Software-Lösungen unterstützen. Hierbei handelt es sich um ein Modell, das die reale Welt mit der virtuellen Welt verbindet [18]. Die zentralen Eigenschaften von I40-Komponenten sind

- Daten,
- Funktionen und
- Kommunikationsfähigkeit (siehe Abb. 5.2).

Jede Komponente trägt in einem gesicherten Container alle relevanten Daten. Dies gilt für den gesamten Lebenszyklus der Komponente. Hierbei werden kontinuierlich Daten gesammelt, verarbeitet und ausgetauscht. Über die Datenschale erfolgt der Informations- und Datenaustausch mit anderen Komponenten.

Abb. 5.3 Schachtelbarkeit von Industrie4.0-Komponenten.(Plattform Industrie 4.0/ Hrsg. BITKOM, VDMA, ZVEI)

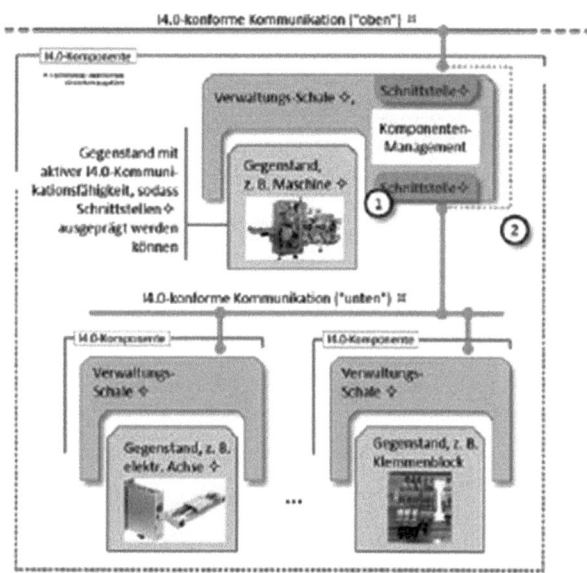

Quelle: @Plattform Industrie 4.0

Bei den Daten kann es sich um Handbücher, CAD-Zeichnungen, Produktionskennzahlen (zum Beispiel Soll- und Ist-Werte), Wartungsinformationen usw. handeln. Bei den Funktionen handelt es sich etwa um die Themen Bedienung, Geschäftslogik und Konfigurationsinformationen.

Um nun auf Komponenten zugreifen zu können, bedarf es entsprechender Merkmale. Ein Ablegen in einem Repository ist eine Möglichkeit. Diese Ansätze erinnern sehr stark an den in der Informatik schon sehr etablierten komponentenbasierten Ansatz und an SOA (Service Oriented Architecture).

Eine komplexe reale Maschine lässt sich hierüber in der virtuellen Welt in Form der Komposition von verschiedenen I40-Komponenten darstellen (siehe Abb. 5.3). Auch diese Komposition ist ein in der Informatik wohl bekannter und vertrauter Ansatz in Form einer Dekomposition beziehungsweise Modularisierung [9].

5.2.3 Datenaustausch mittel eCl@ss

Ein wichtiger Punkt im Bereich der Kommunikation ist der „Datencontainer". Er wird nicht ausschließlich zum Austausch von Informationen zwischen einzelnen Unternehmen [13] genutzt, sondern gewinnt auch mit der M2M-Kommunikation zunehmend an Bedeutung. Hier geht es nicht nur um den standardisierten Austausch von Produktdaten zwischen einzelnen Unternehmen. An dieser Stelle setzt der eCl@ss e. V. an, um seinen Standard weiter zu etablieren.

Bei eCl@ss handelt es sich um einen international anerkannten E-Business-Standard zum Austausch von Produkt- und Kataloginformationen beziehungsweise Services [37].

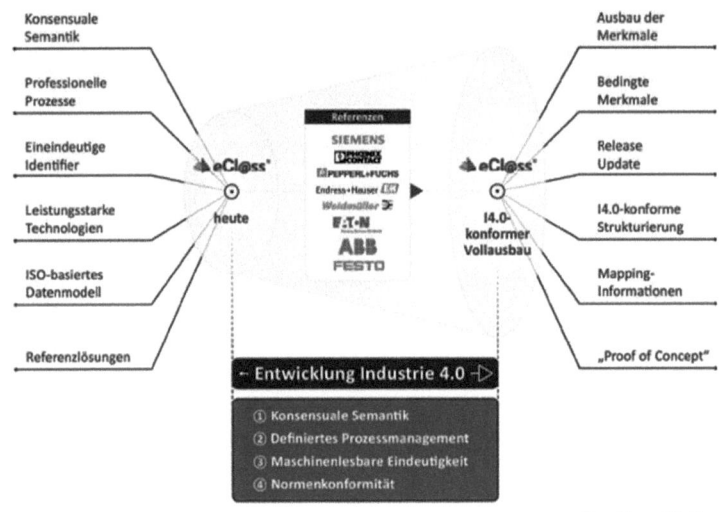

Abb. 5.4 eCl@ss-Industrie 4.0 Roadmap. (eCl@ss)

Es ist vor allem im Bereich Einkauf und Beschaffung inklusive der Lieferantenanbindung etabliert. In den vergangenen Jahren erfolgte eine kontinuierliche Weiterentwicklung des Datenmodells in Richtung der Beschreibung von Automatisierung und Prozess-Leittechnik, welche neben der Beschreibung von statischen Sachmerkmalen für den Einsatz in I40-Prozessen wichtig ist.

Einer der Dreh- und Angelpunkte bei Industrie 4.0 wird der automatisierte und reibungslose Datenaustausch, sowohl in horizontaler als auch in vertikaler Richtung, sein. Hier bedarf es einer „Datencontainer-Standardisierung", analog der Standardisierung eines Waren-Containers in Form von Merkmalen (siehe Abschn. 5.2.2.4). Auf Grund der Erfahrungen, die man bei eCl@ss bezüglich des standardisierten Datenaustauschs gesammelt hat, möchte sich dieser Verein entsprechend positionieren. Um diesen Informationsaustausch zu gewährleisten, ist eine entsprechende Metasprache beziehungsweise Taxonomie erforderlich. Hier genau versucht eCl@ss, basierend auf seinen gemachten Erfahrungen, anzusetzen. Über die Taxonomie soll eine fehlerfreie und eindeutige Beschreibung von Eigenschaften und Werten erfolgen. Die Roadmap von eCl@ss spiegelt genau diese Themen wider (siehe Abb. 5.4) [36].

Hier ist aber aktuell noch unklar, inwieweit sich die Aktivitäten seitens eCl@ss in entsprechende Standards umsetzen lassen und inwieweit diese Standards sich dann auch im praktischen Leben etablieren können. Selbst wenn es noch ein weiter Weg bis hin zum Erreichen der Vision ist, hat auch das Bundesministerium für Wirtschaft und Energie den Nutzen erkannt und fördert den eCl@ss e. V. in seiner Zusammenarbeit mit Hochschulen, Technologieführern und IT-Servicepartnern zur Erreichung der gesetzten Ziele.

Abb. 5.5 Funktionsumfang des IEC61499. (FORTISS)

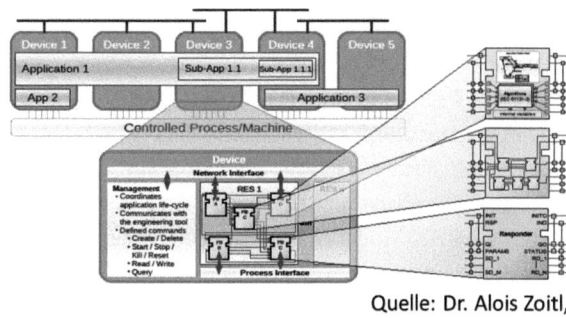

Quelle: Dr. Alois Zoitl, FORTISS

5.2.4 Adaptive Steuerung

Neben den bisher beschriebenen Standards existieren weitere für die Umsetzung von Industrie 4.0 interessante und relevante Standards. Einer davon ist sicherlich IEC 61499. Dieser 2005 verabschiedete Standard dient zur Applikationsentwicklung für verteilte Steuerungssysteme auf Basis objektorientierter Ansätze. Der Standard ist zwar nicht erst in den vergangenen Jahren entwickelt worden, hat aber trotzdem durch seine schon frühen Ideen auch aktuell noch eine hohe Relevanz (siehe Kap. 4). Seinen Ausgangspunkt hatte dieser Standard in den schwarmbasierten Ansätzen für Produktionssysteme. Ziel des Standards ist, eine standardisierte und auf Funktionsbausteinen aufgebaute Architektur für verteilte Industrielle Prozessmess- und -steuerungssysteme zu entwerfen. Dynamische Re-Konfigurationen werden explizit unterstützt. Einen Überblick über den Funktionsumfang des Standards gibt Abb. 5.5.

Erweiterungen für die Modellierung mit UML sind vorhanden. Darüber hinaus existieren auch Frameworks zur Unterstützung bei der Software-Entwicklung [21, 43].

5.3 Automatisierungsebene

Auf der Automatisierungsebene existieren bereits heute einige Standards wie Automation Device Specification (ADS). Hierbei handelt es sich um eine geräte- und feldbusunabhängige Schnittstelle. Sie regelt die Kommunikation zwischen ADS-Geräten. Es existieren Spezifikationen unter anderem für SPS, NC (Numerical Control, Numerische Steuerung) und CAM (Computer Aided Manufacturing). TCP/IP wird als Netzwerkprotokoll verwendet. Für die gängigen Microsoft-Betriebssysteme stehen entsprechende Treiber zur Verfügung.

Ferner existiert auf der Kommunikationsebene mit EtherCat Automation Protocol (EAP) ein Standard und mit Profinet ein durch primär von Siemens etablierter De-facto-Standard. Bei all diesen Beispielen handelt es sich um sehr nützliche Industrie 3.x-Standards.

5.3.1 OPC UA

OLE for Process Control (OPC) galt lange Zeit als standardisierte Software-Schnittstelle für den Datenaustausch zwischen einzelnen Anwendungen von unterschiedlichen Herstellern auf der Automatisierungsebene. Durch die fortschreitende Entwicklung verlor allerdings dieser Standard sukzessive an Bedeutung. Ferner bestand eine starke Bindung an COM/DCOM (Component Object Model/Distributed Component Object Model). Somit musste die Schnittstelle als Blackbox benutzt werden und Entwickler hatten keine Möglichkeit, diese zu modifizieren.

Basierend auf den aktuellen Anforderungen wurde ein neuer Standard OPC UA (Unified Architecture) entwickelt [17, 24], kurz UA in Form von IEC 62541. Hierbei handelt es sich um einen Kommunikationsstandard zwischen einzelnen Maschinen (M2M – Machine-to-Machine), aber auch in Richtung ERP-Systeme und MES. Über den Standard wird sichergestellt, dass eine Plug-and-Play-Funktionalität vorhanden ist, dass die einzelnen Geräte den Funktionsumfang der Kommunikationsteilnehmer selbständig erkennen können. Dies schließt das wichtige Thema Sicherheit mit ein. Die Kommunikation basiert hierbei auf TCP (Transmission Control Protocol) oder auf HTTP (Hypertext Transfer Protocol). Durch die Verwendung derartiger Standards wird die klassische ISA95 Informations- und Kommunikationspyramide [15] in eine netzartige Struktur überführt. Einen Überblick über den Standard gibt Abb. 5.6, [15].

Aus Abb. 5.6 ist ersichtlich, dass es sich um einen schichten- und serviceorientierten (SOA) Ansatz handelt. Bei den Basis-Diensten handelt es sich um abstrakte Beschreibungen. Es ist möglich, sowohl Methoden (mit Aufruf- und Ergebnisparametern) als auch Events zu definieren. Die Spezifikation umfasst die Punkte Security, Adressraum, Servi-

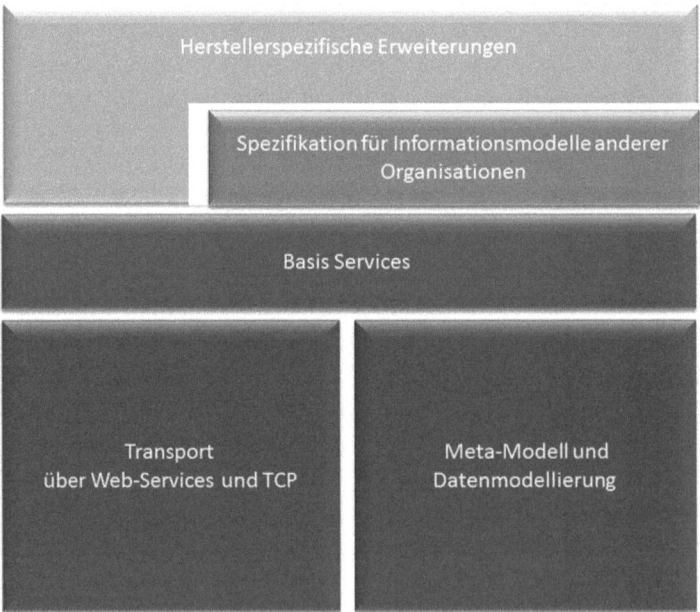

Abb. 5.6 OPC UA – Schematische Darstellung

ces, Informationsmodell, Mappings, Profile, Datenzugriff, Alarms, Programme, historische Zugriffe, Discovery und Aggregate. Einer der großen Vorteile des Standards ist, dass es explizit zwischen Mechanismen für den Informationsaustausch und deren Inhalt trennt. Somit wird OPC UA sehr universell einsetzbar.

Ziel war es, eine universelle Kommunikationsplattform zu schaffen, um auch anderen Organisationen die Möglichkeit zu geben, basierend auf UA entsprechende Erweiterungen beziehungsweise Integrationen zu definieren. So ist aktuell ein Mapping von PLCOpen[1]-konformen Programmen in Richtung UA gegeben.

Wichtige Eigenschaft des neuen Standards ist die Überwachung des Informationsbereitstellers als auch des Informationsempfängers (Server und Client) und die Pufferung der Daten bei einem Kommunikationsausfall. Das Thema Sicherheit umfasst Authentifizierung, Autorisierung, Verschlüsselung und Datenintegrität. Hierbei wurde stark auf die Web-Service-Security-Spezifikation zurückgegriffen. Somit werden bewährte Verfahren genutzt. Implementierungen existieren für alle gängigen Programmiersprachen (Java, C#, C, C++ und .net).

Basierend auf dem Standard kann nun eine Kommunikation durch RFID-Hersteller und durch MES- oder ERP-Herstellern direkt erfolgen, aber auch zwischen einzelnen Maschinen. UA wird durch die im MES D.A.CH Verband organisierten deutschen MES-Herstellern unterstützt beziehungsweise es wird ein Standard basierend auf OPC UA (UMCM Universal Machine Connectivity for MES) entwickelt.

Basierend auf UA lassen sich nun „smarte" Produkte entwickeln, Informationen sind nicht mehr mehrfach zu speichern und es kann eine Kommunikation zwischen einem Sensor und einem ERP-System „intelligent" erfolgen.

Mit OPC UA steht somit ein Standard für den gesamten ISA95-Stack für nicht-zeitkritische Anwendungen und Nachrichten zur Verfügung (siehe auch Abb. 5.7). Für zeitkritische Kommunikation steht aktuell noch kein entsprechender Standard zur Verfügung. Somit stellt OPC UA einen wichtigen Schritt in Richtung Industrie 4.0 dar.

5.3.2 M2M

Für die Entwicklung von M2M-Lösung stellt der OSGi-Standard (Open Service Gateway initiative) eine zentrale Basis dar. Hierüber lassen sich wiederverwendbare Lösungsbausteine erstellen und somit nicht nur die Kosten senken, sondern Gleichzeit die Qualität erhöhen und die Entwicklungszeit reduzieren. Bei OSGi handelt es sich um ein weltweit agierendes Konsortium von Industrieunternehmen. Von der Vereinigung wurde auch eine entsprechende Entwicklungsumgebung für die Entwicklung und Interoperabilität von Services spezifiziert.

Als integraler Bestandteil des Standards werden auch entsprechende Sicherheitsmechanismen implementiert, um den Zugriff nichtautorisierter Personen zu verhindern. Dieser

---

[1] PLCOpen ist eine Organisation im Bereich industrieller Steuerungstechnik. Es werden Standards entwickelt, für die Steigerung der Effizienz bei der Entwicklung von Applikationen und Senkung der Kosten für die Wartung derartiger Software.

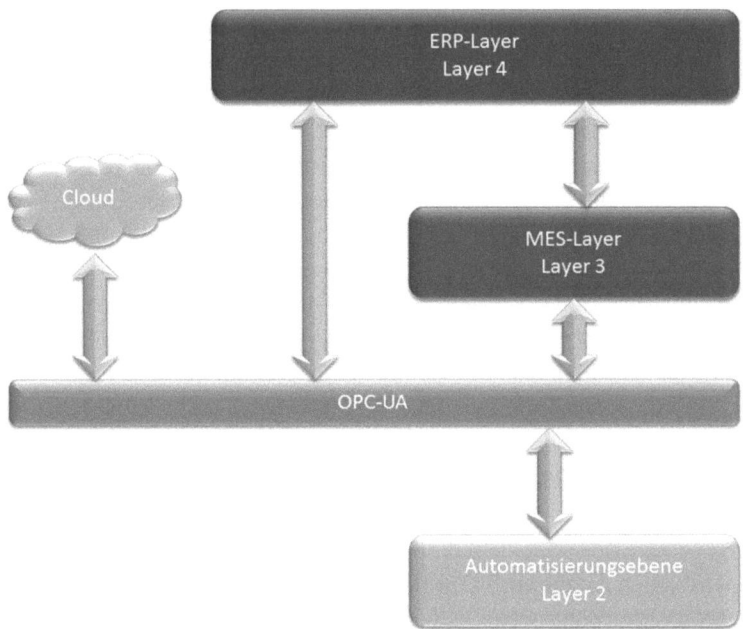

Abb. 5.7 Veränderung des ISA95-Modells durch OPC-UA

Standard ist weit verbreitet. Er wird auch bei Smart Phones, Tablets, Heimvernetzung und Smart Grids benutzt [40].

Ferner wird von [41] eine Referenzarchitektur für den Aufbau eines entsprechenden Eco-Systems empfohlen. Hierbei geht es weniger um eine Architektur im strengen IT-technischen Sinne, sondern vielmehr um eine organisatorische Struktur.

Einen etwas anderen Ansatz geht das ursprünglich für die M2M-Kommunikation gedachte MQTT-(Message Queue Telemetry Transport)-Protokoll. Hierbei handelt es sich um ein leichtgewichtiges Protokoll, das ursprünglich in seinen Anfängen (1999) für den Datenaustausch zwischen SCADA-Maschinen (Supervisory Control and Data Acquisition) gedacht war. Initiiert wurde das Protokoll seinerzeit unter anderem von IBM. Ziel war es, ein Protokoll mit einem minimalen Overhead zu definieren. Seit 2010 ist die Protokollspezifikation in Version 3.1 frei verfügbar und auch durch das OASIS-Gremium zertifiziert [16, 25]. Das Protokoll ist für den zuverlässigen Nachrichten- und Datenaustausch in unzuverlässigen und instabilen Netzwerken geeignet, wie beispielsweise für Mobilfunknetze. Hierbei erfolgt die Implementierung des Publisher/Subscriber-Patterns (siehe Abb. 5.8).

Bei den Inhalten können alle Datenformate übertragen werden, also von Binärdaten bis zu Textnachrichten. Der Standard basiert hierbei auf TCP und kann mittels SSL (Secure Socket Layer) verschlüsselt werden. Durch die Verwendung des Publisher/Subscriber-Patterns werden Nachrichten sofort an die Interessenten (Subscriber) verteilt (siehe Abb. 5.8). Somit gehen alle Daten über einen zentralen MQTT-Broker. Ein großer Vorteil des Protokolls ist dessen leichte Implementierung. Somit können Geräte sehr schnell und einfach an das Internet als IoT (Internet of Things) angebunden werden. Die Sicherheit der Datenübertragung

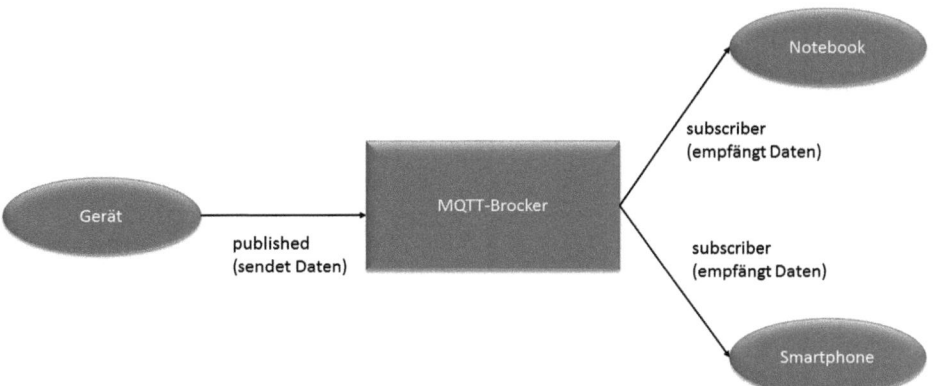

Abb. 5.8 Schematische Darstellung des MQTT-Protokolls über Publisher/Subscriber-Pattern

wird durch unterschiedliche Quality of Service-Level (QoS) erreicht. Dies gilt besonders, wenn der Empfänger (Subscriber) zum Zeitpunkt des Sendens (Publishing) aktiv oder inaktiv war. Ist Letzteres der Fall, so sorgt die Speicherung der letzten Senderinformationen beim Server dafür, dass der Empfänger die Daten trotzdem erhält (Retained Message). Eine Skalierung der Nachrichtenübertragung ist ebenfalls gegeben [16].

Das Protokoll kann über Eclipse in bestehende oder neue Anwendungen integriert werden. Implementierungen stehen für die gängigen Programmiersprachen C, C++, Java, JavaScript und Phyton zur Verfügung [25].

5.3.3 Proprietäre Standards

Neben den bisher hier beschriebenen Standards existieren durch Industrieunternehmen auf Grund ihrer Marktmacht etablierte De-facto-Standards. Dies gilt unter anderem für den Automatisierungsbereich. Als Vertreter sei hier exemplarisch Siemens genannt. Bei dem Netzstandard PROFINET handelt es sich um einen offenen Standard. Er beruht auf Industrial Ethernet und nutzt hierbei TCP/IP und ist echtzeitfähig. Über den Ansatz ist eine entsprechend nahtlose Integration von feldbusbasierten Systemen möglich. Durch die vorhandene Modularisierung ist eine leichte Integration von neuen Anlagen und eine schnelle Inbetriebnahme möglich [27].

5.4 Engineering

Die Digitalisierung setzt zwingend ein vollständiges digitales Datenmodell eines Produktes und dessen Produktionsstätten voraus, und zwar über den gesamten Lebenszyklus hinweg. Dieses Modell muss alle Elemente der Mechanik, Elektrik, Elektronik, Software und Simulation (wie Finite Element Methoden) beinhalten. Hiervon ist die Industrie aber noch ein gutes Stück entfernt [2]. Auf dem Weg dorthin bedarf es nicht nur eines Standards. Aktuell stehen für alle Aufgaben während der Produktentwicklung bei einem OEM nicht selten über 100 IT-Systeme zur Verfügung beziehungsweise werden so viele IT-Systeme benötigt. Dies reicht von klassischen CAD-Systemen (CAD = Computer Aided Design) bis hin zu Simulations-Systemen im Kontext einer Digitalen Fabrik und der virtuellen Produktentwicklung.

5.4.1 AutomationML

Die Grundidee der Automation Markup Language (kurz AutomationML) ist die Standardisierung aller relevanten Informationen im gesamten Produktentwurf bis hin zur virtuellen Inbetriebnahme (siehe Abb. 5.9). Damit kann die Markup-Sprache prinzipiell die gesamte Informationsmenge im Produktentwurf darstellen [27]. Bei AutomationML handelt es sich also um ein Datenformat und eine Datenbeschreibung. Inhalte und Schnittstellen sind somit nicht Bestandteil der Standardisierung. Es werden ausschließlich Engineering-Daten im Anlagen- und Maschinenbau betrachtet. Bei den Themen Logik und Verhalten wird bewusst auf den vorhandenen Standard PLCopen XML zurückgegriffen. Es lassen sich über AutomationML einzelne mechatronische Objekte bis hin zu kompletten Fertigungsanlagen beschreiben (bezüglich der für Engineering relevanten Themen).

Getragen und getrieben werden die Bestrebungen durch den gleichnamigen eingetragenen Verein. Standardisiert wird es unter dem Dach der IEC (International Electrotechnical Commission) und hat die Projektnummer IEC62714. Bisher ist der erste Teil (Architektur) als Standard verabschiedet. Die Teile

- Bibliotheken,
- Geometrie (in Standardisierung),
- Logik (als Standard eingereicht) und
- Kommunikation (White-Paper).

befinden sind in unterschiedlichen Reifegraden bezüglich ihrer Standardisierung.

Wie schon bei anderen beschriebenen Standards (siehe etwa Abschn. 5.2.2) erfolgt auch hier die enge Abstimmung und Integration mit anderen parallel laufenden Initiativen. So wurde eine enge Abstimmung zwischen PLCopenXML, eCl@ss (siehe Abschn. 5.2.3, semantische Eindeutigkeit von Anlagenobjekten) und OPC (siehe Abschn. 5.3.1, Übertragung von AutomationML-Projekten mittels OPC UA) praktiziert. Darüber hinaus erfolgt eine enge Kooperation mit ProStep (siehe Abschn. 5.4.2.3 bezüglich Austausch von Geometriedaten). Einen Überblick über die im Entwurfsprozess eingesetzten Themengebiete gibt Abb. 5.9 [18],. Die einzelnen Bereiche werden kurz erläutert.

5.4.1.1 Architektur

Der Themenbereich rund um die Architektur ist, wie bereits erwähnt, das einzige standardisierte Thema. Ausgangspunkt einer AutomationML-Beschreibung ist die hierarchische Struktur und dessen Topologie des zu beschreibenden Objektes (zum Beispiel einer

5.4 Engineering

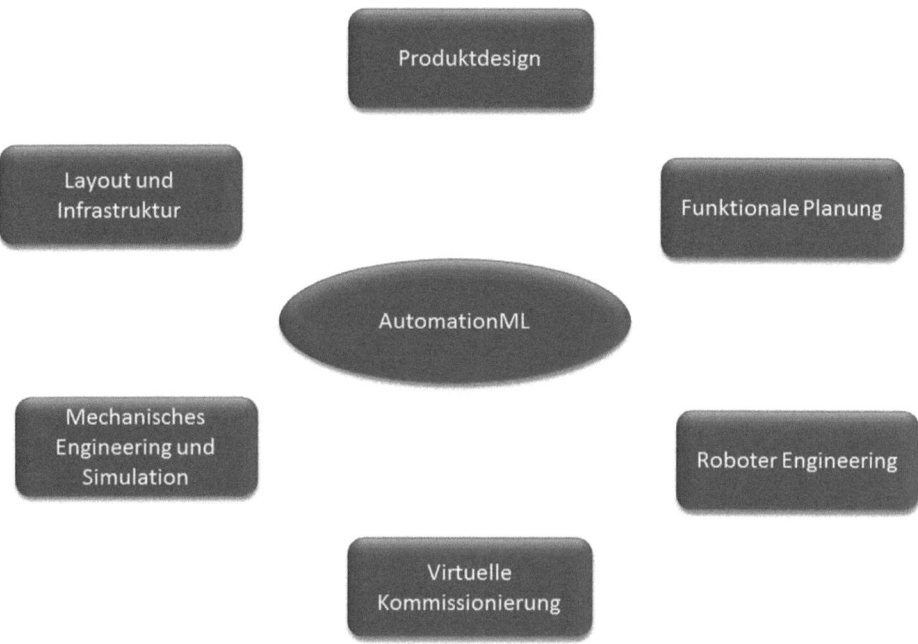

Abb. 5.9 Fachlicher Überblick über AutomotionML

Fertigungsanlage). Einzelne Zusammenhänge zwischen Objekten werden über Relationen abgebildet. Um die Struktur- und Topologie-Informationen darzustellen, wird auf CAEX (Computer Aided Engineering Exchange, IEC 62424) zurückgegriffen [18]. In AutomotionML werden Regeln zum Einsatz von CAEX (Computer Aided Engineering Exchange) festgelegt. Den einzelnen Objekten können kinematische und Strukturinformationen zur weiteren Beschreibung hinzugefügt werden. Somit lassen sich CAD-Informationen aus einem Tool und Bewegungsdaten aus einem anderen Tool kombinieren, um eine virtuelle Inbetriebnahme zu realisieren.

5.4.1.2 Kommunikation und Interaktion

Die Integration von AutomationML in die Schnittstellen von Werkzeugen (Import und Export) ist vielfach nicht problemlos möglich. Um die hier entstehenden Programmieraufwände möglichst gering zu halten, wurden entsprechend frei verfügbare Werkzeuge vom AutomationML e. V. entwickelt. Zur Realisierung des Datenaustausches zwischen einzelnen Werkzeugen muss ein entsprechendes Mapping auf Basis von AutomationML zwischen beiden Werkzeugen (Sender und Empfänger) definiert und umgesetzt werden. Unterstützt wird dieses Mapping durch definierte Rollen.

Es lässt sich auch AutomationML als Kommunikationsstandard in OPC UA (siehe Abschn. 5.3.1) integrieren. Somit erfolgt der Brückenschlag zwischen Engineering und der operativen Ausführung auf Automatisierungsebene.

Auf Basis von AutomationML ist es nun möglich, zumindest einen Datenaustausch zwischen einzelnen Werkzeugen zu ermöglichen. Die Speicherung der proprietären Daten bleibt aber weiterhin in den Händen der einzelnen Hersteller.

5.4.2 CAD 3D-Darstellungsformate

Der CAD (Computer Aided Design)-Bereich ist ein zentraler Punkt innerhalb der Produktentwicklung und der Planung von Produktionsstätten. Eine Standardisierung in diesem Umfeld ermöglicht somit einen erheblichen Produktivitätsschub und reduziert gleichzeitig die Kosten erheblich. Automobilhersteller verwenden im Entwicklungsbereich einheitlich ein CAD-System. Dadurch dass aber immer stärker auf Entwicklungspartner und Zulieferer zurückgegriffen wird, treten entsprechende Interoperabilitätsprobleme auf, wenn die einzelnen Endkunden Werkzeuge von unterschiedlichen Herstellern verwenden.

Aktuell existieren verschiedene Formate für den Daten- und Informationsaustausch zwischen einzelnen Produkten:

- JT,
- 3D-PDF,
- 3D-XML und
- STEP.

Auf einen Vergleich dieser vier Formate wird an dieser Stelle bewusst verzichtet. Hier sei unter anderem auf [12] verwiesen. Alle hier vorgestellten Formate sind die Basis für einen sinnvollen Datenaustausch in unterschiedlichen Anwendungsbereichen. Somit sind sie für Industrie 4.0 von Relevanz. Die einzelnen Formate (soweit standardisiert) werden im Folgenden näher erläutert. Bei 3D-XML handelt es sich um ein proprietäres, XML-basiertes Format der Firma Dassault Systems. Darüber hinaus existieren am Markt verschiedene Lösungen der unterschiedlichen Hersteller, um den Datenaustausch und die Kooperation der einzelnen Prozessbeteiligten zu verbessern. An dieser Stelle sei exemplarisch auf die Lösung OpenPDM von PROSTEP verwiesen [37].

5.4.2.1 JT

Ein vor allem für die Praxis wichtiger Schritt war das JT(Jupiter Tessellation)-Format. Es ist seit 2012 ein ISO-Standard (ISO 14306) [1]. Das Format wurde seit 1997 primär durch Siemens entwickelt. Hierbei handelt es sich nicht um einen originären Industrie 4.0-Standard. Er soll auf Grund seiner Wichtigkeit aber trotzdem kurz erläutert werden.

Bei JT handelt es sich um ein leichtgewichtiges/schlankes 3D-Datenformat zum herstellerunabhängigen Datenaustausch zwischen einzelnen CAD-Systemen. Lange Zeit wachten die einzelnen CAD-Hersteller mit „Argusaugen" auf ihr proprietäres Datenformat. Somit konnte die vermeintliche Konkurrenz in Schach gehalten werden und für Kunden war ein Systemwechsel kaum möglich oder nur mit einem hohen finanziellen Aufwand zu bewerkstelligen. In der Vergangenheit behalf man sich daher mit selbstentwickelten Konvertern für den Datenaustausch zwischen den einzelnen Formaten und damit Herstellern. Die Bestrebungen wurden maßgeblich von Siemens vorangetrieben. JT hat in der detailgetreuen Darstellung allerdings seine Limitierung. Auch werden aktuell semantische Informationen nicht vollständig gegenüber den proprietären Formaten gespeichert. Aktuell wird an der Version V2 gearbeitet.

5.4.2.2 3D-PDF

Das 3D-Viewing-Format PRC (Product Representation Compact) wurde unter ISO 14739-1:2014 publiziert und ist somit international Standard [7]. Der Standard wird verwendet, um 3D-Daten aus CAD-Systemen in ein 3D-PDF zu integrieren, um diese anschließend mit dem Adobe Reader darzustellen. PRC kann neben der tesselierten (dreiecksbildenden) Darstellung auch als ein sehr genaues und hochkomprimiertes Format verwendet werden. Somit eignet es sich zum Datenaustausch in Workflows und zwischen verschiedenen Prozessbeteiligten. Es beschreibt die eingebetteten 3D-Modelle als exakte Volumenkörper, sogenannte B-REPs (Boundary Representations) [7]. Bei der Konvertierung kann auch die Komprimierungsrate festgelegt werden.

Neben dem 3D-Viewing-Format existieren PDF-Generatoren für 3D-Modelle am Markt, um zumindest die optische Darstellung zu vereinheitlichen. PDF etabliert sich somit als „Hilfs-Standard" in der Form, dass man sich auf ein Minimum an Gemeinsamkeiten durch das Darstellungsformat implizit geeinigt hat. Hier engagiert sich vor allem PROSTEP sehr stark [8]. Hierüber kann eine entsprechende PDF-Erzeugung aus allen gängigen CAD-Systemen (CATIA, NX, Solid Edge, Solid Works, Autodesk Inventor, Creo Parametric) inklusive JT erfolgen. Durch die Verwendung von PLM XML lassen sich auch PLM-Strukturen übernehmen. Hierbei lassen sich auch Bewegungsinformationen übertragen.

5.4.2.3 STEP

Bei STEP (Standard for the Exchange of Product model data) handelt es sich um ein 3D-Datenaustauschformat. Er umfasst sowohl geometrische als auch nicht-geometrische Daten (zum Beispiel Technologien, Toleranzen für Qualität). Eine Standardisierung erfolgt in Form von ISO 10303. Die Standardisierungsaktivitäten reichen in das Jahr 2000 zurück. Somit ist es streng genommen kein Industrie 4.0-Standard. Für die Integration ist der Standard aber nicht unerheblich und wird daher trotzdem erläutert. Der Standard ist modular aufgebaut. Er umfasst die Bereiche

- Beschreibungsmethoden (ISO 10303-1x),
- Implementierungsmethoden (ISO 10303-2x),
- Kernmodell (ISO 10303-4x/5x),
- Anwendungsmodelle (ISO 10303-1xx),
- Anwendungsprotokolle (ISO 10303-2xx) und
- Datenformat (ISO 10303-5xx).

Im Datenaustausch hat dieses Format auch klar seine Stärken [12]. Darüber hinaus eignet es gut für datenbankbasierte Implementierungen und für die Archivierung [29].

Im Kernmodell werden die grundlegenden Datenelemente beschrieben (wie Material, Geometrie- und Topologie-Beschreibungen, Toleranzen). Im Umfang von den Implementierungsmethoden werden eine XML-Darstellung und der physikalische Datenaustausch beschrieben. Im Anwendungsprotokoll werden die Funktionalitäten und die Anwendersicht (mittels der ebenfalls standardisierten Beschreibungssprache EXPRESS-G) abgebildet. Mit MechaSTEP steht ein deutscher Ausleger des internationalen Standards in Form der DIN PAS 1013 zur Verfügung.

Das Datenformat wird mittlerweile von allen relevanten Produktherstellern unterstützt (allerdings in unterschiedlicher Qualität). Leider ist bei der Verwendung von STEP mit einer nicht unerheblichen Anfangsinvestition zu rechnen [29]. Dies begründet sich darin, dass es sich bei STEP nicht um ein „fertiges" Datenformat mit exakten Beschreibungen handelt. Es werden vielmehr Methoden und Regeln zur Datenmodellierung festgelegt [19]. STEP harmonisiert mit den Standards AutomationML (siehe Abschn. 5.4.1) und JT (siehe Abschn. 5.4.2.1). Im Industrie 4.0-Kontext stellt STEP somit standardisierte Produkt- und Prozessdaten bereit und legt die Basis für die Anlagenplanung [31].

5.5 3D Druck

3D-Druck findet immer stärkere Verwendung im industriellen Bereich. Daher braucht es nicht zu verwundern, dass auch hier das Thema Standardisierung eine immer wichtigere Rolle spielt. Im Mai 2015 wurde ein Konsortium gegründet, das genau dieses Thema weiter voran bringen soll. Vertreter sind hierbei HP, Microsoft, Dassault Systems, Autodesk, Fit/netfabb, Shapeways und SLM Solutions. Ziel ist es, den bestehenden 3MF-Standard (3D Manufacturing Format) deutlich zu überarbeiten und ein druckfertiges 3D-Format in Form von OpenSource zu definieren und kostenlos zur Verfügung zu stellen [42]. Das neue und XML-basierte Format soll zukünftig die Arbeit in Unternehmen erleichtern. Das Format ist bereits verfügbar. Eine Zertifizierung durch eine etablierte Organisation steht allerding noch aus.

5.6 IT-Security

Die Beherrschung des Themas IT-Security wird das Gelingen von Industrie 4.0 entscheidend beeinflussen. Damit eng verbunden ist auch das Thema von Cloud Computing. Für beide Bereiche gilt, dass Fachbereiche eine große Skepsis an den Tag legen. Es gilt zu verhindern, dass sensible Daten aus der Produktentwicklung oder der Produktion in „falsche Hände" geraten. Diese Skepsis beruht auf einer emotionalen Komponente (nämlich Vertrauen) und einer rationalen Komponenten (Standards und Vorgaben). Durch letztere lässt sich erstere beeinflussen. Daher erfolgt hier erstmal der Fokus auf der rationalen Ebene.

Hier ist zunächst ISO/IEC 27001 (Information Security Management) zu erwähnen. Der Standard spezifiziert die Anforderungen an ein dokumentiertes Informationssicherheits-Managementsystem für die IT-Sicherheit in einem Unternehmen. Er umfasst hierbei die Punkte: Anforderung, Einführung, Betrieb, Überwachung, Wartung, kontinuierliche Verbesserung und Berücksichtigung der konkreten IT-Risiken. Somit handelt es sich hier um eine Basis-Zertifizierung, die unabhängig von Industrie 4.0 ist [39].

Darüber hinaus wurde und wird das Thema IT-Security immer stärker von den in diesem Kapitel erwähnten Standards aufgegriffen und entsprechend integriert.

Ungeachtet der Normen und Standards (siehe auch das Abschn. 5.7) sollte beachtet werden, dass etwa zwischen Deutschland und Drittländern entsprechende Rechtshilfeabkommen für ausländische Behörden bestehen. Somit kann hier gegebenenfalls Zugriff auf in Deutschland gespeicherte Cloud-Daten erreicht werden. Die rechtlichen Aspekte und die deutsche und europäische Rechtsprechung stehen hier noch am Anfang.

Ein weiterer Punkt ist das Thema „Safety". Hierbei handelt es sich nicht um die IT-Sicherheit, sondern um die Betriebssicherheit. Für elektrische und elektronisch programmierbare, sicherheitskritische Systeme existiert der Standard IEC 61508. Ein selbstorganisiertes oder selbstlernendes System wird aber in dem Standard nicht behandelt (zum Beispiel bei CPPS, siehe Kap. 4). Gleiches gilt für das Laden von Apps oder das dynamische Nutzen von Services. Lösungsansätze könnten hier fehlertolerante Mechanismen oder etwa die Nachweiserbringung für die einzelnen modularen Komponenten darstellen. Dies wird in der Automobilindustrie durch die ISO-Norm 26262 bereits aktuell praktiziert. Derartige Nachweise stellen allerdings einen nicht unerheblichen Komplexitätsanstieg im Vergleich zur Nachweispflicht monolithischer Systeme dar [23].

Unabhängig vom konkreten Themenfeld stellen die einzelnen Mitarbeiter leider noch immer das größte Sicherheitsrisiko dar. Durch das Verwenden einer zentralen Lösung für die Datenspeicherung reduziert sich das redundante Speichern von Daten und erhöht somit zumindest indirekt die Sicherheit und reduziert zugleich den fehlerhaften Umgang mit Daten.

5.7 Cloud Computing

Cloud-Lösungen und hier vor allem Public Clouds werden vor allem von Klein- und Mittelständischen Firmen vielfach mit Skepsis betrachtet [20]. Ähnlich wie bei dem Thema IT-Security haben wir es hier mit einem zweischichtigen Problem (emotionale und rationale Ebene) zu tun. Wie schon in Abschn. 5.6 erfolgt auch hier die Fokussierung auf die rationale Ebene.

Mit ISO 27018:2014 existiert seit August 2014 ein Standard für die datenschutzrechtlichen Anforderungen an Cloud-Dienste nach EU- beziehungsweise deutschem Recht. Der Standard basiert auf ISO 27002 und regelt durch Auflagen den Umgang mit Unternehmensinformationen. Einer der ersten Anbieter mit einer entsprechenden Zertifizierung war Dropbox [9]. Er ist auf alle Personalisierungsthemen (unabhängig von der Unternehmensgröße und der Unternehmensform) anwendbar.

Er umfasst die Punkte [9]

- Software-Client,
- Web-Applikation (Desktop und mobil),
- mobile Anwendungen und
- Interface (API).

Durch den Standard und die damit verbundene Möglichkeit zur Zertifizierung durch Cloud-Anbieter gehen diese folgende Verpflichtungen ein [10]:

- Personenbezogene Daten dürfen ausschließlich nach Zustimmung des Kunden verarbeitet werden.
- Cloud-Anbieter sind verpflichtet, Kunden bei der Wahrung ihrer Rechte durch geeignete Tools zu unterstützen.
- Die Herausgabe von Daten darf nur im Rahmen der je Land geltenden Bestimmungen erfolgen. Der Kunde ist hiervon zu informieren.
- Dokumentation und Offenlegung von Sicherheitsverletzungen.
- Regelmäßige Überprüfung und Zertifizierung.

Dieser Standard basiert auf ISO/IEC 27002. Bei ISO 27002 geht es um Sicherheit gegen Angriffe. Da es sich hier nicht um einen originären Industrie 4.0-Standard handelt und es sich auch um generelle Vorschläge für IT-Sicherheit handelt, erfolgt ausschließlich dessen Erwähnung.

Daneben hat die EU im Rahmen ihrer Digitalen Agenda und ihrer Cloud-Strategie durch die Cloud Select Industry Group (C-SIG) sogenannte „Cloud Service Level Agreements Standardisation Guidelines" als Rahmenwerk und Richtlinien für Cloud-Anbieter und Anwender verabschiedet [6]. Die Richtlinie stellt den EU-Beitrag zu einer internationalen Standardisierung im Rahmen von ISO dar. Es umfasst die Bereiche [6]

- Performance,
- Datensicherheit,
- Datenmanagement sowie
- Schutz personenbezogener Daten.

Der Bereich Datensicherheit wiederum umfasst unter anderem

- Kryptographie,
- Auditierung und Sicherheitsverifizierung,
- Security incident Management und
- Authentifizierung und Authorisierung.

Darüber hinaus existieren mit dem BITKOM-Leitfaden [32] Quasi-Richtlinien, aber ebenfalls in Form von Vorschlägen und keinen „harten" Standards.

Literatur

1. PLM-Format JT wird ISO-Standard, Automotive IT, 12/2012.
2. Industrie 4.0 braucht digitale Produktmodelle, Automotive IT, 6/2014.
3. Autoindustrie einigt sich auf RFID Standards, Automotive IT, 4/2015.
4. Adophs, P., Epple, U.: Statusreport Referenzarchitektur Industrie 4.0 (RAMI4.0) (2015). VDI, VDE, ZWEI
5. Martin Bayer, Deutsche Telekom und SAP gründen Konsortium für Industrie 4.0 Standards, Computerwoche 3/2015.
6. Dan Bieler, Pascal Matzke, Enza Iannopollo, Neue EU-Standards für Cloud-Verträge, Computerwoche, 2/2015.
7. Joachim Christ, PRC-Format als ISO-Standard ermöglicht langfristige Nutzung, Pressemitteilung PROSTEP, 4/2015.
8. Joachim Christ, PROSTEP PDF Generator 3D 5.1: Bessere Unterstützung der PLM-Prozesse, Pressemitteilung PROSTEP, 4/2015.
9. Thomas Cloer, Dropbox for Business nach ISO 27108 zertifiziert, Computerwoche, 5/2015.
10. Markus Dinners, Die neue ISO/IEC 27018 im Überblick, Computerwoche, 11/2014.
11. D'Souza, D.F., Wills, A.C.: Objects, Components and Frameworks with UML – The Catalysis Approach (1999). Addison Wesley
12. Fröhlich, A.: 3D-Formate im Engineering-Umfeld - ein Vergleich, 2. Aufl. (2013). PROSTEP
13. Marco Fuchs, Nora Nuissl, Standardisierung ist der Schlüssel zu Industrie 4.0, Maschinen Markt, 2/2015.
14. Friedrich, J.: Verantwortung der Industrie in der Normung und Standardisierung, Workshop „Normierung und Standardisierung" in Digitaler Agenda (2014)
15. Gifford, C.: An ISA95 Overview: Workflow and System Modeling for 21st Century Manufacturing Flexibility, Intelligent Production Management Seminar (2004)
16. Christian Götz, MQTT: Das Protokoll für das Internet der Dinge, Heise-Developer, 4/2014.
17. Hoppe, S.: Standardisierte horizontale und vertikale Kommunikation: Status und Ausblick. In: Bauernhansl, T., ten Hompel, M., Vogel-Heuser, B. (Hrsg.) Industrie 4.0 in Produktion, Automatisierung und Logistik, S. 325. (2014). Springer
18. Lorenz Hundt, Arndt Lüder, Miriam Schleipen, Nicole Schmidt, AutomationML – die Architektur, SPS Magazin.
19. Michael Jaros, Integration des STEP-Produktmodells in dem Getriebeentwicklungsprozess, Dissertation, TU München, Lehrstuhl für Maschinen- und Fahrzeugtechnik, 9/2007.
20. Jens Kohrs, Sandra Meyer, Die Wolke macht Mittelständlern immer noch Angst, Die Welt, 3/2015.
21. Günther Koschnick, Industrie 4.0: Die Industrie 4.0 Komponente. ZWEI-Verband, 4/2015.
22. Lewis, R.W., Zoitl, A.: Modelling Control Systems Using IEC 61499, 2. Aufl. (2014). The Institution of Engineering

23. Liggesmeyer, P., Trapp, M., Safety: Herausforderungen und Lösungsansätze. In: Bauernhansl, T., ten Hompel, M., Vogel-Heuser, B. (Hrsg.) Industrie 4.0 in der Produktion, Automatisierung und Logistik. Springer Vieweg, (2014)
24. Mahnke, W., Leitner, S.-H., Damm, M.: OPC Unified Architecture. (2009). Springer
25. Dominik Obermaier, IOT-Allrounder, Java Magazin, 6/2015.
26. Reinhold Pichler, Die deutsche Normungsroadmap Industrie 4.0 – Status und Ausblick, 11/2014.
27. Popp, M.: Das PROFINET IO-Buch: Grundlagen und Tipps für Anwender (2010). VDE
28. Nicole Schmidt, Arndt Lüder, AutomationML-Erreichtes und Zukünftiges, SPS-Magazin, 1+2/2014.
29. Andreas Schulze, Virtual Engineering STEP, MechaSTEP, Seminar Uni Magdeburg, Sommersemester 2006, http://wwwiti.cs.uni-magdeburg.de/iti_db/lehre/seminarss06/vortraege/step.pdf (Aufgerufen am 17. Mai 2015).
30. Yvonne van der Steeg, Effiziente Nutzung von Industriestandards: OASIS OSLC und ProSTEP iViP etablieren Kooperatio, Pressemitteilung PROSTEP iViP, 1/2015.
31. Steven Vettermann, Normen für Industrie 4.0 Grundlegende Methoden und Konzepte, PROSTEP iViP, 2/2015.
32. Mathias Weber, Eckpunkte für sicheres Cloud Computing, BITKOM, 2013.
33. Woll, D.: Using ISA95 to Remove Barriers (2004). Aspen World
34. EU will Industrie mit einheitlichen Standards anschieben, Computerwoche, 4/2015.
35. Umsetzungsstrategie Industrie 4.0 – Ergebnisbericht der Plattform Industrie 4.0, 4/2015.
36. Die Deutsche Normungs-Roadmap Industrie 4.0, VDE, 12/2013.
37. eCl@ss-Whitepaper Industrie 4.0, Hannovermesse 4/2015.
38. OpenPDM-Broschüre, PROSTEP, prostep.com.
39. Bundesamt für Sicherheit in der Informationstechnik, Aufgerufen am 07.06.2015.
40. Bundesministerium für Wirtschaft und Technologie (BMWi): Machine-to-Machine-Kommunikation – eine Chance für die deutsche Industrie (2011)
41. Bundesministerium für Wirtschaft und Technologie (BMWi): Machine-to-Machine-Kommunikation – eine Chance für die deutsche Industrie (2012)
42 druck.com, 3MF Consortium – Ein neuer Standard für 3D-Druckdateien, 5/2015.
43. Alois Zoitl, Einführung in die Industrie 4.0, Chinaforum Bayern, 6/2015.

6 Umsetzungen der Automobilhersteller und Zulieferer

Im folgenden Kapitel erfolgt das Aufzeigen des Umsetzungsgrades bei den primär deutschen Automobilherstellern und Zulieferern. Die Aufzählung erfolgt hierbei in alphabetischer Reihenfolge und getrennt nach OEMs (Original Equipment Manufacturer) und Zulieferer. In der Darstellung werden auch Nutzfahrzeughersteller und Hersteller von landwirtschaftlichen Nutzfahrzeugen mit aufgenommen, um die gesamte Bandbreite der Fahrzeugproduktion aufzuzeigen.

Bei der Darstellung der Zulieferer kann dies aus verständlichen Gründen nicht vollständig sein. Somit erfolgt aus Platzgründen eine exemplarische Beschreibung. Bei der Auswahl wurden bewusst divergierende Ansätze berücksichtigt, um möglichst die gesamte Bandbreite vorhandener Implementierung und Umsetzungsbeispiele darzustellen.

Die Darstellung erfolgt generell auf Basis der öffentlich zugänglichen Informationen. Durch Industrie 4.0 haben sich einige Zulieferer weiterentwickelt und positionieren sich nicht mehr ausschließlich als Teilelieferant, sondern vermehrt als Systemanbieter. Somit werden diese Unternehmen, wie etwa Festo, SEW oder Wittenstein, doppelt in diesem Kapitel und dem nachfolgenden genannt, mit den jeweiligen thematischen Schwerpunkten.

Die Darstellung folgt, wie bisher entsprechend, gemäß den fachlichen Prozessen

- Produktentwicklung mit Fokus auf Produktionsplanung und
- Kundenauftrag

und hier anschließend unterteilt nach den in Kap. 4 dargestellten Technologien. Das Thema virtuelle Produktentwicklung wird nicht betrachtet, da es außerhalb des Produktionsbereiches liegt. Hier haben die deutschen Automobilhersteller einen hohen Reifegrad erreicht.

Alle deutschen Automobilhersteller investieren erhebliche Geldbeträge, Management- und Mitarbeiterkapazitäten in neue Geschäftsmodelle (siehe hierzu auch Kap. 8). Wie eingangs schon erwähnt, erfolgt ein Fokus auf das Thema Smart Factory und damit der Produktion inklusive angrenzender Fach- und IT-Prozesse. Daher werden die Themen Produktentwicklung und Aftersales ausschließlich am Rande betrachtet. Dies betrifft vor allem alle Aktivitäten rund um Connected Services. Eine konsequente Weiterentwicklung ist hier der notwendige Wandel von einem Automobilhersteller hin zu einem Anbieter von Mobilitätsdiensten, in dem das (eigene) Auto natürlich eine zentrale Rolle spielt.

Die hier dargestellten Umsetzungsbeispiele zeigen auch, dass sich die Unternehmen der Automobilindustrie nicht erst seit einigen Jahren mit dem Thema befassen. Es zeigt auch, dass es sich bei Industrie 4.0-Projekten, speziell in Deutschland, mehr um eine kontinuierliche Weiterentwicklung (also eine Evolution) und weniger eine vollständige Neuentwicklung (also eine Revolution) handelt. Daneben wird auch klar, dass diese Unternehmen bezüglich Innovationen große Erfahrungen gesammelt haben. Bei der konkreten Umsetzung erfolgt durch die Unternehmen die Berücksichtigung des individuellen Reifegrades jeder neuen Technologie. Der Reifegrad besagt ja, dass es zuerst eine große Euphorie bezüglich neuen Themen vorherrscht. Nach den ersten Projekten setzt eine gewisse Ernüchterung ein, bevor im Anschluss eine realistische Einschätzung Einzug hält. Dies erklärt sicherlich, zumindest zum Teil, die aktuellen Umsetzungsstrategien der Unternehmen.

Diese Sichtweise bezüglich der Vorgehensweise und der gewählten Umsetzungsstrategien darf nicht darüber hinweg täuschen, dass es sich um ein westeuropäisches und speziell deutsches Phänomen handelt. In weniger industrialisierten Ländern, wie etwa China, kann man durchaus von revolutionären Ansätzen bezüglich der Industrie 4.0-Umsetzung sprechen.

6.1 Automobilhersteller

Alle deutschen Automobilhersteller stehen im Spannungsfeld zwischen Produktportfolio und Komplexität der eigenen Produktion und damit des eigenen Produktionsnetzwerkes. Hier müssen Investitionen und Innovationen von alternativen Antrieben bis hin zu Connected Services bewältigt werden, was eine erhebliche Herausforderung für diese Unternehmen bedeutet. Das Thema Industrie 4.0 stellt somit nur eines von vielen Aktivitäten dar.

6.1.1 Audi

Das Unternehmen hat 2014 in 50 Märkten 1.741.129 Fahrzeuge abgesetzt. Das entspricht einer Steigerung von 10,5 % gegenüber dem Vorjahr [4]. Produziert wird weltweit an 15 Produktionsstandorten (exklusive Mexiko aber inklusive CKD-Werke). Hierbei werden 12 unterschiedliche Modelle vom A1 bis zum R8 produziert. Die Modellpalette wird sich die nächsten Jahre deutlich erweitern.

6.1.1.1 Überblick
Eine Smart Factory beinhaltet für Audi [31] die Punkte

- Big Data,
- Variantenmanagement,
- Digital Manufacturing,
- Mobile Geräte,
- Cloud Computing und
- Digitale Fabrik.

Hierzu gehören:

- Intelligente Produkte & Betriebsmittel,
- Echtzeitoptimierte Wertschöpfungsnetzwerke,
- Durchgängige Informationsverfügbarkeit,
- Wandlungsfähige, vernetzte Produktionssysteme,
- Vertikale Integration und echtzeitvernetzte Produktionssysteme,
- Horizontale Integration über Wertschöpfungsnetzwerke,
- Unternehmensübergreifende Zusammenarbeit bei Prozessen,
- Weltweite Integration von Zulieferern und
- Innerbetriebliche Vernetzung der fachlichen Prozesse.

Somit ist die Vision für Audi, dass Karosserien passgenau aus 3D-Druckern kommen, fahrerlose und autonome Transportsysteme bewegen die Automobile zwischen den Stationen zum nächsten freien Montageplatz und intelligente und sensitive Roboter unterstützen Mitarbeiter bei Ihren Tätigkeiten. Hierbei haben die Roboter die Informationen, welcher Arbeitsschritt als nächstes ansteht und welches Material hierzu erforderlich ist [48]. Somit lösen sich die starren Produktionslinien zugunsten von dynamischen Produktionsabläufen auf. Audi-Fahrzeuge werden zukünftig nicht mehr am Fließband, sondern individuell in sogenannten Kompetenzinseln gefertigt. Audi spricht deshalb von „Smart Factory" und nicht von „Industrie 4.0". Auch für Audi werden Daten immer mehr zum Rohstoff der Zukunft und die digitale Welt verschmilzt mit der realen Welt der Produktion. Menschen werden weiter von monotonen und körperlich anstrengenden Tätigkeiten entlastet [48].. Somit wird sich die Automobilproduktion bei Audi in den nächsten 20 Jahren dramatisch verändern.

Audi beteiligt sich konsequenterweise an verschiedenen Forschungsprojekten rund um Industrie 4.0, so etwa beim Projekt motionEAP (System zur Effizienzsteigerung und Assistenz bei Produktionsprozessen).

6.1.1.2 Nachhaltigkeit
Audi verfolgt das Ziel CO_2-neutraler Produktionsstandorte. Es wird systematisch daran gearbeitet, Nachhaltigkeitsaspekte in allen Bereichen zu berücksichtigen und kontinuierlich auszubauen. So werden neue Produktionsstandorte und deren Logistikabläufe energieef-

fizient geplant und umgesetzt. 2015 wurde etwa im Standort Ingolstadt eine Lok für den Rangierverkehr mit Plug-in-Hybridantrieb in Betrieb genommen. Eine weitere Lok soll zügig folgen. Der Strom kommt hierbei aus regenerativen Quellen.

Ebenfalls im Ingolstädter Werk werden die Maschinen im Karosseriebau bei Ruhepause vollständig abgeschaltet. Diese Maßnahme reduziert den Stromverbrauch erheblich. Das intelligente Abschaltkonzept wird zukünftig auch auf die Roboter ausgedehnt.

Im Werk Neckarsulm wird die Beleuchtung für die R8-Fertigung auf LED-Technik umgestellt - mit einer 75%-igen Energiereduzierung. Darüber hinaus wird ein Fahrerloses Transportsystem verwendet. Es reduziert ebenfalls den Energiebedarf.

Die Nachhaltigkeitsaktivitäten werden auch an den internationalen Produktionsstandorten vorangetrieben. So wird in Györ in der Lackiererei eine Trockenabscheidung verwendet, die den Energiebedarf um 50% und die Lösungsmittelemission sogar um 70% reduziert. Eine Geothermie-Anlage deckt an dem ungarischen Standort ca. 60% des Wärmebedarfs ab.

Am Standort Brüssel kommt der Strom zu 100% aus regenerativen Quellen. So steht auf den Dächern des Werkes die größte Photovoltaikanlage der Region [48].

6.1.1.3 Produktentwicklung

6.1.1.3.1 Digitale Fabrik

Mit der Digitalen Fabrik (DF) beschäftigt sich Audi schon seit den Anfängen dieses Themas. Angestrebt wird ein vollständiges, echtzeitorientiertes Abbild der Realität. Aktuelle Aktivitäten umfassen die Bereiche virtuelle

- Presswerkplanung (unter anderem Montageprozess mit Bauteilen, Teileverbauung),
- Karosseriebauplanung (unter anderem Robotersimulation, Kostensimulation),
- Lackplanung,
- Montageplanung (unter anderem Ergonomieuntersuchung),
- Fabrikplanung,
- Technologieentwicklung,
- Aggregateplanung,
- Logistikplanung (unter anderem Behälterplanung und -auslastung).

Hierbei wird die Simulation als „Enabler" für prozessuale Verbesserung (unter anderem als Ergebnis eines KVPs) angesehen. Darüber hinaus wird eine echtzeitfähige (rechtzeitige) Vernetzung aller Mitarbeiter angestrebt [30].

Ansätze der Digitalen Fabrik finden demzufolge auch bei der Planung neuer Produktionsstätten, wie jener in San Jose Chiapa in Mexiko, Anwendung. Zuerst erfolgt die Planung der Digitalen Fabrik. Hierzu werden die genauen geometrischen Daten erfasst und anschließend erfolgt die digitale Umsetzung im Inneren. Zeitversetzt geschieht der physische Bau des Werkes. So lassen sich im virtuellen 3D-Abbild gravierende Planungsmängel frühzeitig erkennen. Planer werden auf diese Weise in ihrer täglichen Arbeit erheblich unterstützt. Es bleibt hier aber nicht bei einer Grobplanung. Das digitale Abbild reicht bis zum Stromkabel und zu Luftdruckleitungen. Nur so lassen sich mögliche Kollisionen frühzeitig erkennen und beheben. Darüber hinaus werden für die Feinplanungen auch Simulationen durchgeführt. Dies beginnt beim virtuellen Einbau von Teilen, der damit verbundenen Roboterbewegung, Teileversorgung und endet bei den Bewegungsabläufen der Mitarbeiter. Letztere können dann nach ergonomischen Gesichtspunkten bewertet werden. Dies erfordert aber auf der anderen Seite eine sehr hohe Rechenleistung und Speicherkapazität. Um dies zu bewerkstelligen, hat Audi einen massiv parallelen Computer bestehend aus 11.520 Rechnerkernen installiert.

Mit 3D-Brillen und Gestensteuerung finden wiederum Ergonomieuntersuchungen statt, um die spätere Produktion abzusichern. Mit einer weiteren Steigerung der Rechenleistung werden derartige Untersuchungen auf die komplette Endmontage (Werkzeuge, Anlagen, Betriebsmittel) ausgedehnt und entsprechend verfeinert, mit dem Ziel, auch die Feinabstimmung in der digitalen Welt vollständig durchzuführen. Um dies nicht nur einmalig zu realisieren, senden alle Betriebsmittel Daten in die Private Cloud bei Audi. Hierüber stehen aktuelle Daten für weitere Optimierungen zur Verfügung. Somit erhält jedes reale Objekt ein virtuelles Gegenstück. Ein weiterer Aspekt ist, dass die einzelnen Objekte (Maschinen, Anlagen, Teile) untereinander kommunizieren können. Als Ergebnis entsteht eine „natürliche" Integration und Zusammenarbeit zwischen Prozessentwicklung (im Rahmen der Produktentwicklung) und Produktionsoptimierung im Rahmen der Produktion.

Seitens Audi wurden bisher die Standorte Ingolstadt, Neckarsulm, Györ, Brüssel und San Jose Chiapa (Mexiko) vollständig digitalisiert. Für das neueste Werk in Mexiko entstanden hierbei etwa 80 Gigabyte an Daten. Die Ingenieure verwenden bei Ihrer Arbeit 3D-Brillen. Hierüber erscheint die Digitale Fabrik möglichst wirklichkeitsgetreu und Bewegungen in der digitalen Welt sind ebenfalls realitätsgetreuer darstellbar [46].

Audi entwickelt seine virtuellen Kompetenzen im Bereich Anlagenbau kontinuierlich weiter (analog zu den anderen Automobilherstellern), etwa bei der Planung eines neuen Presswerkes. Hier kommt auch die Interaktion zwischen digitaler und realer Welt zum Tragen, etwa in Form von Modellen, die mit Sensoren und Aktoren interagieren. Hierüber lässt sich die Realität entsprechend kontrollieren und das digitale Abbild entsprechend verbessern. Um nun eine möglichst präzise Aussage über das praktische Maschinenverhalten zu gewinnen, erfolgt zuerst eine entsprechende Simulation in der digitalen Welt. Ein bisher noch nicht angesprochener Vorteil von Simulationen ist die präzise Eingabe der Parameter. Die Motivation für derartig aufwendige Arbeiten in der digitalen Welt sind unter anderem robuste Produktionsprozesse. Daher wird bei Audi auch von „intelligenten Werkzeugen" gesprochen [39]. Konkret sichern hier Tiefziehsimulationen die Herstellbarkeit der Karosseriebauteile ab. Es erfolgt somit die Simulation des Pressvorgangs [6]. Um die Audi-Mitarbeiter auf den aktuellen Stand der Technik agieren zu lassen, finden umfangreiche Trainings zur Weiterqualifizierung statt.

Bei der schon angesprochenen virtuellen Baubarkeitsüberprüfung kommen ebenfalls AR-Methoden zum Einsatz, siehe Abb. 6.1. Konkret werden zur Schwachstellenerkennung

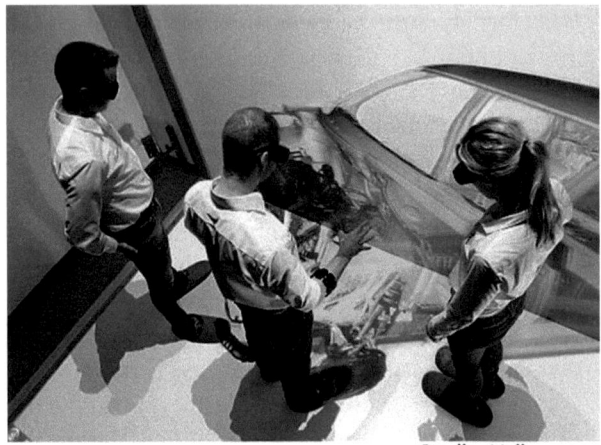

Abb. 6.1 Audi testet AR mit Gestensteuerung für die virtuelle Montage. (Volkswagen Pressemitteilung)

Quelle: Volkswagen

in der Produktion virtuell Bauteile montiert. Hierüber lassen sich entsprechend frühzeitig Probleme identifizieren und noch vor Produktionsstart beheben. Um hier möglichst realistische Ergebnisse zu ermitteln, kommt ein Armband zur Gestensteuerung zum Einsatz (ursprünglich für die Spieleindustrie entwickelt). Das Armband misst Muskelströme am Unterarm. Hierüber lassen sich Rückschlüsse über Bewegungsabläufe ermitteln. Per Bluetooth werden die Informationen zur weiteren Verarbeitung an Backend-Systeme übermittelt [84].

Diese stark auf virtuelle Methoden beruhende Vorgehensweise setzt in Zukunft entsprechende Anforderungen an unterstützende Dienstleister. Auch diese müssen spezifisches Know-how in diesem Umfeld aufbauen und den Umgang mit DF-Werkzeugen beherrschen.

Ein weiteres Einsatz-Szenario ist die „virtuelle Logistik" zur Steuerung der Produktionslogistik. Vor allem im Bereich der Produktionsplanung kommen hier digitale Ansätze zum Einsatz. Auch hier ist das Ziel, die fachlichen, operativen Prozesse weiter zu verbessern und zu stabilisieren.

6.1.1.3.2 3D-Drucker

Bereits seit Ende der 90er-Jahre finden bei Audi 3D-Druck im Prototypbau Anwendung. Hierüber können schnell Konzeptentwürfe erstellt werden. Darüber hinaus lassen sich ganze Fahrzeuge als Modell mit einem 3D-Druck erzeugen. Die Vorteile hierbei sind, dass auch Details wie Außenspiegel oder die bekannte „Haifischflosse" für den Mobilfunk berücksichtigt und im Windkanal verifiziert werden können. Speziell die Geräuschentwicklung bei den unterschiedlichen Geschwindigkeiten liefern den Entwicklungsingenieuren wichtige Hinweise für die weitere Entwicklung [96]. Sofern es möglich ist, werden Prototypteile im 3D-Druckverfahren hergestellt. Die Herstellung derartiger Teile variiert von einigen Stunden bis hin zu mehreren Tagen, in Abhängigkeit der Teilekomplexität [31]. Auch in den Auslandswerken von Audi wird die Technik im Prototypbau (etwa für Stoßfänger in Györ) verwendet [38, 48].

6.1.1.4 Kundenauftragsprozess

Auf Grund der stetig steigenden Individualisierung der Fahrzeuge und der zunehmenden Modellvielfalt gerät das aktuelle Produktionssystem mehr und mehr an seine Grenzen. Die Berechnung einer optimalen Sequenzreihenfolge wird damit immer aufwendiger. Zukünftig wird die Komplexität der Produktion auf Grund einer noch größeren Individualität der Fahrzeuge enorm zunehmen. Dies wird durch verschiedene Antriebsformen (konventioneller Antrieb, hybrid, Elektroantrieb und zukünftig wohl auch Brennstoffzellen) verschärf, da die verschiedenen Antriebe eine unterschiedliche Anzahl an Fertigungsschritten erfordern. Aktuell wird dieses Thema etwa durch „Schleifen" in der Produktion begegnet. Um diesen immer mehr ansteigenden Anforderungen zu begegnen, werden neue Wege beschritten. Eine Vision ist, anstelle der aktuellen Fabriken kleine flexible Produktionseinheiten am Bedarfsort zu installieren. Somit ist die Fabrik der Zukunft sowohl nahe an den eigenen Mitarbeitern als auch nahe im Kunden.

Die seit 2011 entwickelte elektronische Warenbegleitkarte (eWBK) wird mittlerweile in allen Audi-Werken eingesetzt. Hierüber erhalten die Mitarbeiter in der Produktion über Monitore genau die zu verbauenden Bauteile angezeigt. Fotos mit farbigen Hervorhebungen dienen hierbei zur Visualisierung. Ergänzt wird das System durch ein Pick-by-Light-System. Es zeigt dem Mitarbeiter an, welches Teil als nächstes verbaut werden muss. Das System umfasst auch notwendige Prüftätigkeiten. Somit werden die Tätigkeiten einfacher und sicherer und tragen zur präventiven Qualitätssicherung bei [21]. Das Prinzip der papierlosen Fabrik wurde auch auf den Qualitätsprozess ausgeweitet. Hierbei werden alle Bauzustände und Qualitätsdaten durchgängig erfasst. Mobile Geräte erleichtern die Arbeit der Mitarbeiter. Somit lässt sich der Stand eines Fahrzeuges in Echtzeit abfragen. Auftretende Herausforderungen am Band können auf diese Weise schnell behoben werden.

Für die lückenlose Überwachung der Fahrzeuge kommen RFID-Tags zum Einsatz. Diese werden am Stoßfänger montiert. Hierbei wird die Fahrgestellnummer auf dem Chip abgespeichert. Somit lässt sich das Fahrzeug sowohl in der Produktion, als auch in Pufferzonen und auf Fahrstraßen eindeutig identifizieren. Weitere Schritte sind die Ausdehnung auf den Logistik- und Vertriebsbereich [48].

Aber auch in den indirekten Bereichen gewinnt die Echtzeitverarbeitung von Daten und die Darstellung auf mobilen Geräten stark an Bedeutung zu. Es gibt kaum einen Bereich bei Audi, der nicht über verschiedene mobile Lösungen verfügt. Am Anfang handelte es sich hier um reine darstellende Funktionen. Hierüber wurden gedruckte Berichte abgelöst. In der nächsten Generation der Anwendungen erfolgte dann die Interaktion. Auch große Datenmengen bis hin zum TByte-Bereich werden in Echtzeit verarbeitet.

6.1.1.4.1 CPS

Unter dem Begriff „intelligente Umformwerkzeuge" wurde bei Audi im Jahr 2009 ein Projekt zur Steigerung der Produktivität von Werkzeugen gestartet (siehe auch Abschn. 6.1.1.3.1). Das Thema ist also eng mit der Digitalen Fabrik verbunden. Werkzeuge sollen zukünftig die Qualität ihrer Produkte selber überprüfen. Dies geschieht mittels Sen-

Abb. 6.2 Roboter bewegen Autos bei Audi. (Audi Pressemitteilung)

soren und Aktoren, die etwa während des Pressvorgangs Daten über die Genauigkeit ermitteln und somit sich selber aktiv steuern. Das Ergebnis sind Bauteile mit einer sehr hohen Genauigkeit. Um hier eine noch höhere Effizienz zu erreichen, erfolgt die Kombination mit Simulationen. Auch sollten sich die Werkzeuge automatisch an die Bedürfnisse der Produktion anpassen. Das Ziel sind robuste Produktionsprozesse [39].

Im Audi Werk Ingolstadt kommen für den Transport fertig produzierter Fahrzeuge im Rahmen eines Pilotprojektes Fahrerlose Transportsysteme zum Einsatz (siehe Abb. 6.2). Sie bewegen selbständig die Fahrzeuge auf eine Zwischenfläche, auf der sie anschließend von Mitarbeitern übernommen werden.

Audi erspart somit seinen Mitarbeitern lange Laufwege. Darüber hinaus hat das System einiges an Potential zur Verbesserung der Effizienz in den Arbeitsabläufen. Aktuell kommen zwei dieser Systeme zum Einsatz [20]. Das Thema beschäftigt Audi auch weiterhin. So finden aktuell mit verschiedenen Partnern weitergehende Untersuchungen statt.

6.1.1.4.2 3D-Drucker

3D-Druck wird bei Audi sowohl im Prototypbau als auch in der Produktion eingesetzt. Seit 2014 werden bei Audi auch Teile aus Metall aus dem 3D-Drucker erzeugt (siehe Abb. 6.3). Hierbei lassen sich spezifische Teile in doppelter Geschwindigkeit als durch konventionelle Fertigungsverfahren „drucken". Durch den Einsatz von 3D-Druck-Ansätzen können Ingenieure wesentlich flexibler Teile konstruieren [61].

Beispiele für den Einsatz von 3D-Druckern sind unter anderem Öldruckluftleitungen für den 4-Zylinder-Turbolader des A4 oder Kabelführungen. Blechbiegeteile sind weitere Beispiele, die ansonsten durch die Montage mehrerer Teile kompliziert gefertigt werden müssten.

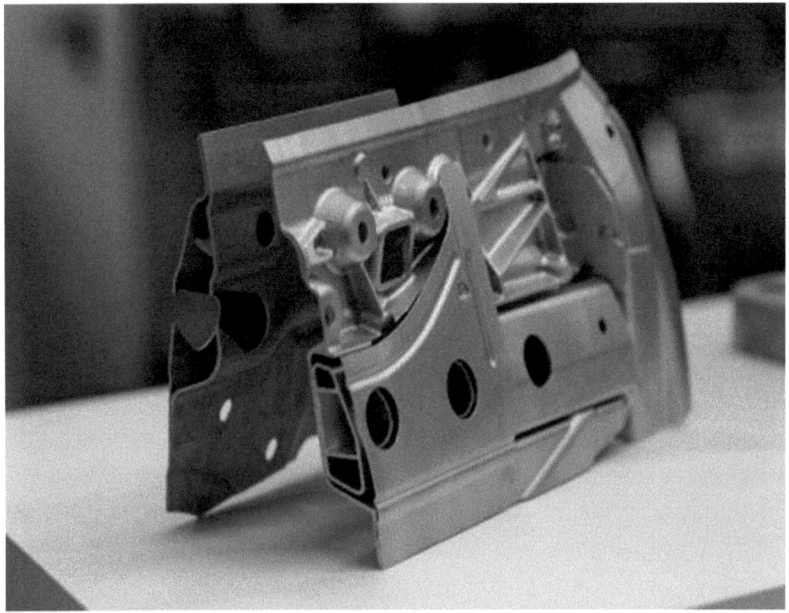
Quelle: Audi

Abb. 6.3 Beispiel für 3D-Druck bei Audi. (Pressemitteilung Audi)

Bei der Metallverarbeitung kommt das Laserschmelzverfahren zum Einsatz. Neben Metall werden auch Aluminium, Titan und Kunststoffe als Materialien für den 3D-Druck verarbeitet. Diese Technik wird nicht nur in den deutschen Werken, sondern auch etwa in Györ eingesetzt.

6.1.1.4.3 Big Data

Die Produktentwicklung ist ein dankbarer Anwender für Big Data-Systemen. Die hier entstehenden enormen Datenmengen, weit jenseits der TByte-Grenze, sind effizient zu verwalten und zu analysieren. Gleiches gilt auch für das Thema der Digitalen Fabrik. Die schon angesprochenen enormen Datenmengen werden zukünftig noch weiter ansteigen.

Im Karosseriebau entstehen schon heute täglich über 200 Gbyte an Daten. Somit ist der Weg von Big Data zu Smart Data vorgezeichnet [48]. Als nächste Schritte erfolgt die Nutzung dieser Daten etwa für Predictive Maintenance und Predictive Quality. Somit entstehen auch bei Audi aus Big Data bald Smart Data.

Die neuen Technologien werden aber auch im indirekten Bereich wie der Beschaffung ausgiebig genutzt, etwa für Echtzeitauswertungen von Lieferanten und das Vermeiden von gedruckten Berichten. Diese gedruckten Berichte werden durch mobile Lösungen abgelöst. Derartige Beispiele, sicherlich weniger spektakulär als manch andere in der Produktion, weisen aber enorm kurze ROI-Zeiten auf und sind bei Managern sehr beliebt, da sie hierüber aktuelle Informationen konzentriert in einer Anwendung verfügbar haben. Entscheidungsprozesse verkürzen sich erheblich und gewinnen durch den hohen Aktualitätsgrad der Daten an Genauigkeit.

6.1.1.4.4 Sensitive Roboter

Sensitive Roboter werden bei Audi an verschiedenen Stellen in der Endmontage eingesetzt. Hier unterstützen sie unter anderem Mitarbeiter bei der Bewegung von schweren oder unhandlichen Teilen (zum Beispiel Kühlmittelausgleichsbehälter). Hierbei übernimmt ein Roboter mit einem Saugknopf das Anheben der schweren oder ergonomisch ungünstig zu greifenden Bauteile. Das bisher erforderliche Bücken des Mitarbeiters entfällt somit. Zur Orientierung wird der Roboter durch eine Kamera unterstützt. Die Roboterbewegung erfolgt taktgenau. Somit wird die Gesundheit (konkret der Rücken) der jeweiligen Mitarbeiter geschont. Der Roboter kann auf die anatomischen Besonderheiten (kleiner/größer usw.) der menschlichen Kollegen entsprechend eingehen.

Roboter übernehmen aber auch bei Audi sukzessive menschliche Tätigkeiten. Der Fokus dieser Substituierung liegt bei Aufgaben, die Menschen ungern erledigen, weil sie anstrengend, monoton oder nicht ergonomisch sind (siehe Abb. 6.4). Konsequenterweise steigen die Überwachungsaufgaben und die Programmierung bei Audi kontinuierlich an [4]. Voraussetzung für die Interaktion ist die starke Vernetzung, sowohl zwischen Mensch und Roboter (etwa auf Basis von Augmented Reality) als auch zwischen verschiedenen Systemen.

Ein weiteres Beispiel ist die Heckklappenmontage in Neckarsulm. Zur optimalen Unterstützung des Mitarbeiters vermisst der Roboter mit Sensoren das Bauteil und gleicht es mit den Karosseriedaten ab. Anschließend erfolgt die passgenaue Bereitstellung des Bauteils. Der Mitarbeiter übernimmt dann nur noch die wenig anstrengenden Schraubvorgänge. Mehrere Laserscanner überwachen den Raum zwischen Mensch und Roboter, um

Quelle: Audi

Abb. 6.4 Einsatz sensitiver Roboter in der Endmontage. (Audi Pressemitteilung)

Kollisionen zu vermeiden [48]. Je größer und schwerer ein Bauteil ist, umso kritischer ist das Thema Sicherheit.

6.1.1.4.5 IT-Security

Einer der Ansatzpunkte ist die Absicherung der eigenen Produktentwicklung. Hier sind naturgemäß zuerst die Hersteller von PDM-Lösungen (Produktdatenmanagement) gefragt. Seitens Audi wird ein hohes Augenmerk auf die Absicherung gegenüber Entwicklungspartnern gelegt. Diese Herausforderung ist im Prinzip schon „alt", wird aber durch die zunehmende Vernetzung, auch unternehmensintern, weiter verstärkt.

6.1.1.4.6 Real Time Enterprise

Als Konsequenz der Vernetzung in vertikaler und horizontaler Richtung und des Einsatzes von Big Data bewegt sich Audi in Richtung eines Echtzeitunternehmens. Weitere Unterstützung erhält dieses Vorgehen durch die schon fast flächendeckende Verwendung von mobilen Lösungen. Diese Verbreitung reicht, wie schon angesprochen, von der Entwicklung bis zur Beschaffung.

6.1.1.4.7 Produktionssystem

Audi stellt aktuell Untersuchungen hinsichtlich der Auflösung von starren Produktionslinien an. Alternativ sollen sogenannte Kompetenzinseln entstehen. Visionär soll die Schnellversorgung mit Teilen über Drohnen erfolgen beziehungsweise etwas weniger futuristisch per autonom fahrende Transportsysteme [31]. Somit erfolgt auch bei Audi die Abkehr von bekannten Ansätzen hin zu mehr Flexibilität. Die Fertigungsanlagen sollen sich somit zukünftig selber steuern. Dies wird unter anderem durch intelligente Werkzeuge des Werkzeugbaus erreicht (CPS). Diese sichern, etwa in neuartigen Presswerken, über Sensoren und Aktoren die Qualität der erzeugten Bauteile ab (siehe auch Abschn. 6.1.1.3.1). Über die Selbstregulierung dieser intelligenten Werkzeuge sind ein entsprechendes proaktives Qualitätsmanagement und auch ein selbständiges Agieren möglich.

Als Ergebnis werden zukünftig Fahrzeuge nicht mehr starr im Zeittakt gefertigt, sondern nach Arbeitsinhalten in den flexiblen Kompetenzinseln [48]. Die Individualität der Fahrzeuge und die Flexibilität der Produktion (bis hin zu Änderungswünschen wenige Stunden vor Produktionsbeginn) wird hierbei weiter zunehmen. Produktionsanlagen und die zugehörigen Maschinen sollen sich im Produktionsverbund selbständig vernetzen. Somit soll eine flexible Fertigung entstehen. Dies gilt auch für den bereits erwähnten Werkzeugbau.

Um auch in Richtung Ergonomie weiter Fortschritte zu erreichen, wurde bei Audi ein sogenannter „Chairless Chair" entwickelt [19], der das Sitzen ohne Sitz ermöglicht, siehe Abb. 6.5. Wie auch andere Innovationen dient diese der Mitarbeitergesundheit, da lange Stehzeiten hierüber vermieden werden.

Ein weiteres Szenario sieht vor, dass Sitze für zukünftige Fahrer und Kunden individuell vermessen werden und passgenau aus dem 3D-Drucker entstehen. Auch Pressen werden dem 3D-Drucker zumindest teilweise gewichen sein. Autonome Transportein-

Quelle: Audi

Abb. 6.5 Audi Chairless Chair - Sitzen ohne Sitz. (Audi Pressemitteilung 26.02.2015)

heiten bewegen die Fahrzeuge von einer Kompetenzinsel zur nächsten. Hierbei wissen die Transporteinheiten, welche Ausstattung das spezifische Auto zukünftig haben soll und welche Kompetenzinsel als nächstes angefahren werden muss. Hierbei werden die jeweiligen in Frage kommenden Kompetenzinseln angefragt, ob die Kapazität verfügbar ist. Somit folgt das Auto zwar keiner äußerlich erkennbaren Fertigungslinie, wohl aber einer „inneren" [48]. Gleiches gilt für den Materialfluss. Die Steuerung wird unter anderem durch ein zentrales Big Data-System übernommen. Alle Daten wandern in Echtzeit in das System und werden dort verarbeitet. Neuartige Assistenzsysteme sollen die Mitarbeiter in ihrer täglichen Arbeit unterstützen. 3D-Projektionen stellen eine der Ansätze zur Komplexitätsreduzierung dar. Derartige Systeme befinden sich bei Partnerunternehmen bereits in der Erprobungsphase.

Die Visionen von Audi gehen noch weiter. Auch das autonome Fahren wird in die Fertigung weiter einziehen. Erste Beispiele wurden bereits vorgestellt. Neu produzierte Fahrzeuge sollen in Zukunft die ersten Meter vollkommen autonom bewerkstelligen. Somit werden in Zukunft deutlich weniger Fahrer für die üblichen innerbetrieblichen Rangierfahrten notwendig sein [48].

6.1.1.4.8 Assistenzsysteme

Es wurde schon mehrfach erwähnt, dass der Mensch im Mittelpunkt steht. Daher kommen umfangreiche Assistenzsysteme zum Einsatz:

- Pick-by-Light,
- Pick-by-Voice und
- AR-Tools.

Darüber hinaus finden neue intuitiv zu bedienende Diagnosesysteme Anwendung.

Konkret untersuchte Audi in Zusammenarbeit mit der Hochschule Heilbronn im Rahmen dreier Projekte die Einsatzgebiete und Möglichkeiten von Smart Glasses. Untersucht wurden die Brillen von Google und von Epson [47]. Ausgangspunkt war die Fertigung des A8 in Neckarsulm. Bei Google Glass handelt es sich um ein monokulares Smart Glass. Hier können Informationen in das Display eingeblendet werden. Bei dem Epson-Gerät (Moverio BT-200) handelt es sich hingegen um ein binokulares Glass, mit der Möglichkeit, auch Augmented Reality darzustellen. Ansatzpunkt war es, die Audi-Mitarbeiter bei der strukturierten Funktionsprüfung einzelner Fahrzeugelemente durch die neuartigen Brillen zu unterstützen. Wichtig war, die innovative Technik in den bestehenden Ablauf möglichst reibungslos zu integrieren.

Bei der Epson-Brille lassen sich direkt beim betreffenden Objekt weitergehende Hinweise anzeigen. Für die Google-Brille wurden die Hinweise über Bilder eingeblendet. So wurden Arbeitsanweisungen und Hinweise für die Kalibrierung des Fahrerassistenzsystem-Prüfstandes entwickelt. Diese Anwendung wurde auf Google-Glas hin optimiert. Der Mitarbeiter wird über das System und die Datenbrille in seinen Tätigkeiten angeleitet inklusive einer Dokumentation der Arbeitsschritte. Die bisher übliche Nach-Dokumentation war somit überflüssig. Laufwege und Medienbrüche konnten eingespart werden. Unterstützt wird der Mitarbeiter über einfache grafische Symbole, mit einem sehr positiven Feedback aller Beteiligter. Die jeweiligen Mitarbeiter haben die neuen Unterstützungsmöglichkeiten sehr positiv aufgenommen. Es bedurfte hier nur einer kurzen Gewöhnungszeit. Schwierigkeiten bei der Interaktion gab es nur anfänglich [47].

Dieses positive Feedback darf aber nicht darüber hinwegtäuschen, dass beide Geräte Schwächen in der Akku-Laufzeit aufweisen. Darüber hinaus haben sie Schwierigkeiten bei schlechten Lichtverhältnissen. Auch wurde eine starke Wärmeentwicklung bei intensiver Nutzung der Kamera festgestellt. Auf Grund der Schwierigkeiten ist aktuell kein Produktivbetrieb möglich [47].

Darüber hinaus hat Audi ein eigenes Innovation Lab gegründet. Ein konkretes Ergebnis ist eine neuartige Interaktion zwischen Mensch und Computer. Hierbei werden dem Mitarbeiter Informationen direkt auf die Handfläche projiziert (siehe Abb. 6.6). Um ein möglichst scharfes Bild zu erzeugen, ist es notwendig, den Abstand zur Handfläche genau zu ermitteln. Nimmt der Mitarbeiter die Arbeit wieder auf, so verschwinden die Informationen. Auf die Handfläche lassen sich Arbeitsanweisungen, Warnungen oder zusätzliche Informationen projizieren. Das Projekt befindet sich in der Erprobungsphase [61]. Darüber hinaus kooperiert das Innovation Lab mit verschiedenen Partnern, um etwa das Thema autonomes Fahren weiter voranzubringen. Zu den Partnern gehören auch wirtschafts- und praxisnahe Forschungseinrichtungen.

Quelle: Audi

Abb. 6.6 Neue Art der Assistenzsysteme bei Audi. (Audi Pressemitteilung)

6.1.2 BMW

BMW mit den Marken BMW, Mini und Rolls-Royce verfügt über einen weltweiten Produktionsverbund mit 30 Standorten in 14 Ländern und einem Vertriebsnetzwerk in über 140 Ländern. Der Gewinn vor Steuern belief sich 2014 auf 8,71 Mrd. € bei einem Umsatz von 80,40 Mrd. €. Das Unternehmen beschäftigte zum 31.12.2014 weltweit 116.324 Mitarbeiter [54]. Hierbei werden seit 2013 über eine Millionen Fahrzeuge in Deutschland gefertigt. Insgesamt produzierte BMW im Jahr 2014 rund 2 Millionen Fahrzeuge. Daneben existiert auch noch eine sehr erfolgreiche Motorradsparte mit mehr als 110.000 verkauften Einheiten im gleichen Zeitraum. Die Produktpalette wird kontinuierlich erweitert, auch im Motorradbereich.

6.1.2.1 Überblick

Ein sich veränderndes Umfeld beeinflusst laut BMW die eigene strategische Positionierung des Unternehmens. Zu den Einflussfaktoren gehören unter anderem:

- Qualität (Null-Fehler bei Premiumprodukten wird als Selbstverständlichkeit angesehen),
- Komplexität (Kombination von Soft- und Hardware, neue Antriebstechnologien),
- Anlaufplanung (immer mehr Modelle in immer kürzerer Zeit),
- Ökologie (Nachhaltigkeit über die gesamte Wertschöpfungskette realisieren),
- Kosten (stetig steigender Wettbewerbsdruck).

6.1 Automobilhersteller

Hieraus leiten sich auch für alle Initiativen und Aktivitäten rund um Industrie 4.0 die verschiedenen Handlungsfelder ab [10, 15]:

- Planungs- und Steuerungssysteme,
- Simulation in der Produktion,
- Assistenzsysteme in der Produktion,
- Robotik und autonome Systeme,
- Big Data,
- vernetzte Wertschöpfungskette,
- Digitale Fabrik,
- Mensch-Roboter-Systeme,
- Mobile Assistenzsysteme und
- Nachhaltigkeit.

Wie auch bei den anderen OEMs steht auch bei BMW der Mensch im Mittelpunkt des eigenen Produktionssystems. Es wird keine menschenleere Produktion angestrebt, sondern vielmehr geht es um weitere Optimierungen und Unterstützung der menschlichen Tätigkeit. Für BMW ist der Mensch mit seinen spezifischen Fähigkeiten der entscheidende Erfolgsfaktor für Industrie 4.0. BMW verfolgt mit Industrie 4.0 drei wesentliche Ziele [23]:

- Forschung und Vorentwicklung zur weiteren Verbesserung im Leichtbau, um hierüber eine andere Art von Automatisierung, neue Materialverbindungen, einfacheres Klipsen, simplere Fertigungskonzepte für kürzere Produktionszeiten zu ermöglichen.
- Serienproduktion: Mittels intelligente Vernetzung eine Verbesserung bei der Qualität und Kosten und Einmalaufwände reduzieren.
- Produktprojekte oder neue Produktionsstrukturen mit Ansätzen der digitalen Fabrik unterstützen.

BMW beteiligt sich aktiv an Forschungsprojekten der Bundesregierung. Hierzu gehören unter anderem die Projekte [18]

- CyPros (Produktivitäts- und Flexibilitätssteigerung durch die Vernetzung intelligenter Systeme in der Fabrik),
- ReApp (Flexibilität von roboterbasierten Automatisierungslösungen),
- Big Data-Ansätze zur Verbesserung der Energieeffizienz sowie
- mobile Technologien in der Produktion.

Um auch auf Mitarbeiterseite im Bürobereich mehr Flexibilität und gleichzeitig weniger Stress zu erreichen, führte das Unternehmen ein „Gleitortmodell" ein. Mitarbeiter können, in Abstimmung mit ihrem Vorgesetzten, über den Arbeitsort entscheiden. Zur

Sensibilisierung und Qualifizierung der Mitarbeiter, dient ein sogenannter Mobilarbeits-Führerschein. Hier ist zu erkennen, dass sich durch die zunehmende Digitalisierung auch die Arbeitsweise im Bürobereich verändert. Basis hierfür ist eine entsprechende BMW-Betriebsvereinbarung [91].

6.1.2.2 Nachhaltigkeit

Das Ziel einer sauberen Produktion besteht bei BMW bereits seit 2007. Bis 2012 wurde der Ressourcenverbrauch um über 30 % verringert und bis 2020 sollen weitere 45 % eingespart werden. Hierbei werden die Messgrößen Energie, Wasser, Prozessabwasser, Abfall und Beseitigung von Lösungsmitteln betrachtet. Entsprechende Maßnahmen fordert BMW auch von seinen Zulieferern ein. BMW möchte bis 2020 führend im Einsatz von regenerativen Energien sein und eine CO_2-freie Energieversorgung umgesetzt haben. Im Jahre 2015 belief sich der Anteil regenerativer Energien bereits auf 49 %. Hierzu wird sowohl der Energie- und Ressourcenverbrauch innerhalb der eigenen Produktion reduziert, als auch die eigene Produktion von regenerativer Energie lokal kontinuierlich gesteigert. Mittlerweile sind so an acht Produktionsstandorten Kraft-Wärme-Kopplungsanlagen im Einsatz. Seitens BMW werden hierbei fünf Stoßrichtungen verfolgt, um den Energieverbrauch zu reduzieren [55]:

- Kontinuierliche Verbesserung der Produktionstechnik,
- Produktgestaltung und -konzepte,
- Steuerung und Optimierung von Fahrweisen,
- Verhaltensänderung der Mitarbeiter und
- Einsatz regenerativer Energien.

Diese Aktivitäten mündeten schon 2012 in der Auszeichnung des Unternehmens als das nachhaltigste Unternehmen unter 150 deutschen Großunternehmen [95]. Als Pilotwerk dient bei BMW für Nachhaltigkeitsthemen der Standort Leipzig mit der umweltschonenden Produktion unter anderem des i3 und i8.

Darüber hinaus wird an allen Standorten ein neuartiges Energiemanagementsystem eingeführt. Es misst den Stromverbrauch aller Anlagen und kann so mögliche Störfälle frühzeitig erkennen und damit unnötige Stillstandzeiten in der Produktion vermeiden. Über das intelligente Energiemanagementsystem lassen sich pro Jahr 7 % des Energieverbrauchs einsparen. Diese Ansprüche haben bei BMW nicht nur eine umweltpolitische Motivation, sondern es geht darum, laufende Kosten in Millionenhöhe pro Werk und Jahr zu reduzieren. Erzielt werden diese Einsparungen unter anderem dadurch, dass Fehler in der Programmierung einzelner Anlagen im Vergleich zu gleichartigen Anlagen aufgedeckt werden beziehungsweise auch durch Prozess- und Verhaltensänderungen der beteiligten Mitarbeiter. Gesammelt werden die Daten seitens BMW in einem Big Data-System. Daneben ist das Unternehmen nach entsprechenden Standards wie ISO 14001 und EMAS zertifiziert [18].

6.1.2.3 Produktentwicklung

Der im Fokus stehende Bereich der Produktionsplanung ist, wie bei allen anderen Automobilherstellern, durch Werkzeuge der Digitalen Fabrik seit Jahren toolseitig gut abgedeckt. Somit besteht hinsichtlich der digitalen Werkzeuge eine sehr große Erfahrung. Simulationen (auf Basis von Tecnomatix) etwa zur Abstützung von Konzepten, gewinnen immer mehr an Bedeutung, auch über die Grenzen von BMW hinaus.

6.1.2.3.1 Digitale Fabrik

BMW war eines der ersten Unternehmen, das sich bereits 1998 in Richtung Digitale Fabrik entwickelt und investiert hat. Auch bei BMW wird, analog zu Audi, in das Thema Digitale Fabrik (hier wird auch der Begriff virtuelle Fabrik verwendet) investiert, um die Realität möglichst wirklichkeitsgetreu digital abzubilden, mit dem Ziel, einen neuen Modellanlauf perfekt virtuell zu planen und anschließend umzusetzen. Die Änderungen werden dann auf „Knopfdruck" in die reale Produktion überspielt. Konkret werden für die Produktionsplanung inklusive der Werkzeugmaschinen, Roboterzellen und Handhabungs- und Transportzellen die Siemens Tecnomatix-Lösungen eingesetzt. Somit können die Maschinenanordnungen entsprechend optimiert, Produktionszyklen verbessert und Maschinen- und Werkzeugauslastungen erhöht und Investitionskosten reduziert werden.

Es gelingt zwar aktuell, viele Tätigkeiten am Computer nachzubilden, aber eine vollständiges Mapping der realen Welt in die virtuelle Welt und umgekehrt ist aktuell noch nicht gelungen, mit dem Ergebnis, dass am Ende Anlagenführer die Feinjustierung noch immer manuell durchführen müssen, was unter anderem zu Stillstandzeiten der Anlagen und Maschinen führt. Um hier weitere Verbesserungen zu erreichen, wurde etwa vor kurzem bei BMW eine Lösung zur virtuellen Abdichtung von Schweißnähten entwickelt [80]. Über derartige Aktivitäten wird auch der „letzte Meter" digital erfasst.

Darüber hinaus werden die DF-Lösungen nicht nur für die digitale Produktionsplanung, sondern darüber hinaus auch für die Simulation des Energiebedarfs eingesetzt. Hierzu gibt es in der eingesetzten Lösung die Möglichkeit, Simulationen gemäß den unterschiedlichen Betriebsarten (Standby, Volllast, Betrieb, Einstellung oder Aus) vorzunehmen. Diese Simulationen schließen die Zeiten zum Wechsel der jeweiligen Betriebsart mit ein. Analog zur Start-Stop-Funktionalität im Auto werden nun auch Maschinen öfters in den „Stop-Zustand" versetzt, was mit erheblichen Energieeinsparungen verbunden ist.

6.1.2.3.2 3D-Drucker

Bereits seit 1989 erfolgt für Konzeptfahrzeuge der Einsatz von sogenannten Rapid Prototyping-Verfahren. Diese Verfahren und Ansätze unterliegen einer kontinuierlichen Weiterentwicklung. Hierbei werden die unterschiedlichsten Techniken eingesetzt. Das „Rapid Technologies Center" im Münchner Forschungs- und Innovationszentrum (FIZ) der BMW Group stellt im Jahr etwa 100.000 unterschiedliche Bauteile bereit. Das Spektrum der erstellten Bauteile umfasst das gesamte Fahrzeug von einfachen und kleinen Normteilen bis hin zu komplexen Bauteilen und ganzen modellartigen Fahrzeugen [10]. Vor allem, wenn es sich um komplexe, kostenintensive und in geringer Stückzahl benötigte Bauteile handelt, findet der 3D-Druck hier immer stärkere Anwendung.

6.1.2.4 Kundenauftragsprozess

Parallel zur Einführung von Industrie 4.0-Themen werden die Fachprozesse konsequent weiter verbessert. Hierzu dienen bei BMW entsprechend aufgesetzte Programme zur Optimierung der jeweiligen Fachbereiche inklusive der dazugehörigen IT-Systeme. Das Ziel hierbei ist, die bessere Durchgängigkeit des Kundenauftragsprozesses vom Auftragseingang bis zur Produktion und Auslieferung zu realisieren. Das Aufbrechen des Ressortdenkens ist hierbei ein wichtiger Punkt. Daneben gilt es, die Schnittstellen auf Grund gewachsener Systemlandschaften zu eliminieren und integrierte Prozesse umzusetzen, mit dem Ziel auch hier schneller und flexibler am Kunden zu agieren (Stichwort: vertikale und horizontale Integration). Genau diese Integrationen sind bei Unternehmen derartiger organisatorischer Größe und prozessualer Komplexität hochkomplexe und aufwendige Projekte, die neben erheblichen Geldsummen auch entsprechende personelle Ressourcen benötigen. Medien- und Systembrüche sind hier aktuell an vielen Stellen, bedingt durch die gewachsene Systemlandschaft, kaum zu vermeiden. Deren Abbau wird sukzessive und bereichsspezifisch vorgenommen. Standardsoftware ist auf Grund der sehr spezifischen Herausforderungen im Automobilbau und der geringen Kundenzahl (vor allem bei Automobilherstellern) oftmals nur die zweitbeste Wahl. Die Tendenz geht aber vielfach auf Grund mangelnder Alternativen trotzdem in diese Richtung. Damit werden auch manuelle Tätigkeiten immer weiter reduziert, die in der Vergangenheit vielfach Prozessfehler verursacht haben. Ein weiterer Punkt ist die oftmals zu geringe Integration der einzelnen Prozesse, vor allem der Rückfluss an Informationen verhindert ein Planungsoptimum.

6.1.2.4.1 CPS

Unter anderem im Leipziger Werk kommt ein Fahrerloses Transportsysteme (FTS) zum Einsatz. 74 FTF (Fahrerloses Transportfahrzeug) übernehmen verschiedene Materialversorgungsaufgaben, zum Beispiel Routenzüge für JIS-Teilbelieferung ans Band. Um nun die Behälter mit den notwendigen Teilen zu transportieren, werden diese durch das FTF unterfahren und anschließend angehoben. Die maximale Geschwindigkeit beträgt in Fahrtrichtung 1,2 m/s. Es existieren in Summe 65 FTS-Bahnhöfe. Hier übernehmen die FTF die jeweilige Ware. Die Bedarfe und der Logistikauftrag werden über das SAP-System ermittelt. Der Zielbahnhof ergibt sich aus dem Bedarfsort [78].

Die Hinderniserkennung und der Personenschutz erfolgt über Laser-Scanner. Die Wegberechnung erfolgt über eine freie Navigation. Dies erfolgt über eine Kombination aus Peilung und Kopplung. Somit entsteht eine hohe Flexibilität bezüglich des Layouts [1]. Um die Wege zu optimieren, wurden drei Standardrouten festgelegt. Falls mehrere Logistiktransporte zum gleichen Bestimmungsbahnhof vorliegen, werden diese verbunden

("Pärchenbildung"). Niveau-Unterschiede werden über Heber überwunden. Die Systeme werden vom Unternehmen TMS Automotion geliefert. Die Energieversorgung erfolgt über NiCd-Batterien. Über Zwischenladungen (das heißt weniger als zehn Minuten) werden die Batterien wieder aufgeladen. Dies erfolgt durch in den Boden eingelassene Kupferkontakte. Somit wird ein 24 h-Betrieb sichergestellt. Ein Leitrechner übernimmt die übergeordnete Steuerung der FTF. Über den Leitrechner erfolgt auch die Visualisierung inklusive der Ermittlung des aktuellen Status der Fahrzeuge [78]. An dem Beispiel ist zu erkennen, dass es sich nicht um eine Neuimplementierung handelt. Das System ist seit Werksbeginn im Einsatz. Ein weiteres Beispiel für den Einsatz von FTS ist die Frontendmontage im Werk Dingolfing [79].

6.1.2.4.2 3D-Drucker

Das Thema additive Fertigung hat bei BMW eine lange Historie. Bereits seit 1991 werden Serien-Bauteile auf diese Weise gefertigt [54] und, wie schon erwähnt, seit 1989 Konzeptfahrzeuge [18]. Je nach Bauteilanforderung kommen unterschiedliche Verfahren zum Einsatz [18]:

- Selektives Lasersintern,
- Stereolithografie,
- Polyjetdruck,
- Fused Deposition Modelling,
- Strahlschmelzen von Metallen.

Vor allem geringe Stückzahlen lassen sich über additive Fertigungsverfahren bei BMW wirtschaftlich herstellen.

Einsatzgebiete sind neben dem bereits erwähnten Prototypbau, die Produktion, das Ersatzteilmanagement und im Werkzeugbau. So werden pilothaft im Münchner Werk des Automobilherstellers individuelle Orthesen für die Fahrzeugmontage evaluiert (siehe auch Kap. 5). Ziel ist es hier, die Mitarbeiter in ihrer täglichen Arbeit maximal zu unterstützen. Hierbei kommt dieses ergonomische Hilfsmittel zur Unterstützung und Entlastung des Mitarbeiter-Daumengelenks zum Einsatz. Jedes dieser Montagehilfen ist ein Unikat und wird über einen 3D-Drucker erzeugt. Hintergrund ist, dass in der Endmontage vielfach belastende Tätigkeiten für die Mitarbeiter entstehen (siehe Abb. 6.7). Um hier eine entsprechende Entlastung zu erreichen, wurden diese Hilfsmittel entwickelt.

Darüber hinaus finden additive Fertigungsfahren mit 3D-Drucker auch im Rennsport Anwendung. Eines der Beispiele hier ist das Wasserpumpenrad bei den BMW Tourenwagen (siehe Abb. 6.8).

Über 500 dieser Bauteile wurden bereits in Fahrzeugen des Unternehmens verbaut. Das Bauteil besteht aus einer Aluminiumlegierung und wird mittels des SLM-Verfahrens (Selective Laser Melting) erzeugt. Die Entwicklung geht auf das Jahr 2010 zurück. Motivation waren die hohen mechanischen Anforderungen an das Bauteil, das auf Grund des 3D-Verfahrens aus einem Bauteil hergestellt werden kann. So konnte das Bauteil strömungsmechanisch

Quelle: BMW

Abb. 6.7 Einbauhilfen in der Endmontage über 3D-Drucker. (BMW Pressemittelung)

Quelle: BMW

Abb. 6.8 Wasserpumpenrad aus dem 3D-Drucker. (BMW Pressemittelung)

gegenüber dem Vorgängermodell weiter optimiert werden. Das Vorgängermodell wurde aus Kunststoff gefertigt. Das Wasserpumpenrad wird auch im aktuellen Z4 GT3 eingebaut [54].

6.1.2.4.3 Big Data

Beim Thema Big Data arbeitet BMW mit den beiden Unternehmen IBM und SAP zusammen. SAP unterstützt beim Internet der Dinge mit seiner In-Memory-Technologie HANA und IBM unterstützt bei der Datenanalyse und Analytics (zum Beispiel im Produktionsumfeld).

HANA wird zukünftig BMW-Fahrer in Echtzeit für personalisierte Dienste (etwa bei der Tankstellen- oder Parkplatzsuche) unterstützen. Das Projekt befindet sich noch im Prototyp-Stadium.

Mittels vorausschauender Analyse sollen zukünftig bei BMW Fehler entdeckt werden, bevor sie auftreten. Das Projekt hat zum Ziel die Fahrzeugentwicklung, Reparatur und die Wartung zu verbessern. Eingesetzt wird hierbei die IBM SPSS-Software. Es verarbeitet nicht nur Produktionsdaten, sondern auch Daten aus einer Vielzahl von Quellen; unter anderem finden Ergebnisse von Testfahrten Eingang in die Analyse. Die Daten sollen BMW-Ingenieure bei der Produktentwicklung und bei der Erstellung von Reparaturanleitungen unterstützen. Aktuell beansprucht eine derartige umfangreiche Analyse oftmals mehrere Monate. In Zukunft soll dieser Zeitraum auf wenige Tage reduziert werden. Die Erwartungshaltung ist, dass mit dem Projekt signifikant Kosten durch geringere Fehlerraten, reduziert werden [9, 42].

In der Produktion werden die Maschinen- und Prozessdaten aus den einzelnen Maschinen und Anlagen auch dazu verwendet, um frühzeitig mögliche Ausfälle zu erkennen (Predictive Maintenance) [15].

Bei der Analyse der Stücklisten für Versuchsfahrzeuge in der Produktion kommt die NoSQL-Datenbank der Firma cortexDB zum Einsatz. Hierbei wird die Stückliste vor Produktionsbeginn im Rahmen von Reviews auf Vollständigkeit und Korrektheit überprüft. Diese Tätigkeit ist mit einem erheblichen Harmonisierungsaufwand verbunden. Bisher wurde diese Aufgabe auf Excel basierend durchgeführt. Das System ist aber bezüglich des erforderlichen Zeitaufwands deutlich an seine Grenzen gestoßen. Durch die neue Lösung können nun die BMW-Mitarbeiter eigene Analysen erstellen und der Abgleich wird automatisiert. Die Datenbank eignet sich sehr gut für die bidirektionale Verweistechnik und für den Abgleich von Beziehungswissen. Die Technologie ist somit für die gestellte Aufgabe sehr gut geeignet. Damit steigt nicht nur die Qualität, sondern die Lösung führt auch zu einer erheblichen Zeiteinsparung. Darüber hinaus ist der Betrieb im Produktiv-Umfeld deutlich günstiger als bei Vergleichsprodukten [33]. Das Projekt hat mittlerweile die Versuchsphase abgeschlossen und ist in den produktiven Betrieb übergegangen. Um die Qualität zu verbessern, werden Standardprozesskurven analysiert. Weichen erfasste Daten (etwa bei einem Schraubvorgang) vom Standard ab, so werden automatisiert Maßnahmen eingeleitet, bevor Prozessstörungen auftreten [67].

Daneben findet Big Data noch im Aftersales (Fehlerdiagnose, Gewährleistungsabwicklung) und bei Assistenzsystemen Anwendung. Generell sieht BMW das Thema Big Data als eine Technologie zum Aufbau einer globalen Wissensbasis und zur Vernetzung aller Bereich im Konzern an [43].

6.1.2.4.4 Sensitive Roboter

Sensitive Roboter finden bei BMW vor allem bei einfachen Arbeitsumfängen mit einer hohen Wiederholungsrate und gleichzeitig ergonomisch ungünstigen Tätigkeiten beziehungsweise körperlich anstrengenden Aufgaben Anwendung.

Im Werk Spartanburg interagieren Menschen mit Roboter (der Firma Universal Robot), um hier gezielt körperlich schwere und belastende Tätigkeiten zu übernehmen. Seit 2013 sind hier entsprechende Roboter in der Türmontage im Einsatz (siehe Abb. 6.9).

Insgesamt vier Roboter fixieren in Spartanburg für die BMW X3-Modelle die Schall- und Feuchtigkeitsisolierung auf den jeweiligen Türinnenseiten. Die Vorarbeit in Form des Auflegens der Kleberaupe inklusive der Platzierung übernimmt noch der Mensch. Den körperlich anstrengenden Teil übernehmen hingegen die sensitiven Roboter. Mittels Rollköpfen erfolgt die Fixierung der Isolierung. Ein weiterer Vorteil des Robotereinsatzes ist das exakte Messen der während des Fixierprozesses aufgewandten Rollkraft und deren Protokollierung inklusive der damit verbundenen permanenten Überwachung.

Im BMW-Komponentenwerk in Landshut werden für die Reinigung von Werkzeugen (konkret wiederverwendbarer Formen) KUKA-Roboter mit einer neuartigen Steuerung eingesetzt. Die Reinigung der Formen mittel Trockeneis erfolgte bisher manuell durch Mitarbeiter. Die Arbeit der BMW-Mitarbeiter hat sich durch den Roboter-Einsatz gravierend verbessert. Die manuellen Tätigkeiten wurden durch kontrollierende, steuernde und überwachende Tätigkeiten abgelöst. Über mobile Geräte erfolgt die Eingabe, etwa der zu reinigenden Form und die genaue Position. Den Bereich fährt der Mitarbeiter im Anschluss handgeführt mit dem Roboter ab. Nach dieser Einlernphase übernimmt der Roboter die festgelegte 3D-Bahn und reinigt mit Trockeneis die Form. Konkret kommt der KUKA-

Abb. 6.9 Sensitive Roboter zur Unterstützung der Türmontage bei BMW in Spartanburg. (BMW Pressemitteilung)

Roboter KR 210 R3100 Fultra zum Einsatz. Darüber hinaus ist der Roboter mit einer Sicherheitsschnittstelle und einem entsprechenden Programmpaket (Safe-Operation) für die Mensch-Maschine-Interaktion ausgestattet. Hierüber und durch spezifische Erweiterungen konnte eine einfache, intuitive und sichere Roboterführung realisiert werden. Die Vorteile für den Werker ist eine erhebliche körperliche Entlastung und eine Staub- und Lärmreduzierung seiner Tätigkeit. Für BMW geht mit der Einführung ein Produktivitätsfortschritt einher. Die Reinigung der Formen reduziert sich von ca. drei Stunden auf eine halbe Stunde [89].

6.1.2.4.5 IT-Security

IT-Sicherheit wird vielfach mit dem Produkt Auto selber in Verbindung gebracht. Schlagzeilen bezüglich des geglückten Hackerangriffs auf Autos machen entsprechend die Runde (Stichwort: Connected Car). Das Thema IT-Sicherheit betrifft aber auch den Kundenauftragsprozess und die Entwicklung. So rüstet auch BMW seit Jahren seinen Cyper-Security-Bereich kontinuierlich auf.

6.1.2.4.6 Real Time Enterprise

Die gesamte Supply Chain wird über ein sogenanntes „Radar" analysiert. Es liefert in Echtzeit Daten über die gesamte BMW-Logistik-Kette. Störungen werden somit schneller erkannt [68]. Die schon angesprochene Integration der Systeme ist darüber hinaus ein wichtiger Schritt in Richtung Echtzeit-Unternehmen.

6.1.2.4.7 Produktionssystem

Für BMW ist die Flexibilität der eigenen Produktion von strategischer Bedeutung. Um den bestehenden Stand zu halten, werden umfangreiche Anstrengungen getätigt, von der Planung bis zur Produktion inklusive dem Kapazitätsmanagement. Hiermit wird ein agiles Verhalten für eine noch höhere Kundenzentriertheit abgebildet, aber auch um bei Krisensituationen oder Naturereignissen schneller reagieren zu können. Dies erfolgt unter Beachtung einer sehr hohen Stabilität im Planungs-, Bestell- und Steuerungsprozess. Die lange Zeit bestehenden Medien- und Prozessbrüche werden bewusst angegangen. Ziel ist die vollständige Transparenz des Kundenauftragsprozesses. Auch gilt es, kurzfristige Änderungen von Kundenwünschen zu realisieren. Hierzu gehört für BMW nicht nur die Entwicklung neuer hochintegrierter Systeme, sondern zwangsweise auch das Verändern und Umstellen bestehender Prozesse und konsequenterweise auch von Verhaltensweisen der Mitarbeiter. Ein wichtiger Punkt ist hierbei eine sehr genaue Abstimmung der Teile- und Fahrzeugproduktion untereinander, um den gestiegenen Anforderungen zu genügen.

Derartige Anstrengungen wurden in der Vergangenheit auch in anderen Bereichen durchgeführt, von der Beschaffung über die Qualität bis hin zur Logistik. Bei Qualität ist das angesagte Ziel, eine Null-Fehlerrate zu erreichen. Dies gilt sowohl für die Produkte als auch für die Prozesse. Auch eines der aktuellen BMW-Programme soll die eigene Organisation befähigen, ganzheitlich die Komplexität noch besser zu beherrschen und gleichzeitig die Qualität der Produkte zu erhöhen, bei gleichzeitiger Effizienzsteigerung.

Quelle: BMW

Abb. 6.10 Qualitätskontrolle über Gestensteuerung. (BMW Pressemittelung)

Diese starke Verbindung zwischen IT-gestützten Fachprozessen drückt sich auch in Auszeichnungen aus. So konnte das Werk München im Jahre 2014 den „Lean Production Award" in der Kategorie OEM gewinnen [17]. Basis hierfür bildet das wertschöpfungsorientierte Produktionssystem, ein an Lean Produktion orientiertes BMW-eigenes Produktionssystem.

Das Thema Standardisierung wird seitens BMW auch auf dem Shop Floor vorangetrieben. So wird zur Etablierung eines weltweiten Produktionsstandards auf das TIA Portal von Siemens gesetzt.

Um auch in der Montage ein sehr hohes Maß an Flexibilität zu erreichen, werden vermehrt Ansätze der Digitalen Fabrik eingesetzt und es wird planerisch auf Basis eines variantenneutralen Hauptbandes geplant. Hierüber lassen sich unterschiedliche Fahrzeugderivate über ein Band planerisch abbilden. Darüber hinaus erfolgt vermehrt die Verlagerung in die Vormontage. Somit erfolgt auf dem Hauptband hauptsächlich die variantenneutrale Montage von Teilen. Dieser Ansatz wird weiter kontinuierlich verfeinert, etwa im Werk Leipzig [88]. Derartige Ansätze führen aber zu planerischen Mehraufwänden und zu einem nicht immer optimalen Produktionsfluss mit der Generierung von entsprechender Verschwendung.

6.1.2.4.8 Assistenzsysteme

BMW testet in seinem Werk in Spartanburg den Einsatz von Datenbrillen (Google Glass) zur Optimierung der Qualitätsprüfung. Pilotartig werden Qualitätsmängel per Foto oder Video aufgezeichnet. Da hier erst mal Vorserienfahrzeuge untersucht werden, erhofft man sich bei BMW auch eine verbesserte Kommunikation zwischen Entwicklung und Produk-

Quelle: BMW

Abb. 6.11 Einsatz von Smartwatches bei BMW. (BMW Pressemittelung)

tion. Darüber hinaus wird die Beschreibung von Qualitätsmängel wesentlich vereinfacht und beschleunigt [29].

Im Werk Landshut erfolgt für die Qualitätsprüfung der testweise Einsatz eines auf Gestensteuerung basierenden Systems. Nach der Lackiererei werden über dieses neuartige System eventuell vorhandene Lackfehler dokumentiert. Um eine Gestensteuerung zu realisieren, wurden zwei einzelne 3D-Kameras über dem Arbeitsplatz angebracht. Mittels Sensoren wird per Infrarot ein festes Netz an Koordinaten erzeugt und ein 3D-Modell des Bauteils im System hinterlegt. Zeigt der Mitarbeiter nun auf einen Fehler, so werden die Koordinaten gespeichert und entsprechend im Qualitätsmanagementsystem dokumentiert. Liegt hingegen eine einwandfreie Qualität vor, so genügt eine Wischbewegung und das untersuchte Teil, etwa der Stoßfänger, wird als fehlerfrei gekennzeichnet (siehe Abb. 6.10). Bisher wurde ein stationäres System eingesetzt. Es entstanden somit unnötige Laufwege und bei Mehrfachfehlern auch entsprechende Schwierigkeiten der Dokumentation. Durch das neuartige System konnten diese Nachteile eliminiert werden [30].

Eine weitere Möglichkeit und Ausprägung für Assistenzsysteme in der Produktion ergibt sich mit Smartwatches. Hier informiert die intelligente Uhr den Mitarbeiter, wenn sich ein Fahrzeug mit hoher Komplexität oder außergewöhnlichen Anforderungen nähert. Der Mitarbeiter wird hierüber durch einen Vibrationsalarm und durch ein leuchtendes Display informiert, siehe Abb. 6.11. Das System wird prototyphaft in den beiden Werken München und Leipzig eingesetzt [68]. Auch Mini erprobt in den verschiedenen Produktionsbereichen neuartige Assistenzsysteme.

6.1.2.4.9 Digitale Fabrik

Mit dem Plant Simulator von Siemens wird unter anderem der Antriebsstrang simuliert. Im BMW-Werk in Steyr erfolgt auch dessen Einsatz für die Personal- und Maschinenplanung. Darüber hinaus dient die Lösung zur kontinuierlichen Verbesserung der gesamten Produktionsabläufe. Mittels derartiger Lösungen lassen sich aktuell Umrüstaufwände bei Montagelinien gegenüber den 80er-Jahren halbieren.

Das Rolls-Royce Werk in Goodwood wurde mit Hilfe spezieller 3D-Scanner und hochauflösenden Digitalkameras an einem einzigen Wochenende vermessen (Genauigkeit der Auflösung sind 2 mm). Mittels derartiger 3D-Modelle lassen sich anschließend Prozessumplanungen simulieren. Der Ansatz über Scanner und Digitalkameras verursacht einen deutlich geringeren Aufwand als etwa eine aufwändige CAD-Nachkonstruktion [68].

6.1.3 Daimler

Zum Daimler-Konzern gehören die Marken Mercedes-Benz (inklusive Mercedes-AMG und Mercedes-Maybach), die Marken smart, Freightliner, Western Star, Bharat-Benz, FUSO, Setra und Thomas Built Buses. Ende 2014 waren im Konzern 279.972 Menschen beschäftigt. Es wurden über 2.5 Mio. Fahrzeuge der einzelnen Marken produziert. Dabei erzielte Daimler einen Umsatz von 129,872 Mrd. €. Der EBIT betrug hierbei 10,8 Mrd. €. Das Unternehmen produziert neben PKWs alle Klassen von Nutzfahrzeugen (Vans, LKWs, Busse). Der PKW-Bereich konnte im Jahr 2014 weltweit 1.650.000 Fahrzeuge (ein Plus von 16,5 % gegenüber dem Vorjahr) an seine Kunden absetzen [12]. Wie alle anderen Automobilhersteller verfügt Daimler über ein weltweites Produktions- und Distributionsnetzwerk.

6.1.3.1 Überblick

Bei Daimler erfolgt die gemeinsame Betrachtung des Personen- und Nutzfahrzeugbereiches. Unabhängig vom Unternehmensbereich sieht sich der Konzern mit wachsenden Herausforderungen konfrontiert [38]:

- Globalisierung,
- Individualisierung,
- Digitalisierung/vernetzte Fabrik.

Daimler erhofft sich durch Industrie4.0 effizientere und durchgängige Prozesse (horizontale und vertikale Integration). Themengebiete sind hierbei [38]:

- Digital-Life am Arbeitsplatz,
- Durchgängige IT-Prozesse (PLM, ERP, CAD, MES),
- Digitale Fabrik und virtuelle Inbetriebnahme,
- wandlungsfähige Fabrik,
- sensitive Roboter.

6.1 Automobilhersteller

Die mit Industrie 4.0 bei Daimler verfolgten Ziele sind [38]:

- Verkürzung der Anlaufzeiten durch digitale Absicherung,
- horizontale und vertikale Integration,
- reduzierte Beschaffungszeiten für Produktionsanlagen,
- Optimierung der Fertigung und Montage,
- Erhöhung der Automatisierung durch eine Mensch-Roboter-Interaktion,
- Flexibilisierung der Produktion durch eine wandlungsfähige Produktion,
- Globale Optimierung der Prozesse.

Beim Thema Industrie 4.0 spielt das Lead-Werk für die C-Klasse in Bremen eine große Rolle. Es soll die nächsten Jahre in Richtung Industrie 4.0 aus- und umgebaut werden. Hierbei sollen rund 500 neue Arbeitsplätze entstehen.

Mit der Smart Factory verfolgt Daimler fünf Hauptziele [28]:

- Größere Flexibilität und die Fertigung immer komplexerer Produkte.
- Erhöhung der Effizienz durch die konsequente Nutzung aller Ressourcen inklusive Energie und die Optimierung der eigenen Prozesse (zum Beispiel automatische Inventur).
- Flexible Produktionsprozesse mit hoher Geschwindigkeit (dies schließt die schnelle Inbetriebnahme neuer Anlagen ein).
- Sichere und attraktive Arbeitsplätze und Berücksichtigung des demografischen Wandels.
- Smarte Logistik (von der Bedarfsermittlung bis hin zur Produktion und Auslieferung).

Um weiter Innovation voranzutreiben, hat Daimler eine sogenannte „Tech Fabrik" ins Leben gerufen. Hier werden neue Ideen unter möglichst realen Bedingungen verifiziert, siehe Abb. 6.12 und [28].

Diese Ansätze werden sukzessive weltweit ausgerollt. Hierbei wird auf ein hohes Maß an Standardisierung gesetzt (Systemarchitektur, Automatisierung, Regel- und Steuerungs-

Quelle: Daimler

Abb. 6.12 Innovations-Schmiede Tech-Fabrik bei Daimler. (Daimler Pressemitteilung)

technik, Robotik). Darüber hinaus beteiligt sich Daimler auch an Forschungsprojekten wie ARENA (Active Research Environment for the Next Generation of Automobiles).

6.1.3.2 Produktentwicklung

Wie alle Automobilhersteller kann auch Daimler auf eine sehr lange Historie im Bereich Digitale Fabrik zurückblicken. Durch die Vereinheitlichung der PLM-Landschaft in Richtung der Siemens-Produkte und die gleichzeitige seit Jahren praktizierte Fokussierung auf JT als Datenaustauschformat (sieheKap. 5) im Bereich CAD ergeben sich neue Möglichkeiten für das Unternehmen.

Ein weiterer Ansatz ist die Digitalisierung. Hierüber konnten sich bei Daimler in den vergangenen Jahren die Entwicklungszyklen um rund ein Viertel verkürzen. Das 2015 auf der IAA präsentierte „Concept Intelligent Aerodynamic Automobile" wurde gar in zehn Monaten entwickelt, mit Hilfe von rund einer Millionen CPU-Stunden und 300 durchsimulierten Prototypvarianten [93]. Darüber hinaus helfen Big Data-Ansätze dem Unternehmen bei der Produktentwicklung, um schon sehr frühzeitig Kundenwünsche zu berücksichtigen [93].

6.1.3.2.1 Digitale Fabrik

Auch für Daimler ist die Digitale Fabrik ein wesentlicher Baustein zur Erreichung der Ziele einer flexiblen Produktionsplanung [38]. Hierüber sollen

- robuste Prozesse und Anlagen,
- eine hohe Auslastung und effiziente Produktion,
- reife und produktionsseitig optimierte Produkte,
- flexible Produktionen und schnellere/parallele Produktanläufe sowie
- definierte und umgesetzte Standards

entstehen. Die Digitale Fabrik [38] umfasst, ähnlich wie bei den anderen Automobilherstellern, die Bereiche

- Montage,
- Rohbau,
- Prozesssimulation Oberflächen,
- Logistik,
- Ergonomie,
- Powertrain,
- Fabrikplanung sowie
- Prozesssimulation Umformen.

Ziel von Daimler ist es, eine Fabrikplanung auf „Knopfdruck" zu erhalten. Hier bedarf es aber noch einiger Arbeiten. Vor allem die Abbildung von Energieverbräuchen und die genaue Simulation von Taktzeiten gelingen noch nicht vollständig. Darüber hinaus fehlen

Standardmodelle, auch von Anlagenbauern, um die Modellierung in der virtuellen Welt nicht zu einem mühsamen zeit- und damit kostenaufwendigen Unterfangen werden zu lassen. Nichtsdestotrotz wurden in letzter Zeit Fortschritte, vor allem im Bereich physikalischer Anlagensimulation, erreicht. Als Konsequenz erfolgt das Aufzeigen der Belastungen einzelner Anlagenteile. Diese Ergebnisse tragen zur Absicherung der Produktion bei. Wichtig ist hierbei die Zusammenarbeit mit den jeweiligen Anlagenbauern [39].

Um aber weitere Fortschritte, auch hinsichtlich Effizienz und Realitätstreue, zu machen, bedarf es einer weiteren Integration der bei allen OEMs recht inhomogenen Systemlandschaft. Darüber hinaus geht es immer weiter in Richtung virtuelle Inbetriebnahme. Hier wird vor allem auf Produkte aus dem Hause Siemens (NX MCD) gesetzt. Um dies auch für Anlagenbauer zu erleichtern, wurde eine entsprechende Plattform eingerichtet. Hierbei ist vor allem die Testfallgenerierung aktuell sehr aufwendig [39].

Bei allen Aktivitäten ist der Abgleich zwischen realer und digitaler Welt von elementarer Bedeutung, siehe Abb. 6.13.

Die bei Daimler strapazierte digitale Durchgängigkeit der Prozesskette (Stichwort: vertikale Integration) beginnt schon früh in der Produktentstehung mit der Absicherung bezüglich der Herstellbarkeit von Werkzeugen im Presswerk. Hier kommen, wie so oft, Simulationen ins Spiel. Die Ansätze machen auch vor der Lackiererei nicht Halt. Um den Korrosionsschutz der E-Klasse sicherzustellen, wurde die Elektrotauchlackierung entsprechend frühzeitig durch digitale Ansätze optimiert. Einer von vielen Punkten war es, die Schichtdicke des aufgetragenen Lacks mittels Simulationen zu optimieren. Ein weiterer Punkt umfasste die Ermittlung der optimalen Trocknerfahrweise (ebenfalls mit entsprechenden Simulationen) für die Lackeinbrennbedingungen [28].

Bei Daimler werden im Rahmen der Planung neuer Werke alle Details erfasst. Dies umfasst auch Leitungen, etwa für die Druckluftversorgung und Strom. Diese Modelle sind die Voraussetzung für die hier beschriebenen weitergehenden Ansätze. Hierbei finden immer öfters auch AR-Ansätze bei der Planung der Digitalen Fabrik Anwendung. Sie erleichtern die Arbeit der Ingenieure und Techniker erheblich. Abweichungen können hier in Minutenfrist erkannt und behoben werden.

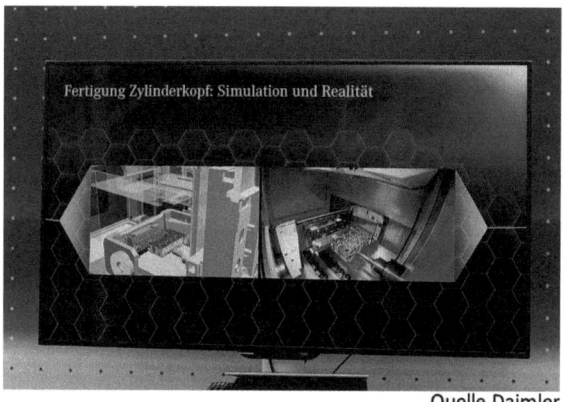

Abb. 6.13 Abgleich virtueller mit realer Welt bei Daimler. (Daimler Pressemitteilung)

Quelle: Daimler

Abb. 6.14 3D-Druck bei Daimler für einen Zylinderkopf. (Daimler Pressemitteilung)

6.1.3.2.2 3D-Drucker

Schon 2013 wurde bei Daimler das Thema der additiven Fertigung durch eine Partnerschaft mit dem Fraunhofer-Institut und Concept Laser gestartet. Ziel war es seinerzeit, nicht nur den Prototypbau, sondern auch Teile für die Produktion über einen 3D-Drucker zu erzeugen [78]. Hier standen vor allem komplex zu fertigende Bauteile im Fokus.

Ein Beispiel für die Innovationen ist der im 3D-Druck entstandene Gusskern eines Zylinderkopfes [28]. Über die additive Fertigung wird die digitale Prozesskette geschlossen. Sie reicht bei Daimler von der Konstruktion (also der Produktentwicklung) bis zur Teileproduktion und deren Verbauung und Montage, siehe Abb. 6.14.

6.1.3.3 Kundenauftragsprozess

Seit vielen Jahren ist das Unternehmen im Bereich moderner Produktionssysteme aktiv. Schon frühzeitig wurden hier schwarmbasierte Ansätze untersucht. Dieses Thema treibt Daimler auch weiter an. Hierdurch verspricht sich das Unternehmen flexible Produktionsprozesse und stark individualisierte Produkte. Unterstützt wird dies durch eine horizontale Integration vom Kunden bis zum Lieferanten. Ein wichtiger Punkt hierbei ist das Thema Standardisierung.

Das Unternehmen bildet alleine in der Montage aktuell ca. 4000 einzelne Prozesse digital ab. Dies schließt die digitale Simulation der Fertigungsprozesse vom Presswerk bis zur Endmontage ein [28]. Durch die zunehmende Vernetzung und Systemintelligenz ergeben sich neue Möglichkeiten, die Flexibilität der Produktion weiter zu steigern, trotz steigender Produktkomplexität. Ziel ist hier eine selbstoptimierende Produktion basierend auf langfristigen Planungen.

Durch die immer komplexere Produktion und die mit einer Smart Factory verbundenen neuen Konzepte ergibt sich die Notwendigkeit der Mitarbeiterqualifizierung. Diese muss an den neuen Gegebenheiten angepasst werden. Die gilt vor allem für die Mitarbeiter in der Produktion. Auch hieran wird seitens Daimler gearbeitet.

Abb. 6.15 Fahrzeuganlieferung für die Batteriemontage mittels FTF bei Daimler. (Daimler Pressemitteilung)

Quelle: Daimler

6.1.3.3.1 CPS

Wie auch alle anderen Automobilhersteller setzt auch Daimler Fahrerlose Transportsysteme ein. So erfolgt der Transport von Coils per Schwerlastfahrzeug zwischen den einzelnen Bereichen des Werkes in Kecskemét [66].

Ein weiteres Beispiel ist der Transport von Karosserien zwischen zwei Fließbändern. Die vielfach verwendeten fest installierten Transportstationen verursachen bei Bandänderungen einen erheblichen Umstellungsaufwand. Hier sorgen FTS für eine höhere Flexibilität [28].

Darüber hinaus kommen FTS als mobile Kommissionierer zum Einsatz. Sie ersetzen sukzessive personengebundene Routenzüge, um in den Werkhallen den Materialbedarf sicherzustellen. So werden im Sprinterwerk in Ludwigsburg die Mitarbeiter vollautomatisch mit Material versorgt. Hierzu dienen standardisierte Warenkörbe (Carsets). Ein gleicher Ansatz findet auch in Kecskemét Anwendung. Auch hier erfolgt die Umstellung auf die automatisierte Materialversorgung [28].

In der Batteriemontage ist die Anlieferung der Karosserie ebenfalls FTF-basiert. Durch Permanentmagnete im Hallenboden erfolgt die Steuerung des Fahrzeuges, siehe Abb. 6.15. Hierüber ist eine flexiblere Logistik möglich. Die Montage von sperrigen Teilen wird somit erheblich vereinfacht. Der Mensch übernimmt hierbei die Überwachung der Roboter [28].

Es werden auch komplexe Spanntechniken durch die Kooperation zweier Roboter abgelöst. Die Roboter halten die einzufügenden Bauteile in der optimalen Position, etwa bei der Sitzherstellung des Mercedes-Benz Sprinters [28].

6.1.3.3.2 3D-Drucker

Neben der Produkt- und Prototypen-Entwicklung erfolgt der Einsatz von 3D-Druck unter anderem für das „Drucken" von Schutzhauben und für Werkzeuge (Greifelemente) [28].

6.1.3.3.3 Big Data und Cloud

Big Data-Ansätze findet flächendeckend Anwendung. In den Stuttgarter Werken zur Leichtmetallgießerei wird IBM SPSS für das Thema Predictive Maintenance eingesetzt. In dem Werk werden täglich ca. 10.000 Zylinderköpfe produziert. Die Produktion erfolgt rund um die Uhr. Schon geringfügige Abweichungen sorgen für einen Ausschuss des Produktes. Daher werden über alle Prozessschritte hinweg ca. 500 automatisierte Merkmale (Maße, Zeiten, Temperatur, verwendete Werkzeuge usw.) erfasst. Zur Analyse dieser Daten bedurfte es in der Vergangenheit eines hohen Spezialwissens und viel Zeit, um mögliche Schwachstellen zu erkennen. Da es sich hier um einen hochkomplexen Prozess handelt, war eine Reduzierung auf wenige prozessrelevante Parameter nicht möglich, da zu viele Einflussgrößen die Qualität der Zylinderköpfe beeinflussen. Das neue Data-Mining-Tool von IBM übernimmt nun diese Arbeit und analysiert über Nacht alle Prozessparameter. So kann der Fertigungsprozess nun deutlicher einfacher überwacht werden. Schwachstellen werden frühzeitig erkannt und können vorausschauend behoben werden. Der Vorteil für Daimler liegt unter anderem in der Reduzierung der erforderlichen Analysezeit von drei Tagen auf wenige Stunden und damit auch in einer Verringerung des produzierten Ausschusses, was zu einer Steigerung der Produktivität um 25 % geführt hat. Darüber hinaus konnte die Hochlaufphase bei neuen Produkten bis zur Erreichung der Zielwerte um 50 % reduziert werden [46].

Generell sollen zukünftig bei Daimler alle Produktionsdaten in einem Big Data-System analysiert werden, mit dem Ziel, die Qualität flächendeckend zu erhöhen und Maschinenausfälle zu reduzieren. Instandhaltungsmaßnahmen lassen sich auf diese Weise optimal einplanen. Somit sinken Kosten, auch durch die personelle Reduzierung der Instandhaltungsteams. Es lassen sich darüber hinaus Maschinenprogramme zentral speichern, um den Standardisierungsgrad zu erhöhen. Hier werden auch cloudbasierte Ansätze untersucht, um einen weltweiten Zugriff zu erleichtern [28].

Durch Big Data-Analysen lassen sich auch Qualitätsprobleme, zum Beispiel bei Oberflächen, schneller analysieren. Diese bisher sehr stark manuell geprägten und langwierigen Tätigkeiten werden zukünftig mittels der neuen Analysesysteme deutlich erleichtert und zeitlich verkürzt.

Die Mercedes-Tochter AMG nutzt HANA für das Design, die Entwicklung und das Testen inklusive Produktion. Speziell das Thema Motorentesten in der Produktion wird durch den Einsatz von HANA zeitlich verkürzt und es sind weniger zerstörende Tests notwendig. So ermitteln hier während des 50-minütigen Testlaufs über 300 Sensoren zwischen 3000 und 30.000 Datenelemente pro Sekunde. Über die Software lassen sich nun in Echtzeit die Sensordaten mit vorangegangenen Daten abgleichen. Mögliche Fehler können somit schneller erkannt werden [22].

Darüber hinaus erfolgt eine immer stärkere Rückkopplung und Vernetzung mit Servicedaten. Hierüber erhält die Produktion und Entwicklung wichtige Hinweise zur eigenen Verbesserung und Optimierung.

6.1.3.3.4 Sensitive Roboter

Alle Automobilherstellen haben den starken Einsatz von neuartigen Roboterkonzepten, wie den sensitiven Robotern, gemeinsam. Dies verwundert nicht, da die Unternehmen auf den demografischen Wandel reagieren müssen. Hier gilt es, ergonomisch ungünstige Arbeitsplätze zu ersetzen. Daneben dürfen natürlich auch die erheblichen Kostenvorteile

6.1 Automobilhersteller

nicht unerwähnt bleiben. Am Beispiel VW wurde dies mit detaillierten Zahlen dargestellt (siehe Abschn. 6.1.6). Für alle anderen OEMs ergeben sich ähnliche Situationen. Darüber hinaus haben auch die Arbeitnehmervertreter ein hohes Interesse an gesundheitsschonenden Arbeitsplätzen. Somit besteht ein großer Konsens aller Verantwortlichen gegenüber Innovationen. Auch Daimler sieht in sensitiven Robotern ein sehr großes Potential [56]. Auf der anderen Seite werden seitens Daimler auch die Grenzen der Automatisierung gesehen. Ein für das Unternehmen ebenfalls wichtiger Punkt ist hierbei das Thema Standardisierung, das vielfach nicht gebührend berücksichtigt wird. Hier werden entsprechende Anstrengungen getätigt, um einen höheren Standardisierungsgrad zu erreichen. Der „klassischen" Automatisierung über konventionelle Roboter (also durch Schutzzäune von Menschen getrennt) wird kaum noch Verbesserungspotential eingeräumt. Hingegen sieht Daimler bei sensitiven Roboter ein hohes Potential zur Steigerung der Automatisierung und damit der Produktivität [64].

Bei dem in Abschn. 6.1.3.3.8 näher beschriebenen neuartigen Produktionssystem spielen sensitive Roboter eine zentrale Rolle. Durch ihre spezifischen Fähigkeiten (etwa dem „Einrütteln" eines Zahnrades bei der Hinterachsmontage in ein entsprechendes Gehäuse) können derartige Roboter wesentlich flexibler eingesetzt werden. Hier kommt etwa der sensitive Roboter LBR iiwa von KUKA zum Einsatz (siehe Abb. 6.16). Die Zusammenarbeit geht bereits auf das Jahr 2009 zurück. Seither hat der „neue Kollege" weit über 500.000 Hinterachsen montiert [8]. Durch das Robot Farming (also das Kooperieren mehrerer Roboter auch an unterschiedlichen Orten und Tätigkeiten) lässt sich die Flexibilität weiter steigern. Um das gesamte Potential auszunutzen, wurden die manuellen Tätigkeiten auf einer sich ständig drehenden Scheibe mit zwölf Arbeitsplätzen konzentriert. Die restlichen Arbeiten werden durch die sensitiven Roboter im Vorfeld erledigt. Somit konnte ein Maximum an Flexibilität erreicht werden. Die Bewegung des Produktes erfolgt ohne „Totzeiten", was zu einer entsprechenden Reduzierung von Verschwendungen geführt hat. Dies war nur über eine im Vorfeld vorgenommene Analyse und Neukonzeption möglich. Das erforderliche Produktionsmaterial wird über Supermärkte bereitgestellt [81].

Es werden die kognitiven und physischen Fähigkeiten des Mitarbeiters mit den Fähigkeiten des Roboters bezüglich Wiederholungsgenauigkeit und Ausdauer ideal und synergetisch genutzt [56]. Somit konnte Daimler zeigen, dass mit sensitiven Roboter der Spagat zwischen flexibler, manueller Tätigkeit und hochproduktiven, repetitiven automatisierten Aufgaben mit geringer Flexibilität machbar ist. In Summe trägt der Einsatz von derartigen Robotern zu Produktivitätssteigerungen bei, die weit über das Potential bisheriger Ansätze in der Automatisierung hinausgehen. Die Wertschöpfung des Mitarbeiters lässt sich somit erheblich steigern und Arbeitsplätze werden gesichert. Darüber hinaus erhöht sich auch die Prozessstabilität [56]. Gesteigert wird der Nutzen durch den schon angesprochenen kollektiven Einsatz in Form von Robot Farming.

Ein weiteres Einsatzgebiet von sensitiven Robotern (vor allem des Herstellers KUKA) sind Schraubvorgänge in der Fahrzeugendmontage im Werk Bremen (C-Klasse). Hierbei übernimmt der Leichtbauroboter InCarRob zum Beispiel anstrengende Überkopfarbeiten in der Montage, siehe Abb. 6.17.

Abb. 6.16 Doppelkupplungsmontage bei Daimler. (Daimler Pressemitteilung)

Quelle: Daimler

Abb. 6.17 Überkopfarbeit durch sensitiven Roboter bei Daimler. (Daimler Pressemitteilung)

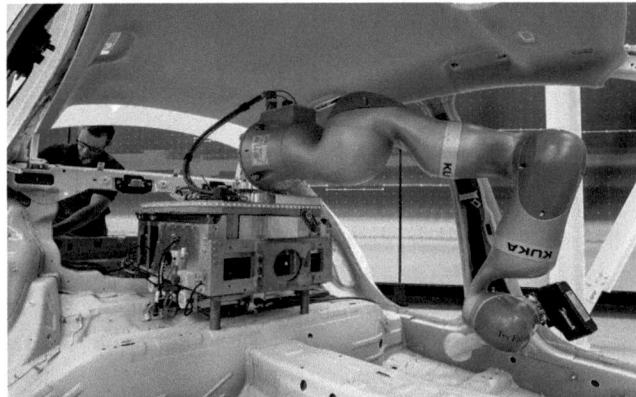

Quelle: Daimler

Daimler arbeitet an einer verbesserten Mensch-Maschine-Interaktion. So „lernen" Roboter in der Form, dass die menschlichen Kollegen Bewegungen vormachen und Roboter übernehmen diese Bewegungsabläufe. Nach einem Bewegungsstopp, etwa bei einer drohenden Kollision mit einem Menschen, erfolgt der Neustart der Roboter über Antippen des „neuen Kollegen" [28].

6.1.3.3.5 IT-Security

Daimler gehört, wie auch alle anderen Automobilhersteller, zu den Unternehmen mit den höchsten Sicherheitsvorkehrungen. In einem eigenen Lagezentrum werden alle weltweiten Sicherheitsvorfälle analysiert. Das Unternehmen setzt hier auch auf die Unterstützung von fest angestellten Hackern. So wird das firmeneigene Netz permanent durch eigene Mitarbeiter attackiert, um möglichst frühzeitig Schwachstellen zu entdecken und zu beheben, bevor Schaden entstehen kann. Hackerangriffe werden bei Daimler schnell erkannt und Gegenmaßnahmen eingeleitet. Daimler denkt weiter darüber nach, das Thema IT-Sicherheit auch auf seine Zulieferer auszudehnen [7].

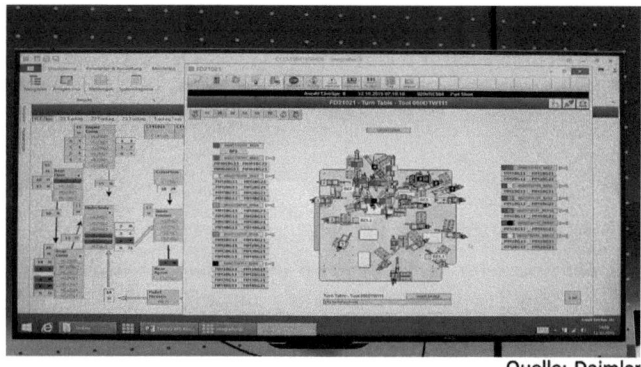

Quelle: Daimler

Abb. 6.18 Auswertung und Echtzeitdarstellung von Daten aus der Karosseriefertigung bei Daimler. (Daimler Pressemitteilung)

6.1.3.3.6 Real Time Enterprise

Daimler hat schon sehr frühzeitig begonnen, sich zu einem Real Time Enterprise zu entwickeln. Begonnen hat dies mit den klassischen Unternehmensprozessen. Die aktuellen Aktivitäten gehen nun in Richtung Produktion und dem Echtzeit-Zugriff auf entsprechende Daten und Kennzahlen, so zum Beispiel auf Daten im Rohbau im amerikanischen Werk Tuscaloosa. Ermöglicht wurde dies durch die Steuerungssoftware „Integra" und die IP-basierte Vernetzung aller Automatisierungskomponenten, siehe Abb. 6.18. [28].

6.1.3.3.7 Integration

Wie bei allen anderen Automobilherstellern setzt auch Daimler auf den Einsatz von RFID-Technologie in der Produktion. Die Tags sind auf den Werkstückträgern/Paletten montiert. Über 45 Schreib-/Lesegeräte entlang der Montagelinie erfolgt der Datenaustausch. Die Netzanbindung erfolgt hierbei über Profibus. Die Entfernung zwischen den Transpondern und den Lesegeräten beträgt im Werk Kassel maximal 125 mm. Beim Übergang von der Vor- zur Hauptmontage erfolgt ein Palettenwechsel. Die relevanten Daten werden hierbei über eine entsprechende Kopplung und Profibus auf den RFID-Datenträger der neuen Palette übertragen. Am Ende der Produktion werden die Daten an das MES übergeben und auf dem RFID-Datenträger gelöscht und stehen für den Montagekreislauf wieder zur Verfügung. Somit werden alle während des Fertigungsablaufs entstehenden Daten gesammelt und können für eine spätere Nachverfolgung im MES genutzt werden. Die auf dem RFID-Chip gespeicherten Daten umfassen auch Qualitätsdaten. So können Lesegeräte auf Grund des aktuellen Qualitätsstatus entscheiden, in welche Richtung die Palette fährt. Ist der Status NIO (Nicht in Ordnung) wird eine Nacharbeitsstation angefahren [74].

Darüber hinaus wird bei Daimler für die JIT/JIS-Anlieferung von Teilen RFID-Technologie eingesetzt. Auch hier kommen aktive Tags zum Einsatz. Als Schutz dient eine Epoxidharz-Hülle, da die Geräte Temperaturen von 25 bis 95 Grad Celsius standhalten müssen. Die Energie wird über die Sendeantennen geliefert. Eine eigene Batterie auf dem Tag ist somit nicht erforderlich. Es kommen ca. 1500 Datenspeicher zum Einsatz. Diese sind allerdings nicht direkt mit dem Sitz verbunden, sondern auf der Unterseite der Transportpalette angebracht. Nach dem Einbau des Sitzes werden die Tags wieder in den Umlauf gebracht [73].

6.1.3.3.8 Produktionssystem

Für Daimler ist der Weg von einer flexiblen hin zu einer wandlungsfähigen Fabrik ein wichtiges Anliegen. Somit bedarf es mittelfristig entsprechender Umstellungen in der Produktion. Industrie 4.0 ist hier ein zentraler Wandlungsbefähiger [56].

Daimler setzt bezüglich Innovationen unter anderem auf Kooperationen mit Universitäten und Forschungseinrichtungen, wie Fraunhofer. Hierbei geht es um die Themengebiete zur Entwicklung neuer Ansätze zum funktionsintegrierten Leichtbau und eben einer wandlungsfähigen Produktion.

In der Produktion für Nutzfahrzeuge setzt das Sprinter-Werk in Ludwigsfelde für die Materialversorgung auf Fahrerlose Transportfahrzeuge (FTF). Diese versorgen die Mitarbeiter am Band Just in Time und computergestützt mit vorkommissionierten Warenkörben (Carsets). Die nötigen Teile werden dann vor Ort für den Mitarbeiter arbeitsergonomisch günstig entladen [3].

Ein weiteres Beispiel im Werk Bremen: Hier bringen Fahrerlose Transportsysteme die notwendigen Bauteile zur neu angeschafften Presse (siehe Abb. 6.19).

Abb. 6.19 Autonome Transporteinheiten bei der Presse im Werk Bremen. (Daimler Pressemitteilung)

Nach dem Pressvorgang setzen Roboter die Teile auf autonom fahrende Ladungsträger, die diese dann direkt in die Montage transportieren. So soll zukünftig die Steuerung der Produktions- und Fertigungsplanung des gesamten Werkes über vollständig digital integrierte Prozesse ablaufen. Hierbei wird der Materialbedarf im gesamten Werk permanent und vollständig überwacht, um bei Bedarf automatisch die richtigen Materialien zu bestellen [11].

Ein weiterer Ansatz bei Daimler wurde bei der Montage für die Hinterachsen der C-Klasse vorgenommen (siehe auch Abschn. 6.1.3.3.4). Hierbei kommen vermehrt sensitive Roboter zum Einsatz. Als Ergebnis ist ein komplett neues Anlagen- und Technologiekonzept entstanden. Hierbei wurde auf eine klare Trennung zwischen wertschöpfender Montagetätigkeit und nicht-wertschöpfender Logistik- und Materialbereitstellung Wert gelegt. Es handelt sich hier also nicht ausschließlich um reine technologisch basierte Fragestellungen und Herausforderungen, sondern es kommen klassische Lean-Production und -Logistikansätze zum Tragen. Das konkrete Ergebnis sind 45 kooperierende (das heißt miteinander vernetzte) KUKA-Roboter, die Hand-in-Hand arbeiten. Die variantenreichen Arbeiten wurden ans Ende der Montage verschoben. Die Roboter sind in mehrere Verbünde angeordnet, um ein möglichst effizientes Arbeiten zu gewährleisten. Das Qualitätsmanagement wurde natürlich ebenfalls in die Tätigkeiten integriert [56]. An dem Beispiel zeigt sich exemplarisch, wie sich durch die Kombination von Lean- und Technologieansätzen weitere Produktivitätssteigerungen erreichen lassen. Diese „kombinierten" Ansätze werden Produktionssysteme zukünftig stark beeinflussen und verändern. Daher erfolgt auch eine Beschreibung in zwei verschiedenen Abschnitten, um die unterschiedlichen Aspekte herauszustellen.

Um die Flexibilität und Wandlungsfähigkeit der Produktion weiter zu steigern, engagiert sich Mercedes-Benz in diversen Forschungsvorhaben, unter anderem in dem Forschungscampus ARENA2036. Forschungsschwerpunkt ist die wandlungsfähige Fabrik und damit verbunden die wandlungsfähige Fahrzeugproduktion. Es wird untersucht, inwieweit sich die starre sequentielle Linienfertigung durch einzelne Prozessmodule (Fertigungsinseln) ersetzen lässt. Hierbei wird auf ein sogenanntes „Basislayout" und eine „Grundfunktionalität" der einzelnen Produktionsinseln/Prozessmodule gesetzt. Verschiedene Fahrzeugvarianten durchlaufen auf unterschiedlichen Wegen die Produktion [56]. Somit kann etwa den verschieden Antriebsarten (hybrid, Strom, konventioneller Antrieb) besser Rechnung getragen werden, als dies bisher der Fall ist, etwa durch zusätzliche „Schleifen" in der Endmontage. Das Ziel ist also nicht nur schlanke (lean), sondern schlanke und wandlungsfähige Produktionssysteme zu entwickeln und zu realisieren [56].

Um die internen Logistikprozesse und damit den Materialfluss zu verbessern, arbeitet Daimler unter anderem seit 2010 mit SEW-Eurodrive (siehe Abschn. 6.2.3) zusammen. Als Ergebnis entstand eine autonom fahrende Transporteinheit. Die Spurführung und Energieübertragung erfolgt über im Boden verlegte Kabel. Diese Ansätze finden sich auch in den aktuellen Produkten von SEW Eurodrive in erweiterter Form wieder. Die Energieübertragung erfolgt kontaktlos. Somit kann die im Boden verlegte Leitung auch problemlos etwa von Gabelstaplern überfahren werden. Die Kommunikation bei Daimler erfolgt über WLAN. Auch ein Notbetrieb ist möglich. Um die Flexibilität zu erhöhen, bewegt sich die Transporteinheit auf sogenannten Nebenstrecken über einen Batterieantrieb. Dieser „Hybrid-Ansatz" ermöglich auch eine lange Betriebsdauer ohne lästiges Aufladen. Diese Konzepte finden sich auch, wie schon erwähnt, in den aktuellen SEW-Produkten weiterentwickelt wieder. Wichtig ist in diesem Zusammenhang auch das Thema Sicherheit. Daher verfügt das System über einen Not-Aus. Ein weiterer Punkt ist die eindeutige Positionserfassung auf der gesamten Fahrstrecke. Weitere Punkte sind die Geschwindigkeitsüberwachung und die Schutzfeldüberwachung mittels Laserscannern.

Auch im Werk Bremen finden FTS Anwendung (seit 2011). Derartige Systeme unterstützt etwa in der Endmontage die Arbeiter/Werker bei ihren Tätigkeiten. Das FTS kann sowohl vorwärts als auch rückwärts und seitwärts fahren. Um ein kollisionsfreies Bewegen in der Produktion sicherzustellen, wurden „Verkehrsampeln" auf Basis von optischen Datentransmittern eingeführt [78]. Im Werk Sindelfingen verrichten über 90 fahrerlose Transporteinheiten ihren Dienst. Hierbei handelt es sich allerdings nicht um neue Systeme, sondern um welche aus dem Jahre 2000. Die Technologie ist also schon in der „vor Industrie 4.0"-Ära bekannt und erfolgreich eingesetzt. Der Nachteil an diesen Einheiten ist deren geringe Flexibilität. Eine autonome Steuerung ist ebenfalls nicht möglich.

Neben den üblichen Prozesswerten erfolgt die Erfassung und Überwachung des Energieverbrauchs in der Produktion. Auch in diese Richtung erfolgt eine kontinuierliche Verbesserung. Nicht nur für diesen Zweck erfolgt eine vollständige WLAN-Ausleuchtung. Diese ist unter anderem für die WLAN-Schrauber erforderlich [28].

Auch in der manufakturartigen Produktion bei AMG finden Industrie 4.0-Ansätze Eingang. Ein Punkt ist hier die tiefe Vernetzung mit SAP und der entsprechenden Integration bis hin zur Automatisierungsebene.

6.1.3.3.9 Assistenzsysteme

AR-Ansätze (bei Daimler wird auch der Begriff Augmented Intelligence benutzt) werden im Daimler-Konzern in verschiedenen Ausprägungen verwendet. Einer der Schwerpunkte ist das Qualitätsmanagement und die Logistik. Ebenso wie bei anderen Automobilherstellern testet Daimler prototyphaft Smart Glasses für Arbeits- und Prüfaufgaben. Die ersten Tests hierzu liefen bereits 2013 im Bereich Kommissionierung des Mercedes-Werkes in Bremen. Ziel war es, Teile schneller und mit geringerer Fehlerrate zu finden. Die relevanten Informationen werden hierbei den Mitarbeitern auf mobilen Geräten, wie einer Datenbrille oder Tablet-PC, bereitgestellt. Die Interaktion erfolgt bei der Datenbrille über Gestensteuerung. Laut Projektteilnehmer prägen sich derartig dargestellte visuelle Informationen besser bei den Mitarbeitern ein als etwa gedruckte Listen [2].

Ein weiteres konkretes Beispiel ist die Kalibrierung des Head-Up-Displays. Hierbei sind zwei Kameras Teil einer tabletbasierten Lösung, siehe Abb. 6.20.

Über das System erfolgt systemgebunden die Überprüfung der Einbauqualität. Bilder mit Zusatzinformationen helfen dem Mitarbeiter bei seiner Tätigkeit.

Mit IRIS (Intelligent Reporting and Information System) werden wiederum für die aktuelle E-Klasse die Soll-/Ist-Vergleiche durch das Einblenden von Sollbildern in das

Abb. 6.20 Kalibrierung eines Head-Up-Displays mittels eines mobilen, kamerabasierten Systems bei Daimler. (Daimler Pressemitteilung)

aufgenommene Bild erleichtert. Ein wichtiges Teil ist die Diagonalstrebe am Fahrwerk. Über die neuartigen Ansätze lässt sich die Qualität sichern und Mitarbeiter haben die Möglichkeit, mit modernen Arbeitsmitteln ihre ganz persönlichen Erfahrungen zu sammeln. Somit werden aufwendige Nacharbeiten minimiert und spätere Montageschritte abgesichert [28].

Ferner werden zur Überprüfung der speziell im Oberklassen-Segment wichtigen Spaltmaße und deren Umsetzbarkeit in der Produktion AR-Ansätze eingesetzt. Hier kommen unter anderem Umformsimulationen im Rohbau zum Einsatz.

Bei der neuen E-Klasse sollen die fertigen Fahrzeuge automatisch aus der Fertigungshalle rollen und sich autonom zur Verladestelle bewegen.

6.1.3.3.10 Digitale Fabrik

Im Bereich der Digitalen Fabrik sorgt Daimler durch eine möglichst transparente Verfolgung aller relevanten Teile und Produkte für eine lückenlose Darstellung der Produktion und versucht damit, eine Steuerung der realen Fabrik durch Ansätze der Digitalen Fabrik zu erreichen. Die Transparenz wird über Barcodes, RFID-Tags und Fahrerlose Transportsysteme erreicht. Nicht zu vergessen ist hier die Integration der einzelnen IT-Systeme, um die anfallenden Daten zu verarbeiten und zu übermitteln.

Generell werden Ansätze der Digitalen Fabrik bei Daimler zur Beherrschung der immer größer werdenden Komplexität in der Produktion eingesetzt. Dies gilt für alle Bereiche des Konzerns. Zentrale und wichtige Bauteile werden im Einbau durch entsprechende Simulationen abgesichert. Es werden auch die erforderlichen NC-Programme zuerst virtuell getestet, bevor sie in der realen Umgebung zum Einsatz kommen. Ein Beispiel sind Gieß- und Schmiedekonzepte. Hier findet eine enge Zusammenarbeit zwischen Produktion und Entwicklung statt. Hierüber lassen sich weitere Potentiale realisieren und Kosten reduzieren. Hier wird (wie schon erwähnt) auf standardisierte Maschinenmodule gesetzt, um die Anpassungsaufwände zu reduzieren und die Qualität zu sichern. Lokale Optimierungen sind aber trotzdem vielfach noch erforderlich. Nach der digitalen Planung werden alle Daten an die realen Bearbeitungsmaschinen weitergegeben.

Abb. 6.21 Virtuelle Produktionsplanung und Absicherung mit Avataren bei Daimler. (Daimler Pressemitteilung)

Quelle: Daimler

Ein weiterer Punkt ist die digitale und virtuelle Einbauüberprüfung, vor allem von Motoren. Daneben wird digital festgelegt, in welcher Station welches Bauteil verbaut und welche ergonomischen Belastungen für die Daimler-Mitarbeiter entstehen. Hier kommen Mensch-Modelle zum Einsatz [28].

Bei der digitalen Produktionsabsicherung kommen auch sogenannte Avatare zum Einsatz. Man darf diese aber nicht mit jenen aus gleichnamigen Hollywood-Filmen verwechseln. Es kommen wesentlich weniger futuristisch anmutende Ansätze zum Einsatz. Die schon angesprochenen Mensch-Modelle sind hier für die Produktionsplaner und Entwickler wichtige Hilfestellungen (siehe Abb. 6.21).

Mit der Unterstützung von Avataren können erfahrene Planer die Verbauungsqualität und dessen Aufwand gut einschätzen und gegebenenfalls noch vor dem Produktionsstart Änderungen und Anpassungen an den Konzepten vornehmen. So werden im Sindelfinger Werk auch Produktionsabläufe (S-Klasse-Fahrzeug gefolgt von einem CLS Coupé) simuliert. Für die rund 900 Mitarbeiter in der Produktion werden somit Abläufe deutlich verbessert, aber auch erleichtert. Dies umfasst auch die Entscheidung, ob an einer Arbeitsstation ein oder mehrere Mitarbeiter die Arbeiten erledigen sollen oder etwa welche speziellen Werkzeuge hilfreich und erforderlich sind.

In der digitalen Umgebung können Mitarbeiter auch in ihren Tätigkeiten geschult werden. Diese Tätigkeiten erfolgen übrigens schon rund zwei Jahre vor dem Produktionsstart. Die Fläche der virtuellen Montagestationen ist auch mit der realen Fläche vergleichbar. Voraussetzung für derartige Ansätze und Vorgehensweisen ist die vollständige Verfügbarkeit der Produkte in digitaler Form inklusive der Fahrzeugdetails, was aber schon seit Langem gegeben ist (bei Daimler spätestens seit Anfang des Jahrhunderts). Allerdings ergeben sich durch die immer stärkere Zusammenarbeit mit Zulieferern neuartige Herausforderungen. Auch müssen die Daten der Werkzeuge und Maschinen (zum Beispiel Funktionalität meist in Form von NC-Programmen, die Maschinen- und Anlagengeometrie) in digitaler Form vorhanden sein. Damit sich nun Menschen in dieser digitalen Welt bewegen können, werden sie mit entsprechenden Sensoren und Aktoren ausgestattet. Über Kameras erfolgen die Erfassung der menschlichen Bewegungen und deren Übertragung in das digitale und virtuelle Modell. Hierbei kommen auch „echte" Werkzeuge zum Einsatz [28].

6.1 Automobilhersteller

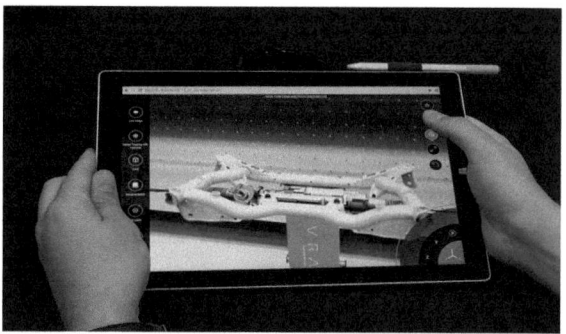

Abb. 6.22 Virtuelle Produktionsabsicherung mit mobiler Lösung bei Daimler. (Daimler Pressemitteilung)

Quelle: Daimler

Über AURA (Augmented Reality Apps) erfolgt die virtuelle Absicherung der Produktion auf Basis mobiler Lösungen. Hierzu erfolgt ein entsprechender Soll-/Ist-Abgleich. Somit können virtuelle Bauteile und deren Verbauung im realen Umfeld bewertet werden (siehe Abb. 6.22) und [28].

6.1.4 John Deere

Das 1837 gegründete Unternehmen ist einer der größten Hersteller von Landwirtschaftsgräten jeglicher Art mit einem Umsatz von 32,961 Mrd. USD im Jahr 2014 (2013: 34,998 Mrd. USD). Der EBIT belief sich hierbei auf 5,461 Mrd. USD (2013: 6,225 Mrd. USD) und der Jahresüberschuss auf 3,162 Mrd. USD (2013: 3,537 Mrd. USD). Die Mitarbeiterzahl betrug Ende des Jahres 59.623 (2013: 67.000). Ebenso wie die Automobilhersteller verfügt das Unternehmen über einen weltweiten Produktionsverbund bestehend aus 57 Fabriken in 28 Ländern [13].

6.1.4.1 Das Unternehmen

Das Unternehmen hat sich, ähnlich zu den Automobilherstellern, in den vergangenen Jahren stark in Richtung neuer Geschäftsmodelle entwickelt. Damit verbunden ist auch das Anbieten von vernetzten Systemen (also Traktoren, Mähdreschern), um diese ganzheitlich über ein landwirtschaftliches Managementsystem zu steuern. Somit mutieren auch landwirtschaftliche Nutzfahrzeuge zu CPS. Schlagwörter sind hier vernetzte Felder, vernetzte Fahrer oder vernetzte Maschinen. Selbstfahrende Maschinen sind im landwirtschaftlichen Bereich, im Gegensatz zum PKW-Bereich, seit einigen Jahren etabliert. Mobile Lösungen finden auch für die Konfiguration, etwa von Mähdreschern, Anwendung. In der Landwirtschaft wird vielfach anstelle des Begriffs Industrie 4.0 der des Farming 4.0 (hier liegt ein Fokus auf die Kommunikation zwischen sich selbständig abstimmenden Maschinen, um hierüber eine entsprechende Optimierung zu erreichen) verwendet.

Darüber hinaus bewegen sich auch die Hersteller von landwirtschaftlichen Fahrzeugen bezüglich der Produktionsoptimierung in Richtung Industrie 4.0 beziehungsweise einer Smart Factory.

Dem demografischen Wandel wurde schon frühzeitig Rechnung getragen. Dies umfasst sowohl die Bereiche Arbeits- und Gesundheitsschutz als auch Weiterbildung, und zwar gezielt für ältere Mitarbeiter. Hierzu wurde ein eigenes bereichsübergreifendes Steuerungskonzept entwickelt und etabliert [53].

Auch John Deere beteiligt sich an Kooperationen mit Universitäten, zum Beispiel am „Virtual Engineering im Fahrzeug- und Anlagenbau" der Universität Mannheim.

6.1.4.2 Nachhaltigkeit

Ähnlich wie die Automobilhersteller engagiert sich John Deere für das Thema Nachhaltigkeit und Umweltschutz. Auf Grund des Produktportfolios ist das Thema Umwelt- und Naturschutz für das Unternehmen von entsprechender Wichtigkeit. So wurde auf dem Ersatzteilzentrum in Bruchsal eine Photovoltaik-Anlage mit 6500 Modulen und einer Leistung von 1,6 GWh installiert. Ein Großteil des hierüber erzeugten Stroms wird im eigenen Betrieb genutzt. Somit können 10 % des gesamten Strombedarfs des Ersatzteilzentrums und der Kabinenproduktion abgedeckt werden [62].

6.1.4.3 Entwicklung

Ein Großteil der gesamten Produktentwicklung erfolgt im amerikanischen Hauptsitz des Unternehmens. Eine Ausprägung der Neuorientierung ist die softwaregestützte Festlegung der Motorenleistung. Sie wird nicht mehr über einzelne Motor-Modelle gesteuert, sondern es erfolgt hier eine Vereinheitlichung und die Leistungssteigerung kann über ein Software-Update auch später durch den Kunden bezahlt werden. Somit reduziert sich die Komplexität von der Motorenentwicklung bis zur Produktion und für den Kunden entsteht ein flexibles Angebot hinsichtlich der Motorenleistung. Anschaffungskosten lassen sich hierüber zeitlich verteilen.

6.1.4.3.1 Digitale Fabrik

Natürlich setzt auch John Deere Ansätze der Digitalen Fabrik ein, angefangen bei der virtuellen Produktentwicklung bis hin zur virtuellen Produktionsplanung.

Für Anpassungen an den europäischen und deutschen Markt beziehungsweise für spezifische Produktentwicklungen erfolgt eine Kooperation mit der Hochschule in Mannheim, speziell mit dem Kompetenzzentrum Virtual Engineering (KVE). Diese Kooperation wird für die eigene Produktentwicklung und die Integration von Komponenten in das bestehende Design genutzt. Darüber hinaus erfolgt über diese Kooperation auch die Nutzung der Ressourcen für die Fabrikplanung [63].

6.1.4.4 Kundenauftragsprozess

John Deere setzt konsequent bei der Abwicklung auf SAP. Durch den integrierten Ansatz besteht ein hohes Maß an Standardisierung. Hier kommen unter anderem die Module MM, SRM, SD, PP, QS, PM/EAM, APO und WM/eWM zum Einsatz. Natürlich werden Mitarbeiter in der Produktion durch Arbeitsanweisungen in ihrer Arbeit unterstützt. Das Thema Standardisierung wird auch bei John Deere konsequent verfolgt. Das Produktionssystem wird durch ein separates Qualitätsmanagement ergänzt.

6.1.4.4.1 CPS und sensitive Roboter

Ein großes Problem bei der Fertigung von Landmaschinen ist das Handling der großen und gleichzeitig auch schweren Teile. Daher setzt John Deere auf mobile Transporteinheiten in den verschiedenen Ausprägungen. Dies gilt nicht nur für die deutschen (zum Beispiel Mannheim) oder nordamerikanischen Werke, sondern auch für die asiatischen Standorte.

Speziell im Werk Mannheim kommen etwa für das Bauteilehandling beim Be- und Entladen neuartige Roboter zum Einsatz. Über RFID-Chips erfolgt hierbei die Identifizierung der zu bewegenden Teile. Generell soll bis 2019 das gesamte Fertigungskonzept umgestaltet werden. Ein wichtiger Punkt ist hierbei die Standardisierung nicht nur auf ERP-Ebene, sondern auch im Bereich der Automatisierung. Ähnliche Ansätze finden sich auch in den chinesischen Werken. Die selbstfahrenden Logistiksysteme sind hierbei generell unterschiedlichen Alters, angefangen bei Geräten mit einer sehr geringen Logik bis hin zu autonom agierenden Einheiten. Die älteren Systeme bewegen sich auf fest definierten Routen.

Auch bei der Montage der Motoren im Werk Mannheim unterstützen FTS die Mitarbeiter in der Produktion. Hier bewegen die autonom fahrenden Helfer schwere Teile. Ein Augenmerk bei der Auswahl lag auch auf den Energieverbrauch. Als Partner konnte sich DS Automation platzieren, übrigens mit WITTENSTEIN motion control als integralen Bestandteil der Lösung, siehe Abb. 6.23 rsp. [90].

6.1.4.4.2 Big Data und Real Time Enterprise

Für Predictive Maintenance im Speziellen und Smart Data im Allgemeinen wird SAP HANA verwendet. Dies resultiert unter anderem aus der homogenen Verwendung von SAP für den gesamten Kundenauftragsprozess inklusive MES (JD verwendet hier eine Eigenentwicklung auf Basis von SAP Netweaver). Es werden hierbei Daten für die verschiedenen Unternehmensbereiche ausgewertet und auch auf mobilen Geräten den Mitarbeitern zur Verfügung gestellt.

Abb. 6.23 Einsatz von FTS bei John Deere in Mannheim. (WITTENSTEIN AG Web-Seite Kundenreferenz)

Quelle: WITTENSTEIN AG

6.1.4.4.3 Integration

Auch John Deere setzt für die Transparenz und Integration in der Produktion auf RFID-Technologie. So werden im französischen Motorenwerk Saran alle relevanten Produktionsdaten mittels passiver RFID-Transponder erfasst. Bei der Motorenfertigung kommen Transportwagen zum Einsatz. Um nun auf allen Seiten des Transportwagens ein Lesen der Daten zu ermöglichen, werden drei Transponder angebracht. Eine Rückverfolgung erfolgt auf Chargenbasis [70].

6.1.4.4.4 Produktionssystem

Wie auch die Automobilhersteller beschäftigte sich John Deere lange Zeit mit der Optimierung seiner Produktion ausschließlich über Lean Mangagement-Ansätze. Parallel hierzu erfolgte die konsequente Einführung von SAP, nicht nur zur Unternehmenssteuerung, sondern auch im Bereich Produktionsplanung und -steuerung.

6.1.4.4.5 Digitale Fabrik

Für das Thema Simulation wird auf gängige Lösungen zurückgegriffen. Speziell in Deutschland erfolgt dies, wie schon erwähnt, in einer Kooperation mit der Hochschule in Mannheim.

6.1.5 MAN

MAN erwirtschaftete im Geschäftsjahr 2014 einen Umsatz von 14,286 Mrd. € (2013: 15,861 Mrd. €) und erzielte hiermit ein operatives Ergebnis von 384 Mio. € beziehungsweise nach Steuer von 267 Mio. € (2013: 309 Mio. € rsp. −513 Mio. €). Das Unternehmen beschäftigte Ende 2014 weltweit 55.587 Mitarbeiter (2013: 55.999) [59]. Hierbei werden LKW von 7,5 bis 44 t Gesamtgewicht und Sonderfahrzeuge bis 250 t Zuggesamtgewicht und Busse produziert. Das Unternehmen hat in 14 Ländern Produktionsstandorte.

6.1.5.1 Das Unternehmen

Bereits 2013 begann MAN mit der Digitalisierung der Produktion, unter anderem am Standort Salzgitter [40].

6.1.5.2 Nachhaltigkeit

Mit dem Thema Nachhaltigkeit und Energiemanagement beschäftigt sich MAN schon seit mindestens 2008. Bis zum Jahre 2008 wurden zwar verschiedene Projekte gestartet. Diese waren aber nur begrenzt aufeinander abgestimmt. Ziel war es, ein systematisches Energiemanagement aufzubauen. Die Maßnahmen wurden in operative, und jene mit einem ROI (Return of Investment) von weniger als ein Jahr, ein bis drei Jahren und mehr als drei Jahren eingeteilt. Durch dieses einheitliche Energiemanagement konnten erhebliche Kostenreduzierungen erreicht werden. Basis hierfür waren und sind

- Produktionssysteme,
- Total Productive Maintenance,
- Kaizen/KVP,
- Ideenmanagement sowie
- Mitarbeiterqualifizierung,

also vielfach Begriffe aus dem Lean-Management-Umfeld [27]. MAN wurde durch die Organisation Carbon Disclosure Projects (CDP) mit einem Spitzenplatz im Sektor „Industrials" aufgenommen. Hierbei wurden die Anstrengungen des Unternehmens im Bereich Klimastrategie gewürdigt [59].

6.1.5.3 Entwicklung
Im Bereich der Produktentwicklung werden sehr intensiv virtuelle Methoden eingesetzt. Als CAD-System wird CATIA genutzt.

6.1.5.3.1 Digitale Fabrik
Ansätze der Digitalen Fabrik kommen während der Produktentwicklung im Rahmen der Produktionsplanung zum Einsatz. Da speziell bei MAN nur ein geringer Bedarf hinsichtlich der Neuplanung von Produktionsstätten besteht, liegt der Schwerpunkt bei der virtuellen Inbetriebnahme und Absicherung aus der Entwicklung.

6.1.5.4 Kundenauftragsprozess
Auch in der Logistik wird das Thema Digitalisierung vorangetrieben. Über Tablets eingescannte QR-Codes sorgen hier für mehr Transparenz [40].

6.1.5.4.1 CPS und sensitive Roboter
Auch der Münchner Nutzfahrzeughersteller setzt unter anderem auf DS Automotion, wenn es um das Thema FTS geht. Sie kommen im getakteten Montageprozess zum Einsatz. Die Fahrzeuge verfügen über eine hybride Energieversorgung. Das Fahrerhaus wird auf einem FTS sukzessive aufgebaut, während es den Rohbau durchläuft.

6.1.5.4.2 3D-Drucker
Bei MAN werden 3D-Drucker unter anderem auch für die Ausbildung verwendet, um Mitarbeiter entsprechend fit für die moderne Technologie zu machen. Hier finden auch mobile Lösungen für Auszubildende Anwendung. Um die Technologie auch in der Produktion einzusetzen, sind aktuell noch Softwarekenntnisse erforderlich. Daher erfolgt das Erlernen derartiger Fähigkeiten schon frühzeitig in der Ausbildung [40].

6.1.5.4.3 Big Data und Real Time Enterprise
Bei MAN wird SAP HANA als Big Data-System verwendet. Dies resultiert unter anderem aus der sehr homogenen SAP-Landschaft des Unternehmens. Somit lässt sich das System nahtlos in die bestehende IT-Landschaft integrieren.

6.1.6 VW

Im Jahre 2014 erwirtschaftete das Unternehmen einen Umsatz von 202,5 Mrd. € (das entspricht einem Plus von 2,8% gegenüber dem Vorjahr). Das operative Ergebnis stieg auf 12,7 Mrd. € an (ein Plus von 1 Mrd. € gegenüber dem Vorjahr). Hierbei wurden 10.137 Mio. Fahrzeuge an Kunden weltweit ausgeliefert (ein Plus von 4,2% gegenüber dem Vorjahr). Das Unternehmen beschäftigte zum 31.12.2014 weltweit 592.586 Menschen (ein Plus von 3,5% gegenüber dem Vorjahr). Insgesamt umfasst der Konzern 12 Marken (VW, Audi, Seat, Skoda, Bentley, Bugatti, Lamborghini, Porsche, Ducati, VW-Nutzfahrzeuge, Scania und MAN). Die Fahrzeuge werden an über 100 Produktionsstandorten weltweit produziert [83]. VW war 2014 der nach Absatzzahlen weltweit größte Automobilhersteller.

6.1.6.1 Überblick

Zu den Zielen von Industrie 4.0 zählen bei Volkswagen [86]:

- Bessere Qualität,
- Höhere Flexibilität,
- Kosteneffizienz,
- Verbesserung der Prozessstabilität und
- Eine deutliche Verbesserung der Ergonomie am Arbeitsplatz.

Vor allem ergonomische Arbeitsplätze und die Kosteneffizienz lassen sich durch einen vermehrten Einsatz von Robotern und hier speziell von sensitiven Robotern erreichen. Ein Roboter schlägt im Konzern mit Kosten von 3,20 € bis zu 6,20 € zu Buche, während eine Fachkraft in Deutschland Kosten in Höhe von rund 30 € bis 50 € verursacht [86]. In China sind die Produktionskosten mit rund 10 € je Fachkraft und Stunde deutlich niedriger als in Deutschland. Eine ähnliche Situation liegt auch für die osteuropäischen Produktionsstandorte vor. Somit liegen in diesem Bereich erhebliche Potentiale für das Unternehmen und hier vor allem im Hochlohnland Deutschland.

Auch Volkswagen beteiligt sich an Industrie 4.0-Forschungsprojekten wie SMART FACE (dezentrale Produktionssteuerung für die Automobilindustrie).

6.1.6.2 Nachhaltigkeit

Das Thema Nachhaltigkeit ist bei Volkswagen in der Unternehmensstrategie verankert und plakativ durch „Think Blue Factory" und „Think Blue Engineering" ausgedrückt. Das Ziel von Volkswagen ist, nicht nur der profitabelste, sondern auch der nachhaltigste Automobilkonzern der Welt zu sein und das bis 2018. Die Umweltstrategie wird durch folgende Maßnahmen umgesetzt [34]:

- TOP in intelligenter Mobilität,
- TOP in Ressourcenschonung über den Produktlebenszyklus,
- führend bei umweltfreundlichen Produkten.

Laut Volkswagen gliedert sich der Carbon Footprint über den gesamten Produktlebenszyklus auf in die Bereiche [34]:

- Lieferkette (17,3 %),
- Hausfertigung (7,7 %),
- Kraftstoffbereitstellung (8,5 %),
- Fahrzeugemissionen (66,1 %) und
- Verwertung (0,4 %).

Hierbei bilden alle Konzernmarken eine gemeinsame Strategie. In konkreten Zahlen ausgedrückt sollen die Verbräuche für Energie, Wasser, Abfall, CO_2 und Lösungsmittel-Emissionen im Vergleich zum Jahr 2010 bis zum Jahr 2018 um 25 % reduziert werden [34]. Das Thema Nachhaltigkeit gewinnt auch in der Produktentwicklung immer mehr an Bedeutung. Darüber hinaus sorgen auch Ansätze der Digitalen Fabrik inklusive den hierüber möglichen Simulationen zum sparsameren Umgang mit Ressourcen, zum Beispiel durch entsprechende Simulationen.

6.1.6.3 Entwicklung

6.1.6.3.1 Digitale Fabrik

Augmented Reality (AR) findet bei Volkswagen in der Produktionsplanung für die Themen

- Störkantenanalyse,
- Konzeptplanung und Bauabnahme,
- Soll-/Ist-Vergleiche,
- Bauteilvergleich und
- Planungsworkshops,

Anwendung [26]. Bei Planungsworkshops liegen die Vorteile für Volkswagen durch Verwendung von AR-Techniken in der verbesserten Kommunikation aller Teilnehmer und der Erhöhung der Planungsqualität [26].

Seit über zehn Jahren setzt der gesamte Volkswagen-Konzern im Bereich Digitaler Fabrik Lösungen von Siemens auf Basis von Tecnomatix ein. Vor allem die Themen Montageplanung und -validierung, ebenso wie Werksplanung und -optimierung und das gesamte Thema des Presswerkes sind Einsatzgebiete der Siemens-Lösung. Ein weiteres Einsatzgebiet ist die Logistikplanung (inklusive Verpackung). Hierbei erfolgte eine umfangreiche Weiterentwicklung, um diese an die VW-spezifischen Bedürfnisse entsprechend anzupassen. Auch werden im Nutzfahrzeugbereich vor Produktionsstart detaillierte Untersuchungen angestellt. Bei diesem einheitlichen Ansatz geht es auch darum, die vielen lokalen Systeme durch eine einheitliche Lösung auf Basis eines Standards abzulösen. Eine der Grundideen hierbei ist, den gesamten Produktionslebenszyklus von der Planung bis zum Produktende durch eine integrierte Systemlandschaft abzudecken inklusive dem erforderlichen Datenaustausch. Durch diese Transparenz werden ein schneller Datenzugriff und die Möglichkeit zu Änderungen und Verbesserungen realisiert. Die Daten sind in allen Bereichen (zum Beispiel Planung, Produktion) jederzeit verfügbar. Das Zusammenführen von Produktions- und Logistikdaten sorgt für genauere Prognosen und reduziert somit erheblich den Aufwand bei den jeweiligen Mitarbeitern. Das Ergebnis sind schlanke, IT-gestützte Prozesse ohne unnötige Diskussionen, welche Daten nun die korrekten sind. Dies führt neben der erhöhten Transparenz auch zu mehr Vertrauen, vor allem in einem Multi-Marken-Konzern wie Volkswagen. Auch die Simulation von „Was wäre wenn"-Analysen lässt sich über die Lösung abbilden. Ein weiterer Punkt ist beispielsweise die Analyse bezüglich der Anzahl eingesetzter Roboter an den verschiedenen Produktionsstandorten, deren Verifikation und gegebenenfalls Anpassung und Optimierung.

6.1.6.3.2 3D-Drucker

Durch die immer stärkere Digitalisierung im Produktentstehungsprozess und der Produktionsplanung können hier durch 3D-Drucker entsprechende Synergien gehoben werden. Allerdings ist Volkswagen aktuell etwas zögerlich im Einsatz dieser Technologie im Vergleich zu anderen Unternehmen aus der Branche. Bezüglich der ersten Gehversuche siehe Abschn. 6.1.6.4.2.

6.1.6.4 Kundenauftragsprozess

6.1.6.4.1 CPS

Ein Themengebiet im Bereich der intelligenten Maschinen ist die Nutzung von Condition Monitoring. Sensoren in den Pressen melden den Zustand des Werkzeuges. Somit kann frühzeitig und zum „richtigen" Zeitpunkt ein Wartungsintervall eingeplant werden. Ein weiterer Punkt ist der verstärkte Einsatz von RFID, etwa zur Übermittlung von Bauinformationen. Diese können von den über 1800 Robotern im Karosseriebau gelesen werden. Hierüber erfolgt die Übermittlung von Informationen bezüglich Schweißpunkten [35].

VW setzt flächendeckend verschiedene Fahrerlose Transportsysteme ein. Zur Unterstützung der Mitarbeiter bei der Auswahl des optimalen Systems wurde seitens des Unternehmens ein entsprechendes Planungstool entworfen. Hierin sind auch verschiedene Hersteller hinterlegt. Es unterstützt auch bei der Entscheidungsfindung [14].

VW setzt unter anderem bei der Materialversorgung für die Produktion des „Phaeton" in der Dresdner „Gläsernen Manufaktur" ein Fahrerloses Transportsystem bestehend aus 56 frei navigierenden Fahrzeugen ein. Die zu produzierenden Rohkarossen befinden sich hierbei auf Montageplattformen. Im Anschluss erfolgt die Übergabe an eine Elektrohängebahn. Auch der zur Montage benötigte Triebsatz und ein Großteil der Materialversorgung wird über FTS (Fahrerlose Transportsysteme) abgewickelt. Damit sich die FTS über mehrere Ebenen bewegen können, kommen Hebebühnen zum Einsatz [1].

FTS werden in allen Werken des Konzerns (wie auch bei allen anderen Automobilherstellern) eingesetzt. Im Werk Braunschweig erfolgt mit 15 FTF die Versorgung mit Ersatz- und Verschleißteilen [25]. Hierbei kommen unter anderem fahrerlose Gabelhubwagen zum Einsatz. Ein weiteres Beispiel für den Einsatz von FTS ist etwa die Montagelinie für Cockpits in Wolfsburg für die Produktion des Touran/Tiguan [14, 80].

6.1.6.4.2 3D-Drucker

Das Thema 3D-Druck wird primär im Standort in Wolfsburg vorangetrieben. Hier kommen unter anderem Anlagen des Herstellers EOS zum Einsatz. VW sieht hier ein immenses Potential. Es sollen mittelfristig nicht nur Prototypteile, sondern auch metallische Montagehilfen wie die Motorhaubenentriegelung oder Teile für den Werkzeugbau hergestellt werden. Durch den Einsatz der neuen Technologie reduzieren sich für VW die Fertigungszeiten und der Materialverbrauch [85]. Wegen des hohen Potentials wird das Thema seitens VW verstärkt vorangetrieben.

6.1.6.4.3 Sensitive Roboter

Ebenso wie alle anderen Automobilhersteller startet auch Volkswagen die Nutzung von sensitiven Robotern. Bei der Nutzfahrzeugsparte laufen erste Pilotprojekte (siehe Abb. 6.24).

Auch hier ist das erklärte Ziel, die Mitarbeiter von körperlich anstrengender und ergonomisch ungünstiger Arbeit (wie Innenraum- und Überkopfarbeit) zu entlasten, aber auch gleichzeitig die Qualität zu erhöhen [32]. Diese Initiative steht im Einklang mit den Arbeitnehmervertretern, auch diese befürworten es, gesundheitlich ungünstige Arbeits-

Abb. 6.24 Sensitive Roboter im VW-Werk Hannover. (Volkswagen Pressemitteilung)

plätze durch Roboter zu ersetzen [68]. Eine Hauptmotivation für das Unternehmen dürfte natürlich auch in der erheblichen Kostenreduzierung liegen, die sich durch Einsatz von Robotern erzielen lässt (siehe Abschn. 6.1.6.1). Damit trägt das Unternehmen auch dem demografischen Wandel Rechnung. Alleine 2015 sind über 10.000 Mitarbeiter des Konzerns in den Ruhestand gegangen [69].

6.1.6.4.4 IT-Security
VW ist einer der Gründungsmitglieder der Deutschen Cyber-Sicherheitsorganisation DSCO GmbH. Sie soll zukünftig Unternehmen Security-Audits anbieten.

6.1.6.4.5 Real Time Enterprise und Big Data
VW hat 2014 in München ein Data Lab eröffnet. Hier sollen Verfahren und Lösungen entwickelt werden, um unter anderem die Produkteigenschaften zu verbessern. Darüber hinaus geht es um den Kompetenzaufbau im Umgang mit großen Datenmengen [77]. Weitere derartige Labs sind aktuell in Planung.

6.1.6.4.6 Integration
RFID-Technologie wird bei Volkswagen seit 1987 eingesetzt. Im Getriebewerk in Kassel wird im Karosseriebau, in der Lackierung und im internen Versand zur Identifizierung der Teile und Produkte auf RFID-Technologie von Siemens gesetzt. Hier finden aktive RFIDs Anwendung. Da in der Lackiererei und anschließenden Trocknung Temperaturen von über 100 Grad Celsius vorherrschen, müssen die Tags diesen standhalten.

Beim Linienanfang werden die Identifikationsnummer auf das Gestell geschrieben und die erforderlichen Verarbeitungsinformationen auf den RFID-Tag gespeichert. Beides wird mit der Bearbeitungsnummer verknüpft. Je Bearbeitungsschritt werden aus Effizienzgründen nur die für diesen Bearbeitungsschritt erforderlichen Daten ausgelesen. Nach der Abarbeitung werden die relevanten Fertigungs- und Qualitätsdaten (zum Beispiel Drehmomente, Winkel, Nutbreiten) auf dem RFID-Tag der Bearbeitungspalette gespeichert. Im Kasseler Werk mit seinen Taktzeiten von drei Sekunden der Bearbeitungsstationen steht somit auch genau diese Zeit für das Lesen und Schreiben auf den RFID-Tags zur Verfügung. Durch das schnelle Lesen und Schreiben ist eine lückenlose Datentransparenz und Qualität möglich [71].

Für den Versand der ebenfalls in Kassel produzierten Porsche Panamera kommen passive Tags zum Einsatz. Diese werden unter der Glasscheibe positioniert [72].

6.1.6.4.7 Produktionssystem
Das Thema Standardisierung wird markenübergreifend vorangetrieben. Die lange Zeit vorherrschenden Markenbefindlichkeiten scheinen weitestgehend der Vergangenheit anzugehören. So wird in allen Motorenwerken ein einheitliches Produktionssystem in Kombination mit standardisierten Kennzahlen eingeführt. Die einzelnen Marken übernehmen für spezifische Themen die konzernweite Führerschaft.

6.1.6.4.8 Assistenzsysteme

VW setzt Smart Glasses/Datenbrillen unter anderem in der Logistik in Wolfsburg ein. Sie sollen zukünftig Handscanner in der Kommissionierung ersetzen und somit die Arbeit der Logistikmitarbeiter deutlich unterstützen. Diese aktuellen manuell durchgeführten Tätigkeiten erfordern nicht nur einen erheblichen Zeitaufwand, sondern hindern die Mitarbeiter auch an Verpackungstätigkeiten. Durch die neue Datenbrille erfolgt das automatische Erkennen des Barcodes auf den Teilebehältern durch die Smart Glass. Der Mitarbeiter erhält ein akustisches und optisches Signal durch die Brille, wenn es sich um die richtige Kiste zu einem Packauftrag handelt. Analog verhält sich die Brille bei dem Griff zu einer falschen Kiste. Die Interaktion zwischen Mitarbeiter und der Datenbrille erfolgt über Spracheingabe (siehe [87]). Die Technologie hält auch in anderen Bereichen Einzug. So finden neben der Produktionsplanung AR-Ansätze auch in der Fertigung Anwendung [26].

6.1.6.4.9 Digitale Fabrik

Die Digitale Fabrik (DF) ist bei allen Automobilherstellern bezüglich des Planungsprozesses von Fabriken und ihren Infrastrukturen und Anlagen seit Jahren weitgehend Realität. Aktuell finden DF-Ansätze bei der operativen Optimierung von Produktionsprozessen ebenfalls Anwendung. Hier wurden unter anderem im Werk im russischen Kaluga durch entsprechende Workshops und Visualisierungen Auslastungsverbesserungen erzielt [36].

Volkswagen Shanghai setzt zur Planung, Simulation und Optimierung von Fabriken und Produktionssystemen inklusive derer Prozesse Siemens-Produkte aus der Tecnomatix-Familie ein. Hierüber modellieren und simulieren Fertigungsplaner auf unterschiedlichen Abstraktionsebenen Produktionsabläufe. Im Rahmen der Simulationen werden die unterschiedlichen Aspekte, wie Kosten, Zeit, Material, Werkzeuge und Transportwege und -systeme, berücksichtigt.

Generell wird im Volkswagen-Konzern versucht, auch im Bereich der Digitalen Fabrik Standards zu setzen. Dies gilt unter anderem für Materialflussmodelle und die Datendurchgängigkeit. Nicht nur in der Logistikplanung, sondern auch in der kontinuierlichen Verbesserung geht der Trend vermehrt in Richtung einer digitalen Simulation.

6.2 Zulieferer

Bei den Automobilzulieferern kann ausschließlich eine Auswahl der Unternehmen präsentiert werden. Hierbei wird versucht, das ganze Spektrum an Umsetzungen darzustellen und auch die großen Unterschiede innerhalb der Zuliefererbranche zu berücksichtigen. Die Darstellung erfolgt hierbei in alphabetischer Reihenfolge.

Die Umsetzungsgrad erreicht hierbei nicht den gleichen Umfang, wie er bei den Automobilherstellern zu finden ist. Daher fallen sowohl die Darstellung der einzelnen Themengebiete, als auch deren Umfang geringer aus. Generell ist somit die folgende Darstellung naturgemäß etwas heterogener, was aber auch in einer gewissen Weise den Zulieferermarkt charakterisiert.

Generell ist zu sagen, dass alle deutschen Zulieferer Industrie 4.0-Projekte gestartet haben. Es werden hier enorme Geld- und Ressourcen-Mengen in das Thema investiert. Jedes Unternehmen versucht, seinen eigenen Weg in Richtung einer smarten Zukunft zu finden und zu gehen. Dies erfolgt vielfach über eigene Kapazitäten. Externe Beratung findet hier in einem geringeren Umfang statt, als es bei klassischen IT-Themen, wie etwa eine SAP-Einführung oder deren Rollout, der Fall ist.

6.2.1 Bosch

Die Bosch-Gruppe beschäftigt rund 360.000 Mitarbeiter weltweit (Stand 01.04.2015). Diese erwirtschafteten im Jahre 2014 einen Umsatz von 48,9 Mrd. €. Hierbei hat das Unternehmen rund 440 Töchter- und Regionalgesellschaften in ca. 60 Ländern. Zur Unternehmensgruppe gehört auch Bosch Rexroth. Das Unternehmen erwirtschaftete im Geschäftsjahr 2014 mit 33.700 Mitarbeitern einen Umsatz von 5,6 Mrd. € und war hierbei in 80 Ländern aktiv [24, 51].

6.2.1.1 Überblick

Bosch ist, wie auch andere hier dargestellte Unternehmen, sowohl ein produzierendes Unternehmen, aber auch gleichzeitig Anbieter von Lösungen. Ihnen ist gemeinsam, dass sie die sich abzeichnenden neuen Entwicklungen als Chance zur eigenen Weiterentwicklung sehen und begreifen. Bosch hat sich in den vergangenen Jahren stark in die Richtung von industriellen, integrierten Gesamtlösungen entwickelt. Bosch definiert sich selber als führendes Technologie- und Dienstleistungsunternehmen.

Bei Bosch gibt es über 100 verschiedene Projekte, die sich mit Industrie 4.0 beschäftigen. Darin wird die hohe Bedeutung dieses Themas für Bosch als Unternehmen ersichtlich [51]. Bei der Planung und Umsetzung nutzt Bosch bevorzugt eigene Produkte. Konsequenterweise bündelt Bosch seine gesamten Aktivitäten im Bereich Industrie 4.0 in einem Innovationscluster „Connected Factory". In diesem Cluster arbeiten über 100 Mitarbeiter. Durch die Bündelung von Kompetenzen in den Bereichen Software-Entwicklung, Fertigung und Sensortechnik erwartet Bosch hier zusätzliche Synergien. Der Bereich soll stark wachsen. Die Motivation entspricht hierbei jener der Automobilhersteller.

6.2.1.2 Sensitive Roboter

Um die eigene Automatisierung von Handarbeitsplätzen zu steigern sowie bei Kleinserien setzt Bosch die eigenen sensitiven Roboter der APAS-Familie ein. Details zu den Robotern finden sich in Kap. 7. Diese Roboter werden unter anderem in dem Ansbacher Werk eingesetzt. Die Roboter teilen hierbei „ihr Wissen" (soll heißen ihre Maschinenprogramme) in der Cloud mit anderen „Kollegen". Das Unternehmen selber hat bereits über 30 derartige neuartige Roboter in den eigenen Produktionsstätten im Einsatz. Hierbei handelt es sich meistens um Testinstallationen, um weitergehende und vor allem praktische Erfahrungen zu sammeln [8].

6.2.1.3 Produktionssystem

RFID spielt bei den einzelnen Bosch-Industrie 4.0-Projekten eine große Rolle. So werden in den Bosch-Werken die einzelnen Maschinen und Teile sukzessive mit RFID-Technik ausgestattet. Zum einen wird hierüber die jährliche Inventur ganz erheblich erleichtert und zum anderen kann der Bestellprozess für Teile automatisiert werden. Bei Unterschreitung einer vorgegebenen Menge wird automatisiert eine Bestellung an den jeweiligen Lieferanten ausgelöst. Im Werk Zuzhou/China reduzierte sich der Aufwand zur Inventarisierung von über 400 Stunden auf unter 10 Stunden und im Werk Hatvan/Ungarn von 180 Tagen auf 12 [51].

Auch die benutzten Geräte und zu produzierenden Produkte werden mit Sensoren ausgestattet. Somit ist es möglich, Prozesswerte zu messen und zu speichern. Diese dienen zur späteren Analyse, vor allem bei kritischen Teilen.

RFID dient auch im Werk Homburg der transparenten Verfolgung der gefertigten Einspritzdüsen für Dieselmotoren. Die verwendeten RFID-Funketiketten erfassen den Transport der Werkstücke innerhalb der Fabrik. Somit kann der Fertigstellungszeitpunkt sehr genau bestimmt werden. Der Verpackungs- und Versandtermin lässt sich ebenso exakt bestimmen. Durch die Einbindung von Zulieferern und Opel als Endkunden konnten in der Logistik Produktivitätsfortschritte von 10 % erreicht und die Lagerhaltung um ca. 30 % reduziert werden [51].

In dem Bosch Rexroth-Werk in Homburg/Saar werden die Werkstücke ebenfalls mit RFDI-Chips ausgestattet. Hierüber erkennen die Maschinen, wie das Produkt zusammengebaut werden muss und welche Arbeitsschritte hierfür erforderlich sind. Displays unterstützen mit entsprechenden Arbeitsanweisungen die Mitarbeiter bei Ihrer Arbeit. Somit erfolgt eine Vernetzung von Mensch, Maschinen und Produkten [24]. Wie auch in anderen Anwendungsfällen greift Bosch Rexroth auf eigenentwickelte Lösungen zurück. Auch bei Bosch Rexroth wird auf Produktionsinseln als flexibler Layout-Entwurf gesetzt.

Auf ein weiteres Beispiel im Bereich Lagerlogistik unter Verwendung von AR-Ansätzen und der SAP-App AR Warehouse Picker und SAP eWM wurde bereits in einem früheren Kapitel eingegangen, siehe Kap. 3.

Bei der Produktion von Leistungselektronik für Elektro- und Hybridfahrzeugen kommen unter anderem sensorgestützte Schrauber von Bosch Rexroth zum Einsatz. Somit lassen sich Drehgeschwindigkeiten beim Schraubvorgang messen und speichern. Die Daten stehen anschließend für weitere Analysen und zur Dokumentation zur Verfügung [51].

Für die Instandhaltung hat Bosch ein eigenes System entwickelt. Es sorgt dafür, dass automatisch der Servicetechniker mit den erforderlichen Kenntnissen informiert wird. Somit reduziert sich die Reaktionszeit, bis ein Servicemitarbeiter vor Ort ist. Die gesamte Kommunikation inklusive der Schadensprotokolle erfolgt digital. Alle Daten und Informationen sind sofort verfügbar. Papiertätigkeiten und damit Doppelarbeiten entfallen.

Als Automobilzulieferer ist vor allem die Logistikkette ein sehr sensibles und wichtiges Thema. Hier hat Bosch die gesamten physikalischen Warenströme mittels RFID digitalisiert. Sukzessive werden die RFID-Chips um internetbasierte Sensoren erweitert beziehungsweise ersetzt. Die Daten stehen nun in Echtzeit zur Verfügung. Die Auswertung der gewonnen Daten unterstützt bei der Steuerung und weiteren Verbesserung der gesamten logistischen Abläufe. Ein wichtiger Punkt ist hierbei die unternehmensübergreifende Zusammenarbeit und der Datenaustausch auf Basis standardisierter Daten. Hierüber ist eine ganzheitliche Optimierung der gesamten Lieferkette möglich. Die Digitalisierung erfolgt durch das automatisierte Erheben der Zustandsdaten von Produkten und Transportbehältern über die gesamte Produktion und Logistik hinweg. Bosch wurde hierfür vom VDA (Verband der Deutschen Automobilindustrie) mit dem Logistik Award ausgezeichnet [94].

6.2.2 Continental

Continental ist einer der führenden und größten Automobilzulieferer weltweit. Die durch die Übernahme von Schaeffler entstandenen Turbulenzen und Irritationen sind mittlerweile weitestgehend abgeklungen. Mit rund 190.000 Beschäftigten weltweit erwirtschaftete das Unternehmen 2014 einen Umsatz von ca. 34,5 Mrd. €. Der EBIT betrug hierbei über 3 Mrd. € (also rund 11 % des Umsatzes). Es wird an 137 Standorten in 50 Ländern produziert. Zu den Kunden zählen alle Automobilhersteller. Das Unternehmen teilt sich in die Automotive und Rubber Group auf. Automotiv ist mit rund 60 % der größte Bereich des Unternehmens [5].

6.2.2.1 Überblick

Continental hat in den vergangenen Jahren erheblich in seine IT investiert. Mit dem Thema Industrie 4.0 beschäftigt sich das Unternehmen bereits seit mehreren Jahren. Auch für Continental steht die Einbindung der eigenen Mitarbeiter im Mittelpunkt von Industrie 4.0. Darüber hinaus ist eine gute Zusammenarbeit zwischen IT- und Fachbereichen für das Unternehmen ein entscheidender Erfolgsfaktor. Das Unternehmen hat in der Vergangenheit seine „Hausarbeiten" in Form einer standardisierten Produktionsplanung und Steuerung gemacht. Hierzu gehörten auch die Themen Tracking & Tracing und die Remote-Überwachung der Produktion. Der Automatisierungsgrad ist ebenfalls weit fortgeschritten. Große Potentiale sieht das Unternehmen unter anderem in Systemen für die Entscheidungsunterstützung und in CPS [49]. Industrie 4.0 wird zentral und global gesteuert. Hierüber soll ein Maximum an Synergien und gleichzeitig ein Minimum an Doppelarbeit über die einzelnen Geschäftsbereiche hinweg erreicht werden. Unnötige Fehler können so vermieden werden. Darüber hinaus beteiligt sich Continental an drei durch das BMFT (Bundesministerium für Forschung und Technologie) geförderten I40-Projekten.

6.2.2.2 Kundenauftragsprozess

6.2.2.2.1 3D-Drucker

Die Technologie wird im Rahmen der Produktentwicklung für den Prototypbau verwendet, um möglichst schnell Reifenprofile zu erstellen [92]. Auch andere Geschäftsbereiche nutzen im Prototypbau 3D-Drucker, etwa in der Automotive-Sparte. Das Thema 3D-Drucker hat bei Continental bereits eine rund zehnjährige Geschichte [66].

6.2.2.2.2 CPS

Continental setzt FTS seit über zehn Jahren in den einzelnen Werken für verschiedene Aufgaben ein, unter anderem vom Typ Caeser der Firma MLR. Darüber hinaus ist das Unternehmen selber im Bereich des autonomen Fahrens aktiv. Hierzu entwickelt das Unternehmen Kollisionsschutzsysteme für Fahrzeuge aller Art (insbesondere autonome). Der Fokus liegt hier allerdings im Automobilbereich.

6.2.2.2.3 Big Data

Zur Optimierung der eigenen Produktion wird auf Big Data-Systeme (basierend auf SAS) gesetzt, um unter anderem Maschinenausfälle durch ungeplante Instandhaltungsmaßnahmen zu reduzieren. Somit geht das Unternehmen ganz deutlich in Richtung einer Real Time Enterprise [49].

6.2.2.2.4 Produktionssystem

Im Zuge seiner IT-Erneuerung wurde unter anderem im Werk Hannover-Stöcken eine einheitliche SAP-Landschaft basierend auf SAP ECC 6.0, eWM, ME und SCM umgesetzt. Die Maschinenanbindung erfolgte hier über OPC UA. SAP stellt für Continental eine zentrale Plattform für die integrierte Prozessabbildung dar [37].

Generell wird bei Continental eine vollständige Erfassung aller in der Produktion anfallender Daten angestrebt, soweit sinnvoll. Für die Produktionsplanung wird stark auf SAP PP (Produktionsplanung) gesetzt.

6.2.3 SEW EURODRIVE

Das Unternehmen aus dem Bereich der Antriebsautomatisierung beschäftigt aktuell über 16.000 Mitarbeiter weltweit und erwirtschaftete im Jahre 2014 einen Umsatz von mehr als 2.5 Mrd. €. Die Historie des Unternehmens reicht bis in das Jahr 1931 zurück. Durch die modulare Fertigung können hochflexibel Produkte in 14 Fertigungswerken in Deutschland, Frankreich, Brasilien, China, Finnland und den USA produziert werden. In weiteren 79 Montagewerken (Drive Technology Center) in 48 Ländern erfolgt die Endmontage, angepasst an die jeweiligen Kundenbedürfnisse. Das Unternehmen ist in den verschiedenen Branchen (unter anderem Automotive) aktiv. Zu seinen Kunden gehören alle relevanten Automobilhersteller.

6.2.3.1 Überblick

SEW tritt seit einiger Zeit nicht ausschließlich aus Zulieferer für verschiedene Endkunden in unterschiedlichen Branchen auf, sondern auch als Systemintegrator und Lieferant mit Industrie 4.0-Lösungen.

Das Unternehmen hat seit Mitte der 80er-Jahre sehr große Anstrengungen im Bereich Lean Management unternommen und hierüber erhebliche Verbesserungen sowohl für die Produktion als auch für weitere Unternehmensbereiche erreicht. Um weitere Verbesserungspotentiale zu erreichen, erfolgt seit einigen Jahren die Umsetzung von Industrie 4.0-Ansätzen. Im Zuge dieser Tätigkeiten wurden seitens SEM auch verschiedene Produkte entwickelt, um die eigene Produktion entsprechend zu optimieren. Diese Produkte und Lösungen werden konsequent zu einer Marktreife weiterentwickelt und vermarktet. Das Unternehmen entwickelt sich somit weiter zum Systemlieferanten beziehungsweise baut hier ein weiteres Geschäftsfeld auf. Konsequenterweise werden beide Bereiche (eigene Produktion) und Produkte getrennt voneinander in den jeweiligen Kapiteln beschrieben.

6.2.3.2 Produktionssystem

Wie schon erwähnt beschäftigt sich das Unternehmen seit Mitte der 80er-Jahre sehr intensiv mit Lean Management, um kontinuierlich unter anderem die Produktion und Logistik zu verbessern. Die Losgröße der produzierten Motoren liegt im Durchschnitt bei 1,7. Somit werden praktisch keine zwei gleichen Motoren gefertigt. Ein hochgradig flexibler Materialfluss ist bei SEW, auf Grund des hohen Projektgeschäftsanteils, besonders wichtig.

Vor einigen Jahren hat das Team rund um Herrn Soder (Geschäftsführer Technik) festgestellt, dass die durch Lean-Ansätze zu erreichende Potentiale weitestgehend ausgeschöpft sind. Um nun weitergehende Verbesserungen zu erzielen, mussten neuartige Ansätze auf Basis von Industrie 4.0 gewählt werden. Zum damaligen Zeitpunkt waren praktisch keine marktfähigen Produkte verfügbar. Somit entschloss sich das Unternehmen, derartige Produkte in Eigenregie herzustellen. Für SEW bedeutet hier Industrie 4.0 die sinnvolle Kombination von Mensch und Technik, um den Kundennutzen zu steigern. Hierbei wird Technik aber nicht zum Selbstzweck eingesetzt, sondern die Wertschöpfung steht neben dem Menschen im Mittelpunkt. Somit werden bei SEW Lean Management und Industrie 4.0-Ansätze parallel genutzt, beziehungsweise Industrie 4.0 unterstützt Lean-Ansätze und ermöglicht hiermit weitere Verbesserungen [75].

Grundgedanke bei SEW ist es, die vorhandenen starren Produktionsstrukturen durch flexible Produktionsinseln abzulösen. Flexibel umfassen hierbei sowohl die Anzahl Mitarbeiter in einer derartigen Produktionsinsel, als auch die hierin gefertigten Produkte (siehe Abb. 6.25). Die Produktionszellen sind autonom und selbstorganisierend. Unterstützt werden sie durch autonome Transporteinheiten. Es erfolgt hierbei die „Verheiratung" des Produktionsauftrages mit dem mobilen System. Die autonomen Transporteinheiten finden ihren Weg selbstständig durch die Produktion. Genauere Ausführungen hierzu finden sich in Kap. 7. In Summe entsteht ein flexibler Materialfluss, wie oben erwähnt.

Die „fahrende Werkbank" begleitet und führt hierbei den Monteur durch alle Arbeitsschritte in der jeweiligen Produktionszelle. Es transportiert den (Getriebe-)Motor anschließend selbständig zur nächsten Station (etwa der Lackiererei). Die Mitarbeiter werden über ein Werkerführungssystem in ihren vielfältigen Aufgaben unterstützt. Bei SEW übernehmen Monteure sehr vielfältige Aufgaben. Diese reichen von kontrollierenden Tätigkeiten bis hin zu sehr abwechslungsreichen Aufgaben in der Fertigung. Mitarbeiter sind hier nicht auf wenige Arbeitsschritte reduziert. Sie können die verschiedenen Motoren fertigen. Die Optimierung des Materialtransportes erfolgt durch die schon erwähnten frei navigierbaren Logistikassistenten und basierend auf einem schlanken Materialfluss.

Quelle: SEW EURODRIVE

Abb. 6.25 SEW: Flexible Produktionsinseln. (SEW)

Darüber hinaus kommen mobile Handling-Assistenten zum Einsatz. Sie unterstützen die Werker und übernehmen die Werkstückentnahme und Bestückung. Den Warentransport übernimmt hingegen der Logistikassistent [75].

Die Vision bei Herrn Soder und damit bei SEW gehen aber deutlich über das bisher Erreichte hinaus. Zukünftig soll sich der Fertigungsauftrag vollständig selbständig durch die Fabrik bewegen. Hierbei verfügt der Kundenauftrag über alle Informationen und steuert die erforderlichen Fertigungszellen autonom an – individuell nach Kundenwunsch. Der Kundenauftrag, etwa für ein Getriebe, synchronisiert seine Daten mit dem Montageassistenten und kann den jeweiligen Montageablauf bestimmen. Der einzelne Montageassistent ist somit in der Lage, jede erforderliche Montageposition in der Fabrik selbständig anzufahren. Durch den Informationsaustausch untereinander wird eine optimale und fehlerfreie Auftragsausführung sichergestellt. Über das Assistenzsystem erhält der Werker alle relevanten Informationen, welches Teil und welche Tätigkeiten beim aktuellen Kundenauftrag erforderlich sind. Die Informationen werden über ein Leitsystem auf Basis des individuellen Kundenauftrages zur Verfügung gestellt. Im Anschluss übernehmen wiederum Logistikassistenten den Transport zur nächsten Bearbeitungsstation. Der hierdurch entstehende kontinuierliche Fluss reicht vom Lager bis zur Lackierung und schließlich der Auslieferung. Somit entsteht ein durchgängiger Material- und Informationsfluss. Die Versorgung mit Materialien erfolgt durch die schon mehrfach angesprochenen Transportsysteme direkt aus dem Lager heraus. Somit entfallen Zwischenkommissionierungen. Die Transportsysteme organisieren sich selbstständig in einem Schwarm. Teile sind somit zum richtigen Zeitpunkt am richtigen Ort, siehe Abb. 6.26. Dabei werden alle Produktinformationen inklusive der Prozessparameter für die Weiterverarbeitung im sogenannten digitalen Produktgedächtnis RFID-basiert gespeichert. Die Materialdisposition übernehmen entsprechende Logistiksysteme. Gestensteuerung und AR-Ansätze helfen, die Produktivität und Wandlungsfähigkeit der Produktion entsprechend weiter zu steigern.

Der Mensch bleibt bei SEW auch das bestimmende Element. Durch gezielte Lernförderungen werden die Mitarbeiter fit für die Herausforderungen gemacht. Hier helfen dem Unternehmen die starken „Lean-Wurzeln".

Basierend auf den heutigen Lösungen wurden, nach Angaben des Unternehmens, die Durchlaufzeiten um 50–70 % reduziert und der Ausstoß um ca. 30 % erhöht [76]. Die mobilen und autonomen Einheiten sorgen auch für eine operative Problemlösung in der Produktion, etwa bei einem „Stau" der einzelnen Systeme. Somit wird die Produktionssteuerung entlastet.

Abb. 6.26 SEW-Vision eines optimierten Kundenauftrags. (SEW)

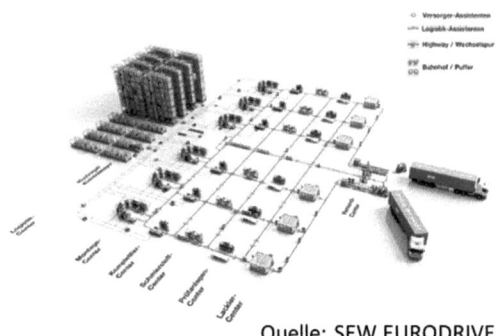

Quelle: SEW EURODRIVE

Die angesprochene Vernetzung der einzelnen Produktionseinheiten wird sich für SEW global fortsetzen. Die reale und virtuelle Welt werden immer stärker verschmelzen und CPS übernehmen immer mehr Aufgaben (entscheiden autonom, kommunizieren selbständig). Als Konsequenz können somit Anlagen schnell und flexibel an sich verändernde Marktsituationen angepasst werden. Die einzelnen Maschinen und Geräte werden in der virtuellen Welt nachgebildet und getestet, bevor eine Herstellung und Installation erfolgt [76]. Eine zentrale Produktionsplanung wird durch eine dezentrale und ereignisgesteuerte Selbstregelung abgelöst. Wichtig ist hierbei die Echtzeitfähigkeit. Somit entstehen aktive, autonome und sich selbst organisierende, kooperative Produktionseinheiten.

Anlagen werden zukünftig parametrisiert und nicht mehr programmiert, was zu einer deutlichen Zeitersparnis und Fehlerreduzierung führt. Die zugrunde gelegte Software wird somit skalierbar. Aufgebaut ist sie in Form eines modularen Softwarebaukastens.

Die bisherigen Erkenntnisse seitens SEW sind, dass wiederholende Tätigkeiten zukünftig von Maschinen übernommen werden. Der Mensch wird in seinen Tätigkeiten entlastet. Diese konsequente Automatisierung und gleichzeitige Verkettung von Prozessen und Systemen ist unverzichtbar, um nachhaltig Lohnkosten zu senken. Dies gelinkt aber nur, wenn die Automatisierung skalierbar und flexibel ist. Basis der Entwicklung hin zu Industrie 4.0 sind für SEW perfekt umgesetzte Lean-Prinzipien. Zusammengefasst werden diese Erkenntnisse in „Smart Assembly" [76]:

- Grundlage sind Lean Prinzipien,
- integrierte und intelligente Betriebsmittel,
- eine ressourcenschonende Logistik,
- eine Mensch-Technik-Kommunikation sowie
- eine Transparenz über die Prozesse in Echtzeit.

Zwangsweise werden die I40-Aktivitäten bei SEW auch Auswirkungen auf die Produktentwicklung haben, und zwar in Form einer fertigungs- und montagegerechten Produktgestaltung inklusive einer datentechnischen Interoperabilität. Entwicklung und Produktion werden somit noch näher zusammenrücken, da eine Smart Factory auch Smart

Products benötigt und umgekehrt [75]. Produktentwicklung und Produktion müssen laut SEW synchron ablaufen und optimal aufeinander abgestimmt sein.

6.2.4 WITTENSTEIN

Das Unternehmen hat (Stand 31.03.2015) mit 1875 Mitarbeitern einen Umsatzerlös von 265 Mio. € erwirtschaftet. Die Ausbildungsquote liegt bei 13 %. Das Unternehmen bietet Produkte im Bereich mechatronischer Antriebstechnik an. Hierbei gliedert es sich in acht Geschäftsfelder in jeweils eigenen Tochterunternehmen: Servogetriebe, Servoantriebssysteme, Medizintechnik, Miniatur Servo-Einheiten, innovative Verzahnungstechnologie, rotative und lineare Aktuatorsysteme, Nanotechnologie sowie Elektronik- und Softwarekomponenten für die Antriebstechnik. Das Unternehmen ist mit ca. 60 Tochtergesellschaften und Vertretungen in rund 40 Ländern weltweit tätig [44].

6.2.4.1 Überblick

WITTENSTEIN war eines der ersten Unternehmen, dass sich im Bereich der Smart Factory mit einer Lernfabrik in Fellbach bei Stuttgart positioniert hat („urbane Produktion"). Darüber hinaus erfolgte auch die Erweiterung des Hauptsitzes inklusive der Einweihung einer Innovationsfabrik (siehe Abb. 6.27).

Hierbei handelt es sich um ein ressourcenschonendes Mechatronik-Zentrum mit Büro (für Vertrieb, Auftragssteuerung, Beschaffung, Logistik, Qualitätssicherung, Kundenservice) und Produktion. Der Name ist hier Programm. Es soll bewusst die Zusammenführung von Innovation und Produktion demonstriert werden, um das Aufbrechen von Silos zu demonstrieren. Hier werden im „praktischen Betrieb und Anwendung" die Verwendung eigener Produkte demonstriert, aber auch die schrittweise eigene Montageprozesse im Sinne einer Smart Factory realisiert, um die Produktivität der Produktion zu erhöhen. Mitarbeiter

Quelle: Wittenstein

Abb. 6.27 Innovationsfabrik von WITTENSTEIN. (Pressemitteilung)

erhalten für ihre Entscheidungen die richtigen Daten zum richtigen Zeitpunkt (Real Time Enterprise). Das Gebäude wurde von der Deutschen Gesellschaft für Nachhaltiges Bauen e. V. (DGNB) mit Gold zertifiziert [44].

6.2.4.2 Nachhaltigkeit

Die urbane Fabrik berücksichtigt ökologische und ökonomische Gesichtspunkte. Die Fabrik weist eine vollständig regenerative Energieversorgung auf. Auch wurde auf eine Lärm-, Abgas-, Abfall- und Industriewasser-Reduzierung geachtet. Hierbei wurde auf eine vollregenerative Energieversorgung mit Bio-Erdgas in einem Blockheizkraftwerk, einer Photovoltaikanlage, Nutzung von Abwärme aus der Produktion und dem Einsatz von energiesparender LED-Beleuchtung gesetzt. Auch die Fabrik wurde mit Gold durch die DGNB ausgezeichnet. Wichtig hierbei ist auch die geografische Vereinbarung zwischen Arbeiten und Wohnen. Daher wurde die neue Fabrik bewusst in einem wohnnahen Gebiet gebaut. Die Fabrik weist auf Grund einer flexiblen Raumnutzung ein hohes Maß an Wandlungsfähigkeit auf.

Nachhaltigkeitslösungen wurden über die Produktionsanlagen in Form von

- Beschaffung energieeffizienter Anlagen,
- Vollklimatisierte Produktion,
- Hohe Wandlungsfähigkeit der Produktion,
- Energetische Vernetzung der Produktionsanlagen,
- Vollenergetische Energieversorgung über eine Bio-Erdgas-Anlage beziehungsweise Photovoltaikanlage,
- Nutzung der Abwärme der Produktionsanlagen sowie
- dem Einsatz von LED-Technologie in Außen- und Innenbereichen

erreicht [65].

6.2.4.3 Produktionssystem

Zur Demonstration der Produkte und Konzepte erfolgte die Umsetzung in einer eigenen Fabrik. Hier erfolgt die Erprobung von intelligenten Antrieben und von CPS in einer realen produzierenden Umgebung im schon erwähnten Fellbach bei Stuttgart. Die Vernetzung und Interaktion erfolgt über die in Kap. 5 beschriebene Referenzarchitektur. Hierbei werden folgende Anwendungsfälle umgesetzt:

- Flexible Produktionslogistik,
- Produktionsplanung und -steuerung,
- Schadensfrüherkennung (Predictive Maintenance) sowie
- Auto-ID-basiertes Rüstteilemanagement.

Details zu den einzelnen Themenfeldern finden sich im Kap. 7.

6.2.4.3.1 3D-Drucker

Auch WITTENSTEIN hat das Potential additiver Produktionsverfahren in Form von 3D-Druckern erkannt. So werden aktuell Spritzgusswerkzeuge anstelle aus Stahl nun aus Kunststoff direkt über den 3D-Drucker produziert. Im Rahmen der ersten Versuche konnte Aufträge innerhalb von 24 Stunden von der Idee bis zum fertigen Spritzgussbauteil realisiert werden, was auch zu einer erheblichen Verkürzung der Prozesszeiten geführt hat [45]. Die Tendenz geht allerdings ganz deutlich in Richtung Einsatz für die Serienproduktion.

Bei vielen der in diesem Kapitel beschriebenen Anwendungsbeispiele handelt es sich um prototyphafte Implementierungen. Die Zukunft wird zeigen, inwieweit derartige Ansätze bei dem jeweiligen Hersteller oder Zulieferer die „Serienreife", soll heißen den flächendeckenden Einsatz erreicht, oder ob es sich gegebenenfalls um eine Marketingmaßnahme des jeweiligen Unternehmens handelt.

Literatur

1. Matthias Aden, Nagihan, Aydin, Raschid Alkhatib, Berthe Pulcherie Ongnomo, Chancelle Merveille Tematio Yme, Christopher Schwarz, Jan Paul Vox, Jan-Gerd Meß, Jannik Fleßner, Michael Goldstein, Simon Jakubowski, Projektgruppe FAIS, Endbericht im Rahmen des Masterstudiums, Carl von Ossietzky Universität Oldenburg, 10/2014.
2. Klaus Ahrens, Autoteile schneller und fehlerfreier mit einer Datenbrille kommissionieren, ingenieur.de, 12/2013.
3. Autonome Materialbelieferung bei Daimler – Industrie 4.0 im Sprinter-Werk Ludwigsfelde, Automotive IT, 6/2015.
4. Audi Geschäftsbericht 2014, 2/2015.
5. Continental Geschäftsbericht 2014, 3/2015.
6. Janine Bentz-Hoelzl, Digitales Werk: Klick in die Zukunft, Audi Blog, 3/2014.
7. Jürgen Berke, Cyberabwehr: Wie sich Unternehmen vor Spionage schützen, WirtschaftsWoche, 8/2014.
8. M. Buchenau, A. Höpner, Die menschlichen Roboter kommen, Handelsblatt, 4/2015.
9. Thomas Cloer, BMW nutzt Analytics und Big Data von IBM, Computerwoche, 3/2014.
10. Dunckern, C.: Industrie der Zukunft – Zukunft der Industrie?, Fachtagung IG Metall (2014)
11. Daimler vernetzt: Mercedes-Werk in Bremen wird zur Fabrik 4.0, Ingenieur.de, 5/2015.
12. Daimler: Zahlen, Daten, Fakten, Broschüre, 2/2015.
13. Deere & Company: Annual Report (2014)
14. Mark Donner (Projektleiter), Fahrerlose Transport-System standardisiert, autogramm, 12/2012.
15. Michael Ebner, Industrie 4.0: Nachhaltige Produktion durch intelligentes Energie-Datenmanagement, Presse-Information, 11/2014.
16. Saskia Eßbauer, Maßgeschneiderte Montagehilfe aus dem 3D-Drucker, Pressemeldung, 7/2014.
17. Saskia Eßbauer, BMW Group Werk München gewinnt den "Automotive Lean Production Award 2014", Presse-Information, 7/2014.

18. Saskia Eßbauer, Pressemappe BMW Group Produktion, 10/2014.
19. Kathrin Feigl, Chairless Chair for improved ergonomics in Audi's production Plants, Audi Pressemitteilung, 2/2015.
20. Kathrin Feigl, Audi-Werk bewegt Autos per Roboter, Audi Pressemitteilung, 3/2015.
21. Kathrin Feigl, Hightech am Band: die Audi-Produktion, Audi Pressemitteilung, 3/2015.
22. Galer, S.: Merces-AMG gibt Vollgas mit SAP HANA (2015). SAP News Center
23. Jochen Gleisberg, Philipp Grosse Kleinmann, Thomas Reinhold, Harald Krüger: Schlanker, schneller, stabiler, Interview, Roland Berger, 7/2015.
24. Susanne Herzlieb, Industrie 4.0 Award für Bosch Rexroth Montagelinie, Bosch Rexroth Presseinformation, 12/2014.
25. M. A. Benedikt Hofmann, Fahrerloses Transportsystem: Neues FTS-System bei VW, MM Logistik, (2014)
26. Hoffmeyer, A.: Industrieller Einsatz von Motion Capturing zur Unterstützung von Planungsworkshops bei der Volkswagen AG,13. IFF-Wissenschaftstag (2010)
27. Hondel, F., Sarstedt, H.: Managen Sie Ihre Energie, MAN-Vortrag, 2. Kongress Ressourceneffiziente Produktion (2011)
28. Jörg Howe, Die nächste Stufe der industriellen Revolution: Industrie 4.0 – Digitalisierung bei Merceds-Benz, Pressemitteilung, 10/2015.
29. Industrie 4.0: BMW tested Google Glass, Automotive IT, 11/2014.
30. Industrie 4.0 BMW überprüft Qualität mit virtuellem Fingerzeig, Automobilproduktion, 6/2014.
31. Industrie 4.0 bei Audi: Kompetenzinseln statt Fließband, Automotive IT, 5/2015.
32. Industrie 4.0: Neue Roboter-Generation im Werk Hannover vorgestellt, Volkswagen Nachrichten, 5/2015.
33. Innovation bei BMW: CortexDB im Produktdatenmanagement, itdaily, 7/2015.
34. Jaanke-Laumer, M.: Umsetzung des Energie- und Umweltmanagements bei Volkswagen, Regionalkonferenz Ressourceneffizient (2014)
35. Hilke Janssen, Wie viel „Industrie 4.0" steckt in einem Golf?, NDR.de, 4/2015.
36. Iris Käfer, Digitale Fabrik 4.0-Kongress: Optimierung bei VW Kaluga mit IPO.Log, Pressemitteilung IPO.Plan, 11/2013.
37. IGZ, Harmonisches Zusammenspiel von SAP ME und SAP EWM, https://www.igz.com/aktuelles/news/reifenerneuerung-mit-sap-me-und-sap-ewm-bei-continental-ag, aufgerufen am 19.09.2016.
38. Stefan Kienzle, Implikationen für die Automobilproduktion durch Industrie 4.0, Vortrag, Stuttgart 7/2014.
39. Christian Klein, Hinterm Horizont geht's weiter, Automobil Produktion, 12/2014.
40. Bettina Köhler, Nutzfahrzeug-Hersteller MAN Truck & Bus bereitet Azubis schon auf Industrie 4.0 vor, aktiv online, 10/2015.
41. Sabrina Kolb, Hinter den Kulissen: Passt wie gedruckt, Audi Block, 7/2014.
42. Werner Kurzlechner, SAP HANA und Big Data Analytics: BMW kooperiert mit IBM und SAP, CIO, 6/2014.
43. Andre Luckow, Big Data in der Automobilindustrie, Vortrag, BITKOM Big Data Summit, 6/2014.

Literatur

44. Sabine Maier, Der Zukunft Gestalt geben: die Wittenstein Innovationsfabrik ist eröffnet, Presseinformation, 5/2014.
45. Sabine Maier, Trends erkennen um Trends zu setzen, move, 9/2014.
46. Klaus Manhart, Predictive Maintenance: Auf dem Weg zu Industrie 4.0, Computerwoche, 12/2014.
47. Gerrit Meixner, Smartglasses in der industriellen Automobilfertigung, HandelsblattJournal Sonderveröffentlichung zum Thema „Die Zukunft der Automobilindustrie", 10/2015.
48. Toni Melfi, Smart Factory, Audi-Dialoge.de, 5/2015.
49. Dirk Petermann (Continental), automotiveIT-Forum, 4/2015.
50. Patricia Piekenbrock, N60: Der Karosseriebau für den neuen AG, Audi-Dialoge.de, 2012.
51. Thilo Resenhoeft, Industrie 4.0 im Praxiseinsatz bei Bosch, Bosch Presseinformation, 4/2015.
52. Dr. Oliver Riedel, AUDI AG, Potentiale der Smart Factory für die Produktion der Zukunft, Automatica 2014.
53. Sven Rottinger, Betriebliche Rationalisierung mit dem demografischen Wandel in Einklang bringen – das Projekt Stradewari, Betriebspraxis & Arbeitsforschung, Ausgabe 208, 6/2011.
54. Sandra Schillmöller, Renntechnik aus dem 3D-Drucker: BMW fertigt Wasserpumpenrad für DTM-Rennwagen in additivem Fertigungsverfahren, Presse-Information, 4/2015.
55. Schliek, D.: Energieeffiziente Automobilproduktion – Technische Lösungen und energiebewusstes Verhalten, 2. Kongress Ressourceneffiziente Produktion (2011)
56. Steegmüller, D., Zürn, M.: Wandlungsfähige Produktionssysteme für den Automobilbau der Zukunft. In: Bauernhansl, T., ten Hompel, M., Vogel-Heuser, B. (Hrsg.) Industrie 4.0 in Produktion, Automatisierung und Logistik (2014). Springer Vieweg
57. Wischmann, S., Angler, L., Botthof, A.: Industrie 4.0 Volks- und betriebswirtschaftliche Faktoren für den Standort Deutschland (2015). Bundesministerium für Wirtschaft und Energie
58. Ulf-Malte Wünsch, Automatischer Produktions-Assistenz: Flexibel, mobile Automatisierungslösung „APAS assistant" von Bosch für vernetzte Produktion, Bosch Presse-Information, 4/2014.
59. MAN Geschäftsbericht 2014, 3/2015.
60. Mensch-Maschinen-Interkation: Audi projiziert Informationen auf Mitarbeiter-Hände, Automotive IT, 6/2015.
61. Metall 3D Druck aus dem Hause Concept Laser zieht ins Audi Werk Ingolstadt ein, 3druck.com, 3/2015.
62. Oliver Neumann, Photovoltaik-Großanlage auf dem John Deere Campus nahm Betrieb auf, Pressemeldung, 5/2014.
63. Oliver Neumann, John Deere nutzt Vorteile der „Virtual Reality"-Welt, Pressemeldung, 12/2014.
64. Gabriel Pankow, Daimler-Werksleiter: Automatisierungsgrad hat sinnvolle Höhe überschritten, Automobil Produktion, 6/2015.
65. Referenz Daimler, MLR Gruppe.
66. Erik Roßmeißl, Das Comback der Stadtfabrik – Die urbane Produktion, Wittenstein.
67. J. Rüd, Prototypen aus dem Drucker, CAD CAM, 5/2005.
68. Sandra Schillmöller, Neue Perspektiven in der Produktion: BMW Group nutzt Chancen der Digitalisierung zur Weiterentwicklung des Produktionsnetzwerkes, Presse-Information, 8/2015.

69. Patrick Schoeder, Zu hohe Lohnkosten: Volkswagen ersetzt Arbeiter durch Roboter, Ingenieur. de, 7/2015.
70. Siemens, John Deere, 100.000 Motoren pro Jahr nachverfolgen, 2010.
71. Siemens, Volkswagen AG: Produktivität als Frage der Beschleunigung, VDI-Z, 3/2010.
72. Siemens, Volkswagen AG: „Lean" und zuverlässig, ident, 4/2010.
73. Siemens, Daimler: Sitze just in sequence – Reibungslose Migration, Materialfluss, 5/2010.
74. Siemens, Daimler: Weichen stellen für das Auto von Morgen, SPS-Magazin, 12/2011.
75. Johan Soder, Lean Industrie4.0: Erfolgreich mit Werten und Menschen im Mittelpunkt, The Huffington Post, 5/2015.
76. Johan Soder, Smart Factory: I40 trifft Lean, Vortrag, Innoshop 1, Staufen Best Practise Days 2015, 6/2015.
77. Tauber, Industrie 4.0: BMW plant sich selbst abstimmende Maschinen, Die Welt, 2/2014.
78. Ann R. Thryft, Daimler Funds 3D Printer for Auto Production, DesignNews, 1/2013.
79. Günter Ullrich, Staplerfreie Montage per FTS, Hebezeuge Fördermittel, 6/2005.
80. Ullrich, G.: Fahrerlose Transportsysteme (2013). Springer Vieweg
81. Hung Vo, P.: Die Automobilindustrie und die Bedeutung innovativer Industrie 4.0 Technologien (2014). Diplomica
82. Volkswagen eröffnet Data Lab, Automotive IT, 11/2014.
83. Volkswagen, Geschäftsbericht 2014, 1/2015.
84. Volkswagen Nachrichten, Audi testet Gestensteuerung für virtuelle Montage, 10/2015.
85. Volkswagen treibt digitalen 3D-Druck im Autobau voran, Volkswagen Nachrichten, 2/20115.
86. VW: Industrie 4.0 beschäftigt uns elementar, Automotive IT, 4/2015.
87. VW stattet Arbeiter mit Datenbrillen aus, Deutsche Wirtschaft Nachrichten, 3/2015.
88. Peter Weber, Fallbeispiel BMW – Wandlungsfähigkeit – Mehr als Flexibilität aus Sicht eines OEMs, in Wandlungsfähige Produktionssysteme: Heute die Industrie von morgen gestalten, TEWISS, 10/2008.
89. Werker in Führungsposition: Handgeführter Roboter übernimmt Knochenjob in der Gießerei, Industrieanzeiger, 6/2015, http://www.industrieanzeiger.de/technik/-/article/32571342/40781407/Werker-in-F%C3%BChrungsposition/art_co_INSTANCE_0000/maximized, aufgerufen am 18.07.2015.
90. Das TAS ist für FTS der Antrieb der Zukunft, WITTENSTEIN AG, Kundenreferenz John Deere, http://motion-control.wittenstein.de/de-de/leistungen/anwendungen/ds-automotion, aufgerufen am 21.10.2015.
91. Wetzler, D.: Arbeit 4.0 – Was Beschäftigte und Unternehmen verändern müssen (2015). Herder
92. Arnie Williams, Das Leben in 3D, www.zprinter.de.
93. Dieter Zetsche, 0100000101110101011101000110111100001101000010 10, HandelsblattJournal Sonderveröffentlichung zum Thema „Die Zukunft der Automobilindustrie", 10/2015.
94. Rene Ziegler, Vernetzte Produktion: Bosch erhält VDA Logistik Award für virtuelle Abbildung von Lieferketten, Bosch Presse-Information, 2/2014.

95. Kai Zoebelein, BMW Group erhält Auszeichnung für besten Nachhaltigkeitsbereich, BMW Presse-Information, 2/2012.
96. 3D-Druck bei Audi in Ingolstadt, 3druck.com, 3/2012.

ES IST SCHON FASZINIEREND, WAS PRÄZISIONS-SENSORIK ERMÖGLICHT.

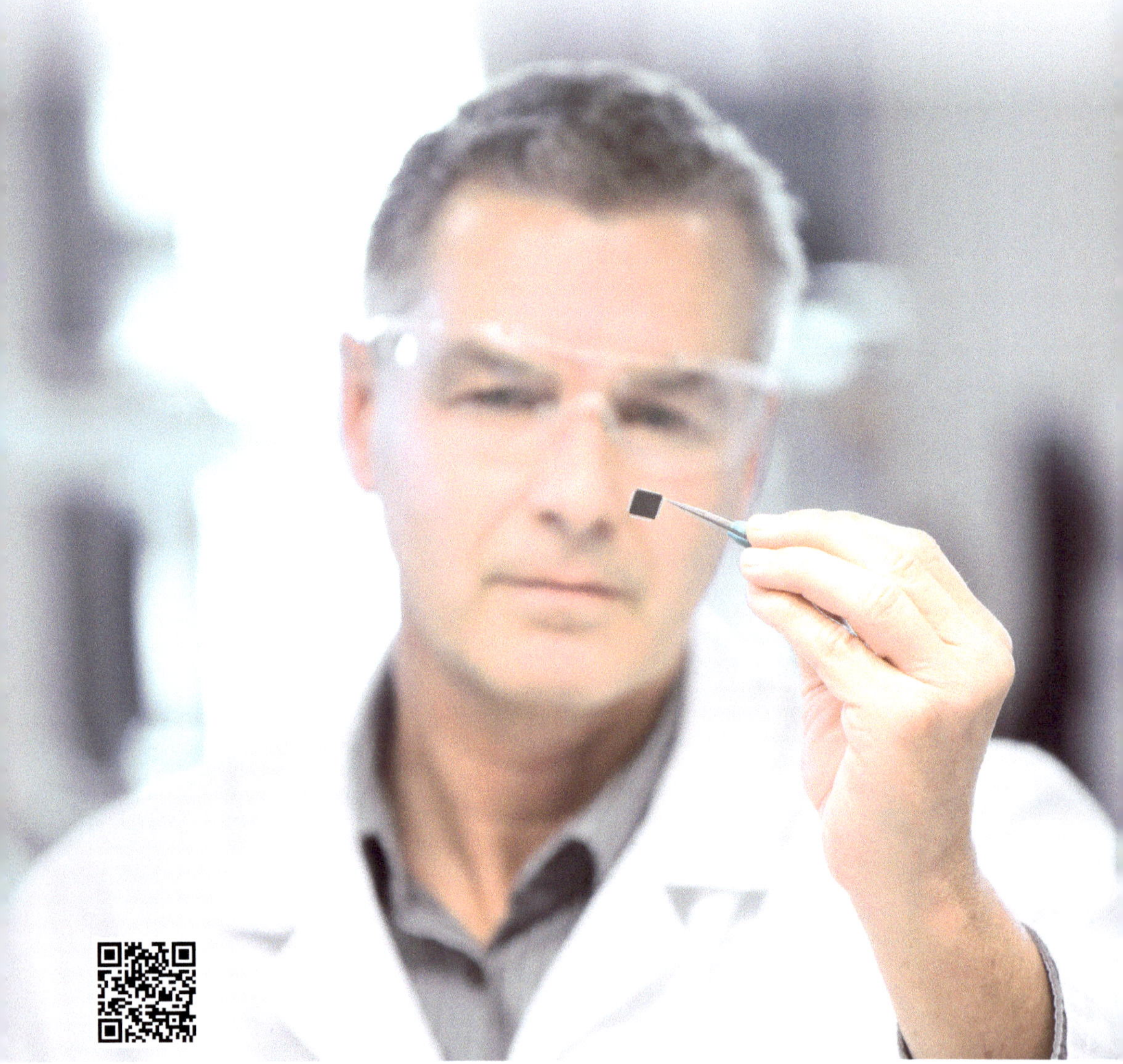

Durch überragende Präzision entsteht außergewöhnliche Technik.

www.balluff.com

7 Lösungsanbieter

Der Markt an Lösungen und Produkten ist sehr dynamisch und leider auch etwas unübersichtlich. Daher kann hier ausschließlich eine aktuelle Darstellung gegeben werden, die sicherlich nicht vollständig ist und auch schnell überholt sein dürfte. Es kristallisieren sich aber einige relevante Unternehmen heraus, die in der einen oder anderen Form relevant sind – auch in Zukunft.

Es dürfte kaum überraschen, dass Bosch, KUKA, SEW und Siemens auf Seiten der Industrieunternehmen und IBM, SAP, Microsoft und HP auf Seiten der Softwareunternehmen die relevanten Treiber darstellen. Sie sind sowohl sehr bekannt als auch entsprechend leistungsstark [78]. Wie schon mehrfach erwähnt, sind im Bereich der Softwareunternehmen primär amerikanische Unternehmen (mit Ausnahme von SAP) in der Aufzählung vertreten. Im Bereich der Industrieunternehmen prägen hingegen deutsche Unternehmen den Markt. Generell sollte angemerkt werden, dass sich Klein- und Mittelständische Unternehmen in diesem hochinnovativen Markt aktuell gut positionieren können.

Die Darstellung der Lösungen erfolgt unterteilt nach Industrieunternehmen und Softwarehersteller. In jeder Rubrik erfolgt wiederum eine alphabetische Darstellung. Die aufgezählten Produkte und Lösungen erheben in keinster Weise den Anspruch auf Vollständigkeit. Der Markt ist sehr dynamisch und neue Lösungen und Produkte entstehen fast täglich.

7.1 Lösungen von Industrieunternehmen

Industrieunternehmen wie Siemens, WITTENSTEIN, KUKA, Festo und SEW nähern sich dem Thema Industrie 4.0 deutlich anders an als etwa die klassischen IT-Unternehmen, wie etwa HP, IBM oder Microsoft dies tun. Das Lösungsangebot ist hierbei breit gefächert, unterscheidet sich aber deutlich von Unternehmen zu Unternehmen. Punktuell differiert diese allerdings etwas. Seitens der Automobilhersteller und Zulieferer werden die Industrieunternehmen vielfach als Partner akzeptiert, wohingegen speziell die „großen" IT-Unternehmen hier teilweise auf Akzeptanzprobleme stoßen. Dies gilt vor allem für strategische und fachliche Themen.

7.1.1 Bosch

Auf Bosch als Unternehmen wurde bereits in Kap. 5 eingegangen. Wie auch andere Hersteller verwendet Bosch als fertigendes Unternehmen die im eigenen Haus entwickelten Lösungen. Bosch nutzt dies zum einen zur Verbesserung und Optimierung der eigenen Produktion und zum anderen, um sich am Markt neu zu positionieren, weg vom klassischen Zulieferer und hin zum Technologie- und Systemunternehmen. Bosch sieht sich selber als Technologie- und Dienstleistungsunternehmen [58]. Zur Unternehmensgruppe gehören auch Bosch Rexroth und Bosch Software Innovations.

7.1.1.1 Das Unternehmen

Bosch wandelt sich seit einigen Jahren kontinuierlich immer mehr in Richtung eines Anbieters von industriellen Softwarelösungen. Hierzu hat das Unternehmen einen eigenen „Think Tank" konsequent auf- und ausgebaut. Begonnen mit der Übernahme von Innovations Software Technologies im Jahre 2008 und weiteren Unternehmen, entstand so die Bosch Software Innovations. Neben den Tätigkeiten der Bosch Software Innovations beschäftigen sich auch im Stammunternehmen vielfach Mitarbeiter mit dem Thema. Auch im Stammhaus erfolgt eine Bündelung der Aktivitäten. Das Unternehmen ist seit der Gründung der Industrie 4.0-Plattform aktiv daran beteiligt. Bosch beschäftigt insgesamt rund 3000 Softwareentwickler weltweit, die sich mit Themen rund um Industrie 4.0 und dem Internet der Dinge auseinandersetzen [79].

Bosch ist bestrebt, Lösungen entlang der gesamten Wertschöpfung anzubieten und sich somit als Komplettanbieter am Markt zu positionieren. Hierbei arbeiten die einzelnen Unternehmensbereiche zusammen.

Für das Unternehmen existieren mehrere Scherpunktthemen [24]:

- Mensch als Orchestrator,
- Digitales durchgängiges Engineering,
- Vertikale und horizontale Vernetzung und
- CPS und CPPS.

Um die Leistungsfähigkeit der eigenen Lösungen praktisch zu demonstrieren, hat Bosch Rexroth sowohl einen automatisierten Montagelinien-Simulator für dezentrale Automatisierungslösungen (siehe Abb. 7.1), als auch für eine gesamte Smart Factory erstellt.

Der Montagliniensimulator besteht aus fünf vollkommen autonomen Stationen. Die Produktionsdaten werden per RFID auf das Werkstück heruntergeladen. Basis hierfür ist

7.1 Lösungen von Industrieunternehmen

Quelle Bosch Rexroth

Abb. 7.1 Montageliniensimulator. (Pressemitteilung)

OPC UA. Auch die Dokumentation der einzelnen Prozessschritte erfolgt eigenständig [26]. Hierbei erfolgt auch ein aktives Energiemanagement.

Bei der Smart Factory-Lösung handelt es sich um eine Kooperation im Rahmen der DFKI (Drive Institute of Artificial Intelligence)-Initiative. Partner sind neben Bosch Rexroth auch die Unternehmen Festo und Harting. Auch diese Lösung ist RFID-basiert und auch hier werden Industrie 4.0-Prinzipien „live" dargestellt.

7.1.1.2 Kundenauftragsprozess

Das Unternehmen bietet verschiedene Lösungen für Industriekunden an. Dies umfasst hardware- als auch softwarebasierte Lösungen.

7.1.1.2.1 CPS

Der neuartige Akku-Schrauber NEXO verfügt über eine WLAN-Anbindung und kann etwa über ein mobiles Gerät, wie ein Tablet-PC, konfiguriert werden. Durch die WLAN-Anbindung besteht auch die Möglichkeit, dass sich das Gerät mit einer Cloud-Plattform verbindet. Hierbei unterstützt das Gerät über interne Logik Mitarbeiter in ihrer täglichen Arbeit. Schraubvorgänge werden durch optische Anzeigen unterstützt. Drehmomente werden durch das Gerät kontrolliert und gespeichert.

Bosch betreibt in Indien ein Forschungszentrum für CPS. Das Zentrum wurde 2011 eröffnet [1]. Die Schwerpunkte liegen in der horizontalen und vertikalen Integration und der Erstellung von spezifischen Lösungen.

7.1.1.2.2 Sensitive Roboter

Das Unternehmen hat mit dem Produktionsassistenten APAS einen sensitiven „Roboterarm" entwickelt, siehe Abb. 7.2.

Das System ist für den kollaborativen Betrieb zwischen Mensch und Maschine durch die Berufsgenossenschaft zertifiziert. Es stoppt berührungslos, wenn Menschen in die Nähe des Roboters kommen und nimmt seine Tätigkeit wieder auf, sobald der Mensch den Be-

Abb. 7.2 Sensitive Roboter von Bosch. (Bosch)

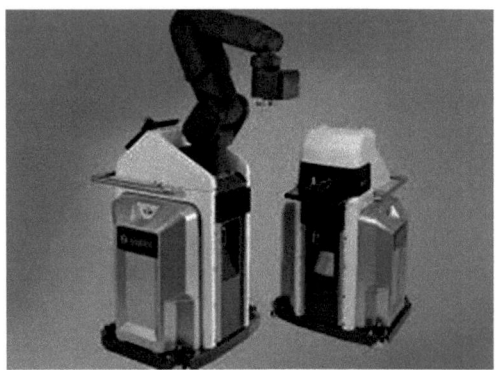

Quelle: Bosch

reich wieder verlassen hat. Hierzu ist das System mit Sensoren ummantelt. Zur Erledigung seiner Aufgaben ist der sensitive Greifarm mit einer kameragestützten Teileerkennung, einem Drei-Finger-Greifer und einer Bilderkennungssoftware zum genauen Abgreifen und Ablegen ausgestattet. Über eine Kraft-Wege-Regelung des Greifarms ist sowohl ein festes als auch ein sanftes Greifen von Teilen möglich. Umrüsttätigkeiten von unterschiedlichen Teilen entfallen somit und reduzieren die anfallenden Betriebskosten. Über ein Touchpad erfolgt die intuitive Bedienung. Hierzu werden einzelne Arbeitsabläufe grafisch Schritt für Schritt eingegeben. Eine aufwendige Programmierung ist somit nicht mehr erforderlich. Die erlernten Tätigkeiten sind leicht zu jeder Zeit abrufbar. Diese „Arbeitspläne" können in einer eigenen Cloud abgespeichert werden. Der Datenaustausch erfolgt über eine entsprechende Vernetzung der Systeme untereinander und zu Drittsystemen. Die Fernwartung erfolgt über Ethernet. Bei APAS handelt es sich um eine ganze Systemfamilie:

- APAS inspector,
- APA assistant,
- APAS base.

Durch die schlanke und auf Rollen basierende Konstruktion ist das System schnell und flexibel an unterschiedlichen Stellen in der Produktion einsetzbar. Bei einer Vernetzung von einzelnen APAS-Systemen untereinander können diese Systeme Daten untereinander austauschen. Eine weitere Ausprägung stellt das Prüfsystem dar. Über die 3D-Bilderkennung können verschiedene Prüfaufgaben übernommen werden [85].

Unterstützt werden die APAS-Systeme durch intelligente Sensorgeräte von Bosch Connected Devices and Solutions. Unerwartete Vorfälle wie das Öffnen einer Verpackung werden von den „Helfern" erkannt und entsprechend gemeldet [54].

7.1.1.2.3 Integration

Zur besseren Integration der IT-Welt mit jener der Automatisierungstechnik hat Bosch Rexroth den WebConnector entwickelt. Auf der einen Seite besitzt die Lösung die Möglichkeit, sich über HTML5 und etwa Java mit dem Internet zu verbinden. Auf der anderen Seite verfügt es über ein breites Spektrum an SPS-Sprachen, um auch ältere Anlagen auf der Automatisierungsebene zu integrieren. Natürlich unterstützt der WebConnector auch OPC UA [33].

Darüber hinaus ist Bosch Rexroth auch Anbieter von Datenspeicherlösungen in der Montage. Hierzu gehören auch RFID-basierte Lösungen. Hierbei handelt es sich nicht um spezifische I40-Lösungen. RFID ist aber von zentraler Bedeutung, um eine Transparenz und Kontrolle in der Produktion zu erreichen. Hierbei können die Daten zentral oder auch dezentral gespeichert werden. Als Interface dient PROFIBUS oder PROFINET.

Zur Datenhaltung in der Produktion bietet Bosch mehrere Lösungen an. Die Werkstückträger sind mit Datenspeicher mit einer hohen Speicherkapazität ausgerüstet. Somit stehen Daten an jeder Bearbeitungsstation zur Verfügung.

7.1.1.2.4 Cloud und Big Data

Bosch stellt auch eine cloudbasierte Bosch IoT Suite zur Verfügung. Die Suite ist die technologische Basis für Anwender, um Geräte, auf einer Plattform zusammenzuführen. Bestandteil der Lösung ist auch eine Big Data-Komponente. Über die grafische Modellierung ist ein einfacher Datenzugriff und die Erstellung von Analysen auch ohne Programmier- und Systemkenntnisse möglich. Somit lassen sich auf einfache Weise Vorhersagen treffen. Hierbei kann auf Daten von verschiedenen Quellen (Sensoren, Geräte, Kundenstammdaten und Prozessdaten) mittels eines entsprechenden Device Managements zugegriffen und analysiert werden [74]. Die Plattform ist Grundlage für entsprechende Branchenlösungen. Hier kommt auch eine Lösung für die vorausschauende Instandhaltung zum Einsatz [73].

Bei der Lösung Generic Data Server erfolgt das Sammeln und Analysieren der Daten von Werkzeugmaschinen mit dem Ziel, die Verfügbarkeit, Produktivität und Energieeffizienz der angeschlossenen Fertigungslinien zu verbessern. Bei der Remote Processing-Lösung handelt es sich um einen Private Cloud-Ansatz, der auf Basis vordefinierter Algorithmen eine entsprechende Verbesserung erzielt. Basis hierfür ist wiederum OPC UA. Gesammelt werden alle relevanten Antriebs- und Sensordaten inklusive Stillstandzeiten (zur Nachverfolgung von Ausfallursachen und -raten). Zur Optimierung gehört der Vergleich von Energieverbräuchen, um hierüber zu einer entsprechenden Reduzierung zu gelangen. Ein weiterer Einsatzbereich ist das Speichern und die Analyse von auftretenden Fehlern. Auch hier kommen entsprechende Analysetools zur Verbesserung der Ausfallsicherheit zum Einsatz. Hierüber lässt sich der gesamte Lebenszyklus einer Fertigungsmaschine erfassen, analysieren und optimieren. Lösungsbestandteil ist auch der Service und die gesamte Analyse [34]. Als weitere Lösung bietet das Dienstleistungspaket ODiN (Online Diagnostics Network) für Anwender die Möglichkeit zur Überwachung der Betriebszustände hydraulischer Systeme inklusive einer vorausschauenden Wartung (Predictive Maintenance) über selbstlernende Algorithmen an [32].

7.1.1.2.5 Embedded Software-Entwicklung

Bei dem Open Core Engineering handelt es sich um ein universelles Framework für alle Automatisierungsaufgaben. Es bietet einen Engineering Workflow, der alle Themen von der Projektierung bis zum Produktionsbetrieb abdeckt. Zum effizienten Arbeiten steht eine Bausteinbibliothek mit parametrisierbaren Prozessfunktionen zur Verfügung. Hierüber erfolgt auch eine automatisierte Generierung von modularen Maschinenprogrammen. Die Konfiguration der Maschinen erfolgt Script-gesteuert. Ein Versionierungs-Tool ist ebenso Bestandteil der Lösung. Es werden alle relevanten Programmiersprachen wie C/C++, C#, Visual Basic und Java unterstützt. Als Entwicklungsumgebungen können unter anderem Eclipse, Xcode und MS Visual Studio genutzt werden.

Mit Open Core Engineering öffnet Bosch Rexroth seine Steuerungen und ermöglicht die individuelle Erstellung von Funktionen. Über die entsprechenden Interfaces können echtzeitfähige Anwendungen in den oben genannten Programmiersprachen erstellt werden. Für die Lösung wurde das Unternehmen mit dem Hermes Award 2013 ausgezeichnet [51].

7.1.1.2.6 Produktionssystem

Über ein neuartiges System zur Ortsbestimmung und Prozessdokumentation auf Basis von Bosch Rexroth Funk-Werkzeugen, wie dem Akkuschrauber Nexo, ist es nicht nur möglich, die Position eines Funk-Werkzeuges innerhalb einer Fabrik zu bestimmen, sondern es werden auch die für die aktuelle Arbeit benötigten Informationen (wie Drehmoment) übermittelt. Diese Werte werden anschließend automatisch gespeichert und stehen für Qualitätsauswertungen und Dokumentationen zur Verfügung. Möglich wird diese Lösung durch die Vernetzung der Werkzeuge untereinander und dem Produktionssystem inklusive den herzustellenden Produkten und den Werkzeug-Daten. Die bei der Tätigkeit auftretenden Abweichungen lassen sich rasch erkennen und liefern Hinweise auf mögliche Fehlerursachen. Derartig vernetzte Werkzeuge liefern einen wertvollen Beitrag bei der Fehlersuche und -vermeidung. Wird ein Werkzeug nun für einen falschen Zweck verwendet, so schaltet es sich automatisch ab. Fehler können auf diese Art erst gar nicht entstehen und demzufolge steigt die Produktivität. Hierbei wird auf offene Standards zurückgegriffen. Eine schnelle Integration in zukünftige Fabrikumgebungen ist somit gegeben. Der Ansatz erleichtert zukünftig auch Wartungsvorgänge. Hierbei handelt es sich um eine Kooperation mit Cisco und Tech Mahindra im Rahmen des Industrial Internet Consortiums [8].

Auf dem Sektor der mobilen Lösungen steht das ActiveCockpit von Rexroth für die Produktion zur Verfügung. Es sammelt, verarbeitet und visualisiert in Echtzeit alle Fertigungsdaten. Somit lassen sich Probleme schnell erkennen und analysieren [18].

Im Bereich der vorausschauenden Instandhaltung stellt das Unternehmen den Kunden mit dem Remote Service-Manager eine weitere Lösung zur Verfügung. Über die Lösung erfolgt der Fernzugriff und die Diagnose inklusive der anstehenden Wartungsarbeiten. Durch die Analyse der Prozessdaten können unnötige Maschinenstillstände und Vor-Ort-Serviceeinsätze vermieden oder zumindest reduziert werden [18].

Auch im Bereich Prozessqualität bietet Bosch eine Lösung an. Hierüber werden in Echtzeit die entsprechenden Daten überwacht und dokumentiert. In die Lösung ist ein User-/ Rollen- und Rechtekonzept integriert. Hierüber wird sichergestellt, dass benutzer- und rollenspezifische Informationen zur Verfügung gestellt werden. Auch kann jeder Anwender individuelle Favoriten anlegen. Zur täglichen Arbeit stehen verschiedene Auswertungen zur Verfügung. Um den Komfort für die Anwender zu erhöhen, ist auch eine Benachrichtigungsfunktion integriert. Werden Schwellenwerte überschritten, so erfolgt eine entsprechende Benachrichtigung. Die Anwendung beruht auf Web-Technologie und ist somit prinzipiell auf allen Endgeräten lauffähig [58].

Bosch ist auch Anbieter und Lieferant von Sensoren für viele unterschiedliche Anwendungen in der Automobilindustrie. Die Sensoren erkennen ihre Umgebung und können mit dieser interagieren. Die Sensoren sind hierbei nur wenige Millimeter groß. Sie sind mit Miniaturbatterie und winziger Funkschnittstelle ausgestattet und können die ermittelten Messdaten via Internet an entsprechende Empfänger senden [57].

Darüber hinaus bietet Bosch einen sogenannten Production Rules Configurator an. Hierüber können Produktionsabläufe transparent dargestellt werden. Somit lassen sich Maschinen und Anlagen effizienter warten und Ausfallzeiten reduzieren. Hierbei werden Daten aus verschiedenen Quellen (zum Beispiel MES) regelbasiert ausgewertet. Der Datenzugriff erfolgt über integrierte Konnektoren. Regeln werden maschinenspezifisch erstellt. Technisch basiert die Lösung von Bosch Software Innovations auf der Visual Rules BRM-Komponente der Bosch IoT Suite [4].

Darüber hinaus bietet Bosch auch mit der OPCON Suite eine Shopfloor Management-Lösung an. Diese Lösung wird ebenfalls in Bosch-Werken eingesetzt (unter anderem im chinesischen Raum). Die Lösung ist modular und skalierbar aufgebaut. Hierüber lassen sich Produktions-, Qualitäts- und Logistikprozesse steuern und überwachen. Die Datenauswertung kann in Echtzeit erfolgen [54].

7.1.1.2.7 Nachhaltigkeit

Bosch entwickelte ein vernetztes Hydraulikaggregat ABPAC (also ein CPS) zur Steigerung der Energieeffizienz. Das Gerät lässt sich per „Plug and Play" leicht in die bestehende Infrastruktur integrieren (siehe Abb. 7.3).

Zur energetischen Steuerung werden die über Sensoren ermittelten Daten an übergeordnete Systeme weitergeleitet. Das System verfügt hierzu über eine eigene SPS mit offenen Schnittstellen und analogen und digitalen Ein- und Ausgängen. Hierüber lassen sich die

Abb. 7.3 Bosch Rexroth vernetztes Hydraulikaggregat. (Bosch Rexroth Pressemitteilung)

Quelle: Bosch Rexroth

Sensordaten direkt, etwa über ein mobiles Gerät, auswerten. Auf analoge Weise erfolgt die Konfiguration. Das System verfügt über eine WLAN-Schnittstelle. Somit lassen sich der Zustand und die Restlebensdauer einfach ermitteln.

7.1.2 Siemens

Siemens ist ein führendes Industrieunternehmen mit einer mehr als 165-jährigen Geschichte. Das Unternehmen ist in über 200 Ländern aktiv. Hierbei erzielten rund 343.000 Mitarbeiter im Geschäftsjahr 2014 (endete am 30. September 2014) einen Umsatz von 71.9 Mrd. € und einen Gewinn von 5,5 Mrd. €. Das Unternehmen ist in den Bereichen Elektrifizierung, Automatisierung und Digitalisierung aktiv. Auf eine Erwähnung im Bereich der Zuliefererindustrie wurde verzichtet, da Siemens vor einigen Jahren den entsprechenden Geschäftsbereich Siemens VDO ausgegliedert hat. Es gibt zwar Bestrebungen, wieder im Automotivebereich als Zulieferer aktiv zu werden. Diese Diskussionen sind aber noch nicht abgeschlossen.

7.1.2.1 Das Unternehmen

Siemens ist als Technologieunternehmen sowohl Lösungsanbieter als auch Nutzer von Industrie 4.0-Technologien. Im Folgenden erfolgt eine Konzentrierung auf die Lösungsseite. Siemens erprobt und verwendet die eigenen Produkte beziehungsweise jene von Partnerunternehmen auch, um die eigene Produktion beziehungsweise das eigene Unternehmen zu optimieren. So startet Siemens nach eigenen Angaben das weltweit größte HANA-Projekt. Hierbei werden alle Kernprozesse des Unternehmens innerhalb von 18 Monaten in die Cloud verlagert [35]. Ein weiteres Beispiel ist das Elektronikwerk Amberg (EWA). Siemens baute das Werk in den vergangenen Jahren sukzessive zum Industrie 4.0-Vorzeigewerk aus. Hier können Partner und Kunden die Siemens-Industrie 4.0-Vision live erleben. Ein Partnerwerk in China ist im Aufbau begriffen. Das EWA wurde mehrfach als die beste Fabrik Europas ausgezeichnet.

Für Siemens haben die Themen Industrie 4.0 und IoT einen hohen Stellenwert. Das Unternehmen bringt seine jahrzehntelange Erfahrung im Bereich Automatisierungstechnik und Software (PLM und MES) ein. Somit entstehen praxisorientierte Lösungen. Die Lösungen des Unternehmens sollen helfen, dass Kunden ihre industrielle Wertschöpfungskette hierüber optimieren.

Seitens Siemens erfolgt eine Konzentrierung auf folgende Themengebiete:

- Digitale Fabrik,
- PLM,
- Horizontale und vertikale Integration,
- Additive Fertigung (nicht in Form seitens Siemens erzeugter 3D-Drucker, sondern vielmehr in dessen Steuerung),
- MES,
- Betrieb ganzer Fabriken,
- Nachhaltigkeit.

7.1 Lösungen von Industrieunternehmen

Als wichtige Elemente fehlten lange Zeit cloudbasierte Ansätze und Big Data. Beide Lücken wurden durch eine entsprechende Kooperation mit SAP geschlossen. Dieses Lösungsportfolio leitet sich aus den seitens Siemens identifizierten globalen Herausforderungen in der Produktion [23] ab:

- Effizienz steigern (Energie und Ressourcen),
- Time-to-Market verkürzen (kürzere Innovationszyklen, komplexere Produkte, größere Datenvolumina) und
- Flexibilität erhöhen (individualisierte Massenfertigung, volatile Märkte, hohe Produktivität).

Hieraus leiten sich die folgenden Handlungsfelder [23, 53] ab:

- Digitalisierung (virtuelle Produkte, virtuelle Produktionsmodelle, System-/Funktions-Modellierung),
- Integration (PLM-MES, ERP-MES, PLM-ERP, Design-Engineering-Production),
- Vernetzung (M2M, Machine2Men),
- Schnittstellen (Offenheit, Standardisierung) und
- Security & Safety (Intrusion Detection/Intrusion Prevention und Cyper-Kriminalität).

Bei der Bewältigung dieser Herausforderungen setzt Siemens auf einen integrierten Ansatz, der alle Stufen der Wertschöpfung umfasst. Hierdurch wird eine Verbesserung der Produktivität und Effizienz erreicht (siehe Abb. 7.4), [67].

Die Abbildung zeigt die starke Verzahnung zwischen realer und virtueller Welt, aber auch die weitestgehend lückenlose softwarebasierte Abbildung von der Produktentwicklung bis zur Produktion. Dies wurde unter anderem durch eine Vielzahl an Firmenübernehmen erreicht, beginnend mit der Übernahme von UGS im Jahre 2007. In genau dieser engen Verzahnung von Produkt und Produktion sieht Siemens ein zentrales Element für Industrie 4.0.

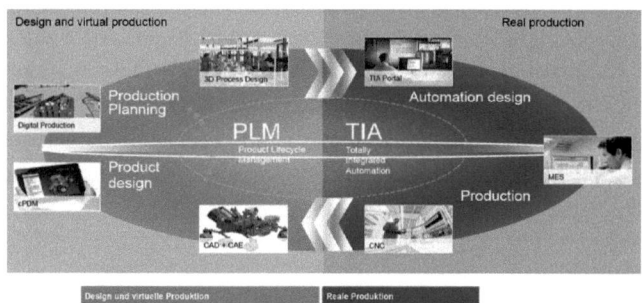

Quelle: Siemens

Abb. 7.4 Siemens Gesamtsicht

Das Aufbrechen der einzelnen Bereichssilos (Entwicklung, Produktion, Sales, Aftersales) und die starke Integration der Systeme propagiert Siemens seit rund zehn Jahren. Um hier nicht auf Drittunternehmen beziehungsweise Partner angewiesen zu sein, erfolgte der konsequente Ausbau des eigenen Lösungsportfolios. Siemens begleitet somit die Digitalisierung der Fertigungsindustrie in allen Phasen der Wertschöpfung.

Das Lösungsportfolio von Siemens lässt sich in die Bereiche

- Digital Enterprise Software Suite,
- industrielle Kommunikationsnetzwerke,
- Sicherheit in der Automatisierung sowie
- geschäftsspezifische industrielle Services

strukturieren.
Die Digitale Enterprise Suite besteht aus

- Teamcenter für das kollaborative Produktdatenmanagement,
- Tecnomatix und NX für das Design und Planung und
- Simatic IT und Simatic S7-Controllerportfolio für die reale Produktion.

Für das Thema der industriellen Kommunikation verfügt Siemens über erprobte Lösungen von AS-Interfaces bis hin zu Industrial Ethernet inklusive zugehöriger Switches der Scalance X-Familie. Bestandteile sind ebenfalls PROFINET, SIMATIC NET, SINEMA Server, Fast Connect und Industrial Remote Control. Für das Thema Sicherheit stehen neben dem „Secure Islands"-Konzept Lösungen für das „Defence in Depth" zur Verfügung (siehe Abschn. 7.1.2.3.5). Im Bereich der geschäftsspezifischen industriellen Services werden verschiedene datenbasierte Services angeboten [19].

Als Industrie-Show-Case wurde, wie schon erwähnt, über die vergangenen Jahre das Elektronikwerk in Amberg (EWA) ausgebaut. In den 90er-Jahren erfolgten klassische Lean Production-Optimierungen. Im Anschluss erfolgte die sukzessive Einführung der Siemens-Produkte. Seit etwa 2008 wurde die Integration von PLM und MES in die ERP-Welt vorangetrieben. Es verwundert daher nicht, dass Amberg vielfach als beste Fabrik Europas ausgezeichnet wurde. An Amberg zeigt sich aber auch eine konsequente Vorgehensweise. Lean Production dient als Basis für die Optimierung der fachlichen Prozesse. Um weitere Effizienzsteigerungen zu erhalten, finden I40-Ansätze Anwendung. Parallel erfolgt eine kontinuierliche Verbesserung – auch bei Industrie 4.0.

7.1.2.2 Entwicklung

Für Siemens sind

- Effizienzsteigerung,
- Time-to-Market und
- die Erhöhung der Flexibilität,

die Herausforderungen [59], vor denen Industrieunternehmen für den Entwicklungsbereich im Allgemeinen und die Automobilindustrie im Besonderen steht. Hierbei gibt es naturgemäß regionale Unterschiede. Die Vision des Unternehmens ist, dass jedes Produkt alle relevanten Informationen zum Bau besitzt, dass das Produktionssystem sich selber organisiert und die gesamt Wertschöpfungskette im Blick hat und der konkrete Produktionsablauf flexibel entschieden wird [59]. Zukünftig wird die Digitalisierung für Unternehmen immer wichtiger werden und laut Siemens ein strategisches Erfolgselement darstellen.

Durch die schon erwähnte Übernahme von UGS untermauerte Siemens sehr deutlich seinen Willen, sich im Bereich außerhalb des ERP-Kerngeschäftes als DER Lösungsanbieter am Markt für Industriesoftware und Hardware zu positionieren. Für das Thema Produktion ist vor allem der Bereich des Digital Manufacturing relevant. Obwohl Siemens über ein eigenes Produktionssystem verfügt (das am Toyota Production System angelehnt ist), wird dieses Thema leider viel zu wenig strapaziert. Auch bei Siemens müssen und werden die Prozesse nach Lean-Gesichtspunkten gestaltet. Hier verfügt das Unternehmen über ein bisher nur ungenügend thematisiertes und propagiertes Know-how. Speziell die Kombination des tiefen Lean Production-Wissens (das „anfassbar" in den einzelnen Produktionsstätten sichtbar ist) mit dem im Unternehmen vorhandenen I40-Know-how wäre ein kaum zu überbietender Vorsprung gegenüber anderen Unternehmen.

7.1.2.2.1 Digitale Fabrik

Durch die Integration von der Produktentwicklung über die Produktionsplanung bis hin zur Produktion und den Aftersales können substantielle Produktivitätssteigerungen erreicht werden. Um diese Potentiale zu heben, ist eine Verknüpfung zwischen realer und virtueller (digitaler) Welt erforderlich (wie bereits in Kap. 4 dargestellt beziehungsweise in Abb. 7.4).

Diesen Weg ging etwa auch Daimler 2012 durch seine Entscheidung, für den CAD-Bereich auf Siemens-Produkte (NX) zu setzen. Seit Jahren verwendet Daimler die Siemens-Lösung Teamcenter für den PLM-Bereich. Siemens ist einer der relevanten Treiber im Bereich Standardisierung des CAD-Austauschformates JT (siehe Kap. 5).

Das Thema der Digitalen Fabrik wird, wie obige Darstellung zeigt, von Siemens durch Tecnomatix abgedeckt. Laut Hersteller handelt es sich hier um die weltweit am häufigsten eingesetzte Lösung für die Digitale Fabrik. Es umfasst die Bereiche

- Produktions- und Fertigungsplanung,
- Simulation und
- operative Produktionsunterstützung/Produktion.

Die neueste Version 12 umfasst auch Komponenten für Big Data zur Qualitätsprüfung, Datenvisualisierung und Analytik in der Fertigung [37]. Natürlich kann die Lösung auch über mobile Geräte genutzt werden. Einen Überblick über das gesamte Tecnomatix-Lösungsportfolio gibt Abb. 7.5 [76].

Abb. 7.5 Siemens Lösungsportfolio von Tecnomatix

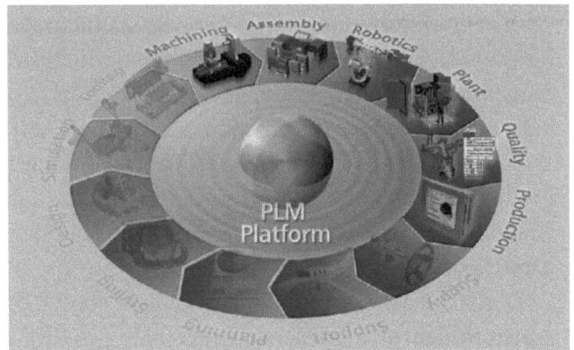

Quelle: Siemens

Im Themengebiet der Fertigungsplanung stehen folgende Lösungen zur Verfügung [76, 77]:

- Prozess-Designer und Management (Überprüfung der verschiedenen Stücklisten, Überprüfungen mittels Visualisierungstools),
- Erstellung von Arbeitsanweisungen (Erstellen von textuellen, bildlichen und filmischen Arbeitsanweisungen für die Produktion),
- Easy Plan (webbasierte Anwendung zur Unterstützung der werksübergreifenden Kapazitätsplanung),
- Test Manager (unter anderem digitale Vormontagetests inklusive 3D-Simulationen),
- Line Designer (Layout und Visualisierung vollständiger Fertigungsstraßen inklusive virtueller Inbetriebnahme),
- Part Planning und Validierung,
- Assembly Planning und Validierung,
- Roboter- und Automatisierungsplanung,
- Plant Designer und Optimierung,
- Quality Manager.

Für eine beispielhafte Darstellung der Lösungen siehe Abb. 7.6 [76].

Im Testmanager werden Testfälle definiert, die vor der realen Inbetriebnahme in der digitalen Welt ablaufen, um den problemlosen Betriebsstart abzusichern. Als Ergebnisse stehen entsprechende Auswertungen und Reports zur Verfügung.

Der Teileplaner (Part Planning) ermöglicht es Zulieferern ebenfalls, ihre Fertigungsprozesse zu planen und zu optimieren, inklusive deren Anlagen. Die Lösung verwaltet unter anderem NC-Programme (Numerical Control), Prozessabläufe und Ressourcen. Zur Optimierung der Abläufe können mittels DNC (Direct Numerical Control) Planungsdaten in die Fertigung übertragen und mit CNC-Maschinen (Computerized Numerical Control) verknüpft werden. Somit lassen sich Planungs- und Produktionsabläufe synchronisieren (auch durch den direkten, zentralen Zugriff auf Bearbeitungsdaten).

Analoge Funktionalität weist das Assembly Planning und die Simulationslösung auf. Hier lassen sich auch Stücklisten verwalten. Eine Planung der Produktionsdauer ist eben-

Abb. 7.6 Beispiele für Siemens Tecnomatix

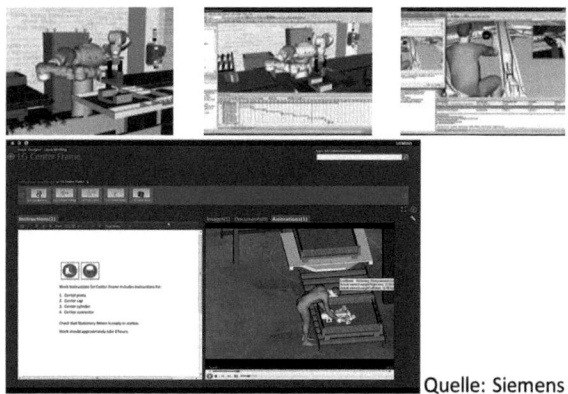

Quelle: Siemens

falls möglich. Es umfasst alle Bereiche des Fertigungsprozesses (Prozessplanung, Produktkonstruktion, Produktion).

Mit dem Roboter- und Automatisierungsplaner wird in einer 3D-Online-Umgebung geplant, um die Produktivität im Konstruktionsbereich zu steigern. Es erfolgt dynamisch die Planung von Roboter- und anderen Automatisierungssystemen auf Basis aller Projektdaten. Durch die dynamische Verwaltung von Fertigungsprozessdaten lassen sich Fehler in der Planung und Montage reduzieren. Durch eine ereignisbasierte Simulation inklusive einer virtuellen Inbetriebnahme können die Anzahl der physischen Testläufe verringert werden.

Der Plant Designer ermöglicht es, den Durchsatz auf Fabrikebene zu simulieren. Die Lösung unterstützt auch bei der gesamten Lebenszyklusplanung einer Fabrik. Mittels 3D-Modellen können Anwender sich einen guten Überblick über Konstruktion, Layout und Installationsprozesse verschaffen (inkl. Förderbänder, Fahrerlose Transportsysteme, Kräne, Zwischengeschosse, Container usw.). Somit kann auch der Materialfluss und der Produktionsdurchsatz durch das Tool geplant und optimiert werden.

Mit dem Quality Manager werden in der Entwicklung die entsprechenden Quality-Gates für die Produktion festgelegt. Basis hierfür sind die entsprechenden Daten aus der Produktentwicklung, wie etwa Toleranzwerte.

Für die spezifischen Bedürfnisse der Automobilbranche gibt es Unterstützung vom Rohbau bis zur Endmontage und der Motorenentwicklung und -produktion (die ja parallel zu den jeweiligen Fahrzeugprogrammen vorangetrieben wird) [77].

Das Themengebiet der Simulation beinhaltet die Einzellösungen
- Fertigungssimulation und Überprüfung mit Process Simulate (Simulation von Fertigungsanlagen inklusive 3D-Darstellung),
- Robotersimulation und Programmierung (ereignisgestützte Simulationen von Roboterbewegungen inklusive Programmierung),
- Logistik und Materialfluss-Simulation mittels Plant Simulator und Factory Flow (diskrete Ereignismodellierung zur Identifizierung von Engstellen, Ressourcen, Transportmaterialien und von Prozessalternativen inklusive grafischer Darstellung und Modellierung),

- Simulation menschlicher Tätigkeiten und Ergonomie-Überprüfungen (Einsatz von Menschmodellen zur Ergonomie-Überprüfung, Einsatz von männlichen und weiblichen Modellen).

Die Systeme werden von allen Automobilherstellern in unterschiedlicher Form und Intensität verwendet. Beispiele finden sich bei der Beschreibung der einzelnen Unternehmen in Kap. 6

Im Themengebiet der digitalen Fertigungs- und Produktionsprozesse erfolgt etwa eine virtuelle Optimierung der Roboterbewegungen und des gesamten Energieverbrauchs. Somit kann hier der Energieverbrauch (laut Hersteller) bei gleicher Prozesszeit um ca. 10 % reduziert werden [59]. In diesem Themengebiet besteht eine intensive Zusammenarbeit unter anderem mit VW. So konnten durch die Simulation von Pressen und deren gezielte Umgestaltung erhebliche Energieeinsparungen erzielt werden. Hier erfolgt auch eine direkte Verbindung zwischen der digitalen und der realen Welt. Das Siemens-Lösungsportfolio umfasst in diesem Themengebiet konkret die Systeme

- Produktionsmanagement,
- Fertigungsmanagement,
- PLM-MES-Integration sowie
- Big Data für die Produktionsqualität.

Über die Verbindung können direkt Daten aus der Entwicklung in Produktionsprozesse integriert werden, wie Arbeitsanweisungen, Produktionsanweisungen, Ressourcen und deren Daten. Hierüber lässt sich auch das Änderungsmanagement systemseitig wesentlich besser unterstützen und integrieren.

Mit Big Data-Analysen auf Basis von Produktionsdaten lassen sich Trends für zukünftige Qualitätsprobleme (Predictive Quality) oder vermeintliche Maschinenausfälle (Predictive Maintenance) erkennen.

7.1.2.3 Kundenauftragsprozess

Neben den verschiedenen Softwarelösungen überwacht Siemens auch den Betrieb ganzer Produktionsanalgen bei seinen Kunden. Dieses Condition Monitoring umfasst nicht nur die eigenen Produkte, sondern auch jene von Drittanbietern. Als Vorteile ergeben sich schnelle Reaktionszeiten, Verfügbarkeit von Experten und eine Reduzierung von Reisezeiten und -kosten. Zur Optimierung werden selbstlernende Systeme eingesetzt, sogenannte Reinforcement Learning-Verfahren mit einer kontinuierlichen Optimierung über die gesamte Betriebszeit hinweg [17].

7.1.2.3.1 CPS

Bezüglich CPS bietet Siemens Lösungen im Bereich fahrerlose Logistiksysteme (zum Beispiel fahrerlose Gabelstapler) an. Diese Systeme sind unter anderem mit einem eigenentwickelten Navigationssystem ausgestattet. Hier findet die ebenfalls eigens entwickelte sogenannte 3D-Landmarken-Technologie Anwendung. Die Lösung kombiniert unterschiedliche Sensordaten aus verschiedenen Quellen, um hieraus exakt die aktuelle Position zu ermitteln. Die Verwendung von GPS-Systemen ist somit nicht erforderlich [17]. Siemens bietet hier allerdings ausschließlich die Steuerungslogik und nicht etwa den Gabelstapler an. Dieser wird durch Partnerunternehmen bereitgestellt.

7.1.2.3.2 3D-Drucker/Additive Manufacturing

Siemens ist als Unternehmen nicht direkt im Bereich 3D-Druck aktiv. Es entwickelt leistungsfähige Legierungen und Verfahren für die Verarbeitung durch laserschmelzbasierte 3D-Drucker [22]. Darüber hinaus unterstützt es mit spezifischen Lösungen (unter anderem NX) die verschiedenen adaptiven Herstellungsverfahren entlang der kompletten Wertschöpfungskette. Ziel ist hierbei, aus einer 3D-CAD-Zeichnung mit möglichst wenig Aufwand ein entsprechendes Teil oder Produkt zu erzeugen.

7.1.2.3.3 Big Data

Durch Domain-Kompetenz wird aus Big Data nun Smart Data; somit sind weitere Optimierungen und neue Geschäftsmodelle möglich. Durch die Kooperation mit SAP, unter anderem basierend auf HANA-Cloud, werden Kundenlösungen aus der Industrie-Cloud der beiden Kooperationspartner angeboten. Siemens liefert hierbei das Domainwissen bezüglich Produktion und SAP steuert die Infrastruktur bei. Das Thema ist eng verbunden mit dem Siemens Cloud-Angebot.

7.1.2.3.4 Cloud

Auf der Hannover Messe 2015 präsentierte Siemens seine Vision einer Industrie-Cloud-Plattform in Kooperation mit SAP. Technologisch basiert der Ansatz auf HANA-Cloud. Der Kunde kann selber entscheiden, wo die Daten liegen (in der Private Cloud, Public Cloud …). Die Plattform ist als eine offene Applikationsplattform konzipiert. Es können also Siemens, SAP und Drittanbieter Lösungen für die Cloud entwickeln. Hierüber soll ein neues Ökosystem für Kunden und Partner entstehen. Darüber hinaus besteht die Möglichkeit der Integration dieser Dienste in die Kunden-IT-Landschaft. Als konkrete Beispiele erfolgt die Anbindung der Automatisierungstechnik in die Cloud-Plattform. Weitere Dienste umfassen Predictive Maintenance, Asset- und Energie-Management. Die Anbindung erfolgt über Standard-Devices wie OPC. Siemens tritt hier als „Datentreuhänder" auf, wie es sich selbst bezeichnet. Als Geschäftsmodell wird ein „Pay-per-Use"-Ansatz propagiert [65]. Darüber hinaus gibt es ein Platform-as-a-Service (PaaS)-Angebot für Partner, über das diese eigene Anwendungen und Dienste für die Siemens-Industrie-Cloud entwickeln und anbieten können [3]. Dieses Angebot ähnelt sehr stark jenem von GE und HP (VFK). Es wird entscheidend sein, hier leistungs- und innovationsstarke Partner zu gewinnen. Hiervon wird auch der wirtschaftliche Erfolg des Vorhabens abhängen.

7.1.2.3.5 IT-Security

Im Bereich IT-Sicherheit geht Siemens seinen eigenen Weg. Das Unternehmen propagiert hier sogenannte „Secure Islands", die explizit nicht mit dem Internet verbunden sind. Dies gilt nicht nur für die installierten Systeme, sondern auch für die Mitarbeiter. Ist doch ein

Datenaustausch erforderlich, so kann dies über singuläre und hierfür speziell geschützte elektronische Poststellen erfolgen. Darüber hinaus werden speziellen Lösungen für die Sicherheit von Produktionsanlagen angeboten [38, 53]. Weitere Lösungsbausteine sind die Themen Anlagensicherheit und Systemintegrität. Hierbei werden im Rahmen von Intrusion Detection und Prevention gezielt ein- und ausgehende Netzwerkaktivitäten von Netzwerksegmenten des Automatisierungssystems untersucht. Verdächtige Aktivitäten oder Verhaltensweisen, die unter Umständen auf Angriffe schließen lassen, werden systemseitig identifiziert [53]. Ferner bietet Siemens auch Lösungen für das Thema Kopier- und Manipulationsschutz an.

Im Umfeld der IT-Sicherheit arbeitet Siemens auch mit dem Unternehmen McAfee (einer Division von Intel) zusammen. So wurde der Managed Security Service (MSS) entwickelt. Es unterstützt Industrieunternehmen in der Erstellung eines umfassenden Sicherheitskonzeptes für alle Maschinen und Anlagen über den gesamten Lebenszyklus hinweg. Ausgangspunkt ist hierbei eine Risiko- und Schwachstellenbewertung. Auf dieser Basis wird ein individuelles Sicherheitskonzept entwickelt. Hier bietet Siemens auch einen Managed Service an [53].

7.1.2.3.6 Integration

Neben dem cloudbasierten Ansatz für eine Integration bietet Siemens seit geraumer Zeit ihr TIA-Portal (Total Integration Automation) an. Wie der Name vermuten lässt, erfolgt der Fokus hier auf der Automatisierungsebene. Hinter der webbasierten Oberfläche verbirgt sich ein Engineering-Framework für alle Siemens-Automatisierungsprodukte (auch ältere Versionen) vom PLC, HMI, Antriebe bis zum Motion Control. Ziel ist es, das Engineering und die Inbetriebnahme von Maschinen und Anlagen zu erleichtern und zu beschleunigen. Somit erfolgt eine entsprechende Integration auf Automatisierungsebene. Es integriert alle erforderlichen Werkzeuge für die Projektierung, Entwicklung und Diagnose. Basis hierfür ist eine durchgängige Datenbasis. Eine weitere Unterstützung sind projektübergreifende Bibliotheken und eine intuitive, grafische Benutzerführung [14]. Wichtig sind hierbei das einheitliche Handling und die leichte Portierbarkeit der Lösungen zwischen verschiedenen Siemens-Produkten. Adressiert werden Maschinen- und Anlagenbauer, aber auch die Endkunden. Als Zielsystem werden alle Siemens-Produkte, wie eine S7, unterstützt.

Obwohl es sich bei RFID um eine „alte" Technologie handelt, so ist sie doch für die Digitalisierung und die Integration von großer Wichtigkeit. Hierüber lassen sich auch gegebenenfalls ein digitales Produktgedächtnis auf dem Fahrzeug oder dessen Träger (Skid) realisieren oder aber auch eine vollständige Transparenz in der Produktion durch aktive oder passive Tags umsetzen. RFID stellt somit ein elementares Bindeglied zwischen der digitalen und der realen Welt dar. Siemens bietet ein breites Spektrum an Lösungen an. Dies reicht von kosteneffizienten SIMATIC RF200 bis zu SIMATIC RF 600 für sehr anspruchsvolle Szenarien. Die Integration der RFID-Geräte erfolgt über den Standard OPC UA (siehe Kap. 5). Somit reduzieren sich die Integrationskosten erheblich. Hierüber lässt sich ein Tracking & Tracing realisieren oder ein transparentes Behältermanagement umsetzen. So setzten etwa Volkswagen und Daimler derartige RFID-Systeme in den verschiedenen

Bereichen ein (siehe Kap. 6). Siemens setzt die Technologie auch in den eigenen Fabriken (etwa dem Elektronikwerk und im Gerätewerk in Amberg) ein.

Die Integration auf ERP-, PLM und MES-Ebene wurde bereits angesprochen. Hierbei handelt es sich um eine prozessgetriebene Integration. Im Fokus steht der Kundenauftragsprozess. Aus dessen Implementierung in den drei Systemblöcken (ERP, PLM und MES) resultieren entsprechende Schnittstellen. Details werden in den folgenden Abschnitten erläutert.

7.1.2.3.7 Real Time Enterprise

Das Thema Echtzeitfähigkeit fängt für Siemens bei der Vernetzung an. Mit PROFINET, als erweiterten Unternehmens-Standard, wird für eine flexible und Echtzeitübertragung von Daten und Informationen gesorgt. Hier werden in PROFINET herstellerübergreifende Profile für Geräte und Systeme auf Ebene der Automatisierungstechnik für entsprechende Verhaltensweisen, Merkmale und Eigenschaften festgelegt. Es unterstützt hierbei TCP/IP und ermöglicht den Zugriff über Web-Lösungen. Bezüglich der Topologie besitzt der Anwender alle Freiheiten, etwa in Form von Stern-, Baum- oder Ringstrukturen. Eine weitere Basis für ein echtzeitfähiges Unternehmen ist die Automatisierungsebene. Nur wenn hier die relevanten Daten und Informationen schnell generiert und weitergereicht werden, können Big Data-Systeme entsprechende Analysen liefern. Darüber hinaus unterstützt auch das Siemens MES das Thema Echtzeitfähigkeit im Unternehmen durch die Bereitstellung von relevanten Informationen, auch auf mobilen Geräten.

7.1.2.3.8 Produktionssystem

Im Bereich Produktion hat Siemens mit dem sogenannten „Full Manufacturing Operations Management", kurz MOM, und als zentrales Element mit der SIMATIC IT Production Suite ein umfangreiches Lösungsportfolio. Diese schließt für das Thema Qualität die Lösung QSYS, Enterprise Asset Management (EAM), Environment Health & Safety und Preactor GMPS für die Sequenzierung und die Intelligence Suite für Visualisierung mit ein (siehe Abb. 7.7) [68].

Abb. 7.7 MOM Portfolio

Das Order Management übernimmt hierbei den Download des Produktionsauftrages aus dem ERP/SAP und die Bestätigung zurück. Darüber hinaus werden entsprechende Ressourcen in der Produktion durch das MES belegt. Details bezüglich des Produktionsfortschritts (Work-in-progress) werden an dedizierten Punkten/Zeitpunkten an das ERP/SAP übermittelt.

Im Bereich Sequenzierung/Scheduling wird die konkrete Produktionssequenz ermittelt. Bei der Festlegung der genauen Produktionssequenz wird der Produktionstopologie (von Presswerk bis Endmontage) entsprechend Rechnung getragen. Der Ausgangspunkt der Sequenzierung kann entsprechend den Engpässen festgelegt werden. Produktionsaufträge lassen sich aufteilen und beliebige Unterproduktionssequenzen berücksichtigen. Die Sequenzierung kann nach verschiedenen Kriterien erfolgen (zum Beispiel Overtime, Auftrags-Priorisierung, Order Promising). Eine automatisierte Re-Sequenzierung ist ebenfalls möglich. Als Alternative kann auch Flexis für die Sequenzierung verwendet werden.

QSYS übernimmt das gesamte Qualitätsmanagement in der Produktion. Es reicht von der Wareneingangskontrolle bis zur eigentlichen Produktionsqualität (unter anderem manuelle und automatische Datenerfassung, statische Prozesskontrolle, Fehlertracking). Die Qualitätsanalyse umfasst die Online Visualisierung und Arbeitsanweisungen (in Form von Bildern oder Videos), Soll-/Ist-Vergleiche, Qualitätsabweichungen, automatisches Berechnen des Lieferantenstatus und etwa Überblick über die gesamte Lieferantenhistorie. Daneben gibt es noch die Qualitätsverbesserung durch die Unterstützung von Audits, 8D-Methode/Reports, Aktionsmanagement und der Root Cause & Hierarchie Defect-Analyse. Der Funktionsumfang umfasst auch Möglichkeiten zur dynamischen Qualitätskontrolle und vielfältige Möglichkeiten zur Prozessverriegelung.

Der Bereich der Instandhaltung (Maintenance) umfasst die Erfassung von Maschinenhierarchien, dem Managen der Instandhaltung inklusive der erforderlichen Ersatzteile und der Integration in die Automatisierungs- und ERP-Ebene. Bei der Überwachung der einzelnen Produktionslinien (Line Monitoring) stehen neben der OEE-Berechnung (Overall Equipment Effectiveness) noch Funktionen für das Energiemanagement, Alarm-Management und dem Order Caching zur Verfügung. Im Automotive-Umfeld ist das Thema Traceability besonders wichtig. Hier kann unter anderem nach Seriennummer, Batch-Nummer, Auftragsnummer, Produkthistorie, Bedienstation, Verbauzeit, Material oder Werkzeuge/Maschinen gesucht und entsprechend nachverfolgt werden. Vielfach werden Teile oder Baugruppen an unterschiedlichen Produktionsstandorten produziert. Derartige Szenarien sind mit der Lösungen ebenfalls abgedeckt.

Die vertikale Integration besteht in die SAP-Module PP, QM, PM/EAM und WM hinein. Hierbei werden unter anderem Stammdaten, Produktdefinitionen oder/und Beschaffungsaufträge über Standardinterfaces wie IDOCS oder BAPIs ausgetauscht. Der Datenaustausch mit Drittsystemen kann über Web Services, File Transfer oder einem DB-Zugriff erfolgen. Für die Anbindung an die Automatisierungsebene existieren ebenfalls umfangreiche Möglichkeiten. Die Visualisierung basiert auf dem MS SQL-Server. Somit stehen hier umfangreiche grafische Möglichkeiten bereit. Ein Excel-Export steht ebenfalls zur Verfügung.

Bei genauer und etwas kritischer Betrachtung der Simatic IT-Funktionalität muss man feststellen, dass es sich hier um keine für Industrie 4.0 relevanten Funktionalitäten handelt.

7.1 Lösungen von Industrieunternehmen

Durch die starke Integration in die Digitale Fabrik-Welt und das Gesamtlösungsportfolio ergeben sich allerdings I40-relevante Ansätze. Genau diese Integration ist ein wichtiger Stellhebel für Industrie 4.0. Darüber hinaus ist speziell das Thema und die Funktionalität von CPPS aktuell noch nicht klar umrissen (siehe Kap. 4). Somit bleiben MES für absehbare Zeit die relevanten Systeme zur Produktionssteuerung.

Für die auch in der Automobilindustrie vorhandene Mechatronikmontagelinien hat Siemens die eMES als „out of the Box"-Lösung, etwa für die Platinenfertigung (PCBs), anzubieten. Die Lösung adressiert hier sowohl die elektronische als auch die mechanische Fertigung. Im Themengebiet der Mechatronik-Fertigung sind die Materialverfolgung, Integration der Entwicklung in die Produktentwicklung inklusive CAD-Datenimport (Stichwort NPI – New Product Introduction) sowie das Qualitätsmanagement inklusive Reparatur und das Labeling relevant.

Ungeachtet der konkreten Anwendung und Ausprägung der Lösung ist die Integration in die ERP- Welt von gravierender Bedeutung. Einen Gesamtüberblick und die Positionierung der SIMATAIC-IT im Gesamtkontext zeigt die Abb. 7.8.

Auf der Hannover Messe 2014 zeigte Siemens modellhaft die Möglichkeit kooperierender Roboter für die vollautomatisierte Türmontage in der Endmontage. Türen werden sowohl im Rohbau zur Absicherung des Spaltmaßes und final in der Endmontage montiert. Über RFID-Chips erfolgt die Identifizierung der „richtigen" Türen zur Karosserie. Die Endmontage wird autonom durch die Roboter vorgenommen. Notwendige Nacharbeiten werden ebenfalls durch die Roboter ausgeführt [80].

7.1.2.3.9 Nachhaltigkeit

Das Unternehmen hat schon sehr frühzeitig die Relevanz des Themas erkannt. Als einer der wenigen Anbieter von I40-Lösungen bietet Siemens hier ein umfangreiches Lösungsangebot [59] an. Es umfasst

- die Energieerzeugung,
- das Energiemanagementsystem sowie
- die Simulation des Energieverbrauchs mit Plant Simulator.

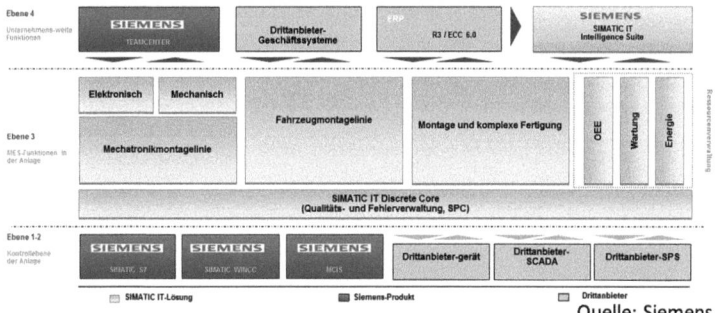

Abb. 7.8 Siemens SIMATIC IT im Gesamtkontext

Darüber hinaus errichtet Siemens komplette Energieerzeugungsanlagen (Windparks, Sonnenenergie usw.) und unter anderem Turbinen für die Stromerzeugung.

Die Energieerzeugung umfasst die Bereiche fossile und erneuerbare Energien, die Energieübertragung und Verteilung, Industrielösungen etwa für Antriebstechnik und Energiemanagement, Mobilität und Gebäudetechnik, Umwelttechnologien inklusive der entsprechenden IT-Lösungen und Dienstleistungen [47].

Ca. 40 % des weltweiten Energieverbrauchs fällt in Gebäuden an. Der größte Energieverbrauch innerhalb eines Gebäudes sind die technischen Anlagen und die Beleuchtungsmittel mit ca. 40 bis 60 % des gesamten Energiebedarfs. Somit wächst der Druck, den Energieverbrauch zu senken. Siemens bietet hier umfangreiche Energie- und Umweltlösungen. Hierzu gehören Lösungen für die Gebäudeautomatisierung. Somit kann über die Lösungen die Einhaltung von Energieklasse A sichergestellt werden. Die Lösungen kontrollieren die wesentlichen Elemente, wie Beleuchtung, Jalousien-Systeme bis zur Sicherheitsanlage und Zutrittskontrolle inklusive dem Stromverbrauch. Durch das kontinuierliche Aufzeichnen der Daten kann ein unnötiger Verbrauch in der Produktion oder im Büro-Bereich identifiziert werden [47].

Die energetische Simulation von Produktionsanlagen wird immer wichtiger, vor allem da die Automobilhersteller deutlich ihr Image beziehungsweise ihre gesellschaftliche Bedeutung, auch im Umweltschutz, wahrnehmen und aufbessern wollen. Somit spielen energetische Betrachtungen bei der Fabrikplanung auch eine Rolle. Die Umsetzung derartiger Projekte scheitert aber oftmals auf Grund der hohen Investitionskosten und der damit verbundenen langen Amortisierungs-Zeiten von vielfach deutlich über drei Jahren.

Darüber hinaus unterstützt Siemens andere Unternehmen in der Einhaltung von Energienormen und etwa beim Thema Smart Grids (hier durch Komplettlösungen). Das Unternehmen ist ebenfalls im Bereich der Stromübertragung und der hierfür notwendigen Transformatoren aktiv.

7.1.3 WITTENSTEIN

Das Unternehmen ist sowohl Automobilzulieferer als auch Anbieter von I40-Produkten und Lösungen. Das Unternehmen wurde bereits im letzten Kapitel eingeführt, daher erfolgt keine Wiederholung an dieser Stelle.

7.1.3.1 Das Unternehmen

Die Sicht von WITTENSTEIN auf Industrie 4.0 [66] umfasst die Punkte

- Global Facility,
- Smart Products/CPS,
- Smart Equipment,
- Augmented Operator sowie
- Virtual Production.

Um ihre Kompetenz im Bereich Industrie 4.0 zu demonstrieren, wurde eine sogenannte „urbane Produktion der Zukunft" als Lern- und Demonstrationsfabrik umgesetzt. Auch für WITTENSTEIN steht der Mensch im Mittelpunkt der Produktion von morgen. „Nur Menschen bringen Industrie 4.0 zum Laufen" [41]. Im Zentrum der Bemühungen von WITTENSTEIN stehen die Optimierung der Produktion und damit die Entwicklung entsprechender Industrie 4.0-fähiger Lösungen. Diese Lösungen werden in der eigenen Produktion erprobt und für Kunden demonstriert.

In seiner 2014 eingeweihten „Denkfabrik" erfolgt die Weiterentwicklung von mechatronischen Produkten und Systemen. Auch hier gibt es „Industrie 4.0 zum Anfassen", um die Integration von der Entwicklung bis zur Produktion zu erleben.

7.1.3.2 Entwicklung

Die Zielsetzung ist die Entwicklung CPS für Produktions- und Logistiksysteme. Um die Einführung für Anwender und Kunden zu erleichtern, werden Vorgehensweisen, Hilfsmittel und eine Plattform entwickelt [66].

7.1.3.3 Kundenauftragsprozess

WITTENSTEIN hat in seiner urbanen Fabrik verschiedene Anwendungsfälle unter Praxisbedingungen umgesetzt [66]. Hierzu gehören:

- Flexible Produktionslogistik (Milkrun 4.0),
- Schadensfrüherkennung über maschinenintegriertes predictive Maintenance,
- Produktionsplanung und Steuerung,
- Auto-ID-basiertes Rüstteilemanagement,
- Mobile Lösungen und Integration.

Sowohl bei der Optimierung der Produktionslogistik als auch bei der Umsetzung von mobilen Lösungen werden papiergebundene Lösungen durch einen integrierten IT-Ansatz abgelöst. Hierbei wird auf Auto-ID-Technologie und eingebettete Software und Systeme zurückgegriffen. Natürlich erfolgt die Datenverarbeitung in Echtzeit. Um derartige Optimierungen umzusetzen, bedarf es eines digitalen Abbildes der aktuellen physischen Produktionssituation.

Beim „Milkrun 4.0"-Projekt erfolgt das Ersetzen einer starren physischen Materialversorgung (in Form eines Elektrozuges) für die Produktion durch einen dynamischen und bedarfsorientierten Ansatz basierend auf der aktuellen Auftragslage und des Produktionsfortschrittes. Somit werden Fahrzeiten und -wege reduziert und die Fahrzeugauslastung optimiert (siehe Abb. 7.9).

Um dies zu erreichen, wurden alle Informationen (Auftragsdokumente, Werkstückträger usw.) maschinell erfasst. Dies erfolgt unter anderem über RFID oder Barcodes. Somit besteht Transparenz hinsichtlich der aktuellen Situation in der Produktion. Um das Bild zu komplettieren, erfolgt auch die Anbindung der Produktions- und Auftragsplanung (ERP-System). Das Ergebnis ist ein virtuelles Abbild des physischen Materialflusses. Diese

Quelle: WITTENSTEIN AG

Abb. 7.9 Umsetzung einer auftragsbezogenen Materialversorgung bei WITTENSTEIN

virtuellen Informationen dienen als Ausgangspunkt für die Planung der Materialversorgung in Form der Fahrrouten mit Abfahrtszeiten und Haltepunkten. Der Fahrer erhält die notwendigen Informationen auf seinem Tablet-PC dargestellt. Vor dem Start des Projektes erfolgte zur Verifizierung eine entsprechende Simulation.

Im Mittelpunkt der mobilen Lösungen steht zuerst die Darstellung eines digitalen, mobilen Plantafelsystems, um auch hier die „Brüche" zwischen der physischen und der virtuellen Welt zu überwinden (siehe Abb. 7.10).

Das neue System ist auch mit der Planungssoftware vernetzt. Somit werden Medienbrüche vermieden und alle Kundenaufträge sind erfasst und transparent dargestellt. Änderungen in der Produktionsreihenfolge oder der Priorität der Abarbeitung sind ebenfalls für alle Prozessbeteiligten jederzeit einsehbar. Vom Planer bis zum Mitarbeiter in der Produktion haben somit alle die gleiche und konsistente Sicht auf die Informationen, da alle Beteiligten auf den gleichen Daten arbeiten. Neue Aufträge werden somit auf den mobilen Geräten sichtbar und lassen sich hierüber abrufen. Diese Transparenz schließt natürlich auch Problemmeldungen und Behebungen mit ein. Nur so entsteht ein wirklich transparentes, virtuelles Abbild der Realität. Diese Informationen stellen auch den Ausgangspunkt für eine kontinuierliche Verbesserung dar [42].

7.1.3.3.1 CPS

Das Unternehmen ist im Rahmen der Zukunftsinitiative der Bundesregierung auch für das Projekt „Cyper-Physische Produktionssysteme" (CyProS) verantwortlich. Das Projekt wird durch das Bundesministerium für Bildung und Forschung gefördert. Es ist daher nicht überraschend, dass WITTENSTEIN selber CPS entwickelt. Ein Beispiel ist der mechatronische Systembaukasten. Er basiert auf direktangetriebenen Werkzeugen für CNC-Mehrspindelanwendungen. Über die internetbasierte Systemkonfigura-

7.1 Lösungen von Industrieunternehmen

Quelle: WITTENSTEIN AG

Abb. 7.10 Dynamisches Plantafelsystem bei WITTENSTEIN

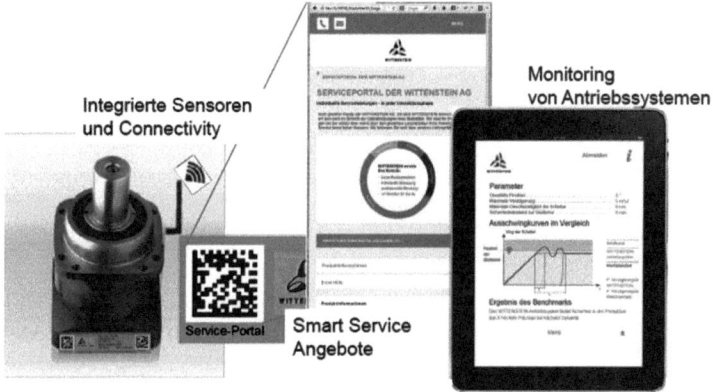

Quelle: WITTENSTEIN AG

Abb. 7.11 CPS von WITTENSTEIN

tion kann eine entsprechende Auslegung erfolgen. So können Bohrbilder flexibel und wandlungsfähig programmiert werden. Darüber hinaus verfügt das System über ein integriertes Condition Monitoring, um einen Systemausfall vorzubeugen sowie zur intelligenten Überwachung aller Bearbeitungsprozesse. Für das Condition Monitoring werden Drehzahl, das Drehmoment und die Leistungsaufnahme überwacht, siehe Abb. 7.11 [40].

Die Smart Products/intelligente Maschinen können Geräteinformation mit anderen Maschinen auszutauschen. Dies schließt auch die automatische Kompatibilitätsprüfung mit ein. Die Produkte speichern und überwachen Betriebsdaten, um frühzeitig einen möglichen Ausfall vorherzusagen (vorbeugende Instandhaltung). Informationen zur Bedienung der Maschinen und zur Wartung sind ebenfalls vorhanden [66].

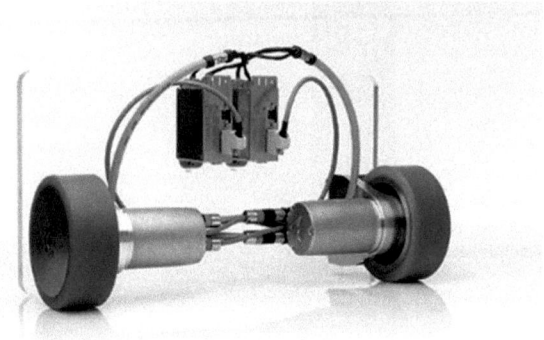

Abb. 7.12 Das Transaktionsantriebssystem von WITTENSTEIN als wichtiger Bestandteil von FTS. (WITTENSTEIN Produktinformation)

Quelle: WITTENSTEIN AG

Als wichtiger Bestandteil von Fahrerlosen Transportsystemen (FTS) kommt das TAS (Transaktionsantriebssystem) zum Einsatz, so etwa bei der Firma DS Automotion. Die komplette Antriebseinheit ist somit eine integrationsfreundliche Baugruppe, siehe Abb. 7.12. Beim TAS sind die Getriebe direkt in die Antriebsräder integriert. Dieser Ansatz ist vor allem bei FTS, die Lasten unterfahren, vorteilhaft. Darüber hinaus zeichnet sich das TAS durch einen sehr geringen Energieverbrauch aus [13].

7.1.3.3.2 Nachhaltigkeit

Die urbane Fabrik berücksichtigt ökologische und ökonomische Gesichtspunkte. Sie weist eine vollständig regenerative Energieversorgung auf. Auch wurde auf eine Lärmreduzierung, Abgas-, Abfall- und Industriewasser-Reduzierung geachtet. Details wurden bereits in Kap. 6 dargestellt.

7.1.4 KUKA

KUKA ist der europaweit führende Hersteller von Industrierobotern. Die Übernahmen von rund 25 % der Anteile durch den Anlagenbauer Voith Ende 2014 ergibt für beide Unternehmen ein großes Synergiepotential. Das Unternehmen erwirtschafte 2014 mit seinen weltweit 12.102 Mitarbeitern einen Umsatz von 2,228 Mrd. €.

7.1.4.1 Das Unternehmen

Als Hersteller von Industrierobotern bringt sich KUKA aktiv in die Arbeitsgemeinschaften der Plattform Industrie 4.0 ein. Einen Schwerpunkt bilden die drei Themenfelder der vernetzten Mensch-Maschine-Zusammenarbeit in der Produktion, Smart Platform und Mobilität. Laut KUKA kann durch den Einsatz von sensitiven Robotern die Produktivität in Deutschland als Hochlohnland weiter gesteigert und so einen aktiven Beitrag zur Sicherung von Arbeitsplätzen beziehungsweise zum Zurückholen von Arbeitsplätzen geleistet werden [27].

KUKA sieht die folgenden globalen Megatrends als Treiber für Industrie 4.0 [31]:

- Individualisierung,
- Digitalisierung,
- Mobilisierung,
- Globalisierung.

Für das Unternehmen wird durch Industrie 4.0 ein Quantensprung in Richtung Produktivität, Flexibilität und Effizient möglich. Die Notwendigkeit von morgen sind dynamische Wertschöpfungsketten. Dies wird durch dezentral vernetzte Intelligenz in der Fertigung und sich selbst organisierende Produktionsprozesse erreicht. Eine Voraussetzung hierfür ist das Überwinden der Barriere zwischen realer und digitaler Welt. Es dürfte nicht überraschen, dass für KUKA der Roboter als Kernkomponente in der Mitte der digitalen Supply Chain steht. Über die Mensch-Roboter-Kommunikation (MRK) werden die Vorteile der bisherigen Robotik (hohe Wiederholgenauigkeit, Kraft, Präzision) mit jenen der Menschen (Kreativität, kognitive Fähigkeiten) vereint. Bei der Vision von KUKA werden die neuartigen Roboter von ihren menschlichen Kollegen lernen. Durch die Anbindung an die Cloud können die Maschinen die Ergebnisse ihrer Arbeit selbständig überprüfen, dokumentieren und auch optimieren. Damit wird auch eine maximale Transparenz innerhalb der Fabrik und ihrer Produktionsprozesse erzeugt. Das eigentliche Potential der sensitiven Roboter wird aber erst erreicht, wenn diese untereinander kommunizieren bis hin zu holistischen Systemen. KUKA spricht hier auch von den vier Revolutionsstufen industrieller Robotik (roboterbasiert, sensitiv, mobil und kognitiv) und einer „Robofaktur", einer hochflexiblen Fabrik, in der Menschen und Roboter Hand in Hand arbeiten [31].

Das Unternehmen öffnet sich bewusst für Neuerungen. Ein Beispiel hierfür ist der durch das Unternehmen initiierte Innovation Award. Im Jahre 2015 stand er im Zeichen des sensitiven Roboters. Teilnehmer wurden dazu aufgerufen, Anwendungen für diesen neuartigen Roboter zu entwickeln. Bei den Lösungen geht es um die frühzeitige Absicherung und Optimierung von Steuerprogrammen und gesamten Anlagen. Es lassen sich auch Aussagen bezüglich der Kollisionsfreiheit von Roboterbewegungen und Taktzeit ermitteln.

7.1.4.2 Kundenauftragsprozess

Als Hersteller von Industrierobotern und automatisierten Produktionslösungen fokussiert sich das Unternehmen genau auf diese angesprochenen Themen. Demzufolge bietet es Lösungen im Bereich der sensitiven Roboter und der autonom fahrenden Logistik- und Produktionseinheiten an. Der Weg in Richtung Industrie 4.0 geht für KUKA über Leichtbauroboter.

7.1.4.2.1 Digitale Fabrik

Um vor allem komplexe und hochautomatisierte Roboterfarmen schnell und sicher in Betrieb zu nehmen, hat KUKA bereits 2009 Verfahren zur virtuellen Inbetriebnahme entwickelt. Hierbei ist das vorrangige Ziel die frühzeitige Absicherung von Steuerprogrammen und gesamter Anlagen inklusive der Absicherung der Kollisionsfreiheit von Roboterbewe-

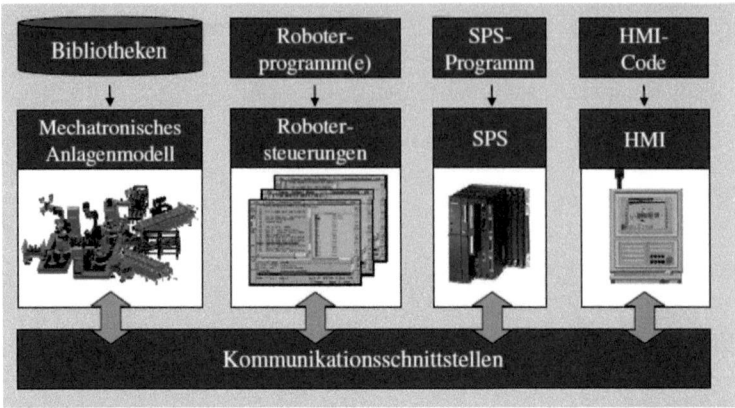

Abb. 7.13 KUKA: Virtuelle Inbetriebnahme. (Erfahrungsbericht bei KUKA)

gungen und der Taktzeitabsicherung (siehe Abb. 7.13). Wichtig hierbei ist unter anderem das Zurückgreifen auf entsprechende Standards [6].

Darüber hinaus bietet KUKA seinen Kunden umfangreiche Lösungen [36]

- Sim Layout,
- Sim Pro und
- Load

an. Mit Sim Layout stellt das Unternehmen eine Softwarelösung für die Anlagenkonzeption und Simulation von Roboterfarmen zur Verfügung. Hierzu gehören unter anderem Kollisions- und Erreichbarkeitsprüfungen und die Visualisierung von Roboterbewegungen. Die Lösung baut auf der im obigen Abschnitt beschriebenen virtuellen Inbetriebnahme auf.

Sim Pro baut auf Sim Layout auf und beinhaltet darüber hinaus Möglichkeiten zur Offline-Programmierung von KUKA-Robotern. Hierüber lassen sich auch programmierbare Bewegungsabläufe in Echtzeit darstellen.

Über Load erfolgt die Ermittlung der Lastauslegung von KUKA-Robotern. Dabei können Roboter auf Überlastung geprüft und der geeignete Roboter für spezifische Aufgaben ausgewählt werden. Bei Robotern ist nicht nur die zu tragende Gesamtlast, sondern auch die achsenspezifische Last relevant.

Darüber hinaus bietet das Unternehmen umfangreiche roboterspezifische Lösungen an, angefangen von einem spezifischen Betriebssystem bis hin zu entsprechenden Sicherheitslösungen. Hierzu gehören auch webbasierte Lösungen.

7.1.4.2.2 CPS und sensitive Roboter

Der seit 2012 auf dem Markt befindliche Leichtbauroboter LBR Iiwa (Leichtbauroboter Intelligent industrial work assistent) ist auf maximal 14 kg Traglast und eine Reichweite von 82 cm beschränkt. Durch seine Leichtbauweise und seine sieben Achsen am Arm weist

Quelle: KUKA

Abb. 7.14 Überblick über verschiedene Leichtbauroboter von KUKA. (Pressematerial)

das System eine sehr hohe Wendigkeit auf. Auf Grund seiner Sensoren stoppt es, wenn eine Berührung erfolgt. Somit kann der neuartige Roboter mit dem Menschen zusammenarbeiten. Für technische Details sei auf Kap. 4 verwiesen. Durch die Steuerung Sunrise ist eine intuitive Bedienung des neuartigen Roboters möglich. KUKA setzt bei all seinen Produkten auf offene und interoperable Standards. Das System ist laut Hersteller für

- Verpackung und Kommissionierung,
- Mechanische Bearbeitung,
- Einlegen und Bestückung sowie
- Palettierung

geeignet, siehe auch Abb. 7.14 . Die Positionierungsgenauigkeit liegt bei 1 mm.

In einer weiteren Variante wurde der LBR um eine mobile und autonom fahrende Komponente erweitert (Mobile Robotik kurz KMR). Über einen integrierten Laserscanner erfolgt die Überwachung der Umgebung. Mittels einer integrierten Steuerungssoftware für die Navigation und Hochleistungs-Akkus kann sich das System autonom und kollisionsfrei bewegen. Eine WLAN-Anbindung vervollständigt die Lösung. Die Traglast der mobilen Einheit beträgt 400 Kg. Die Anzahl und Positionierung der LBR ist hierbei flexibel.

Die Navigationslösung besteht aus zwei Teilen. Mit einem Industrie-PC zum Einbau in die fahrerlose Transporteinheit und einem Server für die Steuerung der einzelnen mobilen Einheiten. Über die zentrale Steuerungseinheit erfolgt eine aufeinander abgestimmte Planung und Ausführung verschiedener Aufträge. Die Anbindung an die einzelnen autonomen Einheiten erfolgt über WLAN. Hierbei führen die einzelnen Einheiten, auf Basis von entsprechenden Algorithmen zur Lokalisierung, Wegplanung und Lastaufnahme, ihre Fahr- und Handling-Aufträge autonom aus.

Sunrise.OS ist die Systemsoftware für alle Leichtbauroboter. Die Software stellt alle erforderlichen Funktionen zum Betrieb zur Verfügung. Bei der Sunrise.Workbench handelt es sich um einen objektorientierten Ansatz in Java für die Programmierung des KUKA-Roboters. Das Unternehmen legt einen Schwerpunkt bei der Bedienung auf innovative Konzepte in Form einer leichten Bedienung mittels Komfortfunktionen, selbsterklärenden

Symbole, Visualisierung über Kacheln, grafischen Elementen, farbigen Status-LEDs und einer einfache Diagnose, um somit eine schnelle Inbetriebnahme zu gewährleisten.

Darüber hinaus hat KUKA mit seinem smartPAD eine touchscreenbasierte Lösung entwickelt, um auch mobil die LBRs zu bedienen. Über einen USB-Anschluss erfolgt das leichte Ein- und Auslesen von Konfigurationen. Mit dem smartPAD lassen sich alle Achsen über separate Verfahrenstasten direkt ansteuern.

Als weitere Lösung präsentiert KUKA mit flexFELLOW eine manuell fahrende Automatisierungseinheit auf Basis des LBR. Somit reicht das KUKA-Spektrum von manuell fahrenden LBR bis hin zu vollständig autonom agierenden Einheiten (ohne Bodenmarkierungen, Induktionsschleifen oder Magnete) für Logistik und Produktion.

Das Partnerunternehmen Swisslog erweitert mit CarryPick die KUKA-Lösung in Richtung Lagerlogistik und Warehouse-Management. Es besteht aus mobilen Regalen und fahrerlosen Transporteinheiten für die Kommissionierung. Dies erfolgt in Kombination mit der eigenentwickelten Warehouse-Lösung WM6.

7.1.4.2.3 Nachhaltigkeit

Durch die Verwendung von Leichtbaurobotern wird deren Energieverbrauch gegenüber ihren stählernen Vorgängern deutlich reduziert. Somit leistet KUKA einen aktiven Beitrag zur Energiereduzierung in der Produktion. Darüber hinaus beteiligt sich das Unternehmen an der VDMA-Initiative „Blue Competence".

7.1.5 Festo

Der 1925 gegründete Automatisierungsspezialist erwirtschaftete im Jahre 2013 mit über 17.800 Mitarbeitern (Vorjahr 16.200 Mitarbeitern) einen Umsatz von 2.45 Mrd. € (Vorjahr 2.24 Mrd. €). Es stehen elf sogenannte Global Production Center und 28 National Service Center zur Verfügung. Festo ist in 61 Ländern mit über 260 Niederlassungen aktiv [16].

7.1.5.1 Das Unternehmen

Ebenso wie andere Industrieunternehmen ist Festo sowohl Nutzer der eigenentwickelten Lösungen als auch Anbieter von Industrie 4.0-basierten Lösungen. Zu diesem Zweck hat das Unternehmen auch eine Lernfabrik mit weiteren Partnern (zum Beispiel SAP und Elster) aufgebaut. Hier gibt es „praktische Industrie 4.0 zum Anfassen" in einer realen Produktionsumgebung zu sehen. Diese Strategie verfolgen, wie schon erwähnt, auch andere Industrie-Unternehmen.

Für Festo [29] stehen Unternehmen vor folgenden Herausforderungen:

- Schneller Technologiewandel,
- Kundenspezifische Lösungen,
- Volatile Märkte,
- Globalisierung,
- Kundenzentrierung,

- Steigende Energiekosten,
- Vernetzung in der Produktion.

Hier setzt Festo [29] folgende Punkte um:

- Modulares, flexibles Produktionssystem auf Basis von SAP ME und MII,
- Hohe Wandlungsfähigkeit,
- CPS (das heißt jedes Modul hat eigene Intelligenz).

Für Festo ergeben sich als Lösungsansätze modulare Mechatronik-Komponenten und lernende Systeme für eine intelligente Automatisierung.

Das Unternehmen arbeitet aktiv in den verschiedenen Arbeitsgemeinschaften der Plattform Industrie 4.0 mit. So war Festo zum Beispiel auch an der Entwicklung der Referenzarchitektur (siehe Kap. 5) beteiligt.

7.1.5.2 Kundenauftragsprozess mit CPS

Festo fokussiert sich sehr stark auf CPS, um hierüber die Produktion flexibler zu gestalten. Festo positioniert sich auch im Bereich moderner Produktionsansätze. Durch die praktische Expertise des Unternehmens in flexiblen Ansätzen, wie schwarmbasierter Produktion, erfolgt auch eine Positionierung in der Beratung von Kunden und als Technologie- und Innovationsführer.

7.1.5.2.1 CPS

Ein Beispiel für neuartige Mechatronik-Komponenten ist die pneumatische Servoachse. Diese verfügt über eine adaptive Reglerstruktur, eine Lageregelung mit unterlagerter Druck-/Kraftregelung und einen positionsabhängigem Reglerentwurf und Lastmassenschätzung im laufenden Betrieb.

In Kooperation mit Siemens wird zur Materialversorgung in der Produktion ein Multi-Carrier-System angeboten (siehe Abb. 7.15). Das System verfügt über Sensoren in den Werkstückträgern und Antrieben. Die Flexibilität wird unter anderem durch freie Bewegung und Ein- und Ausschleusen jedes einzelnen Wagens im Gesamtsystem erreicht. Als

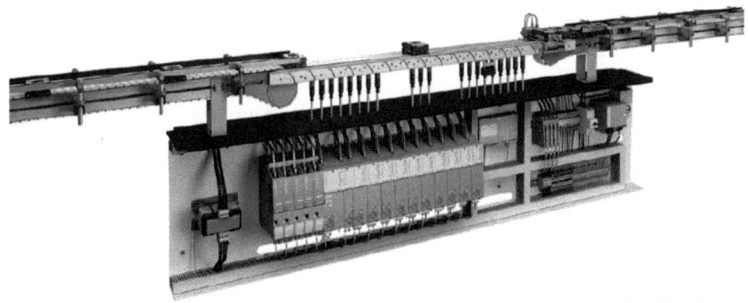

Quelle: Festo

Abb. 7.15 Multi-Carrier-System von Festo und Siemens. (Festo Pressemitteilung)

Abb. 7.16 Bionische Ansätze von Festo. (Festo Pressemitteilung und Produktbeschreibung)

Schnittstelle dient OPC UA. Es wird seitens beider Hersteller auch eine vorausgehende Simulation des Systems angeboten [55].

Weitere Beispiele sind Lösungen basierend auf der 3D-MID Technologie. Hierüber werden Miniaturroboter realisiert. Ein erstes Beispiel ist der BionicANTs. Es kommen also bionische Technologien zum Einsatz (also auf Basis natürlicher Vorbilder), hier konkret einer Ameise. Auf Basis des Ansatzes werden schwarmbasierte Lösungen für die Produktion entwickelt, siehe Abb. 7.16. Hierbei kommen Regelalgorithmen zum Einsatz, um das Verhalten der Tiere nachzubilden. Wie in der realen Welt arbeiten auch deren künstliche Vertreter nach definierten Regeln zusammen. Hierzu ist eine Kommunikation zwischen allen beteiligten Ameisen notwendig. Auch ist es wichtig, dass jede künstliche Ameise ihre Entscheidungen zuerst autonom und damit selbständig trifft. Wie im „richtigen Leben" ordnet sich aber jede Ameise dem „Schwarm" unter, um das gemeinsame Ziel zu erreichen.

Die bionischen Ameisen bestehen aus lasergesinterten Bauteilen, die anschließend mit sichtbaren Leiterstrukturen veredelt wurden [50]. Sie besitzen unter anderem eine 3D-Stereokamera, optische Sensorchips und ein Funkmodul. Durch die Bauweise ist ein vollständig autonomes Verhalten möglich. Mit Hilfe der beiden Akkus ist ein 40-minütiger Betrieb der „Ameisen" möglich.

7.1.5.2.2 Autonome Systeme

Die Natur spielte auch im Bereich autonomer Systeme Pate. Zwei Beispiele sind die Projekte AquaJelly und AirPenguin. Hierbei handelt es sich um kollisionsvermeidende und sich autonom bewegende Systeme mit einem kollektiven Gedächtnis (Schwarmintelligenz). Somit besteht die Möglichkeit zu selbstregulierenden Prozessen. Die Systeme sind hierbei selbstlernend (ebenfalls ein „Muster" bei Festo) [29]. Natürlich sind diese Beispiele sehr eng verbunden mit CPS.

7.1.5.2.3 Automatisierung

Festo unterstützt den UPC UA Standard in seiner eigenen Automatisierungsplattform CPX. Hierbei können pneumatische und elektronische Steuerketten in Automatisierungskonzepte integriert werden.

7.1 Lösungen von Industrieunternehmen 213

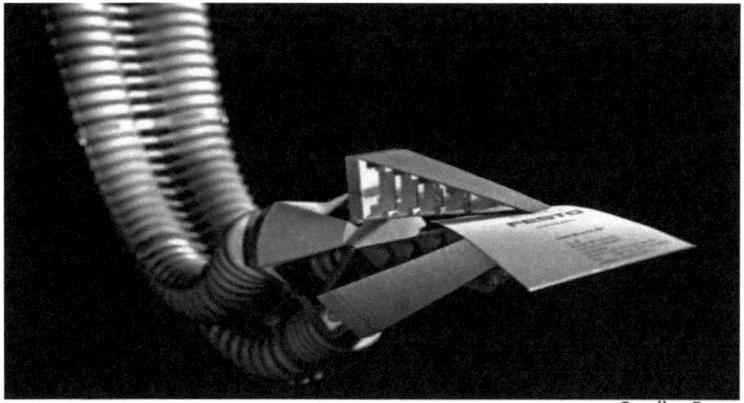

Quelle: Festo

Abb. 7.17 Bionischer Handling-Assistent von Festo. (Festo Datenblatt und Presseinfo)

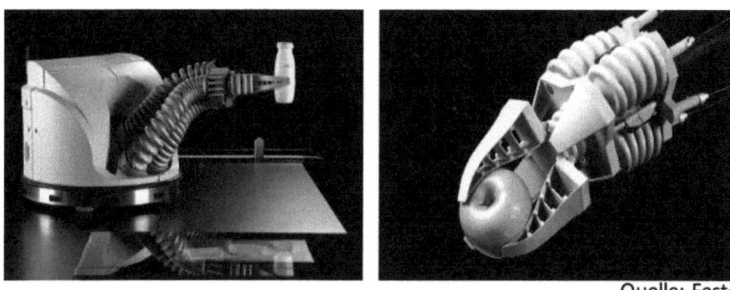

Quelle: Festo

Abb. 7.18 Weiterentwicklung des bionischen Ansatzes in zwei konkreten Beispielen bei Festo. (Festo Pressemitteilung und Datenblätter)

7.1.5.2.4 Sensitive Roboter

Im Zuge eines Forschungsprojektes wurde ein Produktionsassistent in Form von sensitiven Robotern entwickelt. Als Vorbild hierfür diente der Elefantenrüssel. Das System ist mit einem pneumatischen, aktuierten Balgstrukturelement ausgerüstet und weist elf Freiheitsgrade auf. Durch entsprechende Sensoren ist ein gefahrloser Umgang zwischen Mensch und Maschine möglich [29]. Auch hier handelt es sich um einen bionischen Ansatz, siehe Abb. 7.17.

Basierend auf der Plattform erfolgen entsprechende Weiterentwicklungen, etwa in Form eines Lernsystems oder des adaptiven Greifers DHDG, siehe Abb. 7.18. Basis für die Plattform sind der bionische Greifer, und die Rüsselaktuatorik, Piezoventiltechnik, neuartige Sensorik, neue Steuer- und Regelungstechnik und Algorithmen.

7.1.5.2.5 Nachhaltigkeit

Festo bietet unter anderem Komponenten für die Reduzierung des Druckluftverbrauches (MSE6-E2M) an. Dies wird durch ein aktives Sperren der Druckluftzufuhr erreicht, sobald sich die Maschine im Stand-by Modus befindet. Möglich wird dies durch entsprechende

Druckluft-Sensoren. Das Modul erkennt auch Leckagen und meldet diese. Darüber hinaus verfügt es über ein Online-Monitoring für prozessrelevante Daten [17]. Somit kann der Druckluftverbrauch in der Produktion reduziert werden.

7.1.6 SEW EURODRIVE

Das Unternehmen wurde schon im Kap. 5 vorgestellt. Wie auch andere Industrieunternehmen entwickelt sich SEW konsequent weiter. Auf Grund der beschriebenen Aktivitäten überrascht es sicher nicht, dass auch SEW als Produkt- und Lösungsanbieter am Markt auftritt.

7.1.6.1 Kundenauftragsprozess

Bei den Produkten konzentriert sich SEW aktuell auf die Themengebiete

- Automatisierung,
- Energieversorgung und
- Smart Logistics.

Durch die verschiedenen Aktivitäten ist SEW bestrebt, sich als Innovationstreiber zu etablieren und nicht „nur" Lösungen am Markt anzubieten. Durch die vorhandenen praktischen Erfahrungen im Bereich neuartige und flexible Produktion erfolgt auch zunehmend die Etablierung als kompetenter Ansprechpartner für derartige Themen.

7.1.6.1.1 CPS

Das mobile Assistenzsystem transportiert die Materialien selbständig durch die Produktion. Der Mensch konzentriert sich ausschließlich auf kontrollierende Tätigkeiten. Auf Grund der modularen Bauweise kann das Assistenzsystem verschiedenartig eingesetzt werden, zum Beispiel als

- Montageassistent,
- Handling-Assistent oder
- Logistikassistent,

siehe auch Abb. 7.19 [70]. Alle Derivate agieren ebenfalls vollkommen autonom.
Unabhängig vom Einsatzgebiet ist die kontaktlose Energieübertragung ein zentraler Bestandteil. Es wird differenziert zwischen der Fahrt auf sogenannten „Hauptrouten", mit einem permanenten Kontakt zur Energieübertragung, und der Fahrt auf sogenannten „Nebenstrecken", mit keinem Kontakt zu einer Energiequelle. Hier kommen entsprechende Batterien zum Einsatz. Um eine Ausfallsicherheit herzustellen, kommunizieren die einzelnen Systeme untereinander. Bei einem Ausfall eines der Systeme übernimmt ein anderes

Quelle: SEW Eurodrive

Abb. 7.19 SEW - Beispiele für autonom fahrende Transporteinheiten. (SEW)

Fahrzeug selbständig dessen Aufgaben. Die Programmierung der Fahrzeuge erfolgt durch eine intuitiv bedienbare Mensch-Maschinen-Schnittstelle. Die Kommunikation und Positionsbestimmung erfolgt über WLAN [70]. Durch das „Hauptrouten/Nebenrouten-Konzept" verfügen die Fahrzeuge über eine große Reichweite und können somit entsprechend lange im Produktivbetrieb eingesetzt werden, ohne lästiges Nachladen der Batterien. Dies reduziert die Betriebs- und Gesamtkosten.

Als spezifische Ausprägung fungiert das System innerhalb einer Montageinsel als Montageassistent. Er stellt sich automatisch auf die für den jeweiligen Mitarbeiter optimale Arbeitshöhe ein.

Der Logistikassistent kann bei einem maximalen Hub von 24 mm eine Last von bis zu 1000 kg bewegen. Durch die eingebauten Laserscanner wird für einen entsprechenden Personenschutz gesorgt. Die Navigation und Kommunikation erfolgt mittels WLAN und über eine induktive und optische Spurführung [7].

7.1.6.1.2 Produktionssystem

SEW hat sich in den vergangenen Jahren sehr erfolgreich vom Anbieter von Motoren und Getrieben hin zum Systemlieferanten für eine komplette Automatisierungstechnik weiterentwickelt. Die eigenen Produkte werden in das gesamte Lösungsportfolio integriert. So finden die SEW-Motoren bei automatisierten Hochregallager und deren Fördertechnik ebenso Eingang wie in einer kompletten Automatisierungslösung. Zu den Kunden gehören alle deutschen Automobilhersteller. Hier befinden sich die Motoren von SEW in verschiedenen Bereichen (Presswerk, Rohbau, Lackiererei, Endmontage und Motorenfertigung). Zum Lösungsangebot gehört produktübergreifend eine umfangreiche und fachlich fundierte Beratung, um spezifische Lösungen zu konzipieren.

Das Produktspektrum im Bereich Fördertechnik umfasst unter anderem [65]:

- Förderstrecke,
- Paketumsetzung,
- Gebindetransport,
- Regalbediengerät,
- Senkrechtförderer.

Ergänzt wird das Angebot durch Diagnose-Produkte im Bereich Instandhaltung. Somit ist eine Überwachung im laufenden Betrieb möglich. Hierzu gehören Diagnoseeinheiten für Getriebe (Getriebeöldiagnose durch Thermoanalyse) und Bremsen, etwa durch kontinuierliche Funktions- und Verschleißüberwachung [65].

Abgerundet werden die SEW-Angebote durch einen entsprechenden Online-Support in Form von mobilen Anwendungen [65].

7.1.6.1.3 Nachhaltigkeit

Bei allen SEW-Produkten wird auf einen sparsamen Energieverbrauch sehr viel Wert gelegt. Darüber hinaus entwickelte das Unternehmen Lösungen (zum Beispiel MOVITRANS) für die kontaktlose Energieübertragung, um etwa die eigenen autonomen Transporteinheiten zu versorgen. Die kontaktlose Energieübertragung eignet sich besonders gut bei schmutzkritischen Bereichen oder im Nass- und Feuchtbereich [65].

Als weiteres Lösungselement werden Energiespeicher (Drive Power Solution) für das Glätten des Energiebedarfs vor allem im Bereich stationärer (etwa Fördertechnik) und mobiler Anwendungen eingesetzt (siehe Abb. 7.20).

Hierüber lassen sich Energiespitzen glätten und die Auslegung der Energieversorgung inklusive der Netzaufnahmeleistung entsprechend reduzieren, was Infrastrukturkosten reduziert. Laut Angaben des Herstellers besteht ein Einsparpotential von bis zu 48 % des benötigten Energiebedarfs, indem etwa generatorische Bremsenergie gespeichert und diese bei Bedarf wieder an das Fördersystem abgegeben wird. Durch die schon angesprochene Glättung bei Leistungsspitzen können diese, wiederum laut Hersteller, um bis zu 92 % reduziert werden. Ein weiterer Vorteil der Lösung besteht in der gesteigerten Versorgungssicherheit und Verfügbarkeit, etwa bei einem Stromausfall. Bei der mobilen Variante können Flurförder- oder Shuttlefahrzeuge während der Fahrt durch Energiespuren kontaktlos Energie aufnehmen [7]. Somit erhöht sich die Betriebsdauer bei gleichzeitiger Kostenreduzierung auf Grund des geringeren Energiespeicherbedarfs.

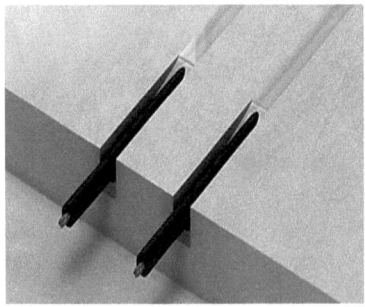

Quelle: SEW EURODRIVE

Abb. 7.20 Beispiele für Energiemanagementsysteme von SEW EURODRIVE. (Produktkatalog, Webseite)

Generell ist hier anzumerken, dass die Lösungen der einzelnen Industrieunternehmen unterschiedliche Reifegrade beziehungsweise Produktstadien aufweisen. Den höchsten Reifegrad haben aktuell (in alphabetischer Reihenfolge)

- Bosch,
- SEW und
- Siemens

erreicht. Hierbei handelt es sich natürlich um eine stark temporäre Aussage. Speziell bei den Software-Lösungen handelt es sich hier weniger um Produkte „von der Stange" als vielmehr um an die eigenen Bedürfnisse anzupassende Lösungen.

7.1.7 Weitere Hersteller

Neben den bisher beschriebenen Industrieunternehmen bieten weitere Unternehmen punktuelle Lösungen an [55]:

- Bluetooth-Tags von ZF (Informationsübertragung über große Reichweiten),
- Mobile Lösung (Real-time Operational Intelligence – RtOI – für Auswertung von Produktionsdaten von GE),
- IT-Sicherheit mittels „cyber-diode" in der Produktion der Firma genua,
- Dezentrale, anpassungsfähige Materialflusssysteme und -Steuerung von Lenze,
- Integrierte Drehmomentsensorik von Schaeffler,
- Sensitive Roboter von Bär,
- Autonom agierende Rutenzüge von STILL.

Hersteller von 3D-Druckern und von Fahrerlosen Transportsystemen wurden bereits im Kap. 4 ausführlich erwähnt.

7.2 Lösungen von Softwareherstellern

Das Lösungsangebot der Softwarehersteller unterscheidet sich erheblich von jenem der Industrieunternehmen. Industrieunternehmen können durch ihre traditionelle Nähe zur Produktion und ihrer damit verbundenen Kompetenz gegenüber Softwareunternehmen punkten. Auch ist zu erkennen, dass eine tiefe Branchenexpertise mit Produktionsfokus bei Softwareunternehmen nicht unbedingt flächendeckend vorhanden ist, was sich auch in der geringen Teilnahme an innovativen Kundenprojekten manifestiert. Vielfach werden deren Lösungen kundenseitig als „Commodity" angesehen. Dies liegt sicherlich zum Teil auch daran, dass seitens der IT-Unternehmen versucht wird, branchenübergreifende Lösungen anzubieten und

Lösungen, bei denen diese Firmen wiederum ihre Stärken ausspielen können. In letzter Zeit ist allerdings das Bemühen verschiedener Marktteilnehmer zu erkennen, die fehlende oder vermeintlich fehlende Branchenexpertise aufzubauen. Die Darstellung erfolgt wiederum in alphabetischer Reihenfolge. Neben den „großen" IT-Dienstleistern und Produktherstellern sind viele kleinere und Start-Up-Unternehmen auf dem Markt sehr aktiv vertreten. Trotzdem erfolgt eine Fokussierung auf die namhaften und führenden IT-Unternehmen.

7.2.1 Microsoft

Der Umsatz von Microsoft belief sich im Geschäftsjahr 2014 auf 86,833 Mrd. USD (2013: 77,85 Mrd. USD), bei einem Nettogewinn von 22,073 Mrd. USD (2013: 21,863 Mrd. USD). Die Mitarbeiterzahl hat sich hierbei von rund 99.000 im Jahre 2013 auf rund 128.000 im Jahr 2014 weltweit erhöht. Wie auch bei anderen IT-Unternehmen reduziert sich bei Microsoft der Umsatz für das „klassische" Lizenzgeschäft. Bei Microsoft sind es die Lizenzumsätze für Windows und Office. Hingegen legen die Cloud-Umsätze deutlich zu [75].

7.2.1.1 Das Unternehmen

Das amerikanische Unternehmen ist traditionell stark im Consumer-Bereich vertreten. Der Business-Software-Bereich wurde in jüngster Zeit intern aufgewertet. So steht das Microsoft-ERP-System organisatorisch auf einer Stufe mit Office.

Im industriellen Bereich fand historisch gesehen COM/DCOM auf der Automatisierungsebene eine weite Verbreitung (siehe Kap. 5). Seit der Einführung von OPC UA geht dieser Einfluss allerdings zurück. Generell sieht sich das Unternehmen als Anbieter von Infrastruktur-Lösungen für das „Internet der Dinge". Mit Kunden werden sogenannte „Leuchtturmprojekte" umgesetzt. Als Infrastrukturlösungen stehen neben dem SQL-Server als Datenbanksystem auch SharePoint als Kollaborationsplattform (unter anderem für ein verteiltes Projektmanagement), die Azure-Cloud und Sicherheitslösungen zur Verfügung. Natürlich gibt es daneben noch .net als Programmiersprache inklusive der entsprechenden Infrastruktur (wie Entwicklungsumgebung usw.).

Das Thema Offenheit ist für Microsoft ein zentrales Anliegen. Durch die Mitgliedschaft in entsprechenden Verbänden und Gremien wird dieses Thema (inklusive Security) vorangetrieben. Die in diesem Zuge entstandenen Frameworks finden sich auch in dem aktuellen Windows 10 wieder. Die cloudbasierte Lösung Azure IoT Suite spielt hierbei eine zentrale Rolle [78].

7.2.1.2 Cloud

Das Unternehmen bietet branchenspezifische und branchenübergreifende Lösungen auf Basis ihrer Cloud-Lösung Azure an. Die Lösung lässt sich grob in die drei Ebenen

- Datencenter-Infrastruktur,
- Infrastrukturdienste und
- Plattformdienste

7.2 Lösungen von Softwareherstellern

einteilen [46]. Die hier bereitgestellten Services umfassen im Wesentlichen die Themen [46, 52]:

- Kommunikation,
- Identity-Management,
- Data-Storage,
- Analytics,
- Prediction,
- Berechnungen.

Die Lösung stellt auf Grund des Cloud-Ansatzes für Klein und Mittelständische Unternehmen einen finanziell interessanten Lösungsansatz dar. Da das Thema für Microsoft von großer strategischer Bedeutung ist, erfolgt eine rasante Weiterentwicklung.

Konkrete Bestandteile der Lösung sind:

- Business Intelligence,
- Predictive Analytics (Predictive Maintenance, Asset, Quality, Energy Management),
- Security,
- Datenintegration,
- Big Data (unter anderem basierend auf Hadoop),
- Mobile Lösungen (unter anderem Power Meter, Load Meter, Flow Meter, Temperatur Sensor).

Eine Übersicht über die aktuellen Services gibt Abb. 7.21 [46].

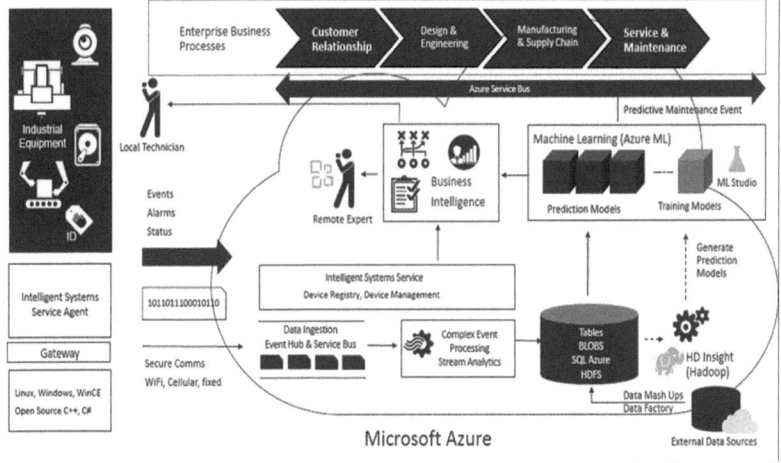

Abb. 7.21 Microsoft Azure Service-Übersicht. (MSDN-Magazin)

Darüber hinaus existieren auch branchenspezifische Ausprägungen beziehungsweise Anpassungen. Datenbankseitig handelt es sich um eine sehr offene Plattform. Es können der Microsoft SQL-Server, Hadoop oder Lösungen anderer Hersteller genutzt werden.

Alleine im Zeitraum 2014–2015 wurden seitens Microsoft über 500 neue Dienste für Azure umgesetzt. Hierzu gehört unter anderem der Umgang mit einer Vielzahl an Datenbanken und mit großen Datenmengen (Big Data). Daneben existiert natürlich auch ein Data-Warehouse.

Das gesamte Thema Data Managements deckt Microsoft mit den eigenen Lösungen SQL-Server und Azure ab. Mobile Echtzeitlösungen und Reporting werden aktuell durch die Microsoft-Datenbank (SQL-Server) abgedeckt. Hier bestehen etwa zu Siemens entsprechende Partnerschaften im Bereich von MES (Manufacturing Execution Systems). Technologisch beruhen die mobilen Lösungen auf Windows 8 und den microsofteigenen Tablets.

Azure kann als Infrastructure-as-a-Service (IaaS) oder als Platform-as-a-Service (PaaS) fungieren. Somit haben Anwender eine hohe Flexibilität und können den Einsatz nach wirtschaftlichen Gesichtspunkten gestalten. Daten können somit entweder in der Cloud oder in der eigenen Infrastruktur gespeichert werden. Gleiches gilt für die Funktionalität in Form von Diensten (siehe Abb. 7.21). Azure ist sowohl auf Windows- als auch auf Linux-Systemen lauffähig. Eine ähnliche Flexibilität liegt auch bei der Entwicklungsumgebung (von Java bis C#) vor.

7.2.1.3 Kundenauftragsprozess

Wie schon erwähnt realisiert Microsoft sogenannte „Leuchtturmprojekte" bei Kunden. Exemplarisch werden hier die Lösungen

- sensitive Roboter bei KUKA und
- Predictive Maintenance bei Thyssen Krupp

herausgegriffen. Die Lösungen werden im nächsten Abschnitt näher beschrieben.

7.2.1.3.1 Produktionssystem

Bei KUKA wurden aufbauend auf Microsoft Basistechnologien über 250 Roboter, Produktionsinfrastruktur und Geschäftsanwendungen in einer Automobil-Produktionslinie bei Jeep Wrangler miteinander verbunden. Hierüber erfolgten der Datenaustausch und die kontinuierliche Überwachung der Systeme. Das Ergebnis ist eine Echtzeitüberwachung der Produktion, die mit einer sehr hohen Flexibilität einhergeht. In dem amerikanischen Werk wird alle 77 Sekunden eine komplette Karosserie gefertigt. Hierbei lieferte KUKA nicht nur die „Hardware" in Form von Robotern, sondern unter anderem auch webbasierte Anwendungen zur Produktionsüberwachung [31]. Darüber hinaus lässt sich der sensitive Roboter iiwa von KUKA über OPC UA mit der Azure-Cloud verbinden [52].

Bei Thyssen Krupp wurde der Service im Aufzugsbereich optimiert. Aufzüge leiten ihre Daten an die Azure-Cloud weiter. Dort werden sie analysiert und es erfolgt in einem ersten

Schritt eine Remote-Wartung durch Mitarbeiter. Wird ein Service vor Ort erforderlich, so stehen alle relevanten Informationen inklusive notwendiger Ersatzteile zur Verfügung [52].

Darüber hinaus bietet das Unternehmen mit dem DIRA-Framework (Discrete Manufacturing Reference Architecture Framework) ein breit gefächertes Rahmenwerk an. Es reicht von der Integration im PLM-Umfeld mittels Sharepoint bis hin zu Ansätzen im Aftersales.

7.2.1.3.2 Big Data und Predictive Maintenance

Darüber hinaus besteht mit Microsoft Intelligent System Service (Software-as-a-Service – kurz SAS) die Möglichkeit der Anbindung von Maschinendaten. Bestandteil der Azure-Lösung ist auch eine selbstlernende Komponente, um die Maschinenwartungsaufwände zu reduzieren. Diese Möglichkeit wurde von Thyssen Krupp genutzt, um die bereits erwähnte Fernwartung ihrer Aufzüge effizienter zu gestalten.

Auf Basis von Azure entwickeln natürlich auch Dritthersteller (ISV – Independent Software Vendors) eigenständige Lösungen. Auch hier werden wieder einige Beispiele herausgegriffen, ohne Anspruch auf annähernde Vollständigkeit zu erheben. Im Bereich Predictive Maintenance wurde durch die Firma resolto im Rahmen eines staatlich geförderten Forschungsvorhabens ein selbstlernender Algorithmus entwickelt (basierend auf dem Machine Learning-Modul). Die Anwendung ist charakterisiert durch die leichte Konfiguration der Lösung, das Versenden von Push-Nachrichten an den Instandhalter, Echtzeitfähigkeit und die Verwendung von OPC UA (siehe Kap. 5).

Als weitere Lösung bietet Microsoft seine Cortana Analytics Suite an. Sie ist deutlich einfacher zu bedienen als etwa Azure. Die Lösung ist ebenfalls cloudbasiert. Als wichtiger Bestandteil verfügt die Suite über eine Predictive Maintenance-Funktion.

7.2.1.3.3 IT-Security

Ebenso wie alle anderen „großen" IT-Produkthersteller hat auch Microsoft eine IT-Security-Lösung im Portfolio. Es handelt sich hier um die Endpoint Security Suite. Sie ist Teil des Microsoft System Centers 2012 und somit für cloudbasierte Infrastrukturen ausgelegt.

Darüber hinaus arbeitet Microsoft im Bereich IT-Sicherheit mit der Firma itWatch zusammen. Deren Lösung itWESS (itWatch Enterprise Security Suite) sorgt für eine Sicherheit von Windows 10. Die Lösung ermöglicht eine Device- und Gerätekontrolle über DeviceWatch und auch die inhaltliche Überprüfung aller ein- und ausgehender Dateien. Es sorgt auch für die Verschlüsselung von Daten und den Schutz gegen Keylogger. Insgesamt umfasst die Lösung 16 einzelne Module. Bei itWatch handelt es sich um ein Produkt „Made in Germany" [84].

7.2.1.3.4 Nachhaltigkeit

Zum einen ist Microsoft bestrebt, den eigenen Energie- und CO_2-Verbrauch zu reduzieren. Diese wird durch Reduzierung von Reisetätigkeiten mittels Kommunikationslösungen erreicht. Zum anderen werden die unternehmenseigenen Rechenzentren (vor allem für die cloudbasierten Lösungen) energiesparend betrieben.

Andererseits wird basierend auf Big Data-Ansätzen und darauf aufbauenden eigenen Lösungen versucht, den Energieverbrauch, vor allem in Gebäuden, zu reduzieren. Die Energy-Smart Building-Lösung wurde zuerst für die Energieoptimierung des eigenen Hauptsitzes entwickelt und steht nun Unternehmen zur Verfügung. Hierbei werden Sensordaten aus den Gebäuden benutzt, um etwa die Air-Conditon zu steuern. Über das Sammeln der Daten können nun Diagnosen erstellt werden. Im Microsoft Headquarter werden pro Tag über 500 Millionen Datentransaktionen aus 2 Millionen Sensoren gesammelt. Basierend auf diesen Informationen werden umfangreiche Analysen und Auswertungen erstellt. Zu den Funktionalitäten gehörten Algorithmen, um etwa das zu starke Abkühlen von Räumen zu erkennen und zu vermeiden. Die Lösung basiert auf Azure, SQL-Server und Microsoft Office [83].

7.2.2 HP

HP hat im Geschäftsjahr 2014 einen Gesamtumsatz von 111.454 Mrd. USD und einen Überschuss von 5 Mrd. USD erreicht. Hierbei ist der Gesamtumsatz gegenüber dem Vorjahr leicht gesunken. Der EBIT ist annähernd konstant geblieben [5]. Im Jahr 2015 erfolgte eine Aufteilung des Unternehmens und damit Fokussierung auf das Druckergeschäft einerseits und Enterprise Services auf der anderen Seite.

7.2.2.1 Das Unternehmen

HP ist einer der weltweit führenden IT-Partner und Dienstleister der Automobilindustrie. Der Ansatz basiert auf einer Kombination von Automotive-Prozesswissen mit Technologie- und IT-Service-Kompetenz. Der Lösungsentwurf startet hierbei bei der Planung und der Konzeption über die Implementierung bis hin zum Betrieb der Lösungen. Mit seinem eigenen Produkt HP Quality Center ist das Unternehmen einer der Marktführer im Bereich Software-Qualität und Testen. Der Fokus von HP liegt, wie bei anderen IT-Unternehmen, aber klar im Bereich der eigenen Produkte und Lösungen und weniger in der Prozess- und Strategieberatung, obwohl das Unternehmen im Consulting-Bereich entsprechende Dienstleistungen anbietet.

HP sieht sich ähnlich wie Microsoft als Infrastrukturanbieter im Themenumfeld Industrie 4.0. Mit seinem Produkt „Virtual Fort Knox" wird Anwendern eine cloudbasierte Kollaborationsplattform zur Verfügung gestellt. Im Rahmen des Projektes erfolgt eine Kooperation mit der Firma WITTENSTEIN und Fraunhofer. Ziel ist es, dass auch Drittanbieter Lösungen und Dienste für die Plattform erstellen. Somit wählt HP hier einen indirekten Marktzugang. Wie bei allen anderen Plattformen auch, wird die aktive Teilnahme von Partnerfirmen stark über den Erfolg der Initiative entscheiden. Unabhängig davon wird hierüber Klein und mittelständischen Unternehmen der Zugang zu innovativen und finanziell bezahlbaren Lösungen gegeben, unter Berücksichtigung von vorhandenen Sicherheitsstandards. Somit wird dem Kostendruck, der speziell in der Zuliefererbranche herrscht, Rechnung getragen.

HP war einer der federführenden Unternehmen und Initiatoren der Industrie 4.0-Initiative und hat sich entsprechend am Aufbau der I40-Plattform beteiligt. Auch heute noch arbeiten Mitarbeiter des Unternehmens aktiv in den verschiedenen Arbeitskreisen der Plattform mit.

Für HP setzt sich Industrie 4.0 aus

- Smart Mobility,
- Smart Grids,
- Smart Products,
- Smart Buildings,
- Smart Logistics und
- Smart Factory

zusammen [11]. Somit bedeutet I40 für das Unternehmen die Produktion von smarten Produkten mit smarten Prozessen in einer smarten Umgebung (Environment) [11]. Das Internet der Dinge und Dienste (IoT und IoS) bilden hierbei die äußere Klammer. Für HP gibt es hier drei zentrale Bereiche [12]:

- Horizontale Integration,
- Vertikale Integration,
- Smart Products.

Laut HP wird zukünftig ein Großteil der Wertschöpfung über Netzwerke erfolgen [8]. Bei der vertikalen Integration kommunizieren laut HP Maschinen untereinander und interagieren mit digitalen Services. Smarte Produkte kennen hingegen ihren kompletten Lebenszyklus und können hierbei während ihrer eigenen Produktion mit entsprechend dynamischen und intelligenten Produktionslinien und anderen digitalen Diensten interagieren [12].

Wie schon erwähnt unterstützt HP seit den Anfängen die Industrie 4.0-Plattform und bringt sich konkret in den verschiedenen Aktivitäten aktiv ein. So waren HP-Mitarbeiter bei der Ausarbeitung der Referenzarchitektur (siehe Kap. 5) beteiligt. Darüber hinaus wird die Kollaborationsplattform VFK federführend durch HP vorangetrieben. Es besteht auch eine sehr aktive Zusammenarbeit mit dem Fraunhofer-Institut (IPA) im Bereich Produktion und Automatisierung. Weitere Zusammenarbeiten bestehen unter anderem mit Bitkom und dem Technologie-Netzwerk Intelligente Technische Systeme OstWestfalenLippe.

7.2.2.2 Kundenauftragsprozess
Das gesamte Industrie 4.0 relevante Lösungsportfolio von HP ist in Abb. 7.22 dargestellt [72]. Das HP-Portfolio wird im Folgenden im Kontext der einzelnen Technologien betrachtet.

7.2.2.2.1 Big Data
Im Bereich Big Data stellt HP mit Haven eine Lösung bereit, damit Kunden schneller deren Vorteile nutzen können. Hierüber lässt sich Big Data leicht in die bestehende Infrastruktur integrieren. Als technologische Basis kommt Hadoop zum Einsatz (siehe [25]). Darüber hinaus kommen

- HP IDOL für die schnelle Suche und Indizierung von Daten,

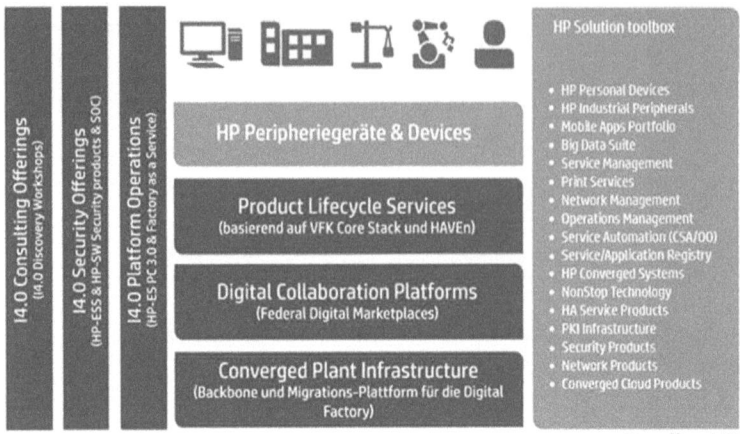

Abb. 7.22 HP Industrie 4.0 Portfolio

- HP Vertica für massiv parallele und skalierbare Datenbanksysteme sowie
- HP Distributed R für Predictive Analytics und skalierbare Anwendungen

zum Einsatz [21]. HP versucht, sich von den Produktherstellern durch eine Kombination von Hardware, Software und Dienstleistung abzuheben. Durch die offene Architektur können Kunden ihre bestehende Infrastruktur in die HP-Lösung integrieren. Der Ansatz des Unternehmens ist es, einen 360-Grad-Blick auf die Daten eines Unternehmens zu erhalten. Über die schon angesprochene offene Lösung können Daten aus ERP-, CRM-Systemen aus dem Web und von Sensoren verarbeitet werden. Die Lösung ist sowohl cloudbasiert als auch on-premises verfügbar. Darüber hinaus bietet HP Lösungen basierend auf SAP HANA an, auch cloudbasiert [60].

Der im Bereich großer Datenmengen sehr wichtige Aspekte des Data Lifecycle-Managements wird über StoreEasy Storage abgedeckt. Wichtig in diesem Zusammenhang ist das Erstellen von Regeln und Eigenschaften (Properties). Basis ist eine entsprechende Klassifizierung über Meta-Strukturen. Das Thema Sicherheit darf natürlich auch in diesem Zusammenhang nicht außer Acht gelassen werden. Die Lösung basiert technisch auf dem Microsoft Storage Server 2012 [20].

7.2.2.2.2 Cloud-Lösung mit Virtual Fort Knox für horizontale und vertikale Integration

Virtual Fort Knox bietet als cloudbasierte Infrastrukturplattform Dienste für

- Server,
- Speicher,
- Sicherheit,
- Diverse Services sowie
- IT-Security

7.2 Lösungen von Softwareherstellern

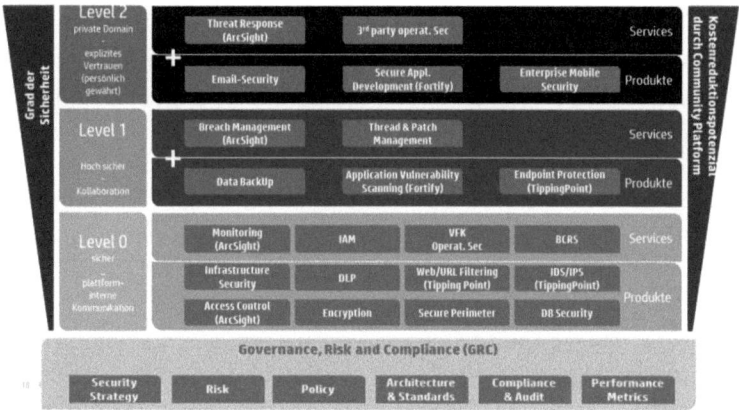

Quelle: HP

Abb. 7.23 VFK Sicherheitsschichtenmodell. (öffentlicher HP-Vortrag)

an, siehe Abb 7.23. Die Vision seitens HP ist, dass derartige Plattformen zukünftig in Kooperation zwischen IT-Unternehmen, Lieferanten und OEMs aufgebaut und betrieben wird. Die Lösung vereint damit auch die beiden Themen der vertikalen und horizontalen Integration.

Wie schon in Kap. 4 erläutert, gilt es beim Thema IT-Sicherheit und Cloud-Diensten sowohl rationale als auch emotionale Hürden zu überwinden. HP versucht diese Hürden über ein Dreieck aus Nutzen, Sicherheit und Geschäftsmodell in Verbindung mit hoher Transparenz, Kommunikation und Teilnahme der Geschäftspartner zu überwinden [44]. Somit muss IT-Sicherheit integraler Bestandteil von Geschäftsprozessen sein. Darüber hinaus bedarf es vertrauensbasierter Konzepte, um über Netzwerke eine entsprechende Wertschöpfung zu generieren.

Um nun cloudbasiert und standardisiert digitale Dienstleistungen anbieten zu können, bedarf es eines entsprechenden Standards. Daher hat sich HP aktiv im Thema Referenzarchitektur eingebracht. Auf Basis dieser werden nun entsprechende Lösungen angeboten. Über das schon angesprochene und bereits in Kap. 4 eingeführte Virtual Fort Knox (VFK) als cloudbasierte Integrationsplattform (sowohl vertikal als auch horizontal) stellen das Unternehmen wie auch seine Partner Dienstleistungen zur Verfügung. Die Zielkunden sind hierbei Klein und Mittelständische Unternehmen des Maschinen- und Anlagenbaus [44].

Zu den digitalen Datenquellen gehören intelligente Lager, Werkzeuge und Maschinen (CPS) sowie mobile Ressourcen. Die Plattform dient hierbei als Marktplatz und Broker für verschiedene Dienste. Diese Dienste können auf Basis der Referenzarchitektur zu Workflows zusammengefasst werden, inklusive der Abrechnung [10].. Die technische Basis ist der in Abschn. 4 angesprochene Manufacturing Service Bus (MSB). Ein besonderer Fokus wird auf das Thema IT-Sicherheit gelegt. Hierbei geht man über die Vorgaben des BSI hinaus. Es geht um die Erfüllung der schon mehrfach in diesem Kontext angesprochenen klassischen Informationsschutzziele Vertraulichkeit, Verfügbarkeit und Integrität aller Daten und der gesamten Infrastruktur. Die Sicherheitsarchitektur des VFK umfasst einen ganzheitlichen

Ansatz. Ausgehend von Sicherheitsrichtlinien leiten sich Infrastrukturmaßnahmen in Form einer Security by Designs ab. Es umfasst auch ein entsprechendes Schichtenmodell mit unterschiedlichen Bewertungskriterien und Schutzzielen je Ebene [10, 11, 43].

Ein Rechte- und Rollenkonzept ist ebenso Bestandteil des Lösungsangebotes [10]. Die Konzepte müssen aber auch eine gewisse Flexibilität aufweisen, um an gegebenenfalls sich verändernde Rahmenbedingungen leicht anpassbar zu sein. Auch können Anwender selbständig spezifische Veränderungen innerhalb ihrer eigenen virtuellen Umgebung vornehmen. Zum Sicherheitskonzept gehören entsprechend folgende Rollen [10]:

- Basisdienst-Lieferant (Bereitstellung von technischer Infrastruktur wie Datenbank, Abrechnungssystem),
- Plattformbetreiber (stellt die Plattform und deren Dienste Dritten zur Verfügung),
- Dienste- und Softwareanbieter (liefert spezifische Dienste wie Reporting-Apps, Traceability),
- Kunde (Nutzer der Plattform).

Die Plattform wurde im Laufe der vergangenen Jahre entwickelt. Hierbei wird ein Pay-per-Use-Lizenzmodell verwendet. Seitens HP werden unter anderem Dienste für MES angeboten. Um ein Höchstmaß an Ausfallsicherheit zu gewährleisten, besteht wahlweise die Möglichkeit, eine lokale Instanz beim Kunden vor Ort zu betreiben. Dieser kommuniziert mit der VFK-Cloudlösung. Somit ist eine zeitnahe Steuerung der Produktion möglich. Ferner besteht eine Produktionssicherheit, auch wenn die Verbindung zur Cloud unterbrochen ist. Darüber hinaus können produktionssensible Daten lokal gespeichert werden. Über den Werksrechner (also die lokale Instanz) besteht die Verbindung zum VFK und dessen erweiterten Diensten [71].

Im Rahmen des VFK erfolgt auch die Unterstützung des Lebenszyklus. Dieser bezieht sich hierbei auf

- den konkreten Kundenauftrag,
- das zu produzierende Produkt sowie
- die produzierende Fabrik.

Die Nutzen des VFK sind breit gefächert und reichen von der Bereitstellung von Basisdiensten und Betrieb (Hardware, Basis-Service wie Datenbanken und Middleware) bis hin zu der raschen und vor allem sicheren Bereitstellung von Lösungen und der individuellen Zusammenstellung von Geschäftsprozessen. Nicht zu vergessen ist in diesem Zusammenhang die schon angesprochene horizontale und vertikale Integration aller Prozessbeteiligter [43].

7.2.2.2.3 Security

HP bietet umfangreiche IT-Sicherheitslösungen inklusive Consultingleistung in diesem Umfeld an (auch außerhalb des VFK). Dies umfasst folgende Bereiche:

- Schutz kritischer Anwendungen,

- Mobile Security by Design,
- Internetkriminalität,
- Datensicherheit,
- Sicherheit in der Cloud.

Darüber hinaus betreibt das Unternehmen weltweit zehn sogenannte Security Operations Centers. HP hat für das Thema Sicherheit einen „Secure Software Development Life Cycle" entwickelt, um schon bei der Konzeption und Entwicklung von Anwendungen IT-Sicherheitsthemen entsprechend zu berücksichtigen und zu integrieren. Konkret beginnt dies bei der Anforderungsanalyse basierend auf einer Security Requirement GAP-Analyse zum Identifizieren von Sicherheitsanforderungen beziehungsweise entsprechender Lücken. Das Architekturdesign umfasst entsprechende Design-Vorgaben, etwa im Umgang mit Threads oder dem Fehlerhandling. Darüber hinaus werden Architekturvorgaben gemacht. Bei der Implementierung wird der Code durch HP Fortify Static analysiert und auf Schwachstellen untersucht. Zum Abschluss erfolgt mittels HP WebInspect ein Assessment der gesamten Anwendung inklusive Stress-, Performance-, Betriebs- und Fail-Over-Tests. Dies schließt ein kontinuierliches Überwachen der Anwendung im Betrieb mit ein.

Eine weitere Lösung zielt auf die Sicherheit des BIOS (Basis Input Output System) mittels HP Secure Start ab. Es schützt das rechnereigene BIOS vor Manipulation und ermöglicht ein automatisches Wiederherstellen. Über HP Application Defender können Angriffe auf Anwendungen abgeblockt werden. Mittels HP Networking kann das kundeneigene Netzwerk überwacht werden [9].

7.2.2.2.4 Produktionssystem

HP bietet mit seinen MES Transformation Services, dem Manufacturing Intelligence und Factory-as-a-Service eigene Lösungen im Bereich der Produktionssteuerung an. HP greift auf Lösungen bekannter MES-Hersteller zurück, wie Siemens oder SAP. Es unterstützt global Unternehmen bei der Migration/Transformation auf eine neue Lösung. Basis hierfür ist ein eigenes branchenspezifisches Framework inklusive Best Practices, IT-Schemata, Methoden, Vorlagen und Tools.

Bei Manufacturing Intelligence handelt es sich um eine Sammlung von echtzeitfähigen Reports, um mehr Transparenz in der Produktion zu erhalten. Derartige Lösungen bieten aber teilweise auch die bekannten MES-Hersteller an.

Beim Factory-as-a-Service-Ansatz werden Kunden umfangreiche Dienste und Lösungen cloudbasiert, etwa über das VFK, angeboten.

Für den Bereich Supply Chain Management greift HP auf spezifische SAP-Lösungen zurück und erweitert diese durch branchenspezifische Anpassungen.

7.2.2.2.5 Embedded Systems

Das Unternehmen bietet im Bereich der Software-Entwicklung ein sehr breites Spektrum an Lösungen an, beginnend bei der Unterstützung von agilen Projektmanagement-Ansätzen, über Qualitätsmanagement bis hin zur Entwicklung mobiler Lösungen. Speziell im Bereich Testen steht den Anwendern für Funktionstests (HP Quality Center), Leistungstests (Performance Center) und Belastungstests (Loadrunner) ein sehr umfangreiches Portfolio zur Verfügung. Der primäre Fokus ist hier allerdings weniger die Unterstützung für eingebettete Systeme, als speziell das Thema Testen. Dies kann allerdings sehr wohl übergreifend betrachtet werden.

7.2.3 IBM

Das Unternehmen erwirtschaftete im Geschäftsjahr 2014 einen Gesamtumsatz von 92,793 Mrd. USD (Vorjahr 99,751 Mrd. USD) und konnte hierbei einen EBIT von 20,470 Mrd. USD erreichen (Vorjahr 19,926 Mrd. USD) [82]. Hierbei sanken im letzten Quartal sowohl Umsatz als auch Gewinn auf Grund der Umstrukturierung und einer Verschiebung der Unternehmensaktivitäten in Richtung Cloud Computing, was zu Einbußen im klassischen Hardware-Geschäft geführt hat. Diese Einbußen konnten durch die Zugewinne im Cloud-Bereich nicht vollständig kompensiert werden.

7.2.3.1 Das Unternehmen

IBM wandelt sich von einem IT-Dienstleister und Produkthersteller inklusive Hardware immer mehr in Richtung reinem Produkthersteller. Das Hardwaregeschäft wurde schon teilweise abgestoßen. Darüber hinaus gewinnt der Cloud-Bereich immer mehr an Bedeutung und wird sukzessive ausgebaut, aktuell auf Kosten des Produkt- und Servicegeschäftes. Nichtsdestotrotz gehört IBM zu den global größten IT-Dienstleistern. Automotive ist hier weltweit ein wichtiger Bereich.

Im März 2015 kommunizierte IBM, dass für den Aufbau einer IoT-Einheit in den nächsten drei Jahren über 3 Mrd. USD bereitgestellt werden. Das Unternehmen hat in diesem Zuge auch eine „IoT Cloud Plattform for Industries" angekündigt. Auf dieser können Kunden und Partner branchenspezifische Lösungen entwickeln. Basis für derartige Lösungen sind unter anderem Sensordaten, die IBM hierüber bereitstellt. Darüber hinaus hat IBM mit „Bluemix IoT Zone" eine PaaS-Lösung [69].

Im Bereich Automotive bietet IBM für folgende Themengebiete Lösungen [62] an:

- Produktion und Integration,
- Transparente Lieferkette,
- Fahrzeug-Lifecycle-Management,
- Predictive Maintenance and Quality (PMQ),
- Security und Betriebssicherheit,
- Energiemanagement,
- Neue Services und erweiterte Geschäftsmodelle.

7.2.3.2 Kundenauftragsprozess

Die Lösungsansätze orientieren sich an technischen Gesichtspunkten. Der Kundenauftragsprozess wird seitens IBM somit stark technisch betrachtet. Es existiert also keine dem Geschäftsprozess folgende Logik. Es erfolgt hingegen die Auflistung aller für den Prozess relevanten Themen und die seitens des Herstellers angebotenen Lösungen. Bei diesen handelt es sich primär um technische, aber auch um Lösungen basierend auf fachlichen Herausforderungen der Kunden.

7.2.3.2.1 Big Data

Beim Thema Big Data basieren die IBM-Lösungen auf dem OpenSource Hadoop-Framework (siehe Kap. 4). Daneben existiert mit SPSS (hierbei handelt es sich um ein Synonym für den gleichnamigen Firmennamen, IBM übernahm das Unternehmen 2009) speziell für das Thema PMQ eine sehr weit verbreitete Lösungen. Sie wird unter anderem bei deutschen Automobilherstellern wie Daimler oder BMW eingesetzt. Der Vorteil liegt bei der Verfügbarkeit entsprechend ausgereifter mathematischer Vorhersagemodelle.

Um nun Prognosen bezüglich möglicher Maschinenausfälle beziehungsweise Qualitätsprobleme erstellen zu können, werden die Daten zuerst über einen Integration Bus gesammelt und transformiert und anschließend in einer Datenbank abgelegt. Die Auswertung basiert auf der hauseigenen Analytics-Lösung SPSS. Die grafische Darstellung erfolgt über entsprechende Reporting-Tools, siehe Abb. 7.24.

Die erforderlichen Daten, etwa für das Thema Instandhaltung, können entweder direkt durch die Integration/Anbindung an eine Instandhaltungslösung erhalten werden oder indirekt mittels der Anbindung der Automatisierungsebene über OPC-Adapter. Die Analyse basiert auf vorgefertigten statistischen Modellen. Wird eine Anomalie festgestellt, so erfolgt das Informieren des angebundenen Instandhaltungsmoduls, um einen Instandhaltungsauftrag auszulösen. Als Instandhaltungsmodul kann eine Lösung eines Drittherstellers dienen oder die IBM-eigene Lösung Maximo. Das Reporting seinerseits kann auf Basis von

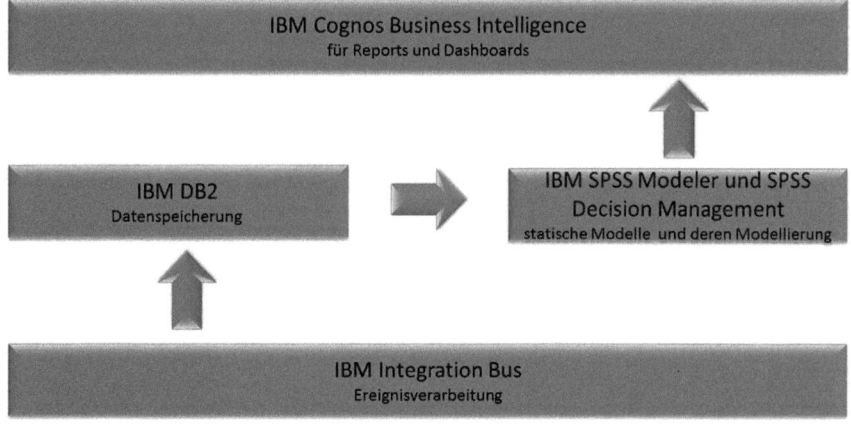

Abb. 7.24 IBM – PMQ-Lösung im Überblick

vorgefertigten Standardreports oder individuellen Berichten erfolgen. Als Basis dient die Cognos-Lösung.

Daneben existieren weitere IBM-Produkte. So basiert InfoSphere Streams auf Hadoop (siehe Kap. 4). Anwender können eclipsebasiert eigene Lösungen entwickeln. InfoSphere unterstützt beim Datensammeln aus unterschiedlichen Datenquellen, wie etwa Twitter. Um einen hohen Datendurchsatz zu erreichen, wird Hadoop eingesetzt. Es können strukturierte und unstrukturierte Daten verarbeitet werden. Aufbauend auf Streams existiert mit BigInsights eine Lösung, um die mit Streams verarbeiteten Daten einer tieferen Analyse zu unterziehen. Anschließend werden die Ergebnisse wieder an Streams zurück übergeben.

Die Lösung wird auch in der Cloud als Software-as-a Service angeboten. BigInsight lässt sich in die SPSS-Lösung mit integrieren. Somit entsteht ein sehr modular aufgebauter Lösungsbaukasten. Laut einem Bericht von Forrester ist IBM führend im Bereich Hadoop-Anwendungen [45].

Für einen verbesserten Zugriff auf Data-Warehouses sorgt Fluid Query. Somit lassen sich bestehende Lösungen „modernisieren". Ein weiterer Vertreter ist PureData for Analytics. Es unterstützt bei der Auswertung und Analyse.

Eine Lösung für das Datalifecycle-Management stellt InfoSphere Optim dar. Hierbei handelt es sich um eine ganze Produktfamilie für spezifische Belange. Die Lösungen unterstützen durch Regeln beim Umgang mit großen Datenmengen. Dies umfasst auch Regeln für das Löschen der Daten und das Schützen gegen Veränderung. Dies ist vor allem bei Produktionsdaten von großer Relevanz.

7.2.3.2.2 Vertikale Integration

Mit dem Shopfloor-Integration-Demonstrator ist eine Teile- und Karosserie-Identifikation möglich. Die Lösung basiert auf dem SOA-Ansatz. Sie wurde seitens IBM mit dem Partnerunternehmen M+W entwickelt. Anwendung fand die Lösung bei einem Deutschen Automobilhersteller [62].

7.2.3.2.3 Horizontale Integration

Das IBM-Lösungsangebot reicht von rein technischen Produkten bis hin zu Lösungen mit einem stark fachlichen Bezug. Bei Sterling B2B Integration handelt es sich um eine technische und cloudbasierte Lösung (SaaS). Hierüber erfolgt die Integration von B2B-Prozessen. Zur Integration können verschiedene Kommunikationsverfahren für das Managen der Anwendungen und Daten verwendet werden. Um einen sicheren Datenaustausch zu gewährleisten, werden diverse Kommunikationsprotokolle, wie SecureFTP, HTTPS, Secure Shell (SSH) und weitere, unterstützt. Gleiches gilt für die auszutauschenden Datenformate und Adapter. Hier wird ebenfalls eine Vielzahl von ERP-Systemen unterstützt. Da aber naturgemäß speziell bei ERP-Systemen eine hohe Individualität der Integration besteht, dienen diese angebotenen Adapter ausschließlich als Ausgangsbasis für kundenspezifische Anpassungen. Hierbei wird auch der Notwendigkeit, Daten mit hoher Geschwindigkeit auszutauschen, seitens IBM eine große Aufmerksamkeit beigemessen. Bei Sterling B2B handelt es sich streng genommen um eine ganze Produktfamilie mit unterschiedlichen Schwerpunkten. Für den Filetransfer steht File Gateway zur Verfügung. Für das Abwickeln finanzieller Transaktionen wird der Financial Transaction Manager eingesetzt. Eine Integration in verschiedene Zahlungssysteme ist natürlich möglich.

Auf der fachlichen Seite unterstützt IBM seine Kunden auch durch spezifische Lösungen. Um die Transparenz in der Lieferkette zu erhöhen, hat IBM die Lösung Transparent Supply Chain entwickelt. Sie liefert Informationen über externe Einflüsse und Prognosen bezüglich möglicher Störungen. Speziell bei der Supply Chain Management-Lösung handelt es sich um keine spezifische Lösung für die Automobilindustrie. Auf der anderen Seite sind aber derartige Probleme auch nicht originär Automotive-spezifisch. Somit ist die Verwendung einer branchenübergreifenden Lösung, die speziell, wie in diesem Fall, die logistische Thematik in den Vordergrund stellt, auch für die Automobilindustrie mit einem gewissen Anpassungsaufwand anwendbar. Als IBM noch sehr aktiv im Hardwaregeschäft vertreten war, musste das Unternehmen derartige Problemstellungen im eigenen Hause ebenfalls angehen und lösen. Daher verwundert es nicht, dass hier auch entsprechend praktische Erfahrungen vorhanden sind [62].

Die Lösung gliedert sich in die beiden Bereiche

- Logistikplanung (Supply Chain Planning) und
- Logistikausführung (Supply Chain Executing).

Die Planungsseite umfasst mit iLOG LogicNet Plus XE eine Lösung für die Planung, das Design und die Optimierung von Logistiknetzen. Für die Routenplanung steht ILOG Transportation Analyst zur Verfügung. Für die Bestandsoptimierung kann hingegen ILOG Inventory and Product Flow Analyst eingesetzt werden. Im April 2015 wurden die iLOG-Lösungen an die Supply Chain-Spezialisten LLamasoft verkauft [39].

7.2.3.2.4 Mobile Lösungen

Das Produktangebot von IBM für die Erstellung mobiler Lösungen umfasst, ähnlich wie für die Erstellung von Embedded Software, Tools für den gesamten Software-Lifecycle. Um dies zu erleichtern, wurden verschiedene Aktivitäten im MobileFrist-Portfolio vereinigt. Dies reicht von der plattformunabhängigen Entwicklung mobiler Lösungen, der Integration in Backend-Systeme bis hin zum Thema Sicherheit. Mobile Anwendungen lassen sich etwa durch MobileFirst schnell und einfach erstellen.

7.2.3.2.5 Cloud Computing

Wie bereits eingangs erwähnt, erhöht IBM sein Engagement im Bereich Cloud-Lösungen erheblich. Somit existiert eine Vielzahl unterschiedlicher Lösungen. Das Produkt SoftLayerCloud unterstützt bei der Virtualisierung und das lokale Hosting der Kundenanwendungen in der EU oder auch in Deutschland. Somit gelten die entsprechenden, lokalen Datenschutzregelungen.

IBM bietet auch eine Internet of Things Foundation (IoTF)-Cloud-Infrastruktur an. Hierbei handelt es sich um eine Lösung für das Management und die Integration von Geräten, wie etwa sensitiven Robotern, über das Internet. Es lassen sich somit Geräte oder auch Anwendungen über eine Web-Oberfläche mobil registrieren, verbinden, kontrollieren, speichern und visualisieren. Basis hierfür ist das standardisierte Protokoll MQTT (MQ Telemetry Transport). Hierbei handelt es sich um einen offenen, leichtgewichtigen Kommunikationsstandard über Mobilfunknetze (siehe Kap. 5). Die IoTF basiert auf der Bluemix Foundation. Mit der seit Juni 2015 frei verfügbaren Plattform versucht IBM, ein Ökosystem von Anbietern und Anwendern aufzubauen. Als Preismodell dient der Pay-per-Use-Ansatz. Einige Dienst können auch kostenfrei genutzt werden. BlueMix selber ist wiederum eine cloudbasierte Anwendung (Platform-as-a-Service). Hierüber können Anwender mobile und webbasierte Lösungen schnell auf Bausteinen basierend entwickeln. Entwickler werden auch bei der Integration von Altanwendungen in die Cloud durch entsprechende Patterns unterstützt. Die Plattform verfügt auch über entsprechende Sicherheitsdienste [81]. Als Programmiersprachen für Entwickler werden Java, JavaScript, Python, Embedded C und C# unterstützt. Auch die IoTF basiert auf einem Pay-per-Use-Modell, primär basierend auf der Gerätezahl und dem benötigten Speicherplatz, wobei für eine geringe Anzahl an Geräten und Speicherplatz auch eine frei verfügbare Version existiert. Somit können Anwender die Lösung zuerst unbedenklich testen.

Daneben wird, wie schon erwähnt, auch Hadoop als cloudbasierte Lösung angeboten (siehe Abschn. 7.2.3.2.1).

7.2.3.2.6 Embedded Systems

Im Bereich der Softwareentwicklung entwickelte IBM Lösungen für den gesamten Software-Lifecycle an. Ein wichtiger Bestandteil ist hier die Rational Jazz-Plattform. Hierin sind die bisherigen Rational-Modellierungstools integriert. Darüber hinaus wurde über die Tools als verbindende Klammer eine Kollaborationsplattform gelegt. Die hier gemachten Kommentare und Dialoge lassen sich zu konkreten Modellen (etwa Anforderungen) zuordnen. Auch besteht die Möglichkeit, verschiedene Modelle miteinander zu verbinden, um eine Traceability über die verschiedenen Abstraktionsebenen zu erreichen. Der Fokus liegt hier aber eindeutig im Bereich der objektorientierten Programmiersprachen wie etwa Java, .net oder C++.

Unabhängig davon, ob es sich um Embedded-Entwicklung oder Enterprise-Entwicklung (etwa mit Java) handelt, ist hier die Definition und Verwaltung von Anforderungen von großer Bedeutung. Dies galt in der Zeit „vor Industrie 4.0" und gilt auch noch bei der Umsetzung von Industrie 4.0. Darüber hinaus ist speziell das Testen derartiger Anwendungen von großer Bedeutung. Für beide Fälle kann IBM auf entsprechende Lösungen verweisen (wie gesagt, dies ist unabhängig von I40, aber wichtig). Für das Thema Testen sind dies unter anderem Rational Functional Tester und Rational Test RealTime.

7.2.3.2.7 IT-Security und Betriebssicherheit

Für IBM umfasst eine Sicherheitsstrategie mehrere Schritte:

- Harmonisierung klassischer und industrieller Sicherheitsmaßnahmen.
- Kontinuierliches Sicherheits-Monitoring auch in Kontroll- und Prozessnetzen.
- Risikoanalyse und Forensik in Echtzeit basierend auf IBM Hadoop und damit die Möglichkeit zur schnellen Reaktion.

All diese Punkte werden über eine individuelle Beratungsleistung und ein Security-Framework abgedeckt. Es umfasst Sicherheitsanalysen, Identitäts- und Zugangsmanagement, Anwendungssicherheit, Infrastrukturschutz und Datenschutz. Als konkrete Lösung bietet das Unternehmen unter anderem QRadar Security Intelligence für ein zentrales IT-Security Monitoring an. Hierbei handelt es sich um eine Security-/Intelligence-Plattform inklusive Analyse [62]. Es werden proaktiv Sicherheitslücken von Netzeinheiten analysiert. Um dies zu leisten, werden unter anderem gefährliche Standardeinstellungen und Fehlkonfigurationen überprüft. Dies erfolgt auf Basis von entsprechenden Erfahrungswerten und fest definierten Parametern. Auf diese Weise kann die Sicherheit von Produktionsanlagen überprüft und in einem gewissen Grade gewährleistet werden. So werden etwa IP-Adressen oder Services, die auf offene Ports hören, beanstandet.

Daneben findet vermehrt Hadoop, neben PMQ, auch für das Thema IT-Sicherheit Anwendung, um Muster und damit Attacken auf das eigene Computernetz frühzeitig zu erkennen. Dieses Einsatzgebiet wird seit einiger Zeit propagiert.

7.2.3.2.8 Nachhaltigkeit

Hier liefert das Unternehmen mit seinem Intelligent Building Management (IIBM) durch Bündelung verschiedener Lösungen einen Beitrag zum integrierten Energie- und Facility-Management. Bestandteil ist auch ein Wettervorhersagemodul, um etwa die Energieversorgung einer Fabrik mit Sonnenenergie sicherzustellen. Damit lässt sich die gesamte Energieversorgung deutlich besser planen und steuern. Die Lösung ist cloudbasiert und nutzt die eigenen Big Data-Lösungen [62].

Trotz des großen Lösungsangebotes seitens IBM sind die branchenspezifischen Lösungen für die Automobilindustrie (Hersteller und Zulieferer) deutlich überschaubarer. IBM kann seine Stärken im Bereich Cloud Computing und PMQ ausspielen. Darüber hinaus engagiert sich das Unternehmen im erheblichen Umfang im OpenSource-Umfeld, um hier Lösungen zu entwickeln. Diese werden verständlicherweise um kommerzielle Module erweitert.

7.2.4 SAP

SAP hatte im Geschäftsjahr 2014 weltweit 74.406 Mitarbeiter beschäftigt (Steigerung gegenüber 2013 um 12%). Diese erwirtschafteten einen Umsatzerlös von über 17 Mrd. € und ein Betriebsergebnis von über 5.6 Mrd. €. SAP stellt sein Geschäftsmodell immer stärker in Richtung Mietsoftware aus der Cloud um. Dies wird auch durch entsprechende Firmenübernahmen unterstrichen. SAP hat weltweit über 282.000 Kunden [61]. Das Unternehmen ist im Bereich Unternehmenssoftware weltweit Marktführer.

Eine der strategischen Ausrichtungen ist hierbei die In-Memory-Lösung HANA. Laut eigenen Angaben belief sich die Anzahl der HANA-Kunden Ende 2014 auf mehr als 5800. Cloud Computing ist neben HANA ein weiteres strategisches Thema. Daneben investierte SAP in den vergangenen Jahren vermehrt in mobile Lösungen und eine Verbesserung der Benutzerführung mit dem Ziel Komplexität abzubauen. SAP bietet Lösungen für 25 Branchen (unter anderem Automotive) an [61]. SAP gehört zu den Initiatoren der Industrie 4.0-Initiative und bringt sich aktiv in die verschiedenen Arbeitskreise ein beziehungsweise diese werden durch SAP-Mitarbeiter geleitet.

Alle Automobilhersteller und der gehobene Mittelstand im Bereich Zulieferer sind Kunden von SAP mit unterschiedlichem Durchdringungsgrad der jeweiligen Unternehmensprozesse.

7.2.4.1 Das Unternehmen

SAP bietet mit „HANA Cloud Plattform for IoT" Lösungen mit Partnern an. Hierbei werden bestehende Lösungen (zum Beispiel SAP Predictive Maintenance and Services, SAP Connected Logistics und SAP Connected Manufacturing) um das Verbinden und Managen von Devices erweitert. Eine Erweiterung stellen auch die Datenintegration und Analysen dar. Der logistikbasierte Ansatz kann die standortbezogenen Echtzeitdaten verwenden, etwa zur Optimierung von Transportbewegungen. Über Manufacturing sollen Produktionsprozesse gesteuert werden. Hierbei kann SAP auf ein umfangreiches Partnernetzwerk von IT-Dienstleistern (zum Beispiel Accenture oder T-Systems) zurückgreifen. Ein weiterer Partner aus dem Feld der Industrieunternehmen ist Siemens [78]. SAP treibt auch die Entwicklung von Standards aktiv voran [2].

Im Bereich Cloud umfasst das branchenübergreifende Lösungsangebot von SAP die Bereiche Personal-, Finanz-, Beschaffungswesen, Vertrieb, Service und Marketing. Darüber hinaus werden spezifische Lösungen für Qualität und Materialversorgung (Kanbanbasiert) und für Predicitve Maintenance und Predictive Quality, ebenfalls basierend auf

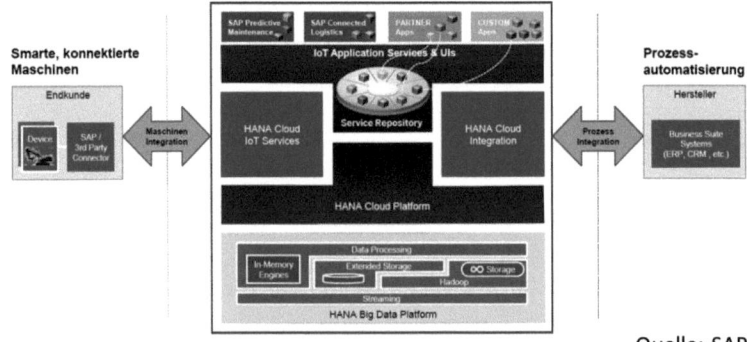

Quelle: SAP

Abb. 7.25 SAP – Lösungsportfolio im Überblick. (SAP)

der HANA-Plattform, angeboten (siehe Abb. 7.25) beziehungsweise [30]. Anlässlich des alljährlich stattfindenden Automotive Forums präsentieren Partner und Kunden entsprechende, angepasste Lösungen. Vor allem das Partner-Netzwerk ist für SAP extrem wichtig. Die Implementierungspartner entscheiden mit ihrer fachlichen und technischen Expertise über den Projekterfolg der jeweils eingesetzten SAP-Lösungen.

Enabler für Industrie 4.0 sind laut SAP:

- Mobile Lösungen und Netzwerk-Computing (basierend unter anderem auf Embedded Software-Lösungen),
- Cloud-Plattformen und
- Big Data.

Für die Umsetzungen von entsprechenden Lösungen hat das Unternehmen aus Walldorf eine entsprechende Roadmap aufgestellt. Hierbei wurden in 2014 verschiedene erste Versionen von I40-Lösungen vorgestellt. Im Laufe der Zeit werden diese Lösungen sowohl verfeinert, als auch um weitere Lösungen erweitert.

Die Themen Lagermanagement, Predicitive Maintenance und Augmented Reality stehen hierbei für SAP ganz oben auf der Prioritätenliste.

Die Automotive-Branchenlösung umfasst die Bereiche

- Entwicklung,
- Produktion (Manufacturing and Logistics) sowie
- Sales & Aftersales.

Im Bereich Entwicklung sind dies etwa alle Themen rund um die Produktentwicklung (zum Beispiel Projekt- und Portfolio-Management sowie Design Orchestration, also die Zusammenarbeit auf Basis eines integrierten Produktentwicklungsprozesses).

7.2.4.2 Kundenauftragsprozess

Der Bereich Produktion umfasst die Themen

- Operational Excellence,
- Operational Procurement, Inbound Logistics für direktes Material,
- Outbound Logistics,
- Responsive Manufacturing (Produktionsplanung, Lager, Reporting, Produktionssteuerung mit ME/MII, Qualitätsmanagement und Lean Manufacturing),
- Sequenced Manufacturing (Make-to-order, Model-mix planning and sequencing).

Hierbei handelt es sich um das branchenspezifische SAP-Standardlösungsangebot.

Als Produktionssteuerungslösung setzt SAP auf ME und MII. Für die Integration zwischen ERP, MES und der Automatisierungsebene hat SAP die auf .net basierende Lösung Plant Connectivity (PCo) entwickelt. Basis für den Datenaustausch sind Agenten. SAP setzt speziell bei der Anbindung von MES und der Automatisierungsebene auf Standards. Über PCo kann unter anderem auch eWM (extended Warehouse Management) und MII (Manufacturing Integration and Intelligence) angebunden werden. Das Tool verwendet hierbei den aktuellen Standard OPC UA (siehe Kap. 5). Mittels PCo lassen sich bedienerfreundlich entsprechende Konfigurationen zwischen MES und Automatisierungsebene erledigen. Darüber hinaus bieten diverse Unternehmen (unter anderem Salt Solutions [70]) Lösungen an. Es werden auch entsprechende Agenten durch Maschinenhersteller angeboten. Neben OPC UA existieren weitere Agenten unter anderem für GE Fanuc Proficy Historian, AspenTech, Citect SCADA und OLEDB. Auf Basis von SAP ME existieren aktuell einige erfolgreiche Implementierungsbeispiele, wie bei der Firma Kosta im Bereich der Mechatronik oder bei Continental (siehe Kap. 6). Darüber hinaus ist SAP neben Festo und Elster am Aufbau der Lernfabrik „Open Integrated Factory" mit ME und MII als MES beteiligt (siehe Abschn. 7.1.5).

Weitere Themen, bei denen SAP seine Kunden in den Industrie 4.0-spezifischen Themen konkret unterstützt, sind [63]:

- One-piece flow,
- Asset information management,
- Predictive Maintenance,
- Adaptive Logistics (Transparenz für alle Güter und Informationen über die gesamte Supply Chain),
- Predictive Quality management,
- Warranty management,
- Digital product memory (also digitales Produktgedächtnis),
- Remote Monitoring.

In diesem Zusammenhang kommt natürlich auch HANA mit seinen echtzeitbasierten Auswertungs- und Analysemöglichkeiten ins Spiel. Darüber hinaus bietet SAP auch im Bereich Connected-Car und Connected-Services Lösungen an (unter anderem auch wiederum HANA-basiert). In den vergangenen Jahren hat sich SAP auch im Bereich Augmented Reality durch innovative Lösungen hervorgetan. Diese Lösungen wurden mit Partnern oder/und Industrieunternehmen gemeinsam realisiert.

Als weitere Lösungen im Bereich Automotive bietet SAP das sogenannte "Responsive Manufacturing" an. Hier werden verschiedene SAP-Module subsumiert. Hierzu gehören für die Produktionsplanung (PP), Produktionssteuerung (ME, MII) und Lagermanagement (WM rsp. eWM). Die in Responsive Manufacturing abgebildeten durchgängigen Prozesse von der Produktionsplanung bis zur Produktion ermöglichen ein extrem effizientes Arbeiten. Unterstützt wird dies durch die Aspekte Qualität und Lagersystem. Diese Integration besteht seit geraumer Zeit, da beide Lösungen (WM und QM) ja Bestandteil von ECC sind. Die Lösungen werden um weitere Funktionalitäten angereichert, wie etwa Quality Issue Management (QIM), zur transparenten Qualitätskontrolle über die gesamte Wertschöpfungskette und Dash-Boards. Durch die Unterstützung von HANA können auch große Datenmengen unter dem Stichwort einer Echtzeitfähigkeit sehr effizient verarbeitet werden. Zur Erhöhung der Benutzerfreundlichkeit gibt es auch Standardreports (etwa OEE zum Produktivitätsvergleich verschiedener Anlagen) [88].

Einen ähnlichen Ansatz wie im Bereich Produktion verfolgt SAP mit seiner „Responsive Supply Chain"-Lösung für Logistik. Auch hier werden verschiedene SAP-Module zur Abbildung eines integrierten Prozesses eingesetzt. Im Logistikbereich gehören hierzu unter anderem die Themen Bedarfsmanagement, Produktionsplanung und Sequenzierung, Inventarisierung, operative Planung, Lagermanagement und Transportmanagement. Auch hier erfolgt eine Beschleunigung mittels HANA.

7.2.4.2.1 Big Data und Real Time Enterprise

Für SAP sind folgende Punkte Enabler für Big Data:

- Mobile Lösungen,
- Cloud-Plattformen.

Basis für Big Data ist, wie schon mehrfach erwähnt, SAP HANA. Hierbei handelt es sich um eine eigenentwickelte In-Memory-Lösung (siehe auch Kap. 4). Eine Übersicht der HANA-Plattform ist in Abb. 7.26 dargestellt [28].

Hierbei kann die Lösung, basierend auf dem eigenen Data-Warehouse, als Beschleuniger oder isoliert von diesem arbeiten.

Durch die immer stärkere Vernetzung entsteht eine enorme Datenflut. Um dies zu bewältigen, sind Big Data- beziehungsweise In-Memory-Systeme wie HANA erforderlich. Hierüber lassen sich entsprechende Analysen und Auswertungen erstellen.

Da HANA eine zentrale Rolle bei vielen der Lösungsbausteine von SAP spielt, ist eine Differenzierung entlang der jeweiligen Fachprozesse etwas schwierig. Nichtsdestotrotz wird HANA und damit Big Data separat dargestellt. Bezüglich der Grundlagen von Big

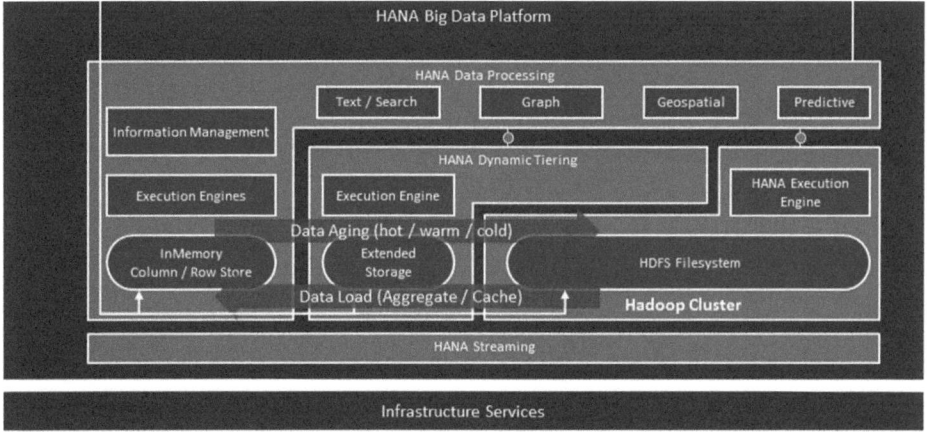

Abb. 7.26 SAP HANA-Plattform. Quelle: SAP

Data sei auf das Kap. 4 verwiesen. Zuerst erfolgt eine Beschreibung der fachlichen Themen wie der vorausschauenden Instandhaltung.

Da SAP immer stärker in Richtung cloudbasierte Lösungen geht, braucht es nicht verwundern, dass auch das Thema Instandhaltung hierüber abgebildet wird. Über einen Adapter, unter anderem von dem SAP-Partnerunternehmen ifm, werden Sensordaten in ein entsprechendes Standardformat konvertiert. Datenlieferanten für SAP sind

- Sensordaten,
- Business-Daten und
- Umgebungsdaten.

Hierbei liefert SAP primär die Infrastruktur für derartige Analysen. Die Anwender haben dies auf ihre spezifischen Bedürfnisse anzupassen. Somit differiert der SAP-Ansatz also zum IBM-Ansatz, bei dem bereits fertige und verwendbare statistische Modelle mitgeliefert werden. Seitens SAP werden sogenannte „Fault Patterns" bereitgestellt. Neben der Optimierung der Instandhaltungstätigkeiten kann die Infrastruktur auch für weitere Themen, wie etwa Predicitve Quality, verwendet werden. Auch hierfür sind entsprechende Anpassungen und Erweiterungen seitens der Anwender vorzunehmen.

7.2.4.2.2 Cloud

Der Ansatz von SAP gleicht hier jenem der anderen großen IT-Unternehmen. Die Idee ist, eine für Anwender möglichst leicht zu verwendende und gleichzeitig kostengünstige Plattform anzubieten. Ziel ist hierbei ein Maximum an Flexibilität für den Kunden (Stichwort: IT on Demand) bei gleichzeitiger Kostenminimierung. Darüber hinaus besteht die Möglichkeit, sich mit anderen Marktteilnehmern und Partnern über die Cloud-Plattform zu vernetzen. Wie schon mehrfach angesprochen, ist die Akzeptanz bei Partnern und nicht nur der Kunden entscheidend für das Gelingen derartiger Geschäftsansätze. Parallel zu den eigenen Ansätzen besteht eine Partnerschaft mit Siemens im Bereich Industrie-Cloud-Plattform (siehe Abschn. 7.1.2.3.4).

Im Bereich Cloud-Lösungen bietet SAP das Connected Manufacturing an. Als prominenter Kunde wird unter anderem Harley Davidson genannt [87]. Hierbei handelt es sich um die Möglichkeit, schnell Daten auf Basis von SAP HANA zu verarbeiten. Relevante Integrations-Szenarien im Kontext der Produktion sind etwa

- Top-To-Shop Floor,
- M2M und
- Big Data.

Als weitere Cloud-Lösung bietet SAP auch eine sogenannte Connected Logistics mit analogen Schwerpunkten an.

SAP ist traditionell stark im sogenannten Enterprise-Umfeld. Die Automotive-Branchenausprägung hat in vielen Praxisbeispielen ihren Mehrwert unter Beweis gestellt.

Lösungen von Softwareherstellern

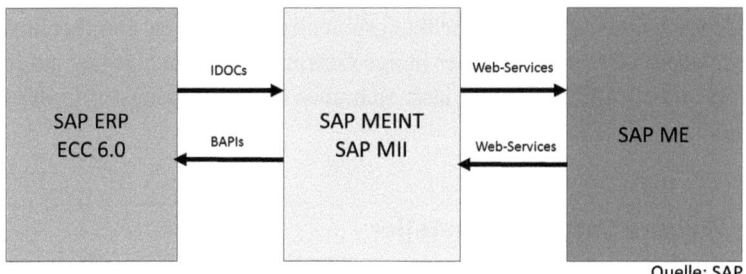

Abb. 7.27 SAP ECC und ME-Integration

Darüber hinaus verändert das Unternehmen in den vergangenen Jahren seinen Charakter erheblich. Punkte sind hier unter anderem die bessere Benutzerführung, mobile Lösungen und das Cloud Computing. Um sich auch im Bereich der produktionsnahen Themen besser zu positionieren, setzt SAP verstärkt auf Standards wie OPC UA. Die Marktdurchdringung ist im Produktionsumfeld, vor allem für das Thema Produktionssteuerung, geringer ausgeprägt als etwa im Enterprise-Bereich.

7.2.4.2.3 Produktionssystem

Die Steuerung und Überwachung von Produktionssystemen erfolgt mittels SAP ME (Manufacturing Execution) und MII (Manufacturing Integration and Intelligence). SAP ME beinhaltet alle relevanten Funktionen zur Steuerung und zum Controlling einer Produktion (Datenerfassung, Materialverfolgung, Kundenauftragsmanagement, Qualität, Reporting) und die Integration in die Unternehmenssteuerung (basierend auf SAP) und die Automatisierungsebene (über PCo und damit OPC UA). Ebenfalls zum Leistungsumfang gehört die werksübergreifende Rückverfolgung über die gesamte Wertschöpfungskette und den Produktlebenszyklus. Eine Steuerung von verteilten Produktionsstandorten ist ebenfalls realisierbar. Im Bereich Reporting stehen umfangreiche Standardreports wie OEE oder FPY (First Part Yield) zur Verfügung. Die Integration in SAP ECC (Enterprise Central Component) ist in Abb. 7.27 dargestellt. Hierbei steht MEINT für ME-Integration. Alle Lösungen basieren technisch auf SAP NetWeaver.

SAP HANA sorgt für die Echtzeitfähigkeit der Datendarstellung. Das Reporting kann über den Desktop oder über mobile Lösungen erfolgen. Gleiches gilt auch für das Prüf- und Reparaturmanagement.

7.2.4.2.4 Nachhaltigkeit

SAP hat im Bereich Energiemanagement ein umfangreiches Lösungsangebot. Es reicht vom Zugriff auf Smart Meters bis hin zu Standardlösungen für Energieunternehmen inklusive Emissionshandel. Für das ganzheitliche Management steht die Energymanagement Suite zur Verfügung. Über die Lösung Carbon Impact erfolgt unter anderem die Berechnung von Emissionen und das gesamte Energiemanagement von Gebäuden. Hierzu gehört auch der Energie-Forecast – beispielsweise also die Vorhersage bezüglich des Energieverbrauchs unter Berücksichtigung der Wetterprognose. Über das Thema Energiemanagement lassen sich erhebliche Kostensenkungspotentiale realisieren. Darüber hinaus entsteht zum Beispiel ein nicht unerheblicher Image-Gewinn durch den Umstieg auf regenerative Energieversorgung [56]. Hierüber lässt sich auch die Nachhaltigkeit in der Produktion umsetzen.

7.3 Weitere Softwarehersteller

Neben den bisher beschriebenen Unternehmen sind viele kleinere Unternehmen und Start-Ups in dem Markt sehr aktiv vertreten. Vielfach werden hier isolierte aber hoch innovative Lösungen entwickelt. Einige Unternehmen wurden bereits als Partner der vorgestellten Produkthersteller erwähnt. Die große Dynamik des Marktes zeigt auch deutlich, dass es aktuell noch keine Marktführer gibt. Die „großen" IT-Unternehmen tun sich schwer damit, umfassende und innovative Lösungen für ihre Kunden bereitzustellen. Darüber hinaus haben alle hier beschriebenen Unternehmen entsprechende Eco-Systeme aus sehr aktiven Partnerunternehmen aufgebaut. Diese Unternehmen treiben Innovationen aktiv voran. Zudem bieten auch klassische IT-Beratungsunternehmen I40-Lösungen an. Auf Grund der Vielzahl an Lösungen kann hierauf nicht eingegangen werden.

Wie schon erwähnt, erfolgt die Fokussierung auf die etablierten und damit „großen" IT-Unternehmen. Es sollten aber zumindest kurz weitere Lösungen von mittelständischen Unternehmen vorgestellt werden. Hierzu gehören sicherlich die MES-Hersteller. Speziell in Deutschland ist der Anbietermarkt sehr mittelständisch geprägt und damit breit gefächert.

Weitere Lösungen von vor allem weniger bekannten Unternehmen:

- AR/VR-Anwendungen von Metaio GmbH,
- Ubimay GmbH erstellt Lösungen unter anderem auf Basis von AR für den Logistikbereich.

Literatur

1. Mthamma Acharya, Robert Bosch Center for Research in Cyber Physical Systems, Bosch Press Release, 11/2011.
2. Martin Bayer, Deutsche Telekom und SAP gründen Konsortium für Industrie 4.0-Standards, Computerwoche, 3/2015.
3. Martin Bayer, Predix Cloud: General Electric entwickelt eine Plattform für das Internet of Things, Computerwoche, 8/2015.
4. Martin Bayer Production Rules Configurator – Bosch präsentiert Softwarelösung für die vernetzte Fertigung, Computerwoche, 10/2015.
5. Stefan Beiersmann, HP schließt Geschäftsjahr 2014 mit durchwachsenem viertem Quartal ab, ZDNet, 11/2014.

6. Martin Bergert, Jens Kiefer, Stephan Höme, Einsatz der Virtuellen Inbetriebnahme im automobilen Karosseriebau – Ein Erfahrungsbericht, KUKA Report, 9/2009.
7. Stefan Brill (Hrsg.) Ausgezeichnetes Energiemanagement, in Antriebstechnik aktuell, 1/2015.
8. Anita Bunk, Clevere Industriewerkzeuge: Bosch treibt erstes europäisches Innovationsprojekt des Industrial Internet Consortium, Bosch Presse-Information, 2/2015.
9. John Diamant, Jess Misustin, Steve Lazerowich, Stan Wisseman, Secure your critical applications, HP Technical white paper, 11/2014.
10. Diemer, J.: Virtual Fort Knox: Sichere IT-Infrastruktur für die deutsche Wirtschaft. In: Baums, A., Scott, B. (Hrsg.) Kompendium Digitale Standortpolitik (2013). www.digitaleagenda.de
11. Johannes Diemer, Michael Mey, Industry 4.0 HP Engagement Virtual Fort Knox (VFK), Vortrag, 4/2014.
12. Johannes Diemer, http://www8.hp.com/de/de/industries/industry4.html, HP-Portfolio, aufgerufen am 10.10.2015.
13. Elena Eberhardt, Neue Antriebstechnik für Fahrerlose Transportsysteme: Praktisches Plut&Play-Design, Hebezeuge-Fördertechnik, 10/2014.
14. Rihab Ehm, Einstieg in das TIA-Portal: Effizientes Engineering unter einem Dach, SPS-Magazin, 6/2014.
15. Festo Broschüre, Bionischer Handlings-Assistent: Sichere Mensch-Maschine-Interaktion, 2012.
16. Festo facts, 4/2015.
17. Festo: Neuheiten für mehr Produktqualität, Festo, 2015.
18. Forschung und Entwicklung bei Siemens, Teil 3: Corporate Research and Technologies (CT T), 7/2009.
19. Susanne Herzlieb, Bettina Tillmanns, Von der Idee in die Praxis: Bosch zeigt einsatzfähige Industrie-4.0-Lösungen entlang der Wertschöpfungskette, Bosch Presse-Information, 4/2015.
20. HP StoreEasy Storage, Advanced data lifecycle management, HP technical white paper, 12/2014.
21. HP, The disruptive power of big data, Business white paper, 2/2015.
22. Günter Gaugler, Siemens treibt das digitale Unternehmen voran, Siemens Pressemitteilung, 4/2015.
23. Rainer Gebhard, Siemens: 3D-Druck in der Industrie, VDMA, Siemens Pressemitteilung.
24. Mark Grötzinger, Bosch Rexroth als Leitanbieter und Leitanwender, Vortrag, 2/2015.
25. Tara Hanney, HP Delivers Services to Help Enterprise Accelerate the Benefits of Big Data and Analytics, HP Press Release, 8/20114.
26. Susanne Herzlieb, Industrie 4.0 praktisch umgesetzt: Konzeptstudie mit Serienprodukten von Bosch Rexroth, Bosch Rexroth Presseinformation, 3/2014.
27. Industrie 4.0-Eine Vision auf dem Weg zur Wirklichkeit, Siemens AG, Sector Industrie, 2014.
28. Raghav Jandhyala, Erich Schneider, SAP HANA, SAP HANA Platform – Technical Overview, SAP, 5/2012.
29. Arvid Kaiser, In der Revolutionszentrale der Industrie 4.0, Manager Magazin, 2/2015.

30. Tomothy Kaufmann, Industrie 4.0 und Internet der Dinge – Überblick Insutrie 4.0-Lösung und Kundenbeispiele, Vortrag, SAP, 2015.
31. Bernd Kärcher, Industrie 4.0 – Erwartungen eines Herstellers aus der Automatisierungstechnik, Festo AG, 2013.
32. Manuela Keßler, Vorausschauender Service: Heute schon wissen, was übermorgen passiert, Bosch Rexroth Presseinformation, 4/2015.
33. Nicole von Killisch-Horn, Rexroth-Steuerung und -Antrieb offen für IT und Internet-Programmiersprachen, Bosch Rexroth Presseinformation, 11/2014.
34. Nicole von Killisch-Horn, Industrie 4.0 findet Weg in die Praxis, Bosch Rexroth Presseinformation, 8/2015.
35. KUKA: Hello Industrie 4.0 – Smart solutions for smart factories, KUKA Broschüre, http://www.kuka-robotics.com/germany/de/downloads/search/?type=current&sc_META_02=Brochures&rs_Language=de, aufgerufen am 23.08.2015.
36. KUKA Software, http://www.kuka-robotics.com/germany/de/products/software, Aufgerufen am 27.09.2015.
37. Werner Kurzlechner, Siemens startet großes SAP-Hana-Projekt, Computerwoche, 7/2015.
38. Marcus Lessnig, Neu Version von Tecnomatix, Siemens-Pressemitteilung, 11/2014.
39. LLamasoft Pressemitteilung, LLamasoft Acquires IBM's LogicTools Supply Chain Applications Business Unit, 4/2015.
40. Sabine Maier, Wittenstein: Wegbereiter für das Zukunftsprojekt Industrie 4.0, Presseinformation, 4/2013.
41. Sabine Maier, Der Zukunft Gestalt geben: die Wittenstein Innovationsfabrik ist eröffnet, Presseinformation, 5/2014.
42. Sabine Maier, Mit Apps auf dem Milkrun, move, 9/2014.
43. Carsten Malischewski, Virtual Fort Knox – Die sichere Manufacturing Cloud, GTUG-Tagung 2013, 5/2013.
44. Carsten Malischewski, Kritische Erfolgsfaktoren für Industrie 4.0: Vertrauen in Digitale Dienstleistungen, Vortrag auf AUTOMATICA 2014 – Begleitforum Industrie 4.0, 6/2014.
45. Klaus Manhart, Forrester Report: Gute Noten für IMBs Hadoop-Lösungen, Computerwoche, 5/2014.
46. Tony Meleg, Microsoft Azure – Microsoft Azure: Das große Ganze, MSDN, 10/2015, Band 30, Nummer 10.
47. Stefanie Michel, „Secure Islands" statt Sicherheitsproblem, Interview mit Anton Huber, Maschinenmarkt, 4/2015.
48. Microsoft, Internet of Your Things: Kuka, www.internetofYourThings.com, Aufgerufen am 15.08.2015.
49. Daniel Müller, Sven-Uwe Müller, Energieeffizienz und Umweltschutz, Siemens Corporate Communications and Government Affairs, 5/2009.
50. Newsletter, Festo Lernzentrum, Ausgabe 48, 6/2015.
51. Open Core Engineering: Freiheit und Effizienz neu definieren, Produktbeschreibung, Rexroth, 2013.

52. Ingo Oppelt, Microsoft Internet of Your Things & Industrie 4.0, Präsentation Hannover Messe, 4/2015.
53. David Petry, Industrial Security als Grundstein für die Zukunft der Fertigung, Siemens Hintergrund-Information Hannover Messe, 4/2014.
54. Vielseitige Industrie 4.0 Lösungen, Prozesstechnik, 4/2015.
55. Rauen, H.: Forum Industrie 4.0: VDMA Industrie 4.0 konkret – Lösungen für die industrielle Praxis (2015)
56. Christian Raum, Neues Management, AutomotiveIT, 5/2011.
57. Redbooks IBM Predictive Maintenace and Qualtity, IBM, 11/2014.
58. Thilo Resenhoeft, Die „Sinnesorgane" des Internet der Dinge, Bosch Presse-Information, 2/2014.
59. Thilo Resenhoeft, Hannover Messe 2015: Umfassendes Portfolio von Bosch, Bosch Presse-Information, 4/2015.
60. Jürgen Rogge, HP und Partner auf der CeBIT 2015, HP Pressemitteilung, 2/2015.
61. Siegfried Russwurn, Mit Siemens die Zukunft der Produktion gestalten –Auf dem Weg zu Industrie 4.0, Pressekonferenz Hannover Messe 2013, 4/2013.
62. Sabine Saeidy-Nory, Hintergrundinformationen Industrie 4.0, IBM Pressemitteilung, 3/2015.
63. SAP Geschäftsbericht 2014, 2015.
64. SAP Production of the Future – How to Prepare for the Fourth Industrial Revolution.
65. SEW Eurodrive, Produkte und Lösungen, 2015.
66. Jochen Schlick, Peter Stephan, Industrie 4.0 bei Wittenstein.
67. Siemens MOM, Präsentation, Siemens, 2014.
68. Siemens, Industry Software – Driving the Digital Enterprise, Siemens, 2015.
69. Siemens-Pressekonferenz auf der Hannover Messe 2015, Auf dem Weg zu Industrie 4.0 – Das Digitale Enterprise, 4/2015.
70. Jörg Schübel, Anlagendaten mit „Bordmitteln" erfassen, it-production, 5/2013.
71. Gerhard Schwartz, Virtual Fort Knox: Zuverlässiges und sicheres Cloud Computing für Industrie 4.0, Vortrag auf Hannover Messe, 4/2014.
72. Gerhard Schwartz, HP Converged Plant Infrastructure (CPI) – Foundation for Industry 4.0, Vortrag, 9/2015.
73. Johan Soder, Lean Industrie4.0: Erfolgreich mit Werten und Menschen im Mittelpunkt, The Huffington Post, 5/2015.
74. Bettina Tillmanns, Mit Vernetzung die Wertschöpfung erhöhen, Bosch Presse-Information, 4/2014.
75. Daniel AJ Sokolov, Microsoft: Mehr Umsatz, weniger Gewinn, heise online, 2/2015.
76. Tecnomatix, Siemens Produktbeschreibung, 2011.
77. Tenomatix digital manufacturing– Digital manufacturing solutions for the automotive industry, Siemens, Produktbeschreibung, 2012.
78. Bettina Tillmanns, Bosch IoT Suite ermöglicht Analyse von Big Data im Internet der Dinge, Bosch Presse-Information, 2/2015.

79. Heinrich Vaske, IoT-Produkte und –Strategien der Hersteller, Computerwoche, 7/2015.
80. Hung Vo, P.: Die Automobilindustrie und die Bedeutung innovativer Industrie 4.0 Technologien (2014). Diplomica
81. Michael P. Wagner, Platform as a Service: IBM veröffentlicht BlueMix, heise Developer, 7/2014.
82. wallstreet-online.de, Aufgerufen am 23.08.2015.
83. Jennifer Warnick, 88 Arces: How Microsoft Quietly Build the City of the Future.
84. Windows 10: Microsoft und itWatch – digitale Souveränität geht nur in Kooperation, Microsoft Pressemitteilung, 7/2015.
85. Wischmann, S., Angler, L., Botthof, A.: Industrie 4.0 Volks- und betriebswirtschaftliche Faktoren für den Standort Deutschland (2015). Bundesministerium für Wirtschaft und Energie
86. Ulf-Malte Wünsch, Automatischer Produktions-Assistenz: Flexibel, mobile Automatisierungslösung „APAS Assistent" von Bosch für vernetzte Produktion, Bosch Presse-Information, 4/2015.
87. Raphael Zhang, Industry 4.0 Value Creation through Digitalization, SAP ONE Service Team, 5/2015.
88. Karin Zühlke, SAP macht sein MES Industrie 4.0-fit, elektroniknet.de, 4/2013.

Digitale Geschäftsprozesse 8

Immer volatilere Märkte und der Wechsel von produktzentrierten zu geschäftsmodellzentrierten Ansätzen zwingen die Unternehmen zu adaptiven Produktionsansätzen. Hierbei erfolgt die permanente und schnelle Anpassung der Wertschöpfung an die Kundenbedürfnisse. Schon aktuell geraten die Produktionssysteme der Automobilhersteller mit der Beherrschung des Variantenreichtums und Komplexitätsmanagements an ihre Grenzen. Diese sich schnell verändernden Einflüsse und die steigenden Komplexitäten lassen sich mit bestehenden Ansätzen aber nur noch schwer managen [4]. Hier bedarf es neuer Ansätze.

Die Anpassung an Kundenbedürfnisse mündet in immer stärker personalisierte Produkte. Dieser Trend ist auch in der Automobilindustrie unverkennbar und zwar nicht „nur" bezüglich Sonderausstattungen, sondern weit darüber hinaus (etwa in der Vision von individuell per 3D-Druck gestalteten Sitzen bei Audi [16]). Hierüber erfolgt aktuell immer mehr eine Differenzierung gegenüber der Konkurrenz. Eine Schlüsselvoraussetzung hierfür ist ein in Echtzeit Reagieren des Unternehmens auf sich verändernde äußere Einflüsse und eine flexible und wandelbare Produktion. Somit erfolgt die konsequente Ausrichtung des gesamten Materialflusses auf den Kunden und seine Bedürfnisse (diese Ansätze sind auch aus der Lean-Welt bestens bekannt). Als Konsequenz dieses Ansatzes muss die Produktion kurzfristig und flexibel anpassbar sein inklusive der gesamten Supply Chain. Damit einher geht auch eine Verschiebung des Wettbewerbs, weg von Produkten und hin zu Geschäftsmodellen (wie schon erwähnt). Es erfolgt also eine vollkommene Neuformierung des Wettbewerbs und damit neue Anforderungen an das Marketing. Als Konsequenz werden die Wertschöpfungsströme und Vertriebswege neu definiert. Dies wird auch durch den vermehrten Einsatz von Sensoren in Produkten (von Glühbirnen bis Turbinen; in Autos ist das bereits vorhanden, wird aber weiter stark ausgebaut) verstärkt. Hierdurch ergeben sich als Konsequenz fundamental neue Wege der Wertschöpfung.

Es darf daher nicht verwundern, dass Geschäftsmodelle den Unternehmenswert stärker definieren als die Anzahl der Fabriken. Apple weist einen höheren Marktwert auf als etwa VW oder BMW, obwohl das amerikanische Unternehmen im Gegensatz zu den komplexen weltweiten Produktionsnetzwerken der beiden deutschen Automobilhersteller keine einzige eigene Produktionsstätte besitzt.

Ein wichtiger Punkt bei Industrie 4.0 ist das Denken in Geschäftsprozessen und -modellen [12], auch hier wieder die Anlehnung an das Lean Management. Durch die mit I40 einhergehende Digitalisierung der gesamten Geschäftsprozesse können erhebliche Potentiale geschöpft werden. Bei einem fiktiven Unternehmen mit einem Umsatz von 50 Mrd. € und einem Gewinn von 5 Mrd. € kann hierüber im Jahre 2020 für Geschäfts- und Produktionsprozesse ca. 700 Mio. € zusätzlicher Gewinn erwirtschaftet werden. Dies ist über Einsparung in der Fahrzeugentwicklung und der Supply Chain möglich [6]. Diese Entwicklungen kulminieren in dem Zetsche-Zitat: „Geschwindigkeit ist der entscheidende Faktor in der Digitalisierung" [24]. Diese Herausforderungen müssen die Unternehmen bewerkstelligen. Über Industrie 4.0 und die damit verbundene Digitalisierung kann der beschriebene Anstieg in der Komplexität (nicht nur des Produktportfolios, sondern auch der damit einhergehend in der Produktion verwendeten Materialien und der erforderlichen Produktionsnetzwerke und Prozesstechnologien) gemeistert werden [1, 4].

8.1 Definition und Abgrenzung

Bevor über Veränderung von Geschäftsmodellen gesprochen wird, zuerst eine pragmatische Definition. Die Literatur hinsichtlich Geschäftsmodellen ist sehr vielfältig. Leider existiert bis heute keine allgemein gültige Definition des Geschäftsmodellbegriffs [11]. Daher werden hier zwei Darstellungen verkürzt wiedergegeben. Unabhängig von der jeweiligen Definition erfolgt über ein Geschäftsmodell die vereinfachte Abbildung des jeweiligen Unternehmens, also der Realität. Es bildet somit die Funktionen des Unternehmens ab. Eine grobe Einteilung kann nach [9]

- Leistungsangebotsmodell,
- Leistungserbringungsmodell – Produktion und
- Ertragsmodell.

Eine alternative Darstellung nach [11] gliedert das Geschäftsmodell in:

- Strategiemodell (Mittel und Maßnahmen zur Umsetzung von Unternehmenszielen),
- Ressourcenmodell (Kompetenzen und Ressourcen für die Wertschöpfung eines Unternehmens),
- Kundenmodell (Produkte und Dienstleistungen sowie die Zielgruppe),
- Erlösmodell.

Hier erfolgt eine etwas vereinfachte Darstellung dieses Modells.

Vereinfacht ausgedrückt beschreibt das Geschäftsmodell, „was" gemacht werden soll, die Strategie, „wie" dies zu erfolgen hat und den Prozess, „wer" es schlussendlich tut [4].

Neue Geschäftsmodelle stehen nicht im Fokus, obwohl diese zukünftig entscheidend für den wirtschaftlichen Erfolg eines Unternehmens sein werden (siehe die Ausführungen am Anfang dieses Kapitels). Sie werden primär bezüglich deren Einfluss auf die Produktion betrachtet und am Rande dargestellt und diskutiert. Dies resultiert, wie schon mehrfach erwähnt, nicht aus Unkenntnis, sondern vielmehr aus Gründen der Fokussierung auf die Produktion und deren angrenzenden Prozesse.

8.2 Managementprozesse

Für effektive und effiziente Geschäftsprozesse sind auch entsprechend unterstützende Managementprozesse zu etablieren. Aktuell findet aber leider die Veränderung der Managementaufgaben durch Industrie 4.0 beziehungsweise einer Smart Factory kaum Beachtung. Für eine flexible und wandlungsfähige Produktion müssen Entscheidungen auf allen Ebenen (etwa von der Werks- bis zur Unternehmensebene) schnell getroffen werden. Die Basis hierfür bietet das Real Time Enterprise basierend auf Smart Data und echtzeitfähigen Kennzahlen aus einem MES beziehungsweise zukünftig eventuell einem CPPS. Es soll hier nochmals betont werden, dass Echtzeitfähigkeit nicht zwangsläufig heißt, das alle Daten sofort verfügbar sind, sondern vielmehr zum richtigen Zeitpunkt am richtigen Ort für die richtigen Personengruppen [9, 17]. Es verwundert daher kaum, dass die Weiterentwicklung von Management, Prozessen und Organisationen die größten Hindernisse für das Heben möglicher I40-Potentiale darstellt [21]. Somit stellen, wie so oft, nicht Technologien, sondern das Management (und damit Menschen) die größte Herausforderung dar. Dies wird durch das vielfach vorhandene „Silodenken" in Bereichen oder Abteilungen untermauert und verstärkt. Bei Industrie 4.0 geht es eben nicht „nur" um die Optimierung der Produktion, sondern um die Veränderung der industriellen Wertschöpfung. Die sich selber steuernde smarte Fabrik wird also gravierende Auswirkungen auf Geschäftsmodelle, Prozesse und schließlich und endlich auf das Management und dessen Führungsverhalten und dessen Entscheidungswege haben. Die Komplexität und die Geschwindigkeit aller Geschäftsprozesse werden sich deutlich erhöhen. Neue Wege der Zusammenarbeit intern wie extern werden sich herausbilden. Die eigene Wertschöpfung wird sich vielfach verringern (wie schon erwähnt). Somit wird das Steuern von Netzwerken immer mehr an Bedeutung zunehmen. Als Konsequenz ergibt sich, dass andere beziehungsweise zusätzliche Kennzahlen an Bedeutung gewinnen werden [12, 21]. Die zentrale Frage ist somit, wie die Wertschöpfung zukünftig zu steuern ist.

Zukünftig werden bereichsübergreifende Kennzahlen bezüglich

- Agilität,
- Wandlungsfähigkeit der Produktion,
- Prozessgeschwindigkeit,
- Flexibilität und
- Gesamtkostenbetrachtung

an Bedeutung stark zunehmen [4]. Unternehmen müssen sich somit von starren hierarchischen Strukturen partiell verabschieden. Sie werden zwar auch in Zukunft noch existieren, aber deren Bedeutung wird zukünftig deutlich geringer sein als heute. Parallel hierzu gilt es, projektspezifische und netzwerkartige Strukturen zu etablieren. Über eine Projektorganisation lassen sich Veränderungen und Innovationen deutlich besser bewerkstelligen als etwa über Linienorganisationen. Die Bedeutung und Aufgaben von Mitarbeitern und auch von Managern werden sich demzufolge verändern. So bedarf es etwa einer „gesunden" Fehlerkultur.

Will ein Unternehmen nun Kundenbedürfnisse abdecken, so muss es zuverlässig und den Kundenerwartungen entsprechend mit Experten, Partnern aber auch gegebenenfalls mit Konkurrenten zusammenarbeiten können. Die damit verbundenen, weiter auszubauenden Wertschöpfungsnetzwerke sind charakterisiert durch

- Transparenz,
- Vertrauen,
- Flexibilität und
- agile und kontinuierliche Erneuerung [3].

Sie zählen auch zu den wesentlichen Erfolgsfaktoren. In diesem Zusammenhang werden auch die Personalabteilungen eine zentrale Rolle übernehmen müssen. Sie sollte Mitarbeiter auf die anstehenden Veränderungen nicht nur vorbereiten, sondern diese auch aktiv mitgestalten [3]. Auch die virtuellen und netzwerkartigen Strukturen, die an Bedeutung gewinnen, inklusive deren Vertreter im Unternehmen, werden wesentlich mehr Einfluss haben als die klassischen Linienvertreter. Dieser Prozess muss durch die Personalabteilung aktiv unterstützt werden. Somit ist eine Erweiterung des Führungsverständnisses erforderlich [3].

Als weitere Konsequenz ergibt sich, dass Unternehmen und deren Organisationen sich zukünftig verstärkt nicht mehr branchenorientiert, sondern wertschöpfungsorientiert aufstellen müssen. Somit erfolgt eine weitergehende Aufweichung der klassischen arbeitsteiligen Branchenorientierung [24].

Darüber hinaus bedarf es einer höheren Agilität (in diesem Zusammenhang auch Competitive Response genannt), also der Fähigkeit eines Unternehmens, sich schnell auf Veränderungen einzustellen und zu reagieren und somit zu einer Verbesserung der Unternehmens-Performance beizutragen [5]. Genaue diese Fähigkeit wird durch ein „projektbezogenes Denken" und Agieren unterstützt.

8.3 Geschäftsmodelle

Lange Zeit war der Wettbewerb zwischen Unternehmen ein Wettbewerb zwischen Produkten und damit deren Produktionsbedingungen und der Produktqualität. Vor allem im Automobilbereich wird eine sehr hohe Produktqualität, vor allem im Premiumbereich, vorausgesetzt (Null-Fehler-Ansatz). Somit ist die Qualität zwischen Premiumherstellern schon lange nicht mehr die kaufentscheidende und damit differenzierende Zielgröße. Stattdessen treten andere Zielgrößen in den Vordergrund, wie Liftstyle oder neue technische Innovationen. Dies ist auch bereits bei Verträgen zwischen Automobilherstellern und deren Zulieferern erkennbar. Auch hier spielt das Produkt eine immer untergeordnete Rolle. Weltweite Lieferfähigkeit und eine Weiterreichung von Garantieansprüchen nehmen einen immer größeren Raum in den Vereinbarungen ein. Geschäftsmodelle werden somit immer wichtigere Schnittstellen in Richtung Kunde, Lieferant und Markt.

In Abhängigkeit davon, ob sich ein Unternehmen primär im B2B (Business-to-Business) oder B2C-Umfeld (Business-to-Consumer) bewegt, wird sich das zugrundeliegende Geschäftsmodell langsamer oder schneller verändern. Vor allem im B2C-Umfeld sind Geschäftsmodelle wesentlich volatiler als Produkte [4]. Unabhängig vom B2X-Szenario sollte generell eine Kundenzentrierung erfolgen, soll heißen, es ist nur das zu produzieren, was Kunden auch bestellen und brauchen. Die Automobilhersteller bewegen sich etwas vereinfacht ausgedrückt im B2C-Umfeld, wohingegen die Zulieferer sich im B2B-Umfeld bewegen. Eine Ausnahme bildet hier das schon angesprochene sehr lukrative Ersatzteilgeschäft. Hier bewegen sich neben den Automobilherstellern auch deren Zulieferer. Auf Grund der Unterschiedlichkeit beider Szenarien werden diese im Folgenden getrennt voneinander betrachtet.

Ungeachtet des B2X-Szenarios weisen diese neuen Geschäftsmodelle aber eine deutlich andere Logik auf als die bestehenden. Die Prozesse werden immer mehr zu Kostentreibern und der Kundennutzen wird zum Leistungstreiber. Somit können auch die bekannten Kostenrechnungsmodelle nur mehr begrenzt angewendet werden. Für Kunden werden neben dem schon angesprochenen Lifestyle-Erlebnis die sichtbaren Leistungen wie Liefertreue, Lieferfähigkeit und Innovationen entsprechend relevant sein. Somit haben Maschinen in der Produktion ohne ein Wettbewerbsmodell keinen ROI [4].

Mittlerweile existieren umfangreiche Arbeiten hinsichtlich der Auswirkungen von Industrie 4.0 auf Geschäftsprozesse. Diese fokussieren sich teilweise auf einzelne Branchen oder gehen das Thema universell und damit branchenübergreifend an.

Generell können zwei verschiedene Szenarien unterschieden werden [2]:

- Weiterentwicklung durch eine „digitale Veredelung" und
- radikale Veränderung durch „disruptive Erneuerung",

Bei der „digitalen Veredelung" steht die konsequente Weiterentwicklung der bestehenden Produkte um zusätzliche Dienste und Funktionalitäten (vor allem softwarebasierter) im Vordergrund. Somit wird auch die Bedeutung von integrierten Gesamtlösungen deutlich steigen [2]. Es erfolgt eine konsequente Erweiterung des bestehenden Geschäftsmodells.

Eine disruptive Erneuerung geht von einer radikalen Veränderung der Produkte und Geschäftsmodelle aus. Der Fokus wird sich hier weiter in Richtung Lifestyle und nutzerzentrierte Funktionen, etwa auch die Basis eines Pay-per-Use-Ansatzes, verschieben. Hierbei werden neuartige Geschäftsmodelle rund um Daten und neuartige Dienste eine zentrale Rolle spielen. Hierzu ist aber eine Erweiterung der eigenen Kernkompetenz in Richtung

IT erforderlich [2]. Diese Erweiterung der eigenen Kompetenz umfasst auch den Ausbau der Sales- und Aftersales-Kompetenz gemäß der neuen Ausrichtung.

Ungeachtet der Szenarien werden die „Karten durch I40 neu gemischt". Die Automobil-Branche erfindet sich teilweise neu. Bestehende Firmen und Unternehmen können durch neue Markt-Player (Start-Ups oder etablierte Unternehmen aus anderen Branchen) gefährdet oder sogar vollkommen vom Markt verdrängt werden. Smarte Produkte werden jede Branche verändern – auch die Automobilindustrie. Diese Veränderung ist aktuell bereits sichtbar. Die prägenden fünf Kräfte sind [8]:

- Bedrohung durch andere Marktteilnehmer,
- Veränderung der Verhandlungsmacht der Käufer,
- Bedrohung durch Ersatzprodukte oder -dienstleistungen,
- Veränderung der Verhandlungsmacht der Lieferanten,
- Rivalität zwischen den Wettbewerbern, also den einzelnen Automobilherstellern,

Die Stärken der einzelnen Faktoren und der spezifische Umgang je Unternehmen mit diesen Faktoren entscheidet über die Rentabilität sowohl der ganzen Branche, aber auch je Unternehmen.

Smarte Produkte ermöglichen eine deutlich größere Möglichkeit zur Produktdifferenzierung als etwa der Preis [8]. Dies gilt besonders im Premiumbereich von Fahrzeugen. Smarte Fahrzeuge bieten die Möglichkeit, das konkrete Nutzerverhalten deutlich besser zu analysieren, als dies aktuell der Fall ist. Somit können die Automobilhersteller erheblich besser auf Kundenbedürfnisse eingehen. Der aktuell starke Einfluss von Händlerorganisationen wird somit zukünftig deutlich zurückgehen. Die Datenhoheit wird sich eindeutig in Richtung der Hersteller verschieben. Damit verbunden werden neue Vertriebswege und Möglichkeiten entstehen. Auf der anderen Seite haben auch Kunden deutlich mehr Informationen über die tatsächliche Produktleistung zur Verfügung und können somit deutlich bessere Vergleiche zwischen mehreren Produkten erstellen. Durch die genaueren Produktkenntnisse sind auch Kunden weniger auf Händler oder Hersteller bezüglich der Informationsgewinnung angewiesen. Somit werden Händler von beiden Seiten (Hersteller und Kunden) in Ihrer Existenzberechtigung „bedroht".

Durch die immer stärkere softwarebasierte Differenzierung der einzelnen Hersteller und deren Produkte können auch zusätzliche Mehrwertdienste für Kunden geschaffen werden. Dies geschieht bereits heute über entsprechende Apps und intelligent vernetzte Produkte. Hier bestehen vor allem noch bei deren Vernetzung erhebliche Potentiale und Mehrwerte. Dies gilt vor allem, wenn sich Fahrzeuge weg von Produkten und hin zu Produktsystemen oder Systeme von Systemen entwickeln [8]. Dies gilt vor allem für den Nutzfahrzeugbereich, in dem derartige Ansätze bereits umgesetzt werden (etwa bei landwirtschaftlichen Nutzfahrzeugen). Auch wenn deren Akzeptanz bei PKW-Kunden noch etwas gering ausgeprägt ist, werden deren Bedeutung und der damit verbundene Umsatz über die Jahre deutlich zunehmen.

Marktneulinge wie Tesla oder eventuell zukünftig Apple müssen Markteintrittshürden überwinden. Der vielfach propagierte hohe Fixkostenanteil, etwa für Produktionskapazi-

8.3 Geschäftsmodelle

Quelle: Tesla Motors

Abb. 8.1 Teilautonomes Fahren durch Software-Update. (Tesla Motors Pressemitteilung)

täten, kann durch Auftragshersteller (wie Magna Steyr) reduziert werden. Diese Unternehmen können nicht nur die Produktion übernehmen, sondern auch erhebliche Entwicklungsdienstleistungen erbringen (wie das bereits für chinesische Autohersteller erfolgreich praktiziert wurde). Durch entsprechende Erweiterungen der Produktdefinition können die bestehenden Hersteller hier erhebliche Einstiegshürden aufbauen. In die gleiche Richtung geht der Aufbau von Wechselbarrieren (siehe den vorherigen Abschnitt). Eine Möglichkeit ist, dass die bestehenden Autohersteller ihre führende Rolle nutzen, um etwa basierend auf den immer mehr werdenden Nutzerdaten ihr Produkt- und Dienstleistungsangebot verbessern. Hier können speziell im Aftersales erhebliche Mehrwerte für Kunden generiert werden. Der große Vorteil hiervon ist, dass die Produktion von diesen Zusatzdiensten nicht betroffen ist. Somit steigt die Komplexität in diesem Bereich nicht an. Darüber hinaus gilt es auch, im Bereich Produktupdate neue Wege zu gehen. Beispiele hierfür sind etwa Tesla (wie bereits angesprochen) oder etablierte Hersteller im landwirtschaftlichen Bereich, wie John Deere oder Claas. Teilautonomes Fahren ist bei Tesla über ein Software-Upgrade möglich (siehe Abb. 8.1). Die erforderlichen Sensoren sind bereits standardmäßig im Fahrzeug vorhanden [19].

Unternehmen wie John Deere oder Claas haben ihre landwirtschaftlichen Nutzfahrzeuge weiter in Richtung vernetzte Produktionssysteme und Systeme von Systemen (landwirtschaftliche Systeme, Bewässerungssysteme usw.) entwickelt [8]. Auch die spezifischen Produktthemen, wie zum Beispiel Motorleistung, wurden softwarebasiert erweitert. Waren lange Zeit noch verschiedene Motorenvarianten erforderlich, so erfolgt heute die Leistungsbereitstellung über eine Software (mit den spezifischen Problemen der illegalen Leistungssteigerung per Softwaremanipulation in der Motorsteuerung).

Ersatzprodukte, etwa in Form von Carsharing-Angeboten, stellen Alternativen zum Kauf von Fahrzeugen dar. Diesen Markt haben bereits vor einigen Jahren alle deutschen Automobilhersteller erkannt. Die Entwicklung wird immer stärker in Richtung Mobilitätsanbieter gehen, als alternative beziehungsweise zusätzliche Ausrichtung der Automobilhersteller.

Smarte Fahrzeuge werden die Lieferantenbeziehung und deren Bedeutung erheblich beeinflussen. Dadurch, dass immer mehr Funktionalität durch Software realisiert wird, schwindet die Bedeutung traditioneller Zulieferer inklusive deren Verhandlungsmacht gegenüber den Automobilherstellern. Auf der anderen Seite treten auch hier neue Marktteilnehmer auf, etwa in Form von Software-Unternehmen. Es besteht auch die Möglichkeit, dass sich Zulieferer den Marktgegebenheiten gemäß weiterentwickeln. Diese Tendenz ist aktuell bei vielen Zuliefererbetrieben (wie etwa Bosch) zu erkennen – leider aber nicht bei allen.

Generell wird sich der Konsolidierungsdruck auch in der Automobilindustrie weiter verstärken. Anbieter von isolierten Einzelprodukten (wie Fahrzeugen, also die Nischenfahrzeuganbieter) werden zukünftig weiter an Relevanz verlieren beziehungsweise ganz vom Markt verschwinden. Anbieter von Produktsystemen (also zusätzliche Mehrwertdienste und Systeme von Systemen, somit die etablierten Automobilhersteller) werden den Markt weiter dominieren. Auf der anderen Seite können sich Marktneulinge auf Grund der fehlenden Altlasten etablieren. Dies gilt besonders, wenn diese neuen Marktteilnehmer über ein eigenes Eco- und Kundensystem verfügen.

8.3.1 Automobilhersteller

Die im Kontext von Industrie 4.0 vielfach propagierte Flexibilität in der Produktion auf Grund verändernder Marktgegebenheiten und Kundenwünschen ist aber in ihrer Absolutheit für den Automobilbereich zu verifizieren. Die Motivation für einen Fahrzeugkauf ändert sich und ist auch regional deutlich unterschiedlich. Die Produkte können und werden sich auf Grund der zugrundeliegenden Komplexität allerdings nicht binnen Jahresfrist dramatisch ändern. Dies bedeutet allerdings nicht, dass eine Fabrik nicht wandelbar sein soll und muss oder dass äußere Einflüsse nicht in Echtzeit (also zum richtigen Zeitpunkt) verarbeitet werden müssen. Diese Differenzierung resultiert aus den sehr unterschiedlichen Lebenszyklen der Produkte und einer Fabrik. Dies wird noch verstärkt durch den sehr kurzlebigen Lebenszyklus elektronischer Bauteile. Gerade dieses Zusammenspiel aller drei sehr unterschiedlichen Lebenszyklen gilt es zu orchestrieren, und dies vor dem Hintergrund einer sich verändernden Umwelt (inklusive Kunden). Neben den Kunden gilt es auch, marktspezifische, regulatorische Herausforderungen zu meistern. Geschäftsmodelle werden sich immer stärker in Richtung von smarten Produkten verschieben. Hierbei wird es eine starke Interaktion zwischen neuen technischen Features und den sich hieraus entwickelnden neuen Geschäftsmodellen ergeben. Auch diese Assoziation gilt es zu erkennen und für den eigenen wirtschaftlichen Vorteil gewinnbringend zu nutzen. Als Ergebnis aller Aktivitäten ergibt sich eine Losgröße von 1 über alle Produktionsschritte hinweg. Diese wird zwar schon heute von Automobilherstellern in mehr oder minder starken Form propagiert, zukünftig wird es aber der Standardfall sein. Die Zusatzdienste (etwa die schon angesprochenen Apps) werden auch in Zukunft nicht den Löwenanteil im Umsatz von Automobilherstellern und deren Zulieferern ausmachen. Analoge Beispiele sind auch bei anderen Branchen erkennbar, etwa bei dem viel gepriesenen Beispiel Apple. Hier macht der Anteil von iTunes, Software und Services am Gesamtumsatz weniger als 10 % aus [20].

8.3 Geschäftsmodelle

Die durch Industrie 4.0 und Smart Factory eingeläuteten Veränderungen werden also entsprechende Einflüsse auf die Geschäftsmodelle der Automobilhersteller und deren Zulieferer haben. Will sich etwa Daimler von einem „Hardware-Verkauf" in Form von Autos zu einem Mobilitätsanbieter wandeln, so sind neue Allianzen und Wertschöpfungsnetzwerke erforderlich. Dies bedeutet aber gleichzeitig auch einen erheblichen internen Wandel, etwa in Form der zukünftig benötigten Kompetenzen – hoffentlich unter starker Begleitung der Personalabteilung. Vielfach wird hier ausschließlich der Fokus und die Energie des Unternehmens auf die externe Sicht – den Kunden und den Markt – gelegt [3]. Dies ist zwar einerseits richtig und wichtig, aber damit dieser Schritt gelingt, müssen auch die internen Rahmenbedingungen entsprechend vorhanden sein.

Die Premium-Automobilhersteller sind, ähnlich zu anderen Produkten, nicht nur Hersteller von Autos, sondern von Lifestyle („Vorsprung durch Technik", „Freude am Fahren"). Alleine der originäre Zweck der Mobilität rechtfertigt einen derartig hohen Individualisierungsgrad im Fahrzeug keineswegs. Diese Positionierung hat natürlich ihren Einfluss in dem zugrunde gelegten Geschäftsmodell beziehungsweise dem sich aktuell verändernden Geschäftsmodell und dessen Wettbewerb. Umgekehrt zeigt sich die Abhängigkeit des Markterfolges vom Geschäftsmodell. Wertschöpfung durch ein entsprechendes Geschäftsmodell statt durch Produktion von Gütern und Waren hat und wird weiter die industrielle Fertigung stark verändern. Produkte wie Autos entstehen nicht mehr in lokalen Fabriken, sondern in globalen Produktionsnetzwerken. Der Markterfolg macht sich nicht mehr ausschließlich an Produkten fest. Somit müssen Unternehmen nicht mehr ausschließlich Produktionsfaktoren, sondern immer verstärkter auch Geschäftsstrategien managen. Damit einher geht eine Neudefinition von Produktionssystemen. Eine Wertschöpfung entsteht somit nicht mehr durch Maschinen und Anlagen, sondern immer stärker durch Prozesse und von Geschäftsmodellen [4]. Mögliche neue Ansätze für Veränderungen durch I40 sind [11]:

- Cloudbasierte Geschäftsmodelle für Endkunden,
- Verwaltung von Autos, AR im Auto und Spracherkennung,
- Service Apps und Serviceportale,
- Big Data/Smart Data Ansätze für:
- Gewährleistungsmanagement,
- Absatzprognose,
- Prognose des Pannenverhaltens von Fahrzeugen und
- Recommender-basierte Systeme (hierbei handelt es sich um Systeme, die aus Data-Mining-Verfahren automatisiert Empfehlungen für die Kunden bereitstellen);
- Ein verstärkter Ersatz von mechanischen Bauteilen durch softwaregesteuerte um damit Kosten- und Spritverbrauch zu reduzieren,
- 3D-Drucker, unter anderem für Ersatzteilmanagement.

Die Bedeutung eines Betriebssystems im Fahrzeug wird durch die angebotenen Zusatzdienste immer wichtiger. Damit eng verbunden ist die Diskussion hinsichtlich der im Fahrzeug gewonnenen Daten und damit der Datenhoheit.

8.3.2 Zulieferer

Die Dramatik der Situation fällt für die Zuliefererbranche deutlich anders aus. Wie schon erwähnt, ändern sich B2B-Szenarien, in denen sich die Zulieferer bewegen, deutlich langsamer als die sehr agilen und volatilen B2C-Szenarien für die Automobilhersteller. Für Zulieferer ergeben sich auf Grund „smarterer Produkte" die Möglichkeit der direkten Kundeninteraktion und die Möglichkeit, zusätzliche softwarebasierte Funktionalitäten und Dienste anzubieten. Diese Zusatzdienste können entweder direkt für den Endkunden sichtbar sein oder indirekt über den Automobilhersteller umgesetzt werden.

Aber durch den bereits angesprochenen Anstieg an Software im Fahrzeug wird sich die Kundenbeziehung in Richtung Automobilhersteller stark verändern und es werden neue Konkurrenten am Markt auftreten. Hier können sich die Zulieferer aber auch neu positionieren, indem sie ihre Branchenkompetenz für Zusatzdienste rund um die eigenen Produkte oder rund um das Endprodukt Fahrzeug anbieten. Beispiele in der Zuliefererbranche zeigen aber auch die Weiterentwicklung in Richtung Software einzelner Zulieferer (etwa Bosch oder Continental).

Ungeachtet vom B2X-Szenario bleibt das Master Data-Management (MDM) eine wichtige Voraussetzung für die Umsetzung neuer Geschäftsmodelle. Hierbei gilt es, ganz profan die „richtigen Daten zu finden" und auszuwerten. Vielfach finden inkonsistente Daten in Analysen Eingang und verfälschen sie somit. Damit verbunden ist auch eine schlechte Datenqualität. Daten sind somit proaktiv zu managen. Die damit verbundene Granularität der Datenkontrolle hängt vom beabsichtigten Business-Nutzen ab [15].

8.4 Entwicklung

Zur Reduzierung der Komplexität in der Produktion existieren unterschiedliche Ansätze. Zum einen kann versucht werden, die Komplexität in der Produktion entsprechend zu beherrschen. Hieran arbeiten alle Automobilhersteller mit hohem Nachdruck. Zum anderen kann versucht werden, die Ursachen der stetig steigenden Komplexität anzugehen. Vielfach werden als Gründe unter anderem volatile Märkte genannt. Das Aufführen derartiger Einflussfaktoren hat sicherlich seine Berechtigung. Daneben stehen aber auch der erhebliche Ausbau des jeweils eigenen Produktionsnetzwerkes und etwa die damit verbundenen erheblich gestiegenen Compliance-Anforderungen. So hat sich bei Audi die Anzahl der Produktionsstandorte von 1985 mit ganzen zwei (Neckarsulm und Ingolstadt) auf 14 im Jahre 2015 erhöht. Die rasante Entwicklung der Modellanzahl ist in Abb. 8.2 dargestellt.

Diese stetig steigende Produktausprägung (konkret: in Form von immer mehr Modellen und einer steigenden Anzahl an Ausstattungsvarianten) führt zwangsläufig zu einem Komplexitätsanstieg in der Produktion. Diesem Sachverhalt wurde in der Vergangenheit eine zu geringe Bedeutung beigemessen. Wäre es möglich diese Komplexität einzudämmen, aber trotzdem volatilen Märkten und spezifischen Kundenwünschen zu genügen, könnte man hier sicherlich von einer Art „Königsweg" sprechen. Erreicht werden könnte dies durch den „Smartphone-Effekt", soll heißen, man integriert bewusst den Kunden in

8.4 Entwicklung

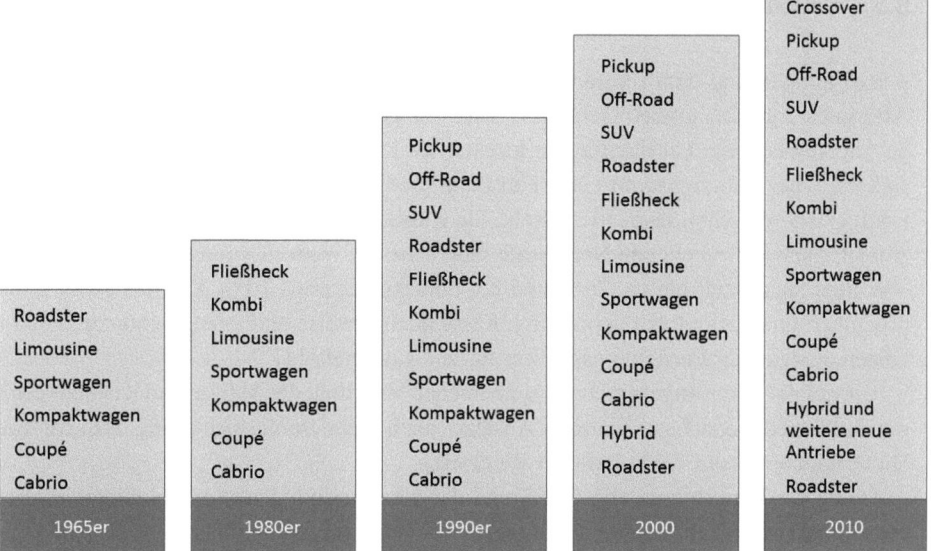

Abb. 8.2 Modellentwicklung im Automobilbau. Quelle: Audi (Webseite)

den Individualisierungsprozess und bietet entsprechende „Basismodelle" am Markt an. Über das unternehmenseigene Eco-/App-System ließe sich das Fahrzeug über Software weiter individualisieren, und zwar gemäß der aktuellen Lebenssituation. Als schöner Nebeneffekt könnten hierüber sehr hohe Wechselbarrieren (analog etwa zu Apple) aufgebaut, das Nutzerlebnis gesteigert und die Produktion drastisch vereinfacht und entlastet werden [12]. Tesla versucht aktuell, genau diesen hier sehr grob skizzierten Ansatz umzusetzen, in dem bewusst verstärkt in Richtung Softwarefunktionalität gearbeitet wird [8]. Aber auch bei den etablierten Automobilherstellern spielen softwarebasierte Innovationen eine immer zentralere Rolle. Somit werden die Produkte der Automobilindustrie (von Autos über Nutzfahrzeuge bis hin zu landwirtschaftlichen Fahrzeugen) immer smarter. Diese neue Funktionalitäten (unterstützt durch Sensoren) lassen sich auch zum

- Überwachen,
- zur Steuerung,
- Optimierung und
- Automatisierung

einsetzen [8]. Diese neuen Fähigkeiten haben in Kombination mit der Digitalisierung gravierende Einflüsse auf Geschäftsprozesse und Geschäftsmodelle und in letzter Konsequenz auf die Produktion und dessen Komplexität. Nichtsdestotrotz würde beziehungsweise könnte sich ein erhebliches Aftersales-Potential auftun, ohne gleichzeitig das etablierte Sales-Geschäft margentechnisch in Mitleidenschaft zu ziehen. Es muss aber auch erwähnt werden, dass der hier skizzierte Ansatz nicht beliebig anwendbar ist und somit seine Grenzen in der Umsetzung hat.

8.5 Kundenauftragsprozess

Auswirkungen und damit Veränderungen werden sich somit nicht nur im Vertrieb und Aftersales ergeben, sondern sehr stark auch im klassischen Kundenauftragsprozess und dessen Abwicklung. Fabriken in der klassischen Form (zum Beispiel die komplette Herstellung eines Fahrzeuges in einer Fabrik, wie etwa noch zu Zeiten des Modells T von Ford) existieren schon lange nicht mehr. Sie wurden ersetzt durch weltweite spezialisierte Anbieter und entsprechende Netzwerke. Somit ist die Wertschöpfung global verteilt. Bei VW liegt sie aktuell bei ca. 26 % und bei Porsche bei etwa 10 %. Es wird somit global produziert und auch global vermarktet. Konsequenterweise und streng genommen gibt es keinen eindeutigen Entstehungsprozess für ein Auto mehr [4].

Um auf die schon angesprochene zunehmende Volatilität der Märkte und Kunden reagieren zu können, bedarf es neuartiger Ansätze (auch unter Berücksichtigung des kritischen Hinterfragens dessen vermeintlicher Relevanz).

Durch die Verwendung von CPPS und der damit verbundenen erheblich gesteigerten Flexibilität bis hin zur Wandelbarkeit ergeben sich andere Produktionsplanungs- und Überwachungsprozesse und Aufgaben. Produkte können sich selbständig durch die Produktion bewegen, um die Komplexität, primär in der Endmontage, beherrschbar zu machen.

Der gravierende Hemmschuh bezüglich der Flexibilität ist der Takt. Hierüber werden die Produktionsmenge und die Flexibilität gesteuert. Um eine erhöhte Flexibilität zu erreichen, müssen das Produktionsband und der Takt entkoppelt werden. Es entstehen Produktionsinseln und sich selbst steuernde Produkte in der Produktion [4].

Darüber hinaus wird die Schnelligkeit in der Abarbeitung eines Kundenauftrages eine immer wichtigere Rolle spielen [4]. Auf der anderen Seite darf dieser Punkt nicht überbewertet werden und vor allem ist er differenziert branchenspezifisch zu betrachten. Die Kundenerwartungshaltung hat eine sehr starke Marktausprägung. Die Kundenerwartung im US-amerikanischen Bereich unterscheidet sich erheblich von jener in Deutschland und diese wiederum sehr stark von jener etwa in China (um nur drei sehr unterschiedliche Märkte exemplarisch zu erwähnen). Speziell im Premiumbereich ist eine gute marktspezifische Balance (also je Markt) hinsichtlich der Produktverfügbarkeit erforderlich [7]. Eine sofortige Verfügbarkeit eines Premiumproduktes ist nicht in allen Märkten förderlich und somit sinnvoll.

Eng verbunden mit der Schnelligkeit, auf Kundenwünsche zu reagieren, ist die schon eingangs angesprochene Competitive Response. Hier können Smart Data-Systeme eine „Frühwarnfunktion" übernehmen.

Die deutschen Automobilhersteller und deren Zulieferer sind bezüglich der Flexibilität in der Produktion international für die Zukunft gut aufgestellt. Dies gilt auch hinsichtlich der Wirtschaftlichkeit der Produktion. Es fehlt allerdings an mutigen und sehr innovativen neuen Produkten. Hier weisen aber die neuen Modelle, etwa der neue „BMW 7er" oder der BMW „i3", sicherlich in die richtige Richtung. Dies gilt auch für den eigenen „App-Store" von BMW. Die „Angst" vor einem „Apple Car" ist (zumindest aktuell) teilweise durchaus berechtigt, sollte aber mehr als Ansporn dienen.

Wie schon erwähnt, kann im Rahmen dieses Buches das Thema der Digitalen Geschäftsprozesse nur unzureichend angesprochen werden. Es wurde primär dessen Einfluss auf die Produktion analysiert. Trotzdem wurden einige oberflächliche Ausschweifungen gemacht, um der Relevanz Rechnung zu tragen.

Literatur

1. Thomas Bauernhansl, Die Smart Factory der Zukunft – Wie die vierte industrielle Revolution die Prozesse in der Produktion verändert, RKW Magazin, 4/2013.
2. Thomas Bauernhansl, Volkhard Emmrich, Mathias Döbele, Dominik Paulus-Rohmer, Anja Schatz, Markus Weskamp, Geschäftsmodell-Innovationen durch Industrie 4.0, 3/2015.
3. Eva Bilhuber Galli, Günter Müller-Stewengs, Personaler ohne Mehrwert?, Harvard Business Manager, 12/2014.
4. Brauckmann, O.: Smart Production – Wertschöpfung durch Geschäftsmodelle (2015). Springer Vieweg
5. Davies, T., Gilbert, B., Swatz, J.: „Competitive Responsiveness" – eine neue Messgröße zur Bewertung der Unternehmensperformance. In: Kuhlin, B., Thielmann, H. (Hrsg.) Real-Time Enterprise in der Praxis (2005). Springer
6. Andreas Gissler, Clemens Oertel, Mit digitalen Strategien auf der Überholspur, HandelsblattJournal Sonderveröffentlichung zum Thema „Die Zukunft der Automobilindustrie", 10/2015.
7. Hättich, H.: Markenloyalität im Aftersales-Marketing (2009). Rainer Hampp
8. James E. Heppelmann, Michael E. Porter, Wie smarte Produkte den Wettbewerb verändern, Harvard Business Manager, 12/2014.
9. Marco Iansiti, Karim R. Lakhani, Digitale Erneuerung, Harvard Business Manager, 12/2014.
10. Kaufmann, T.: Geschäftsmodelle in Industrie 4.0 und dem Internet der Dinge: Der Weg vom Anspruch in die Wirklichkeit (2015). Springer Vieweg
11. Ulrich Kern, Neue Geschäftsmodelle durch Industrie 4.0, Hochschule für Ökonomie & Management Münster, http://winfwiki.wi-fom.de/index.php/Neue_Gesch%C3%A4ftsmodelle_durch_Industrie_4.0#Gesch.C3.A4ftsmodell, Aufgerufen am 24.10.2015.
12. Christian Klein, Hinterm Horizont geht's weiter, Automobil Produktion, 12/2014.
13. Kuglin, B., Thielmann, H. (Hrsg.): Real-Time Enterprise in der Praxis: Fakten und Ausblick (2004). Springer
14. Christina Lynn Dier, Interview mit Michael Henke: Management 4.0, Frankfurter Allgemeine, 4/2015.
15. Karin Quack, Master-Data-Management: Schwierigkeiten beim Daten-Management, Computerwoche, 10/2015.
16. Hermann Reil, Smart Faction, Audi-Dialoge.de, 5/2015.
17. Oliver Riedel, Potentiale der Smart Factory für die Produktion der Zukunft, AUDI AG, Automatica 2014.
18. Unger, S.J.: DaimlerChrysler – der Weg zum Echtzeitunternehmen. In: Kuhlin, B., Thielmann, H. (Hrsg.) Real-Time Enterprise in der Praxis (2005). Springer

19. Tesla Motors, Autopilot: Firmware v7.0 nun auch in Europa und Asien verfügbar, Tesla Pressemitteilung, 10/2015.
20. Umsatzanteile der Produktgruppen an Apples Gesamtumsatz in den Geschäftsjahren 2013 und 2014, http://de.statista.com/statistik/daten/studie/343119/umfrage/umsatzanteile-der-produktgruppen-an-apples-gesamtumsatz/, Aufgerufen am 25.10.2015.
21. Mathias Weber, Big Data und Geschäftsmodel – Innovationen in der Praxis: 40+ Beispiele, BITKOM Leitfaden, 2015.
22. Frank Welge, Industrie 4.0 fordert Management heraus, Capital, 4/2015.
23. Wetzel, D.: Arbeit 4.0 – Was Beschäftigte und Unternehmen verändern müssen (2015). Herder
24. Dieter Zetsche, 01000001011101010111010001101111000011010000101, HandelsblattJournal Sonderveröffentlichung zum Thema „Die Zukunft der Automobilindustrie", 10/2015.

Produktion der Zukunft 9

Im Folgenden wird ein Blick in die Zukunft gewagt. Es wird ein skizzenhaftes Szenario aufgezeigt, wie möglicherweise im Jahre 2025 Autos produziert werden. Der Ansatz ist natürlich beliebig angreifbar. Das hier präsentierte grobe Szenario soll daher vielmehr als Diskussions- und Anregungsgrundlage dienen und verstanden werden. Es wird hierbei bewusst die Produktentwicklung und deren Auswirkungen auf die Produktion ausgeschlossen, da sonst hierdurch noch ein weiterer Parameter hinzukommen würde. Allerdings dürfte die Produktentwicklung zukünftig einen steigenden Einfluss auf die Automobilproduktion haben. Dies gilt vor allem durch das Voranschreiten und stetige Durchdringen von Software im Auto. Nichtsdestotrotz wird von einer kontinuierlichen Entwicklung in diesem Bereich ausgegangen. Ein alternatives Szenario wäre, dass sich durch den Anstieg von Software im Auto die Produktion erheblich vereinfachen wird. Darüber hinaus gibt es auch im Lean-Umfeld Überlegungen, wie sich durch eine fortgeschrittene Modularisierung die Komplexität in der Produktion verringern lässt. Inwieweit derartige Ansätze durch die Automobilhersteller konkret umgesetzt werden, wird die Zukunft zeigen.

9.1 Überblick

Es gibt sinnvollerweise keinen einheitlichen Industrie 4.0 Blueprint. Dieser hängt stark von der konkreten Ausgangslage ab. Hohe manuelle Tätigkeiten erfordern andere Ansätze als etwa ein hoher Automatisierungsgrad. Gleiches gilt für die Einzelfertigung (Losgröße 1) versus Serienfertigung (etwa mit Losgröße 100.000).

Eine Produktion mit einem hohen manuellen Tätigkeitsgrad (zum Beispiel Fahrzeugendmontage) ist charakterisiert durch:

- Einen geringen Robotereinsatz,
- Wiederkehrende Tätigkeiten für Mitarbeiter,
- Eine hohe Flexibilität in der Produktion,
- Hohe Personalkosten sowie
- Geringe Maschinenkosten.

Die Produktion lässt sich hingegen mit einem hohen Automatisierungsgrad (etwa Elektronikfertigung oder Fahrzeug-Rohbau) durch folgende Punkte charakterisieren:

- Hohe Maschinenkosten und damit kapitalintensiv,
- Geringe Flexibilität,
- Hoher Standardisierungsgrad sowie
- Hoher Robotereinsatz.

Somit sind bei einem hohen manuellen Tätigkeitsgrad die folgenden Themen relevant:

- Sensitive Roboter,
- Assistenzsysteme,
- Qualität in der Produktion und
- Augmented Reality.

Bei einem hohen Automatisierungsgrad stehen

- Predictive Maintenance,
- Big Data,
- M2M-Kommunikation und
- Nachhaltigkeitsthemen

im Vordergrund. Bei beiden Szenarien gibt es allerdings auch Gemeinsamkeiten:

- Autonom fahrende Transporteinheiten,
- Digitale Fabrik (Planung und Simulation),
- Smart Data für Predictive Quality,
- Data Lifecycle,
- KPIs über mobile Dash Boards,
- Horizontale und vertikale Integration,
- OPC UA (als Synonym für Standards) für die Kommunikation,
- Transparenz in der Produktion mit RFID,
- Cloud sowie
- IT-Security.

Im Folgenden werden die einzelnen Bereiche einer Fahrzeugproduktion getrennt voneinander dargestellt und skizzenhaft einer Industrie 4.0-konformen Produktion zugeordnet.

Ein nicht zu unterschätzender Punkt ist die vertikale Integration. Die vielfach bei den Automobilherstellern und großen Zulieferern vorhandene „gewachsene" Systemlandschaft muss einer hochintegrierten weichen. Spätestens mit den hohen Anforderungen eines echtzeitfähigen Unternehmens wird sich hier der Druck weiter erhöhen. Zukünftig gilt es, Schnittstellen weitestgehend zu vermeiden und eine gemeinsame Datenbasis zu stärken. Somit sind hier Standards gefragt, etwa für die Kommunikation/Datenaustausch und die schon eingeführte Referenzarchitektur.

9.2 Produktionssystem

Inwieweit durch Industrie 4.0 „das Ende von Band und Takt" [2] eingeläutet ist, soll in diesem Abschnitt diskutiert werden. Aktuell wird die Produktion durch ein MES (Manufacturing Execution System) auf Basis starrer Linien gesteuert. Die Anforderung an derartige System geht in Richtung Flexibilität und darüber hinaus in Richtung Wandelbarkeit. Die bestehenden MES werden sich sicherlich weiter entwickeln. Einer der wohl umstrittensten Ansätze bei Industrie 4.0 ist das flächendeckende Auflösen dieser starren Linienkonzepte in der Produktion. Inwieweit schwarm- oder agentenbasierte Systeme im Jahre 2025 die Produktion beherrschen werden, gilt es sicherlich kritisch zu hinterfragen. Die Innovationsfähigkeit bestehender Systeme sollte nicht unterschätzt werden. Ferner stehen dem auch die Lebenszyklen der Modelle, Maschinen und Fabriken gegenüber. Prototyphaft werden derartige Ansätze sicherlich umgesetzt. Namhafte Automobilhersteller arbeiten in diese Richtung. Das Fahrzeug wird sich sicherlich autonom durch die Produktion bewegen. Eine zentrale steuernde Einheit in Form eines MES wird weiterhin vorhanden und auch notwendig sein. Die Kombination zwischen CPS, MES und M2M macht die Bewältigung der steigenden Komplexität möglich. Ungeachtet des Layouts (Linie versus Produktionsinseln) muss ein optimaler Materialfluss für jedes einzelne zu produzierende Fahrzeug gewährleistet sein. Dieser Zusatz ist wichtig. Verändert man das Bezugssystem der Betrachtung für einen Materialfluss von einer außenstehenden Betrachtung zu einer produktzentrieren Betrachtung (also man sitzt „quasi" auf dem Auto), so kann auch bei der Verwendung von Produktionsinseln und agenten-/schwarmbasierten Ansätzen (in welcher Ausprägung auch immer) durchaus ein optimaler Materialfluss vorhanden sein. Flexible Produktionsinseln, wie sie etwa in [2] und [4] vorgeschlagen und etwa bei SEW umgesetzt wurden [6], zeigen praktische Umsetzungen und zeigen, in welche Richtung sich die Produktion der Zukunft bewegen könnte. Mit derartigen Ansätzen lässt sich zumindest eine wesentlich höhere Flexibilität (auch hinsichtlich Auslastung der Mitarbeiter) erreichen. An dieser Stelle sei allerdings auch angemerkt, dass Flexibilität bezüglich des Mitarbeiterstammes etwa im asiatischen Raum durchaus differenzierter gesehen wird. Hier spielt das Thema eher eine untergeordnete Rolle. Die M2M-Kommunikation, CPS und ein digitales Produktgedächtnis ermöglicht ungeachtet obiger Diskussion eine deutliche Reduzierung der Komplexität für die Produktionssteuerung (auch für starre Linien). Somit werden zukünftig Maschinen vermehrt untereinander kommunizieren. Dieser Ansatz könnte zumindest mittelfristig durchaus eine Alternative zu den bereits mehrfach angesprochenen Produktionsinseln und agenten- beziehungsweise schwarmbasierten Ansätzen darstellen. Es könnte auch als Zwischenschritt hin zu den angesprochenen Ansätzen dienen und stellt darüber hinaus einen evolutionären und keinen revolutionären Ansatz dar (mit der damit einhergehenden Risikominimierung).

Durch die Weiterentwicklung und Veränderung des Produktionssystems und der weiteren Zunahme der Automatisierung wird deren Verfügbarkeit (auch in der Endmontage) einen noch wichtigeren Stellenwert einnehmen. Darüber hinaus gilt es, die Prozessabsicherung verstärkt aktiv und nicht mehr wie bisher vielfach reaktiv zu beeinflussen und zu gestalten. Insgesamt werden Big Data- und Smart Data-Ansätze in Form von Predictive Maintenance und Predictive Quality flächendeckend über alle Technologien (vom Presswerk bis zur Endmontage) Einzug in die Produktion halten. Ungeplante Instandhaltungsmaßnahmen werden somit weiter zurückgehen. Dies resultiert auch aus den sensorgestützten Maschinen und Anlagen. Diese können auch frühzeitig Meldungen über bevorstehende Maßnahmen an das Instandhaltungspersonal weiterleiten. Mit der vollständigen Transparenz einer geht die Notwendigkeit, die enormen Datenmengen einem Lifecycle zu unterziehen. Diese Notwendigkeit resultiert auch aus gesetzlichen Vorgaben. Daten müssen vor Manipulationen geschützt und über einen entsprechend langen Zeitraum hinweg archiviert werden. Am Ende des Datenlebenszyklus steht dann das Löschen der Daten.

Als weiteres übergeordnetes Thema wird IT-Sicherheit an Bedeutung zunehmen. Zukünftige Produktionsplanungen werden diesen Aspekt berücksichtigen. Hierfür werden sowohl organisatorische, als auch technische Maßnahmen geplant und umgesetzt. Die aktuellen Ansätze sind hier noch zu verbessern. „Security by Design" ist hier eines der zukünftigen Schlagwörter. Cloudbasierte Lösungen bei Automobilherstellern und internationalen Zulieferern im Sinne einer Private Cloud werden Einzug halten. Hierüber kann auch ein maschinenbasierter Daten- und Informationsaustausch erfolgen. Auch werden Maschinen zur Steigerung ihrer Flexibilität auf Speziallösungen (etwa Apps) zurückgreifen.

Eine nahtlose Integration neuer Maschinen und Anlagen in die Produktion erfolgt zukünftig auf Basis von Standards, wie OPC UA. Derartige Standards stellen auch die Basis für eine Erhöhung der Flexibilität dar. Um nun neue Technologien besser integrieren zu können, wurde die Referenzarchitektur [1] definiert. Dieser Ansatz lässt sich mit den aus der UML (Unified Modelling Language) bekannten Beschreibungskonzepten für Use Cases verbinden. Eine I40-Komponente besitzt somit nicht nur eine definierte Schnittstelle, sondern darüber hinaus auch Vorbedingungen, die notwendig sind, damit diese Technologie einsatzfähig ist. Weitere Elemente der Beschreibung sind Szenarien und Nachbedingungen, die bei Einsatz der jeweiligen Technologie vorherrschen.

RFID zur transparenten und lückenlosen Erkennung und Überwachung des gesamten Materialflusses wird im Jahre 2025 flächendeckend eingesetzt sein. NFC (Near Field Communication) als alternativer Standard dürfte unter anderem auf Grund der geringen Reichweite und der geringen industriellen Praxiserfahrung eine eher untergeordnete Rolle spielen. Barcodes werden an Bedeutung verlieren. Aktuell haben RFID-Systeme speziell im Rohbau noch etwas Schwierigkeiten. Die Umsetzung verursacht vielfach auf Grund des metallischen Untergrundes noch Probleme. Durch den verstärkten Einsatz von Kunststoff und Carbon als Bauteile könnte sich dieses Thema verändern. Darüber hinaus entwickelt sich die Technologie weiter. Über die Transparenz können Rückverfolgungen präziser vorgenommen und auch im Nachgang Analysen erstellt werden (zum Beispiel bezüglich Qualitätsthemen). Ein Nebeneffekt sind präzise Informationen für die Beschaffung. Inventuren können ebenfalls systemseitig deutlich präziser und automatisierter als aktuell erfolgen. Die Transparenz sorgt auch für das frühzeitige Erkennen von Prozess-Schwachstellen. Darüber hinaus kann auch der WIP-Bestand entsprechend analysiert und weiter reduziert werden.

Generell wird die technologische Aufteilung in die vier Bereiche (Presswerk, Rohbau, Lackiererei, Endmontage) durch Industrie 4.0 sicherlich aufgeweicht werden. Ein Presswerk und eine Lackiererei werden zwar weiterhin bestehen, zumindest bis 2025. Perspektivisch werden sich speziell diese beiden Bereiche verändern beziehungsweise in der heutigen Form verschwinden. Eine taktsynchrone Fertigung vom 3D-Druck bis zur Endmontage ohne Zwischenlager und aufwendiges Rüsten ist hier eine langfristige Vision.

Autonome, fahrerlose Transporteinheiten übernehmen die komplette Materialversorgung. Dies schließt auch den Transport der Fahrzeuge nach dem EOL mit ein. Rutenzüge im heutigen Sinne mit Personen als Fahrer wird es in der Form nicht mehr geben. Die zukünftigen Systeme steuern sich selbständig und selbstoptimiert durch die Produktion. Unterstützt werden sie etwa durch RFID-basierte Kanban-Systeme. Einen schematischen Überblick gibt Abb. 9.1. Die bereits erwähnte „Aufweichung" der vier Bereiche wurde der Übersichtlichkeit wegen trotzdem zur Orientierung in der Darstellung beibehalten.

Alle Maschinen und Anlagen werden „intelligenter". Sie entwickeln sich also in Richtung CPS. Im Jahre 2025 werden sie die Produktion beherrschen.

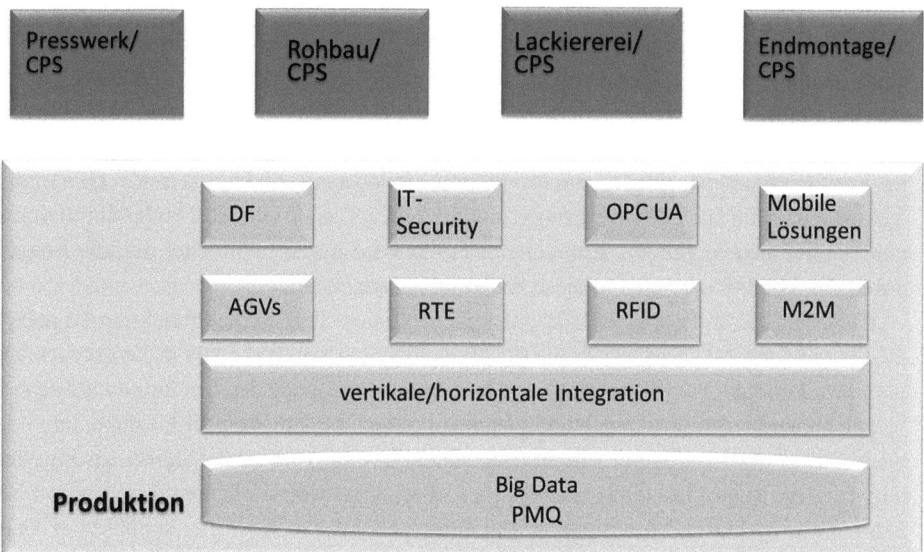

Abb. 9.1 Schematische Darstellung der gesamten Produktion

In der Darstellung und Beschreibung bleiben softwarebasierte Lösungen weitestgehend unberücksichtigt. Hierbei wird es sich primär um individuelle Erweiterungen auf Basis von Standardsoftware handeln, die unternehmensweit eingesetzt werden. Da es sich hier um wettbewerbsdifferenzierende Systems handelt, muss die Darstellung auf einem generischen Level bleiben. Darüber hinaus werden in obiger Darstellung Technologien unterschiedlicher Granularität aufgeführt. Als Synonym für Standardisierung wurde etwas plakativ OPC UA erwähnt. Somit gestaltet sich die Darstellung etwas uneinheitlich. Auf Grund der besseren Lesbarkeit erfolgt dessen bewusste Inkaufnahme.

Das Thema regenerative Energieversorgung und nachhaltige Produktion wird weiter voranschreiten. Die benötigte Energie produzieren die Werke und Fabriken zukünftig selber. Kraft-Wärme-Kopplung, Solar- und Windkraftanlagen und der geringere Strom- und Ressourcenverbrauch der Maschinen und Anlagen werden dafür sorgen. Die Fabriken werden somit endgültig „grün" und energetisch autark. Alle Automobilhersteller bewegen sich schon aktuell in diese Richtung. Dies zeigt sich etwa konkret in Form von „Energiepässen" als Bestandteil von Ausschreibungen für Anlagenbauer. Ein Ausbau derartiger Ansätze in Richtung Teilelieferanten findet sicherlich statt. Diese werden zukünftig verstärkt Nachhaltigkeitsaspekte in der Entwicklung und Materialverwendung zu berücksichtigen haben.

Wie schon erwähnt, gehören SCADA-Systeme der Vergangenheit an. Ihre Rolle und Aufgaben werden zukünftig CPS übernehmen. Somit wird diese Ebene aus dem ISA95-Modell für Neuplanungen sicherlich keine Berücksichtigung mehr finden, was den IT-Entwurf auf Produktionsebene vereinfacht.

Die Bedeutung von DF-Ansätzen wird zukünftig weiter steigen. Nur hierüber lassen sich die zukünftigen Komplexitätsanforderungen meistern. Menschmodelle werden schneller und besser als heute einsetzbar sein. „Der letzte Meter" bei der 1:1-Abbildung zwischen realer und digitaler Welt wird sich durch detaillierte Abbildungen und neuartige Lösungen auflösen. Somit erfolgt die nahtlose Integration zwischen realer und digitaler Welt. Veränderungen in der Produktion, wie Modellwechsel, lassen sich hierüber leichter und vor allem schneller realisieren. Über die nahtlose vertikale und horizontale Integration erhöht sich die Reaktionsgeschwindigkeit. Dies gilt aber nur, falls die Produktion eine hohe Flexibilität aufweist. Mittels der angesprochenen vollständigen Transparenz lassen sich auch Re-Konfigurationen ungestört vom Produktionsbetrieb ausgiebig digital testen. DF-Ansätze werden zukünftig auch den Werkzeugbau umfassen inklusive entsprechender Simulationen von Herstellungsvorgängen. Ein weiterer Punkt wird die virtuelle oder digitale Logistik umfassen. Die DF wird sich in diese Richtung „ausdehnen".

Es besteht zukünftig eine Rückkopplung sowohl vom Feld in die Produktion als auch in die Entwicklung. Gleiches gilt für die Rückkopplung von der Produktion in die Entwicklung. Somit wird im Jahr 2025 die vertikale und horizontale Integration deutlich fortgeschritten sein.

Die hohen Investitionskosten und gleichzeitig die Langlebigkeit der Produkte im Presswerk und in der Lackiererei sorgen (wie schon erwähnt) für eher langwellige Entwicklungszyklen. Neue Maschinen rechtfertigen durch ihre vermeintlichen Einsparungen keinen sofortigen Maschinenaustausch. Ein entsprechender ROI ist hier schlichtweg kaum darstellbar, ungeachtet der Innovationen.

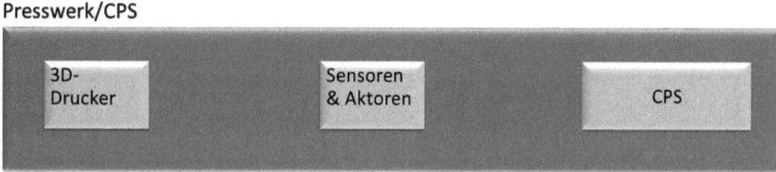

Abb. 9.2 Presswerk

9.3 Presswerk

Aktuell werden Pressen „intelligenter". Dies geschieht durch den Einsatz von Aktoren und Sensoren (siehe Kap. 6). Dieser Prozess wird sich weiter fortsetzen. Generell ist hier ein gewisses „Muster" zu erkennen. Über die Verwendung von Sensoren und Aktoren ist ein Agieren und nicht mehr ein Reagieren möglich. Die Prozessüberwachung erfolgt während des Prozesses inklusive einem Reagieren. Bei Pressen bedeutet dies, dass während des Pressvorganges entsprechende Korrekturen erfolgen. Hierüber ist eine deutliche Erhöhung der Prozessabsicherung realisierbar. Pressen wird es auch noch im Jahre 2025 geben. Sie werden aber sicherlich durch 3D-Drucker ergänzt. Hierüber ist eine weitere Individualisierung möglich. Bisher war die Individualisierung primär auf Sonderausstattungen beschränkt. Über additive Fertigungsverfahren lässt sich die Individualisierung vermehrt auch auf die Karosserie ausdehnen. Somit wird der Rohbau in Zukunft an Komplexität zunehmen. Als weitere Konsequenz wird die starre Unterteilung in Presswerk und Rohbau zumindest partiell aufgeweicht werden. Die 3D-Drucker können auch im Bereich des Rohbaus positioniert werden und in Sequenzen die erforderlichen Teile produzieren und somit am Verbauort oder in dessen unmittelbaren Umgebung positioniert werden. Somit erfolgt auch eine Veränderung der werksinternen Materialversorgung. Diese wird durch diese Technologie vereinfacht. Die aktuell vorhandenen Karosserielager werden an Umfang schrumpfen. Einen Überblick über zukünftige Technologien gibt Abb. 9.2.

Als weiterer Einflussfaktor werden neuartige Materialien die Situation verändern. BMW hat dies mit Carbon und dem Projekt i3 bereits exerziert. Leichtbau nimmt somit generell im Fahrzeugbau weiter zu, ebenso wie regenerative Materialien, speziell im Fahrzeuginnenbereich.

9.4 Rohbau

Wie schon erwähnt ist der Rohbau durch eine im Vergleich zur Endmontage geringen Komplexität und damit verbundenen hohen Automatisierung gekennzeichnet. Hier sind energieeffizientere Roboter einzusetzen, um den Energieverbrauch weiter zu senken. In die gleiche Richtung geht das vollständige Abschalten der Anlagen bei Ruhepausen durch intelligente Steuerungs- und Regelsysteme. Darüber hinaus finden 3D-Drucker für die Produktion hochwertiger und komplexer Teile Anwendung. Sie erhöhen die Kundenorientierung und sorgen für eine vereinfachte Logistik.

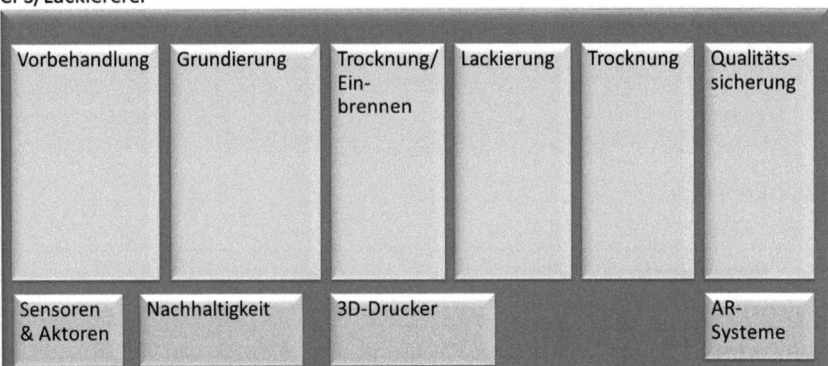

Abb. 9.3 Lackiererei

Über PMQ, basierend auf einem Big Data-System, lassen sich in einem automatisierten Umfeld die ungeplanten Produktionsstillstände verringern und damit die Produktivität erhöhen. Ein weiterer Pluspunkt ist hier die Qualitätsverbesserung. Diese sollte aber geringer ausfallen, ansonsten besteht ein Prozessproblem.

9.5 Lackiererei

Die Lackiererei entwickelt sich sicherlich weiter in Richtung Nachhaltigkeit, wie es schon heute in den neuen Anlagen, etwa von Dürr, zu sehen ist [3]. Das schon angesprochene Prinzip des Agierens und damit des aktiven Beeinflussens des Prozesses wird hier schon sichtbar. Mittels kamerabasierter Systeme lässt sich das Auftragen des Lacks steuern und nicht, wie aktuell vielfach praktiziert, im Nachgang vermessen. Somit lassen sich Ressourcen schonen und gleichzeitig Kosten reduzieren.

Darüber hinaus werden in der Endkontrolle AR-basierte Ansätze die Mitarbeiter in ihrer anstrengenden Arbeit unterstützen, siehe Abb. 9.3.

Die hohen finanziellen Aufwendungen für eine Reinraum-Lackierung stehen einer Dezentralisierung oder einem „Aufbrechen" im Wege. Somit kann die Lackiererei als Hemmnis für eine vollständige Flexibilisierung der Produktion in Richtung Produktionsinseln gesehen werden.

Speziell der hohe finanzielle Aufwand bei der Anschaffung von Lackieranlagen macht diesen Bereich aber gleichzeitig für Optimierungen besonders interessant (analog zum Presswerk). Durch 3D-Drucker lassen sich nicht nur einzelne Teile erzeugen, sondern zukünftig auch im gleichen Arbeitsschritt in der kundenindividuellen Farbe. Dies könnte auf Grund der rasanten Entwicklung in diesem Bereich durchaus möglich sein. Somit würden Lackiererein zwar nicht 2025, aber zumindest perspektivisch der Vergangenheit angehören. Gleichzeitig wäre auch der „Weg frei" für eine erhebliche Flexibilisierung der Produktion in Form der schon vielfach angesprochenen Produktionsinseln. Ein weiterer Vorteil von 3D-Druckern in diesem Bereich wäre der Nachhaltigkeitsaspekt.

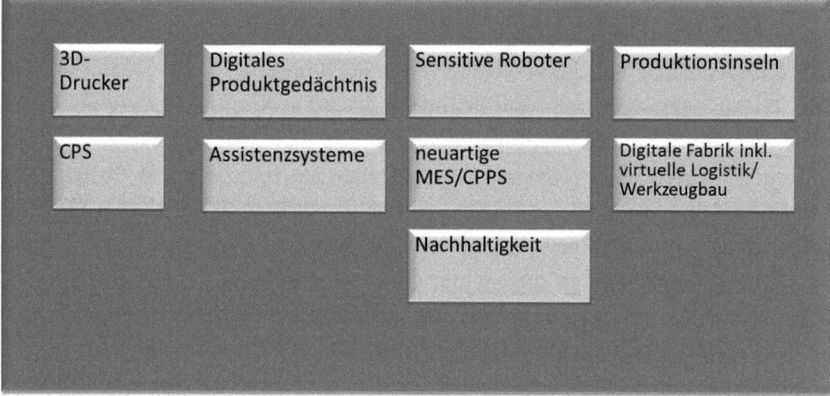

Abb. 9.4 Rohbau und Endmontage

Inwieweit bei der skizzierten Auflösung und beim Verschwinden von Presswerk und Lackiererei durch 3D-Drucker die bestehenden Fabrikbegriffe überhaupt noch Bestand haben, wird bewusst nicht betrachtet (da noch weiter in der Zukunft liegend). Somit könnte auch die Diskussion nach dem „richtigen" Produktionssystem gegebenenfalls obsolet sein oder den falschen Fokus haben.

9.6 Fahrzeugendmontage

In der Endmontage werden sich sicherlich die gravierendsten Änderungen in den nächsten Jahren einstellen. Dies resultiert aus dem schon mehrfach angesprochenen weiteren Anstieg der Komplexität gepaart mit der aus wirtschaftlichen Gründen motivierten steigenden Flexibilität in Kombination mit einer Null-Fehler-Erwartungshaltung der Kunden. Nicht zu vergessen ist in diesem Zusammenhang der aktuell geringe Automatisierungsgrad.

Abhilfe versprechen hier die nicht mehr ganz neuen Ideen der Produktionsinseln. Es darf bei diesen Diskussionen aber nicht der Eindruck entstehen, dass sich das Produkt vollkommen frei durch die Produktion bewegt. Es gilt vielmehr, die „Leitplanken" durch ein übergeordnetes Steuerungssystem so zu setzen, dass Liefertermine an Kunden eingehalten werden können und ein optimaler Materialfluss sichergestellt ist. Ferner gilt es, regulatorische Vorgaben (Stichwort Verbauung sicherheitskritischer Teile) zu berücksichtigen. Somit sind hier derartigen Ansätzen durchaus Grenzen gesetzt.

Durch digitale Produktgedächtnisse und das Wissen über die eigene Produktion lassen sich Komplexitäten aus der Produktionsplanung und dem MES auf die Produktionsebene (genauer gesagt das Produkt) verlagern. Dies trägt nicht zu einer steigenden Komplexität in der Systementwicklung oder Systemkonfiguration bei, sondern vereinfacht diese sogar, siehe Abb. 9.4.

Zukünftig werden auch mehrere Antriebstechnologien beherrschbar sein müssen. Zu den bisher bekannten Antrieben wird gegebenenfalls noch mindestens die Brennstoffzelle als zusätzliches Element hinzukommen. Auch aus diesem Grund wird wohl kein Weg an neuen Ansätzen vorbeiführen, in welcher Form auch immer.

Das Thema Mess- Einstell- und Prüftechnik wird wesentlich stärker als heute durch die Überprüfung der im Fahrzeug verbauten Software und Elektronik geprägt sein. Auch hier werden kamerabasierte Systeme die bestehenden laserbasierten Systeme ergänzen und funktional erweitern. Dieser Prozess wird auch stärker fragmentiert in die Produktion integriert werden, um hierüber eine stärkere Parallelisierung zu erreichen.

Sensitive Roboter werden ungeachtet des konkreten Produktionssystems weiter auf dem Vormarsch sein. Sie werden zukünftig ein wichtiger Bestandteil in der Endmontage darstellen. Somit erfolgt ein gravierender Anstieg der Automatisierungsrate.

9.7 Managementprozesse

Es wurde schon mehrfach auf die sich verändernden Entscheidungsprozesse hingewiesen. An dieser Stelle soll es weniger um die generellen Managementprozesse im Unternehmen als vielmehr um die konkreten Aufgaben im Rahmen einer zukünftigen Produktionssteuerung gehen. Mobile und intuitiv zu bedienende Lösungen werden den Alltag beherrschen. Alle Daten werden in Echtzeit verfügbar sein. Über die Anwendungen erfolgt aber eine Interaktion und nicht ausschließlich eine dashbordartige Darstellung. Auch hierüber erfolgt die Umsetzung in Richtung RTE und damit beschleunigter Entscheidungsprozesse. Standardisierte KPIs und Reports dienen zur Entscheidungsunterstützung. Er herrscht eine vollständige Transparenz über alle Ebenen. Da Entscheidungen immer komplexerer Natur sein werden, stehen entsprechende Systeme als Unterstützung zur Verfügung. Für die kontinuierliche Verbesserung der Produktion und als fundierte Entscheidungsgrundlage werden AR-/VR-Lösungen eingesetzt. Durch integrierte Qualitätsprozesse lassen sich Probleme frühzeitig erkennen und vorhersagen. Hierzu dienen PMQ-Lösungen auf Basis von Big Data-Systemen. Die Integration mit den Zulieferern und die Reduzierung der eigenen Wertschöpfung erfordert auch ein wesentlich partnerschaftlicheres Verhalten, als dies bisher vielfach der Fall ist. Die Transparenz der Supply Chain wird durch cloudbasierte Lösungen in Kombination mit RFID-Systemen möglich werden. Somit kann schnell auf Veränderungen reagiert werden. Entscheidungen müssen somit in Summe schneller und auf Basis qualitativ fundierter Informationen gefällt werden. Mit diesen Fortschritten geht auch eine weitere Stabilisierung der Supply Chain und der Perlenkette und somit in letzter Konsequenz der Produktion einher.

Spätestens mit der zumindest teilweisen Öffnung der Produktion in Richtung Dritter (Lieferanten, Partner) wird das Thema IT-Sicherheit ein zentraler Punkt. Das Managen dieser produktionsspezifischen Aspekte wird sehr entscheidend sein. Dies gilt auch, da sich die Unternehmen immer weiter in Richtung einer selbstlernenden Organisation entwickeln werden.

Literatur

1. Adophs, P., Epple, U.: Statusreport Referenzarchitektur Industrie 4.0 (RAMI4.0) (2015). VDI, VDE, ZWEI
2. Bettenhausen, K.D., Kowalewski, S.: Thesen und Handlungsfelder: Cyper-Physical Systems: Chancen und Nutzen aus Sicht der Automatisierung (2013). VDI/VDE
3. Dürr Produktbeschreibung, Eco Paintshop – Effizienz und Qualität im Lackierprozess.
4. Toni Melfi, Smart Factory, Audi-Dialoge.de, 5/2015.
5. Schließmann, A.: iProduction, die Mensch-Maschine-Kommunikation in der Smart Factory, Industrie 4.0. In: Bauernhansl, T., ten Hompel, M., Vogel-Heuser, B. (Hrsg.) Produktion, Automatisierung und Logistik (2014). Springer Vieweg
6. Johan Soder, Lean Industrie4.0: Erfolgreich mit Werten und Menschen im Mittelpunkt, The Huffington Post, 5/2015.

10 Reifegrad und Migrationsmodell

Es gibt keinen Königsweg, um Industrie 4.0 oder eine Smart Factory umzusetzen. Hier muss die Branche und die konkrete Ausgangssituation betrachtet und analysiert werden. Daher werden von verschiedenen Stellen sogenannte Leitfäden für die I40-Umsetzung entworfen [2, 5, 10]. Nichtsdestotrotz wird versucht, ein generisches Reifegrad- und Migrationsmodell zu entwerfen. Das Reifegradmodell stellt die Ausgangsbasis für ein Migrationsmodell dar. Der Reifegrad basiert auf einem fiktiven und idealisierten Zielbild (wie in Kap. 9 beschrieben). Es gilt, die konkrete Migration situativ und einzelfallbezogen zu erstellen und anschließend umzusetzen.

Der vorliegende Ansatz erfolgt auf Basis eines strukturierten und prozessgetriebenen Vorgehens. Zuerst erfolgt die Betrachtung der Geschäftsprozesse (PEP und KAP, siehe jeweils Kap. 3). Im nächsten Schritt stehen die einzelnen Technologien im Fokus. Ferner bedarf es nicht nur eines Reifegrad- und Migrationsmodells. Wichtig ist in diesem Zusammenhang auch das Aufzeigen eines korrelierten Nutzenmodells. Nur die Kombination beider ist für Anwender nutzbringend.

Die Umsetzungsgeschwindigkeit hängt natürlich erheblich von der bereitgestellten Investitionssumme, aber auch gravierend vom Willen des Managements ab. Wie schon erwähnt, wird vor allem in China versucht, möglichst rasch westliche Produktionsstandards zu erreichen. Somit ergeben sich „Sprünge" hinsichtlich Prozessverbesserungen und Technologien. Der Beweis einer Nachhaltigkeit derartiger sprunghafter Vorgehensweisen steht allerdings noch aus, wird sich allerdings erst die nächsten Jahre zeigen und ist nach aktuellem Kenntnisstand als eher kritisch zu sehen. Darüber hinaus sind länderspezifische Gegebenheiten zu berücksichtigen.

10.1 Voraussetzungen

Um nun neue Technologien besser integrieren zu können, wurde die Referenzarchitektur [1] definiert. Dieser Ansatz lässt sich mit den aus der UML (Unified Modelling Language) bekannten Beschreibungskonzepten für Use Cases verbinden. Eine I40-Komponente besitzt somit nicht nur eine definierte Schnittstelle, sondern darüber hinaus auch Vorbedingungen, die notwendig sind, damit diese Technologie einsatzfähig ist. Weitere Elemente der Beschreibung sind Szenarien und Nachbedingungen, die vorherrschen wenn nun diese Technologie eingesetzt wird.

Es darf hierbei nicht vergessen werden, dass Unternehmen auch gewisse Voraussetzungen erfüllen sollten, bevor sie sich in Richtung Industrie 4.0 auf den Weg machen. Wichtig sind hier die Themen Standardisierung der IT-Landschaft und die Verwendung von Ansätzen der Digitalen Fabrik in der Entwicklung und Produktionsplanung. Auf weitere Themen im Bereich der Entwicklung wird wiederum bewusst nicht eingegangen. Wie schon erwähnt ist eine weitere wichtige Voraussetzung die schlanke Produktion, also optimierte fachliche Prozesse.

10.2 Ausgangssituation

Bei einer Migration muss zwischen den verschiedenen konkreten Ausgangsituationen unterschieden werden. Der Idealfall wäre eine vollkommene Neuplanung einer Fabrik (sogenanntes Greenfield). Leider herrscht diese Situation nur sehr selten vor. Im Allgemeinen handelt es sich um eine Umplanung einer bestehenden Fabrik (sogenanntes Brownfield) im laufenden Produktionsbetrieb (was die Sache zusätzlich verkompliziert). Somit werden bestehende IT- und Automatisierungssysteme vorgefunden und die Arbeitsabläufe und Prozesse sind mehr oder minder etabliert. In diesem Zusammenhang darf nicht unterschätzt werden, dass auch die Gebäude in ihrer gesamten Konzeption vorhanden sind. Speziell letzter Punkte macht die Migration in Richtung Wandlungsfähigkeit deutlich komplexer, als dies bei einer Neuplanung der Fall ist [12]. Darüber hinaus existieren vielfach keine unternehmensweiten, globalen Standards, weder auf IT- noch auf Automatisierungsebene.

Ausgangspunkt für die folgenden Analysen ist die sogenannte Automatisierungspyramide nach ISA95 siehe Abb. 10.1, beziehungsweise [4]. Auf Ebene der ERP-Systeme (Ebene 4 nach ISA95, siehe Abb. 10.1) herrscht durch die Einführung, etwa von SAP, eine entsprechende Standardisierung, beziehungsweise erfolgt aktuell dessen Umsetzung durch (weltweite) Rollouts. Allerdings findet SAP nicht durchgehend Anwendung. Bei KMUs (Klein- und Mittelständischen Unternehmen) werden anstelle von SAP oftmals alternative Systeme eingesetzt. Das verwendete ERP-System ist aber für die hier ausgeführten Betrachtungen unerheblich. Wichtig ist das Vorhandensein eines derartigen Systems und der möglichst durchgehenden Nutzung. Auf MES-Ebene (also Ebene 3 nach ISA95) herrscht vielfach eine „durchwachsene" Situation vor. Derartige Systeme sind zwar eingeführt, weisen aber erhebliche Unterschiede in der konkreten Ausprägung auf. Dieser

10.3 Reifegradmodell

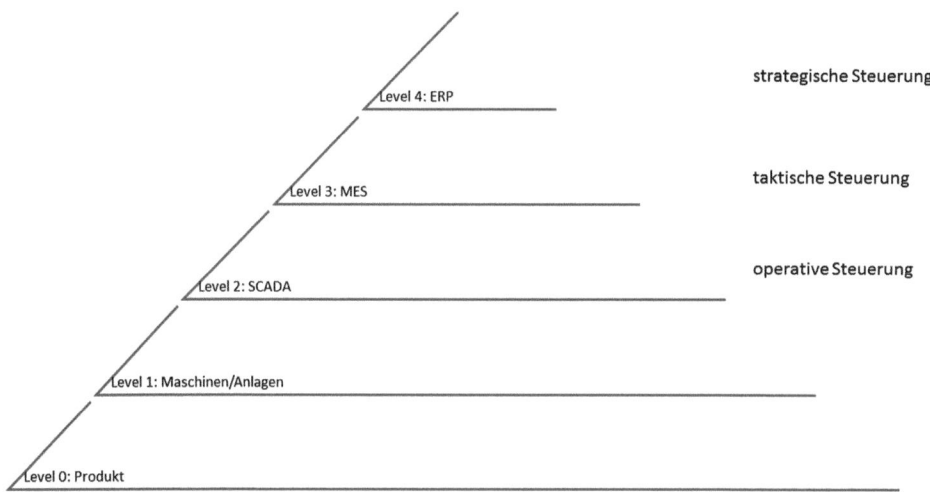

Abb. 10.1 Überblick über die Automatisierungspyramide nach ISA95

Sachverhalt ist auch der sehr unterschiedlichen Ausprägung auf den tieferen ISA95-Ebenen geschuldet. Sowohl die IT-Systeme als auch die Maschinen und Anlangen auf der Automatisierungsebene (also ab Ebene 2 nach ISA95) sind vielfach nicht standardisiert. Dies resultiert speziell auf der Automatisierungsebene aus den lokalen Anpassungen oder etwa den unterschiedlichen Fertigstellungsdaten der Fabriken und damit dem Fabrik-Lifecycle.

Die Standardisierung umfasst auch alle Systeme aus der Produktentwicklung und damit auch Systeme rund um die Digitale Fabrik. Speziell hier finden vielfach Eigenentwicklungen Anwendung, da die Standardsoftware lange Zeit nicht über die gewünschte Funktionalitäten verfügte. Ein weiterer Punkt sind die sehr heterogenen und vielfältigen Anforderungen an derartige Systeme. Somit besteht hier eine starke Schnittstellenproblematik, die es zu meistern gilt (dies gilt allerdings auch unabhängig von Industrie 4.0 und einer Migration dorthin).

Verschärfend kommt hinzu, dass die in den einzelnen Fabriken vorhandenen Prozesse und Arbeitsabläufe vielfach nicht den Ansprüchen aus dem Lean Management und hier speziell aus der Lean Production genügen. Es liegen somit Optimierungspotentiale brach und müssen bei einer Migration und Reifegrad-Betrachtung entsprechend berücksichtigt und bei der Umsetzung gehoben werden. Hierbei handelt es sich um einen kontinuierlichen Prozess der Verbesserung und Optimierung. Bei einer Reifegradanalyse sollte aber eine derartige Analyse beziehungsweise Standortbestimmung in die Ausgangssituation entsprechend mit einfließen.

10.3 Reifegradmodell

Wie schon erwähnt, erfolgt eine Vorgehensweise gemäß den Kernprozessen Produktionsplanung (als Teil des PEP) und Kundenauftragsprozess. Der Reifegrad wird mehrstufig je Kernprozess und hier separat je relevanter Technologie betrachtet und analysiert [8]. Um eine möglichst standardisierte Vorgehensweise zu gewährleisten, erfolgt eine Differenzierung des Reifegrades in fünf Stufen:

- Keine Standardisierung und keine Verwendung der entsprechenden Technologie.
- Geringe und unstrukturierte Verwendung von Technologien.
- Keine einheitliche, unternehmensweite Verwendung/werksspezifische Ausprägung, keine prozessorientierte Verwendung.
- Prozessdurchgängige Verwendung, partielle Integration (zum Beispiel uni-direktional), punktuelle Veränderung der Organisation und der Geschäftsprozesse.
- Optimierte Verwendung inklusive KVPs, vollständige Integration (also bi-direktional), Veränderung der Organisation, der Geschäftsprozesse in Richtung I40.

Hier erfolgt eine Anlehnung an das in der Informatik bekannte und weit verbreitete CMMI-Modell (Capability Maturity Model of Integration) [3]. Eine Modifikation an die spezifischen Gegebenheiten war allerdings notwendig.

Wie schon erwähnt, erfolgt eine Differenzierung zwischen der Prozess-Exzellenz unter Lean-Gesichtspunkten und des technologischen Reifegrades. Erst die Kombination beider führt zu entscheidenden Wettbewerbsvorteilen.

Auf der untersten Stufe 1 erfolgt keine oder ausschließlich eine sporadische Verwendung derartiger Tools und Technologien. Mehrfacheingaben und individuelle Schnittstellen prägen die Systemlandschaft.

Auf der Stufe 2 kommen ausschließlich isolierte und nichtintegrierte Lösungen zum Einsatz. Ein ganzheitliches und damit strukturiertes Vorgehen bei der Einführung und Umsetzung ist nicht erkennbar.

Unternehmen auf der Stufe 3 verwenden die neuen Möglichkeiten rein unter technischen Gesichtspunkte. Ein „Denken" und damit Umsetzen nach Prozess-Gesichtspunkten ist nicht vorhanden. Punktuell erfolgt eine Veränderung der Organisation, aber nicht strukturiert. Neue Geschäftsprozesse und Businessmodelle sind vereinzelt vorhanden.

Die Situation ändert sich auf der Stufe 4. Hier erfolgt eine durchgängige Verwendung der I40-Technologien. Standards sind vorhanden und werden entsprechend gelebt. Prozessorientierte Optimierung wird praktiziert. Punktuell erfolgt eine Veränderung der Organisation, aber nicht strukturiert. Neue Geschäftsprozesse und Businessmodelle sind vereinzelt vorhanden.

Auf oberster Stufe 5 erfolgt eine kontinuierliche Verbesserung und die Integration ist bi-direktional vorhanden. Kritische Reflexion und eine selbstlernende Organisation sind ebenfalls vorhanden. Die Organisation, Geschäftsprozesse und Businessmodelle sind in Richtung Industrie 4.0 ausgerichtet.

Bei der Analyse des I40-Reifegrades muss auch die I3.x-Reife mit betrachtet werden (wie schon erwähnt). Die Ist-Situation stellt ja die Ausgangssituation in einem Unternehmen dar. Diese Analyse sollte die Themenblöcke

- IT-Infrastruktur,
- Software-Entwicklung,

- Digitale Fabrik,
- IT-seitige Unterstützung der Fachprozesse,
- Datenmanagement und
- Organisation und Management

umfassen. Inhaltlich sollten unter anderem die Punkte

- IT-Sicherheit,
- Hardware,
- IT-Standards,
- Projektvorgehen,
- Risikomanagement,
- Aktualität der vorhandenen Lösungen sowie
- IT-Strategie

beleuchtet werden. Hierbei handelt es sich um eine unvollständige Aufzählung, da es sich um Industrie 3.x-Themen handelt. Es soll allerdings die Komplexität und gleichzeitig den groben Rahmen eines derartigen Vorgehens verdeutlichen. Speziell der Reifegrad der Software-Entwicklung und der Projektfähigkeit stellen wichtige Themengebiete dar.

10.3.1 PEP und Produktionsplanung

Der PEP lässt sich IT-technisch grob in die drei Bereiche

- Computer Added Design (CAD),
- Produktdatenmanagement (PDM) und
- Digitale Fabrik (DF)

aufteilen. Wie schon mehrfach erwähnt, erfolgt eine Fokussierung auf die Digitale Fabrik mit dem Themengebiet der Produktionsplanung. Der Reifegrad wird auf Basis eines granularen und mehrstufigen Modells ermittelt. Auf die Strukturierungsebene der Fachprozesse folgen die einzelnen Technologien. Die im Rahmen der Produktionsplanung relevanten Technologien sind:

- Digitale Fabrik,
- Vertikale und horizontale Integration,
- 3D-Drucker,
- Big Data,
- Assistenzsysteme mit AR/VR,
- Smart Products.

Bezüglich der Beschreibung der einzelnen Technologien sei auf Kap. 4 verwiesen. Augmented Reality/Virtual Reality steht in enger Verbindung mit der Digitalen Fabrik. Trotzdem erfolgt eine getrennte Betrachtung, da in der Praxis auch vielfach verschiedene Systeme zum Einsatz kommen. Die isolierten Betrachtungen je Technologie müssen in einem abschließenden Schritt kombiniert werden, da nur die Gesamtbetrachtung ein realistisches Bild der aktuellen Situation ergibt. Im Folgenden werden die einzelnen Technologien bezüglich ihres Reifegrades betrachtet.

Bei der Analyse steht zwar die Produktionsplanung im Fokus, es wird aber der gesamte PEP, zumindest am Rande, betrachtet.

10.3.1.1 Digitale Fabrik

Die Tool-Landschaft ist sehr komplex. Auch hier gilt es zu verifizieren, inwieweit eine sinnvolle und notwendige Integration vorhanden ist. Darüber hinaus sind die Einsatzgebiete (Gebäude, Produktion, Logistik usw.) zu verifizieren. Die Sinnhaftigkeit des Einsatzes der einzelnen Tools der DF gilt es hier zu untersuchen. Darüber hinaus ist auch der Abbildungsgrad zwischen realer und digitaler Welt zu betrachten. Diese Darstellung und damit die Planung der realen Fabrik mittels Tools der Digitalen Fabrik stellt ja die Ausgangsbasis für eine aktive Steuerung der realen Produktion dar. Ein weiterer für die Planung wichtiger Punkt ist die Absicherung der Produktion inklusive Themen wie etwa der Verbaubarkeit von Teilen.

10.3.1.2 Vertikale und horizontale Integration

Hierbei ist die Integration der einzelnen unternehmensinternen Systeme untereinander (etwa in Richtung Produktion) zu untersuchen. Darüber hinaus ist auch die Integration der Entwicklungspartner zu analysieren. Ein wichtiges Thema ist die Verwendung etablierter Standards, wie JT (siehe Kap. 5). Vielfach erfolgt in den Unternehmen die Entwicklung in internationalen Teams. Auch deren Integration ist zu verifizieren. Generell spielen Sicherheitsaspekte bei der Integration von internen und externen Entwicklungspartnern eine immer größere Rolle. Um eine weitergehende Zusammenarbeit leicht zu ermöglichen, erfolgt der Daten- und Informationsaustausch über Web-Plattformen oder cloudbasierte Lösungen. Insgesamt gilt es auch, die Überprüfung von Qualitätsaspekten entsprechend zu verifizieren.

10.3.1.3 3D-Drucker

Die Verwendung von 3D-Druckern für die schnelle Erstellung von Prototypen war deren erstes Einsatzgebiet. Die konsequente Verwendung zur frühen Produktabsicherung und deren Integration in die Entwicklung sind entsprechende, zu beleuchtende Themen. Eine durchgängige Digitalisierung ist ebenfalls relevant. Die neuen Möglichkeiten von 3D-Druckern sind in der Produktentwicklung und der Produktionsplanung zu berücksichtigen.

10.3.1.4 Big Data

Die schon angesprochenen großen Datenmengen gilt es zu verwalten. Erkenntnisse aus entsprechenden Analysen fließen in die Produktentwicklung mit ein. Wissensmanagement wird entsprechend flächendeckend praktiziert.

10.3.1.5 Assistenzsysteme

Assistenzsysteme sind im PEP eng gekoppelt an die Digitale Fabrik. Deren Verwendung ist über alle Bereiche (von der Produktentwicklung bis zur Einbau-Überprüfung und Jack-/Mensch-Modelle) hin zu verifizieren.

10.3.1.6 Smart Products

Hier gilt es zu verifizieren, inwieweit die Produkte unter anderem mit Sensoren und Aktoren versehen sind. Darüber hinaus ist deren „Intelligenz" zu verifizieren, um eine Zukunftsfähigkeit zu überprüfen. Cloudbasierte Ansätze sind auf ihre Tauglichkeit und Kundenakzeptanz hin kritisch zu hinterfragen. Bei der Anreicherung der Produktfunktionalität mit Software ist auch die Reife der Software-Entwicklung zu verifizieren.

10.3.2 Kundenauftragsprozess

Der KAP wurde bereits in Kap. 3 ausführlich beschrieben. Somit ergeben sich als relevante Technologien:

- Vertikale Integration,
- Horizontale Integration,
- 3D-Drucker,
- Assistenzsysteme (mit AR/VR),
- CPS und CPPS,
- Sensitive Roboter,
- Big Data/Smart Data,
- Real Time Enterprise,
- IT-Security,
- Cloud Computing.

Auch hier sei bezüglich der Beschreibung der einzelnen Technologien auf Kap. 4 verwiesen. Analog zum PEP und der Produktionsplanung werden die Reifegrade der einzelnen Technologien separat voneinander beschrieben. Die einzelnen Technologien lassen sich in Themenblöcke (siehe auch Kap. 2) wie

- Digitalisierung,
- Vernetzung,
- Smart Data,
- CPS und smarte Produktionssysteme (CPPS)

zusammenfassen und strukturieren. Über den KAP hinausgehend sind auch die Themen der Geschäftsmodelle (Smart Services) zu verifizieren (siehe Kap. 4). Auf Grund des Umfangs erfolgt eine Fokussierung auf der obigen vierstufigen Aufzählung.

10.3.2.1 Digitalisierung

Bei der mobilen Lösung sind die Punkte der unterstützten Fachprozesse, standardisierte KPIs und Standardinfrastruktur wichtig. Für Real Time Enterprises sind unter anderem die Datenkonsistenz und die verwendeten Technologien relevant. Auf die Digitale Fabrik wurde schon partiell im Rahmen des PEPs eingegangen. Hier spielt das Thema der virtuellen Fabrik (siehe Kap. 4) eine zentrale Rolle. Somit steht hier die aktive Steuerung der Produktion im Fokus.

10.3.2.2 Vernetzung

Bei der Vernetzung sind die vertikale und horizontale Integration zu überprüfen. Standards wie OPC UA sind für die Kommunikation auf allen entsprechenden Ebenen einzusetzen. Darüber hinaus gilt es, die bidirektionale und prozessgetriebene Integration der großen Systemblöcke (PLM, MES, ERP) zu untersuchen. Als kleiner „Ausflug" kann auch die Integration in den Sales- und Aftersales-Bereich betrachtet werden. Somit ist eine Vernetzung auf allen Unternehmensebenen zu untersuchen. Dies schließt auch ein integriertes Qualitätsmanagement mit ein.

10.3.2.3 Smart Data

Ein vielfach nicht betrachteter Aspekt ist das Data Lifecycle. Darüber hinaus sind auch hier die unterstützenden Fachprozesse zu verifizieren. Smart Data können für alle Fachbereiche gewinnbringend eingesetzt werden. Predictive Maintenance und Quality sind hier entsprechende Stichwörter. Darüber hinaus sind die Integration von Smart Data in den unternehmensinternen Entscheidungsprozess, Einbindung von externen Datenquellen und „Daten-Ownership" wichtig. Die Qualität und Integrität sind Basisfunktionalitäten, die es prozessseitig zu verifizieren gilt. Ein benutzerfreundliches, rollen- und nutzerbasiertes Reporting gilt es ebenfalls bei der Reifebetrachtung mit einzubeziehen.

10.3.2.4 Cyper Physical Systems und Cyber Physical Production Systems

Der Einsatz von agenten- und schwarmbasierten Produktionssystemen ist im Vorfeld zu überprüfen. Er würde den Rahmen einer Reifegrad-Analyse bei weitem sprengen. Wichtig ist aber die Verwendung eines „intelligenten" MES. CPS und deren Kommunikation über M2M sind aber generell wichtige Elemente. Vor allem deren sinnvoller Einsatz in der Produktion und Logistik (zum Beispiel selbstfahrende, autonome Transporteinheiten) stellt einen umfangreichen Teil der Analyse dar. Auch das Tracken der Supply Chain inklusive dem Risiko- und Krisenmanagement und deren Integration in die Produktion müssen verifiziert werden. Die schon vielfach angesprochenen sensitiven Roboter gehören natürlich ebenfalls in diese Rubrik.

10.3.3 Management 4.0

Es wurde schon mehrfach auf die Rolle des Managements und die sich durch Industrie 4.0 verändernden innerbetrieblichen Strukturen und Entscheidungsprozesse hingewiesen [9]. Somit sind im Rahmen einer Reifegradermittlung auch die organisatorische

10.3 Reifegradmodell

Reife eines Unternehmens und dessen Manager zu berücksichtigen. Dies gilt besonders, da sie das größte Hindernis bei einer derartigen Migration darstellen. Es muss also die Reife von

- Unternehmensstruktur,
- Management und
- Personalabteilung,

genau verifiziert werden. Bei der Unternehmensstruktur gilt es etwa, Themen wie indirektes Führen, Trennung von Arbeit und Anwesenheit, verteilte Teams, Bedeutung der Projektorganisation versus Linienorganisation zu prüfen [7]. Darüber hinaus gilt es natürlich auch noch zu überprüfen, inwieweit eine I40-Strategie (abgeleitet von der Unternehmens- und IT-Strategie) vorhanden ist. Vielfach findet man hier in der Praxis maximal grobe Visionen vor.

Die Fähigkeit des Managements bezüglich deren neuer Fähigkeiten wie Netzwerken oder „Datenversteher" sind zentrale Themen. Ferner bedarf es eines entsprechenden Management-Leitbildes im Unternehmen, das auch gelebt wird. Managemententscheidungen werden datengetrieben getroffen. Chancen für neue Geschäftsmodelle werden ergriffen [6].

Die Personalabteilung ist hinsichtlich Karrieremodelle für 50+/60+-Mitarbeiter, Facharbeiter und horizontale/vertikale Karrieremodelle gefragt [11]. Hierbei handelt es sich, auf Grund der Komplexität des Themas, generell für alle drei Themenbereiche um eine ausschnittartige Darstellung.

Generell sind alle Punkte (PEP, KAP, Management 4.0) nicht isoliert, sondern bewusst im Gesamtkontext zu sehen. Somit ist die Integration und Konsistenz von smarten Produkten mit smarten Services ein sehr wichtiger Bestandteil derartiger Untersuchungen.

10.3.4 Reifegradermittlung

Bei der Ermittlung des Reifegrades im eigenen Unternehmen ist, wie schon mehrfach erwähnt, den zugrunde liegenden Fachprozessen zu folgen. Ausgangspunkt sind analoge Prozessbeschreibungen, wie in Kap. 3 skizziert. Sie dienen als „Richtschnur" und ermöglichen das schnelle Aufzeigen von vorhandenen Lücken. Bei der Beurteilung des Reifegrades je Technologie ist das eingeführte Modell als Basis zu verwenden. Die einzelnen Technologien spielen in verschiedenen Prozess-Schritten eine entsprechende Rolle (in Abhängigkeit der Granularität des verwendeten Prozessmodells). Die Einzelergebnisse sind der Einfachheit halber arithmetisch zu addieren. Generell sollte ein nicht zu „feines" Prozessmodell verwendet werden. Eine zu hohe „Auflösung" erhöht den Aufwand, liefert aber keinen zusätzlichen Erkenntnisgewinn. Als „Faustregel" sollte ein Modell mit einer maximalen Tiefe der Ebene 3 gemäß der in Kap. 3 eingeführten Prozess-Topologie ausreichend sein. In Summe kann der Industrie 4.0-Reifegrad für den KAP, wie in Abb. 10.2 dargestellt, ermittelt werden.

Prozesse\Technologien	vert. Integr.	horiz. Integr.	3D-Drucker	Assistenzsystem CPS	sensitive Roboter	Big Data	Real Time Enterprise	IT-Security	Cloud Computing
Bauprogrammplanung									
Auftragsmanagement									
Bedarfsermittlung und Beschaffung									
Materialversorgung									
Fertigung und Steuerung									
Distribution									

Abb. 10.2 Reifegradmodell beispielhaft für den KAP

In den Zellen erfolgt der Eintrag des jeweiligen Reifegrades (also Werte von 1 bis 5). Ist eine Technologie für einen Prozessschritt nicht relevant, so erfolgt die punktuelle Ausblendung. Über eine Linearisierung der Matrix in beide Dimensionen kann eine Prozessreife gemäß I40 oder eine entsprechende Technologiereife über alle Prozessschritte ermittelt werden.

Nichtsdestotrotz wird es bei der praktischen Umsetzung der Reifegradermittlung sicherlich auch zu subjektiven Einschätzungen kommen. Dies lässt sich durch mehrere „Auditoren" minimieren beziehungsweise sogar vermeiden. Auf der anderen Seite ist es für das weitere Vorgehen von untergeordneter Bedeutung, ob eine konkrete Technologie im Reifegrad eine Stufe höher oder niedriger bewertet wird. Das Modell gibt primär einen Trend wieder. Die Ergebnisse sollten im Anschluss mit den Prozessverantwortlichen diskutiert werden. Somit haben alle Beteiligten die gleiche Sichtweise und „ziehen am gleichen Strang". Die Gesamtbeurteilung kann grafisch in Form eines Spinnennetzdiagramms erfolgen. Hierüber lassen sich Stärken und Schwächen leicht erkennen. Auch kann ein brancheninterner Benchmark angestoßen beziehungsweise als Ausgangspunkt für einen branchenübergreifenden Vergleich genutzt werden.

Eine alternative Vorgehensweise ist eine bewusste Fokussierung auf einzelne Themengebiete, zum Beispiel Qualität in der Produktion oder Intralogistik. Dies reduziert den gesamten Aufwand, liefert aber ein nur eingeschränktes Bild. Die Beteiligten können sich hierüber mit dem Vorgehen besser vertraut machen und individuelle Anpassungen am skizzierten Vorgehen vornehmen.

10.3.5 Roadmap aufstellen

Auf Basis der aufgezeigten Analyse kann eine erste grobe Roadmap für eine Umsetzung aufgestellt werden. Sie sollte rein fachlichen Gesichtspunkten folgen und muss im Anschluss durch Business Cases verifiziert werden.

Bei der Ermittlung des Business Cases sind in dessen Kalkulation nicht ausschließlich Kosteneinsparungen durch die Verwendung spezieller Technologien (wie etwa sensitive Roboter) zu berücksichtigen. Es gilt auch darüber hinaus, Qualitätsverbesserungen entsprechend zu quantifizieren. Speziell dieser Punkt ist schwierig zu bewerten. Weitere Einflussfaktoren sind zu analysieren und in die Berechnung mit zu integrieren. Die Berechnung des Business Cases stellt also einen nicht zu unterschätzenden Aufwand dar. Somit ist es wichtig, im Vorfeld eine entsprechende Priorisierung vorzunehmen. Die Roadmap ist durch ein Migrationsmodell zu verfeinern.

10.4 Migrationsmodell

Die Einführung von schlanken Prozessen gemäß dem Lean-Ansatz stellt neben der Einführung von entsprechenden Technologien den zweiten Pfad bei einer Migration dar. Speziell der Lean-Pfad findet in den einschlägigen Betrachtungen wenig bis keine Beachtung. Vor allem bei KMUs ist aber vielfach eine unzureichende Prozessreife festzustellen. Die Einführung von Industrie 4.0-Technologien ohne eine entsprechende Optimierung der zugrunde liegenden Geschäftsprozesse und Arbeitsabläufe muss sehr kritisch betrachtet und sollte in der Praxis vermieden werden (siehe auch Kap. 2).

Basierend auf dem Reifegrad eines Unternehmens ist eine Migrationsstrategie aufzustellen. Konkrete Use Cases sind bei der praktischen Umsetzung sehr hilfreich [2]. Bei der Priorisierung der einzelnen Use Cases können der Reifegrad und das zugehörige Modell als Orientierung dienen. Es sollte auch hier wiederum entlang der einzelnen Fachprozesse und deren Subprozesse vorgegangen werden. Somit wird eine Optimierung der entsprechenden Prozesse erreicht und Defizite werden nachhaltig beseitigt.

10.4.1 Konkrete Use Cases

Der in Kap. 9 beschriebene Bebauungsplan mit den Technologiekomponenten unterstützt (wie schon erwähnt) die Ermittlung der konkreten Use Cases. Generell sollte bei der Umsetzung auf die Verwendung der in Kap. 4 beschriebenen Standards geachtet werden. Sie stellen eine wichtige Basis für eine zukunftsfähige Umsetzung dar und reduzieren den Aufwand und das Projektrisiko. Basierend auf dem bisher Gesagten kristallisieren sich aber auch pragmatisch einige „Quick Wins" heraus. Hierbei handelt es sich um

- Big Data/Smart Data für Predictive Maintenance and Quality in der Produktion,
- Sensitive Roboter,
- Automome Transporteinheiten für die Materialversorgung in der Produktion,
- 3D-Drucker und
- Mobile Lösungen.

Alle Themen zeichnen sich durch eine kurze Implementierungszeit aus. Ferner sind bei deren Umsetzung keine bis geringe Prozessveränderungen erforderlich, sie tragen andererseits sogar zur Prozess-Stabilisierung bei. Beim Thema sensitive Roboter ist der Betriebsrat frühzeitig mit zu integrieren.

10.4.2 Konkretes Vorgehen und Umsetzungsstrategie

Ausgangspunkt für die Umsetzungsstrategie liefern die Roadmap und die aufgeführten „Quick Wins". Bei der praktischen Umsetzung sollte der Fokus auf ein erstes „Leuchtturmprojekt" gelegt werden. Der Inhalt sollte ein relevantes Thema darstellen und damit eine entsprechende Sicherbarkeit im Unternehmen gewährleisten. Bei der Laufzeit ist auf eine maximale Umsetzungsdauer von sechs bis maximal neun Monaten zu achten, um möglichst schnell sichtbare Ergebnisse für Außenstehende und das eigene Management zu erzielen. Der gewählte Umfang muss hierbei einen sichtbaren Nutzen darstellen und in der Umsetzung nicht zu trivial ausfallen. Bei der Umsetzung und der Auswahl des ersten Leuchtturmprojektes ist das unternehmensinterne relevante Management unbedingt zu involvieren. Bei der Aufstellung der I40-Strategie sind die Unternehmensstrategie und die IT-Strategie mit zu berücksichtigen. Falls möglich, tritt der CIO als Projektsponsor auf.

Nach Abschluss des ersten Projektes gilt es, eine kritische Reflexion vorzunehmen. Hierüber kann eine entsprechende Verbesserung im Projektvorgehen erreicht werden.

Literatur

1. Adophs, P., Epple, U.: Statusreport Referenzarchitektur Industrie 4.0 (RAMI4.0) (2015). VDI, VDE, ZWEI
2. Bildstein, A., Seidelmann, J.: Industrie 4.0-Readiness: Migration zur Industrie 4.0-Fertigung. In: Bauernhansl, T., ten Hompel, M., Vogel-Heuser, B. (Hrsg.) Industrie 4.0 in Produktion, Automatisierung und Logistik (2014). Springer
3. Chrissis, M.B., Bill, C., Paulk, M.C., Weber, C.V.: The Capability Maturity Model: Guidelines for Improving the Software Process (1994). Addison-Wesley
4. Charlie Gifford, The Hitchhiker's Guide to Manufacturing Operations Management: ISA-95 Best Practise Book 1.0, ISA, 3/2007.
5. J. Helbig , H. Kagermann, W. Wahlster (Hrsg.) Umsetzungsempfehlung für das Zukunftsprojekt Industrie 4.0: Abschlussbericht des Arbeitskreises Industrie 4.0, 2013.
6. James E. Heppelmann, Michael E. Porter, Wie smarte Produkte Unternehmen verändern, Harvard Business Manager, 12/2015.
7. Horx, M.: Über Zukunftsforschung und Megatrends, in Architekten der Arbeit: Positionen, Entwürfe, Kontroversen, Sven Rahmer (2014). edition Körper-Stiftung
8. Kaufmann, T.: Geschäftsmodelle in Industrie 4.0 und im Internet der Dinge: Der Weg vom Anspruch in die Wirklichkeit (essentials) (2015). Springer Vieweg
9. Gerd Krause, Digitalisierung muss Chefsache sein – Interview mit Dieter Schweer, BDG report, 02/2015.
10. Metten, B.: Leitfaden Industrie 4.0 (2015). VDMA Verlag
11. Sallelberger, T.: Über die Demokratisierung der Arbeit, in Architekten der Arbeit: Positionen, Entwürfe, Kontroversen, Sven Rahmer (2014). edition Körper-Stiftung

12. Axel Schmidt, Fallbeispiel Sennheiser – Wandlungsfähigkeit – ein Hebel zur Wertschöpfungsmaximierung von Produktionsunternehmen, in Peter Nyhuis, Günther Reinhard, Eberhard Abele (Hrsg.) Wandlungsfähige Produktionssysteme – Heute die Industrie von morgen gestalten, TEWISS, 10/2008.

Der Faktor Mensch 11

Der Faktor Mensch wird im Zusammenhang mit Industrie 4.0 immer als einer der wichtigsten dargestellt. In der konkreten Beschreibung fehlen hingegen vielfach entsprechende Hinweise. Somit scheint der Mensch in der Produktion von morgen nun doch keine Bedeutung rsp. keine Rolle mehr zu spielen. Es dürfte nicht überraschen, dass sich hierbei speziell Arbeitnehmervertretungen in den jeweiligen Diskussionen entsprechend engagieren. Es wird vielfach übersehen, dass der Faktor Mensch mit seinen kreativen und assoziativen Kompetenzen die entscheidende Größe auch in der Smart Factory bleibt. Somit ist eine Positionierung des Menschen zu verfolgen, die seine natürlichen Kompetenzen, Intelligenz, Kreativität, Einfühlungsvermögen und Motorik adäquat berücksichtigt und klug einsetzt. Dies ist entscheidend für den Erfolg von Industrie 4.0.

Die Aufgaben und Tätigkeiten des Menschen in einer zukünftigen Industrie 4.0-Arbeitswelt sind nach [14] in drei Kategorien eingeteilt:

- Menschliche sensorische Fähigkeiten:
  - Es wird auch in Zukunft sensorische Lücken in Produktionsabläufen geben.
  - Erfassen komplexer, mehrdeutiger und diffuser Situationen.
- Menschliche Entscheidungsfähigkeit und damit auch seine Denkleistung:
  - Auflösen von Konflikten bei vernetzten Maschinen,
  - Gegebenenfalls Entscheidung bei kritischen Situationen.
- Agierende und reagierende Fähigkeiten:
  - Umgang mit hoher Komplexität und unregelmäßiger Wiederholung,
  - Umgang mit Flexibilität,
  - Verwendung moderner Technologien,
  - Umgang mit Echtzeitanforderungen.

Aus dem Gesagten ergeben sich nun zwei verschiedene Betrachtungsaspekte, nämlich die neue Arbeitswelt und die Interaktion zwischen Menschen und Maschinen.

11.1 Veränderung in der Arbeitswelt

Durch die stetig steigende Digitalisierung lösen sich die bisherigen Trennlinien zwischen Produktion und Dienstleistung auf. Es entstehen neue Geschäftsmodelle für Unternehmen und Tätigkeitsprofile für Mitarbeiter. Dieser Wandel manifestiert sich konkret unter anderem in der Verwendung neuer Technologien. Der Einsatz von sensitiven Robotern (siehe Kap. 4) und von Cyber Physical Systems (CPS) wird in den kommenden Jahren deutlich zunehmen. Bei der Einführung von derartigen Systemen muss der Mensch weiter im Mittelpunkt stehen. Die Arbeitswelt wird sich durch I40 erheblich verändern. Zukünftig werden kontrollierende Tätigkeiten den Hauptteil der Aufgaben einnehmen, wohingegen operative Aufgaben stark zurückgedrängt werden. Der Mensch muss den erheblichen Anstieg der Komplexität beherrschen. Dies verursacht einen nicht unerheblichen Change-Prozess. Basis, um dies zu bewältigen, sind entsprechende Mensch-Maschinen-Interfaces beziehungsweise -Oberflächen. Hierüber kann der einzelne Mitarbeiter befähigt werden, mit der Entwicklung mitzugehen. Ohne entsprechende Trainings, Weiterbildungen und Qualifizierungsmaßnahmen wird dieses Ziel aber nicht erreichbar sein. Dies gilt nicht nur für die in der Produktion tätigen Mitarbeiter, sondern genauso für Ingenieure [4]. Damit verbunden ist der aktive Erfahrungsaustausch, sowohl im eigenen Unternehmen, als auch unternehmensübergreifend (etwa innerhalb der jeweiligen Verbände) oder über Kooperationen.

Der Mensch muss gemäß seinen Stärken, die in der schnellen Erfassung von unvorhergesehenen Ereignissen liegt, entsprechend eingesetzt werden. Es darf nicht außer Acht gelassen werden, dass modernes Shop Floor-Management aus

- kreativen Menschen,
- leistungsfähiger IT und
- effizienten Prozessen

besteht. Die reine Erhöhung des Automatisierungsgrades hat in der Vergangenheit keineswegs zu einer Erhöhung der Flexibilität und damit verbundenen wirtschaftlichen Vorteilen geführt (siehe auch Abb. 11.1) [10].

Insgesamt werden sich sicherlich die Tätigkeiten der Mitarbeiter im Produktionsumfeld verbessern. Produktionsabläufe werden vereinfacht, monotone Tätigkeiten werden durch deutlich abwechslungsreiche Tätigkeiten ersetzt und vor allem werden sich die gesundheitlichen Belastungen weiter reduzieren und somit wird auch älteren Menschen die Möglichkeit gegeben, bis zum Erreichen des Renteneintrittsalters produktiv tätig zu sein.

Um den Menschen zum Agieren in immer komplexeren Umgebungen zu befähigen, werden Assistenzsysteme eine immer wichtigere Rolle spielen. Aktuell finden derartige Ansätze unter anderem in Form von Pick-to-Light, Pick-by-Light oder etwa in Form von harten Prozessverriegelungen bereits Anwendung. Diese bestehenden Ansätze und Lö-

Abb. 11.1 Die Rolle des Menschen in der Produktion

sungen reichen aber bei weitem nicht für die zukünftigen Herausforderungen aus. Hier gilt es, den Menschen auch bei ungewohnten oder selten vorkommenden Situationen zu unterstützen. Augmented Reality (AR)-Ansätze können hier neue Möglichkeiten aufzeigen. Durch derartige Assistenzsysteme wird sich auch das Zusammenspiel zwischen Mensch und Maschinen/Technik in Form der Kommunikation und Kooperation nachhaltig verändern. Die Arbeitsstrukturierung wird sich erheblich von der heutigen unterscheiden und es wird noch viel stärker die Notwendigkeit zu einem lebenslangen Lernen bestehen, um sich an die verändernden Rahmenbedingungen anzupassen [1].

Generell haben die Veränderungen Auswirkungen auf die Qualität der Arbeit, Zufriedenheit am Arbeitsplatz, Gesundheit und das Qualifikationsniveau [2]. Ein großer Einflussfaktor wird der Wandel von einer sehr geringen Varianz in den Arbeitsinhalten zu abwechslungsreichen und damit auch komplexeren und verantwortungsbewussten Aufgaben sein. Durch den Einsatz von CPPS werden die Mitarbeiter hier ein breiteres Spektrum an Aufgaben übernehmen. Insgesamt wird die Aufgabenkomplexität stark steigen, die Reihenfolge der Arbeitsschritte wird zukünftig (zumindest teilweise) individuell gestaltbar sein. Die Handlungsspielräume der Mitarbeiter werden sich erhöhen, bis hin zur Flexibilität bei der Pausengestaltung und der eigenen Arbeitsgeschwindigkeit [3]. Darüber hinaus werden intelligente Tools und neue Automatisierungs-, Vernetzungs- und Produktionstechnologien die Arbeitswelt nachhaltig verändern [11].

In diesem Zusammenhang darf aber auch nicht vergessen werden, dass sich Unternehmen bezüglich Ihrer Struktur verändern werden. Projektarbeit wird immer stärker in den Vordergrund rücken und Organisationsstrukturen werden sich von klassischen Linienstrukturen hin zu flexiblen Einheiten [11] wandeln. Mit der immer stärkeren Fokussierung auf virtuelle Arbeitsorganisationen, die bei IT-Dienstleistern schon lange gang und gäbe sind, werden diese auch bei deren Endkunden immer stärker in den Vordergrund rücken.

Ein weiteres, bisher kaum diskutiertes Element ist die „Digitalisierung" des Menschen, also der Mensch wird selber zum CPS. Hierzu erhält jeder Mitarbeiter ein digitales Abbild (nicht in Form eines Avatars, sondern schlicht und profan in Form einer Datei mit produktionsrelevanten Informationen). Die Informationen könnten beispielsweise Körpergröße, körperliche Restriktionen, veränderte Lebensverhältnisse, individuelle Präferenzen oder Mitarbeiter-Skills beinhalten. Mit Hilfe dieser Daten können Produktionssysteme die jeweiligen Mitarbeiter besser und optimaler einteilen. Alleine durch das Wissen der Körpergröße können assistierende Systeme automatisch optimal eingestellt werden. Auch können verschiedene Montagealternativen (sitzend oder stehend) übernommen werden inklusive des zeitlichen Aufwandes (der ja durchaus zwischen beiden Varianten unterschiedlich sein kann). Diese Möglichkeiten gehen deutlich über die bisherigen Ansätze hinaus [8].

Trotz vielfacher Euphorie hinsichtlich der starken Konzentrierung auf Menschen und der Beteuerung, dass Industrie 4.0 ein „Jobmotor" für Deutschland sind wird, sollen auch die Schattenseiten angeschnitten werden. Es zeichnet sich ab, dass es ein Arbeitsplatzwachstum bei hoch und gering qualifizierten Mitarbeitern geben wird. Mitarbeiter mit einer mittleren Qualifikation werden sich einem kontinuierlichen Arbeitsplatzschwund ausgesetzt sehen [11]. Diese Beschäftigungsgruppe hatte zwischen 1993 und 2010 einen Rückgang um knapp 7% in Deutschland zu verzeichnen [11]. Es wird also eine Polarisierung der Beschäftigten geben. Inwieweit derartige Tendenzen nun durch Industrie 4.0 verstärkt werden, ist deutlich schwieriger festzustellen als die Tatsache an sich. Derartige Untersuchungen stehen aktuell noch aus.

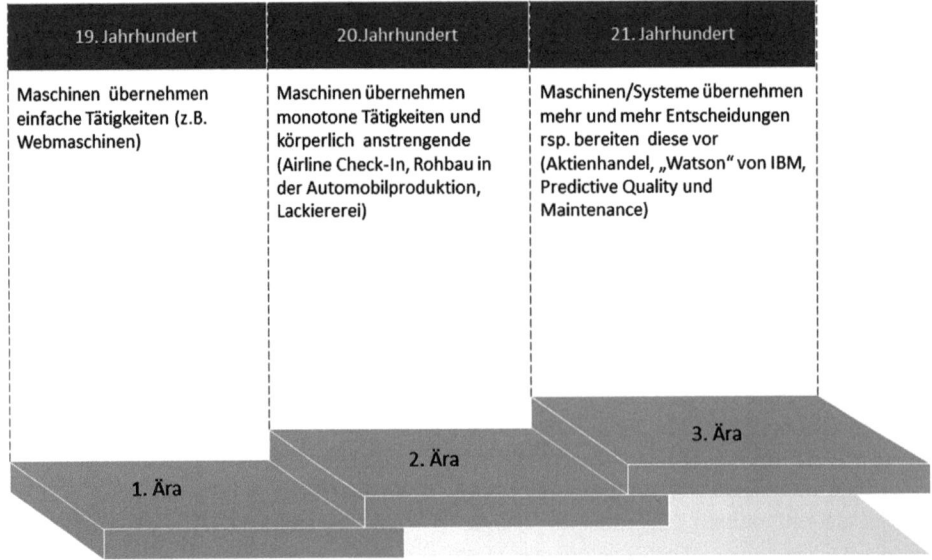

Abb. 11.2 Die drei Zeitalter der Automatisierung

11.2 Mensch-Maschinen-Interaktion

Generell wird der Einsatz von Robotern in der Produktion stetig zunehmen. Als Beispiel sei exemplarisch der Golf-Karosseriebau genannt. Hier hat sich die Mitarbeiterzahl halbiert, wohingegen der Einsatz von Robotern sehr stark angestiegen ist [4]. Man spricht in diesem Zusammenhang auch von den drei Zeitaltern der Automatisierung, siehe auch Abb. 11.2 [5].

Roboter ersetzen aber zukünftig nicht ausschließlich menschliche Arbeit, sondern durch die neuen Interaktionen von Menschen und Maschinen existiert eine Vielzahl von Möglichkeiten zur optimalen Interaktion beider. Diese Möglichkeiten sind auch erforderlich, da durch den demografischen Wandel und aus wirtschaftlichen Notwendigkeiten heraus zukünftig immer mehr ältere Menschen einer Tätigkeit nachgehen werden. Durch sensitive Roboter kann hier eine sinnvolle ergonomische Entlastung für die älter werdende Belegschaft vorgenommen werden. Darüber hinaus besteht die Möglichkeit, derartige Systeme auch als flexible Trainingspartner zur kontinuierlichen Weiterbildung von Mitarbeitern zu nutzen.

Bei der Zusammenarbeit zwischen Mensch und Roboter (und hier speziell mit sensitiven Robotern) in der Produktion gilt es, die entsprechenden Vorgaben zu beachten. Formal ist dies in der Norm ISO 10218 [9, 10, 12] definiert. Neuartige sensitive Roboter erfüllen diese Norm (siehe Kap. 4). Diese Norm setzt aber gleichzeitig dem Einsatz von sensitiven Robotern enge Grenzen. Bei der Abnahme müssen alle Interaktionen mit dem Menschen verifiziert werden. Neuartige Arbeitsabläufe können somit nicht ohne weiteres genutzt werden.

Bei anderen den Menschen unterstützenden Systemen, wie zum Beispiel mobile Geräte, ist auf eine adäquate Displaygröße zu achten. Smartphones erfüllen diese Anforderung oftmals nicht, Tablets hingegen schon (obwohl die Grenzen zwischen beiden immer mehr verwischen). Die im letzten Abschnitt schon angesprochenen AR können sowohl bei Assistenz- als auch bei Lernsystemen wertvolle Ergänzungen darstellen. In der virtuellen Produktentwicklung sind AR- und VR-Systeme seit geraumer Zeit Standard. Speziell Brillen (zum Beispiel Google Glass) oder Datenhandschuhe können Menschen in der Produktion bei deren Arbeiten unterstützen, wobei Brillen auch gleichzeitig einen Schutzaspekt erfüllen und den vielfach vorhandenen Widerstand von Mitarbeitern für deren Nutzung in der Produktion helfen zu überwinden. Ein weiterer Vorteil von brillenbasierten Ansätzen ist, dass der Mitarbeiter beide Hände für produktive Tätigkeiten frei hat. Einem flächendeckenden Einsatz stehen allerdings noch teilweise hohe Kosten gegenüber.

Ein weiterer Ansatz sind Kamerabilder, in die zusätzliche Informationen (zum Beispiel Prozesskennzahlen, genaue Schadensbeschreibung) eingeblendet werden, um etwa die Problemaufnahme (vor allem in der Fahrzeugendmontage) zu beschleunigen und zu präzisieren. Sie erleichtern auch die Dokumentation von Qualitätsproblemen und die gegebenenfalls anschließende Weitergabe an Lieferanten.

Inwieweit soziale Netzwerke bei der Mensch-Maschinen-Interaktion (HMI – Human Machine Interaction) im Produktionsumfeld hilfreich sein können, bleibt abzuwarten. Generell sind multimodale Mensch-Maschine-Schnittstellen erforderlich, um der steigenden Komplexität gerecht zu werden.

Durch den Einsatz vorausschauender Tätigkeiten (zum Beispiel Predictive Maintenance) wird die Arbeit erheblich planbarer. Die Notwendigkeit zu Rufbereitschaften wird sich reduzieren, Reisetätigkeiten (vor allem kurzfristige) gehen zurück und 24-Stunden-Schichten könnten demzufolge für Instandhalter auch reduziert werden. Immer wichtiger wird in diesem Zusammenhang die korrekte Darstellung von Ortungsinformationen (also wo konkret befindet sich ein Mensch oder ein Produkt). Dies führt zu einer Optimierung etwa von Wartungsarbeiten und deren Navigation zu Störungen.

Der Mensch soll weiter von Routinetätigkeiten entlastet werden und noch mehr steuernd und überwachend agieren. Das Ziel der Mensch-Maschine-Interaktion ist es, den Roboter für seine spezifischen Aufgaben in der Produktion zu steuern beziehungsweise ihn im Vorfeld zu konfigurieren [12]. Hierfür sind wesentlich verbesserte Interaktionsmöglichkeiten erforderlich, als sie heute im Allgemeinen vorhanden sind. Um einen wirtschaftlichen Einsatz von Robotern bei kleinen Stückzahlen zu sichern, muss der Konfigurationsaufwand von Robotern entsprechend gering gehalten werden. Idealtypisch sollte sich der Roboter als System sich selbst anpassen beziehungsweise konfigurieren können. Erfolgt eine Offline-Konfiguration, so sind möglichst vollständige 3D-Modelle der realen Produktionswelt erforderlich. Alternativ kann auch eine „Programmierung" durch „Vormachen" erfolgen (siehe Kap. 4). Diesen Ansätzen sind aktuell noch Grenzen gesetzt. Wie neuartige Mensch-Maschine-Interaktionen aussehen könnten, zeigt aktuell die Consumer-Elektronik. Hier erfolgt bereits heute schon die Befehlseingabe über Sprache, Gestik und Körperbewegung [12]. Somit sind prinzipiell derartige Technologien vorhanden. Im industriellen Umfeld fehlen aber aktuell tiefergehende Erfahrungen.

Eine Voraussetzung für neuartige Mensch-Maschine-Interaktionen ist die Echtzeit-Darstellung der Daten auf mobilen Endgeräten. Zur optimalen Interaktion müssen die Daten darüber hinaus rollenspezifisch aggregiert werden (ein Werksleiter bedarf anderer Informationen als ein Qualitätsmanager) und der Anwender muss auf für ihn relevante Informationen und Veränderungen hingewiesen werden („das System/Daten kommen zum Anwender und nicht umgekehrt"). Darüber hinaus muss eine Abkehr von 2D-Darstellungen erfolgen. 3D-Prozessvisualisierungen erlauben es dem Anwender, schneller und besser Fehler zu erkennen. Die Interaktion mit dem System/den Daten sollte sehr intuitiv, etwa über Gestensteuerung, erfolgen. Bei dieser Interaktion müssen auch Daten modifizierbar sein. Aktuell sind vielfach mobile Anwendungen reine Anzeigesysteme (Dash-Boards). Sie helfen zwar kurzfristig, genügen aber den Industrie 4.0-Anforderungen nicht mehr. Die schon angesprochene Consumer-Elektronik ist hier verständlicherweise deutlich weiterentwickelt. Es stehen die schon angesprochenen innovativen Interaktionsmechanismen zur Verfügung. Diese reichen von der Spracherkennung bis hin zur Gestensteuerung und zu Touchscreens. Auch sind (vor allem jüngere beziehungsweise technik-affine) Mitarbeiter mit derartigen Techniken bestens vertraut und erwarten auch derartige Interaktionsmechanismen im eigenen Unternehmen. Darüber hinaus sind physisch robuste mobile Geräte am Markt verfügbar. Alternativ kann hier bewusst auch auf eine preisgünstige Infrastruktur zurückgegriffen werden, da deren Ersatz finanziell kaum relevant ist. Ein flächendeckender Industrieeinsatz steht hier aber noch aus.

Am Anfang des Kapitels wurde schon versucht, die zukünftigen Aufgaben und Tätigkeiten zu skizzieren. Ein Punkt ist hierbei besonders herauszustellen – das Kontrollieren. Mehrere Maschinen können widersprüchliche Informationen liefern. Dann ist der Mensch mit seinen ganzen Fähigkeiten, seiner Routine und Kompetenz gefragt, um den Sachverhalt richtig einzuschätzen und die hoffentlich richtigen Entscheidungen zu treffen. Eine Analogie mit hochqualifizierten Piloten versus Autopilot ist sicherlich hier sehr naheliegend [7].

11.3 Handlungsfelder

Aus dem bisher Gesagten ergeben sich verschiedene Handlungsfelder, die in der aktuellen Diskussion leider noch nicht gebührend berücksichtigt wurden. Generell muss das Zielbild einer human gestalteten digitalen Arbeitswelt konkretisiert werden. Hier besteht tendenziell die Gefahr der totalen Überwachung der Mitarbeiter bis hin zum „gläsernen Mitarbeiter" [6]. Somit muss der Datenschutz für die Beschäftigten den sich verändernden Gegebenheiten angepasst werden.

Darüber hinaus muss der Arbeits- und Gesundheitsschutz weiterentwickelt werden, um den zukünftigen Anforderungen und Gegebenheiten gerecht zu werden [6]. Die Weiterentwicklung der Mitarbeiter wird zukünftig eine noch wichtigere Rolle in den Unternehmen spielen. Weiterbildung sollte hierbei allerdings nicht auf den akademisch ausgebildeten Mitarbeiterbereich beschränkt bleiben. Vor allem Facharbeiter, die das Rückgrat jeder Produktion bilden, gilt es entsprechend zu fördern, inklusive dem Aufzeigen entsprechender Karrierepfade [16]. Entsprechende inner- und außerbetriebliche Angebote sind hier zu entwickeln. Dies ist auch notwendig, da sich die Inhalte in bestehenden Berufsbilder verändern, aber auch neue entstehen und demzufolge auch bestehende Berufsbilder verschwinden. Auch werden sich Karrierepfade verändern. IT-basierte Arbeitsinhalte und sogenannte horizontale Karrierepfade werden zunehmend in Unternehmen an Bedeutung gewinnen, wohingegen die Relevanz klassischer vertikaler Karrierestufen abnehmen wird. Die schon angesprochenen neuen Berufsbilder werden sich rund um Big Data, Strategie, IT-Security, Personalentwicklung und Produktion entwickeln, also vielfach in den Kernthemen von Industrie 4.0. Zu neuen Berufsbildern gehören auch neue Kompetenzen, wie der Umgang mit großen Daten [11]. Es bedarf also unternehmensspezifischer Innovations- und Qualifizierungspläne. Basis hierfür muss der zukünftige Qualifikationsbedarf der nächsten Jahre sein. Somit sollte Weiterbildung zur Unternehmenskultur gehören [16].

Auf Grund der immer stärkeren Vernetzung der Unternehmen untereinander bedarf es eines flächendeckenden Ausbaus der Breitbandinfrastruktur [2]. Dies ist nicht nur für Unternehmen wichtig, sondern auch für deren Mitarbeiter. Nur hierüber besteht die Möglichkeit einer verteilten Arbeit inklusive einer Weiterbildung auch von zu Hause aus. Diese stärkere Mobilisierung der Arbeit wird auch einen Beitrag zur Ressourceneffizienz leisten können.

Ungeachtet aller Bekundungen muss sich als persönliche Konsequenz jeder einzelne Mitarbeiter in einem Unternehmen seine eigene „Strategie" für den Umgang mit Maschinen und immer komplexer werdenden IT-Systemen zurecht legen, mit dem Ziel, nicht durch eine Maschine oder ein IT-System „abgelöst" zu werden. Dies kann von einer Spezialisierung bis hin zu der schon angesprochenen Kooperation gehen [5]. Aber unabhängig von der persönlichen und der Unternehmensstrategie, das Thema Automatisierung und der vermehrte Einsatz von Robotern in der Produktion und den administrativen und Management-Bereichen lässt sich nicht aufhalten.

Literatur

1. Becker, K.-D.: Arbeit in der Industrie 4.0, in Zukunft der Arbeit in Industrie 4.0 (2014). Bundesministerium für Wirtschaft und Energie
2. Bottholf, A.: Zukunft der Arbeit im Kontext von Automatik und Industrie 4.0, in Zukunft der Arbeit in Industrie 4.0 Bd. 5. (2014). Bundesministerium für Wirtschaft und Energie
3. Hartmann, E.: Arbeitsgestaltung für Industrie 4.0: Alte Wahrheiten, neue Herausforderungen, in Zukunft der Arbeit in Industrie 4.0 (2014). Bundesministerium für Wirtschaft und Energie
4. Bettenhausen, K.D., Kowalewski, S.: Thesen und Handlungsfelder: Cyper-Physical Systems: Chancen und Nutzen aus Sicht der Automatisierung (2013). VDI/VDE
5. Thomas H. Davenport, Julia Kirby, Dein Freund der Roboter, Harvard Business Manager, 9/2015.
6. Jörg Hoffmann, Digitalisierung der Industriearbeit, IG Metall Zukunft der Arbeit, 4/2015.
7. Hartmut Hirsch-Kreinsen, Welche Auswirkungen hat die Zukunftsindustrie auf die Beschäftigten?, RKW Magazin, 4/2013.
8. Christoph Krieger, Holger Müller, Der Mensch als cyber-physikalisches System, Beschaffungaktuell, 7-8/2015.
9. ISO 10218-1:2011 Industrieroboter – Sicherheitsanforderungen – Teil 1: Roboter, ISO, 2011.
10. ISO 10218-2:2011 Industrieroboter – Sicherheitsanforderungen – Teil 2: Robotersysteme und Interaktion, ISO 2011.
11. Neuburger, R.: Arbeit in der digitalen Welt – Wandel der Tätigkeiten und der Qualifikationen Bd. 4. Münchner Kreis e.V., Willingen (2015)
12. Neumann, M., Dietz, T., Kuss, A.: Mensch-Maschine-Interaktion. In: Bauernhansl, T., ten Hompel, M., Vogel-Heuser, B. (Hrsg.) Industrie 4.0 in Produktion, Automatisierung und Logistik (2014). Springer Vieweg
13. Schließmann, A.: iProduction die Mensch-Maschine-Kommunikation in der Smart Factory. In: Bauernhansl, T., ten Hompel, M., Vogel-Heuser, B. (Hrsg.) Industrie 4.0 in Produktion, Automatisierung und Logistik (2014). Springer Vieweg
14. Sebastian Schlund, Zukunftsprojekt Industrie 4.0 – Ziele und Kontext, Vortrag bei Grenzenlose Arbeitswelten, Stuttgart, 9/2013.
15. Dieter Späth (Hrsg.), Oliver Ganschar, Stefan Gerlach, Moritz Hämmerle, Tobias Krause, Sebastian Schlund, Produktionsarbeit der Zukunft – Industrie 4.0 Fraunhofer IAO Studie.
16. Wetzler, D.: Arbeit 4.0 – Was Beschäftigte und Unternehmen verändern müssen (2015). Herder

Fazit und Ausblick 12

Anhand verschiedener Beispiele entlang der Wertschöpfung mit Schwerpunkt auf den Kundenauftragsprozess wurde sowohl von Automobilherstellern als auch von deren Zulieferern exemplarisch der aktuelle Umsetzungsgrad im Bereich Industrie 4.0 aufgezeigt. Viele der Projekte befinden sich bereits im produktiven Umfeld. Bei den Projekten handelt es sich um erste Gehversuche. Generell ist festzustellen, dass die deutsche Automobilindustrie auch bei Industrie 4.0 ihrer technologische Vorreiterrolle gerecht wird. Die Verbindung der digitalen mit der realen Welt nimmt in dieser Branche konkrete Züge an (siehe [3, 6]).

12.1 Zusammenfassung

Die im Kapitel über Technologien (siehe Kap. 4) dargestellten Ansätze weisen ein erhebliches Einsparpotential auf. Somit braucht es nicht verwundern, dass alle Automobilhersteller und deren Zulieferer entsprechende Lösungen zumindest prototyphaft umgesetzt haben (siehe Kap. 6). Durch die mittlerweile vorhandenen Standards (siehe Kap. 5) werden zukünftige Umsetzungen erheblich erleichtert und auch Kosten eingespart. Speziell die vielfach unklaren Wirtschaftlichkeitsrechnungen oder die langen Return of Investment-Zeiten haben in der Vergangenheit neben den fehlenden Standards zu einer gewissen Zurückhaltung geführt. Diese Gründe werden mit einer stetigen Reife der Technologien und dem schon angesprochenen Vorhandensein von Standards der Vergangenheit angehören. Weiterhin können die Unternehmen mittlerweile auf einen gewissen eigenen Erfahrungsschatz im Umgang mit I40-Themen zurückgreifen. Darüber hinaus sind umfangreiche Lösungen von Industrie- und Softwareunternehmen vorhanden (siehe Kap. 7). Somit bildet sich neben universitären und halbuniversitären Forschungseinrichtungen ein entsprechendes Eco-System, welches weitere Aktivitäten in diese Richtung unterstützen wird. Auch herrscht bezüglich der Rolle des Menschen in zukünftigen Produktionsumgebungen immer mehr Klarheit, obwohl dieser Bereich sicherlich noch mit einem gewissen Nebelschleier behaftet ist (siehe Kap. 11).

Die bisherige Diskussion um den „Faktor Mensch" ist somit noch „auszuweiten". Die Unternehmen werden sich durch Industrie 4.0 und die damit verbundene Digitalisierung in ihrer inneren Struktur erheblich verändern und verändern müssen. Bisher gültige Führungsmechanismen unterliegen einem gravierenden Wandel. Entscheidungsprozesse werden stärker datengetrieben ablaufen. Somit betrifft das Thema die Führungs- und Managementebene ebenso stark, wie die der Produktion. Die Veränderungen sind also für Manager multidimensional. Die inhaltliche Diskussion um „Management 4.0" steht hier allerdings erst am Anfang. Es bedarf somit eines neuen Zielbildes für Entscheidungsträger. Er muss Netzwerker, global denkend, Changemanager, „Datenversteher" sein, verteiltes/indirektes Führen im globalen Kontext beherrschen, um nur einige Themenfelder zu nennen. Der „Faktor Mensch" sollte somit deutlich weiter gefasst werden und die Entscheidungs- und Managementebene bewusst mit einbeziehen.

Die Relevanz neuartiger Geschäftsmodelle und der Digitalisierung wird schon seit geraumer Zeit durch die Automobilhersteller erkannt (siehe [2]). Ebenso spielt das Thema Geschwindigkeit und datenzentrierte Entscheidungen eine immer wichtigere Rolle (siehe Kap. 8). Konsequenterweise bewegen sich die Automobilhersteller und deren Zulieferer immer stärker in Richtung Softwareentwicklung. Somit wird dies eine weitere, wichtige Kernkompetenz für die Unternehmen, neben beispielsweise der Konstruktion von effizienten Motoren. Die vielfach propagierte Kooperationen und Partnerschaften mit IT-Unternehmen in diesem Thema gilt es daher kritisch zu hinterfragen beziehungsweise differenziert zu betrachten.

12.2 Blick in die Zukunft

Ungeachtet der bisherigen Ausführungen steht die Automobilindustrie vor großen Herausforderungen und erheblichen Veränderungen. Die betrifft nicht nur das „vernetzte Auto", sondern auch die vernetzte Produktion und die vernetzte Supply Chain. Speziell die deutschen Automobilhersteller haben in der Vergangenheit durch ein sehr hohes Maß an Qualität und Individualisierung ihre Führungsposition begründet. Durch einen integrierten digitalen Ansatz von der Entwicklung bis zum Sales und Aftersales lässt sich dieser Vorsprung sichern. Neue IT-basierte Geschäftsideen werden die bisherigen ergänzen, aber nicht vollständig ablösen und ersetzen.

Nicht nur das Auto, sondern auch die Produktion im Jahre 2025 wird sicherlich grundlegend anders aussehen und ablaufen als jene heute (siehe Kap. 9). Digitale Geschäftsmodelle werden stetig an Bedeutung, auch wirtschaftlicher Art, gewinnen (siehe [2]). Die Digitalisierung wird somit auch vor der Produktion nicht Halt machen. Die Vernetzung mit Zulieferern und Kunden nimmt in Zukunft sicherlich weiter zu. Darüber hinaus erfolgt eine immer stärkere Individualisierung, wie es etwa die Visionen von Audi zeigen, siehe [3]. Inwieweit aber individuell gestaltete Sitze aus dem 3D-Drucker realisierbar und zweckmäßig sind, wird sich zeigen. Fest steht aber, dass die Individualisierung des Fahrzeuges durch I40 weiter voranschreitet. Durch additive Produktionsverfahren auf Basis von 3D-Druckern wird sich aber die Produktion an einigen Stellen vereinfachen, andere Dinge sind hierdurch zukünftig erst realisierbar.

Adaptive, agentenbasierte Ansätze werden ebenso in der einen oder anderen Form Einzug in die Produktion nehmen. Es wird aber sicherlich auch weiterhin eine zentrale Steuerung dieser extrem komplexen Abläufe geben (siehe [3]).

Welche der vielen Zukunftsszenarien aus der aktuellen Diskussion rund um Industrie 4.0 zukunftsfähig ist, lässt sich aktuell noch nicht seriös abschätzen und beurteilen. Generell ist aber trotz der vielfach vorhandenen Euphorie auch eine gebührende Skepsis an den Tag zu legen. Nicht alle technisch machbaren Vorschläge sind unter betriebswirtschaftlichen und produktionstechnischen Gesichtspunkten (auch langfristigen) sinnvoll. Die vielfältigen Versprechungen von IT-Produktherstellern speziell in Richtung produzierender Unternehmen und hier im Besonderen in Richtung Automobilindustrie sind somit kritisch zu hinterfragen.

Generell fehlt es aber aktuell an branchenspezifischen Ausprägungen von Industrie 4.0. Vielfach erfolgen oftmals sehr allgemeine Aussagen. Deren Verifizierung unter den spezifischen Anforderungen und Herausforderungen eines einzelnen Industriezweiges fehlen leider oftmals. Erst jüngste Veröffentlichungen (zum Beispiel [1, 4]) weisen in die richtige Richtung. Darüber hinaus wird sich auch das Thema Industrie 4.0 weiterentwickeln. Von der anfänglichen starken Produktionszentrierung hat sich der Begriff entsprechend emanzipiert und ist zu einem industriellen Gestaltungsprinzip geworden. Somit werden zukünftig weitere Fachbereiche mit dem Thema konfrontiert. Logistik 4.0, das schon angesprochene Management 4.0 (siehe Kap. 8), Beschaffung 4.0 und HR 4.0 (siehe Kap. 8) sind nur einige der Beispiele und sicherlich auch unvollständig. Aber erst die vollständige und damit unternehmensweite Betrachtung und Einführung von Industrie 4.0 wird dessen Potentiale vollständig erschließen. Industrie 4.0 betrifft also alle Geschäftsbereiche.

Hierzu bedarf es aber einer entsprechenden Weitsicht und teilweise durchaus auch eines visionären Vorgehens von Entscheidungsträgern, wie etwa das Beispiel SEW zeigt. Überraschenderweise ist diese Weitsicht bei den „Ingenieuren" der Automobilindustrie vorhanden. Vielfach wird ja der Branche und deren Manager eine zu starke „hardwarelastige" Sichtweise attestiert.

Momentan verändern sich alle Automobilhersteller erheblich. Meist erfolgt dies erfreulicherweise mit einer starken Unterstützung der Arbeitnehmervertreter (siehe [5]). Dies betrifft vor allem die erheblichen Veränderungen in der Produktion. Inwieweit dies zu einer jobneutralen Veränderung oder doch zu einem Arbeitsplatzverlust führen wird, wird ebenfalls die Zukunft zeigen. Klar ist, dass diese Veränderung alternativlos ist, wenn Arbeitsplätze in Deutschland gesichert beziehungsweise wenn sogar verlorengegangene Produktionskapazitäten wieder nach Deutschland zurückgeholt werden sollen.

Erfreulicherweise spielt das Thema Nachhaltigkeit zumindest in Deutschland im Kontext von Industrie 4.0 eine bedeutende Rolle. Hierüber versuchen die Automobilhersteller, ihr etwas angekratztes Image in der Bevölkerung wieder aufzupolieren. Hierbei handelt es sich aber nicht nur um einen Image-Ansatz. Über Energie-Effizienz können erhebliche Kosten eingespart werden. Leider trifft diese Aussage für andere Länder (zum Beispiel China) nicht in vollem Umfang zu. Hier wird Industrie 4.0 primär unter wirtschaftlichen Gesichtspunkten gesehen, obwohl sich hier auch langsam eine Bewusstseinsveränderung breit macht. Auch in diesem Punkt hat China noch einen gewissen Nachholbedarf, der sich aber durchaus mit Industrie 4.0-Ansätzen aufholen lässt.

Industrie 4.0 bietet ein breites Spektrum an Möglichkeiten und Verbesserungen. Speziell der Industriestandort Deutschland ist gut beraten, wenn er diese Chancen nutzt, um auch weiterhin eine führende Rolle in den Industrieländern zu spielen.

Literatur

1. Bauernhansl, T., Emmrich, V., Döbele, M., Paulus-Rohmer, D., Schatz, A., Weskamp, M.: Geschäftsmodell-Innovationen durch Industrie 4.0 (2015)
2. Andreas Gissler, Clemens Oertel, Mit digitalen Strategien auf der Überholspur, HandelsblattJournal Sonderveröffentlichung zum Thema „Die Zukunft der Automobilindustrie, 10/2015.
3. Hermann Reil, Smart Faction – Audi denkt die Produktion neu, Audi-Dialoge.de, 5/2015.
4. Hung Vo, P.: Die Automobilindustrie und die Bedeutung innovativer Industrie 4.0 Technologien (2014). Diplomica
5. Wetzler, D.: Arbeit 4.0 – Was Beschäftigte und Unternehmen verändern müssen (2015). Herder
6. Dieter Zetsche, 01000010111010101110100011011110000110100001010, HandelsblattJournal Sonderveröffentlichung zum Thema „Die Zukunft der Automobilindustrie, 10/2015.

Lizenz zum Wissen.

Sichern Sie sich umfassendes Technikwissen mit Sofortzugriff auf tausende Fachbücher und Fachzeitschriften aus den Bereichen: Automobiltechnik, Maschinenbau, Energie + Umwelt, E-Technik, Informatik + IT und Bauwesen.

Exklusiv für Leser von Springer-Fachbüchern: Testen Sie Springer für Professionals 30 Tage unverbindlich. Nutzen Sie dazu im Bestellverlauf Ihren persönlichen Aktionscode C0005406 auf www.springerprofessional.de/buchaktion/

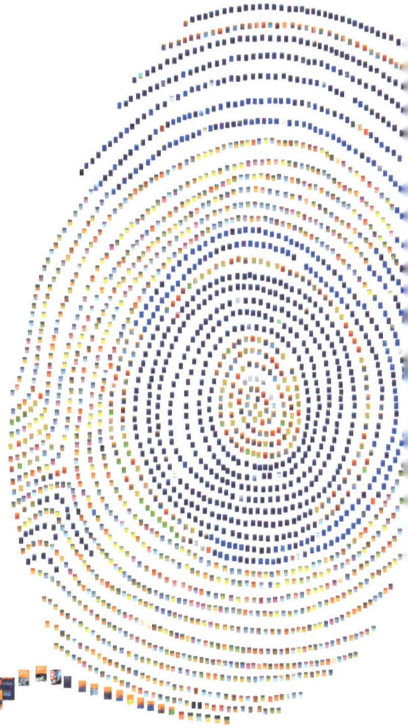

Jetzt 30 Tage testen!

Springer für Professionals.
Digitale Fachbibliothek. Themen-Scout. Knowledge-Manager.

- Zugriff auf tausende von Fachbüchern und Fachzeitschriften
- Selektion, Komprimierung und Verknüpfung relevanter Themen durch Fachredaktionen
- Tools zur persönlichen Wissensorganisation und Vernetzung

www.entschieden-intelligenter.de

Springer für Professionals

MIX
Papier aus verantwortungsvollen Quellen
Paper from responsible sources
FSC® C105338

If you have any concerns about our products,
you can contact us on
ProductSafety@springernature.com

In case Publisher is established outside the EU,
the EU authorized representative is:
**Springer Nature Customer Service Center GmbH
Europaplatz 3, 69115 Heidelberg, Germany**

Printed by Libri Plureos GmbH
in Hamburg, Germany